QUINTILIEN

INSTITUTION ORATOIRE

LIVRES IV et V

COLLECTION DES UNIVERSITÉS DE FRANCE
publiée sous le patronage de l'ASSOCIATION GUILLAUME BUDÉ

QUINTILIEN

INSTITUTION ORATOIRE

TOME III

LIVRES IV et V

TEXTE ÉTABLI ET TRADUIT
PAR
JEAN COUSIN
Professeur honoraire à l'Université de Besançon

Deuxième tirage

PARIS
LES BELLES LETTRES
2003

Conformément aux statuts de l'Association Guillaume Budé, ce volume a été soumis à l'approbation de la commission technique, qui a chargé M. Jacques André d'en faire la révision et d'en surveiller la correction en collaboration avec M. Jean Cousin.

95 boulevard Raspail, 75006 Paris
www.lesbelleslettres.com

Première édition 1976

ISBN : 2-251-01204-4
ISSN : 0184-7155

LIVRE IV

NOTICE

Le livre IV aborde des données moins austères que le livre III : il s'agit ici des parties d'un discours : exorde, narration, digression, proposition, division ; la confirmation fera l'objet du livre V, la péroraison du livre VI : ce sont là les parties traditionnelles des manuels préaristotéliciens, et Quintilien les conserve, tout en formulant ici ou là sur des points particuliers son avis personnel.

Tout d'abord, l'exorde. *Principium* ou *exordium*, *initium* ou προοίμιον[1], le terme évoque toujours la notion de début, de prélude ou de préambule[2], et le but de l'exorde consiste à rendre l'auditeur docile, attentif et bienveillant, selon les mots consacrés[3] : dans la

(1) Προοίμιον est le terme adopté par Aristote, *Rhét.*, 1354 b 15 et commenté par lui en 1414 b 18 sq. ; il en sera de même chez d'autres rhéteurs (Anaximène, *Rhét.*, 29, 1, 1436 a 33 ; Hermogène, *Inu.*, I, 1, p. 93, 5 Rabe ; *Anonyme* de Séguier, *Rhét.*, p. 427, 4 sq. Spengel = 1, p. 352, 7 Spengel-Hammer ; Apsines, *Rhét.*, 1, p. 331, 5 Sp. = p. 217, 4 Sp.-H.).

(2) Le terme est rattaché tantôt à οἶμος = ὁδός, tantôt à οἴμη = ᾠδή ; les deux étymologies sont évoquées par Quintilien ; Aristote l'avait devancé, et il est probablement sa source directe ou indirecte (*Rhét.*, 1414 b 20-24) ; il s'agit d'un « pré-lude » ou d'un « pré-ambule ». *Principium* se lit dans *Auct. ad Her.*, I, 3, 4 ; Cicéron, *De inu.*, I, 15, 20 ; *exordium*, dans *Auct. ad Her.*, I, 3, 4 ; Cicéron, *De inu.*, I, 14, 19 ; 15, 20.

(3) Cette préparation de l'auditeur est présentée par nos rhéteurs de façons diverses par la forme, mais convergentes pour le fond : pour Aristote, *Rhét.*, 1415 a 22, la fonction de l'exorde, c'est δηλῶσαι τί ἐστιν τὸ τέλος οὗ ἕνεκα ὁ λόγος et les développements qui concernent l'auditeur se tirent de ce qui peut le rendre bienveillant ou le mettre en colère, susciter son attention et le disposer à comprendre : τὸν ἀκροατὴν εὔνουν

traduction, nous avons gardé l'adjectif « docile » pour respecter une tradition ancienne ; en fait, le latin *docilis* traduit mal le gr. εὐμαθής, qui implique une mise en état de comprendre et une aptitude à s'instruire, plutôt qu'une disposition à se laisser conduire et diriger ; c'est le sens que l'on rencontre dans les traités antérieurs à Aristote, et qui transparaît à travers les traités des rhéteurs successifs, Hermagoras inclus[1], jusqu'à Cornificius et Cicéron. Rendre l'auditoire attentif va de soi surtout à une époque où l'orateur parlait souvent en plein air devant un public mélangé. Mais ces deux fonctions de l'exorde ne sont pas les fonctions essentielles : l'essentiel en effet est de susciter la bienveillance d'un juge ou d'un jury populaire, soumis aux préjugés et aux passions.

Et les rhéteurs ont proposé des thèmes généraux : dire qu'il s'agit d'une chose importante ou invraisemblable ou inédite ou liée au sort d'une personne, de l'auditoire ou de l'État ou de la cité ou des principes supérieurs qui doivent guider les citoyens et s'accorder avec la morale généralement admise[2]. Conseils de bon

ποιῆσαι καὶ προσεκτικόν, εἰς δὲ εὐμάθειαν ἅπαντα ἀνάγειν (*Rhét.*, 1415 a 35 sq.) ; cf. de même, Anaximène, *Rhét.*, 29, 1, 1436 a 33 sq. et 35 sq., *Anonyme* de Séguier, *Rhét.*, 428, 19-20 Sp. = 9, p. 354, 5-6 Sp.-H.

(1) L'ordre diffère chez les rhéteurs : pour l'*Auct. ad Her.*, I, 4, 6, c'est *attentus, docilis, beneuolus* ; pour Cicéron, *De inu.*, I, 15, 20 : *beneuolus, attentus, docilis*, ou, *Top.*, 97 : *beneuolus, docilis, attentus*, ce qui sera l'ordre adopté par Quintilien. Mais on lit *attentus, beniuolus, docilis* chez Fortunatianus (*R.L.M.*, 109, 1), *beniuolus, docilis, attentus* chez Sulpitius Victor (*R.L.M.*, 322, 19), *beniuolus, attentus, docilis* (*R.L.M.*, 421, 33). Faut-il voir dans cette disposition mobile une variation d'intérêt prioritaire par rapport à l'attention, la bienveillance et la docilité ? Hermagoras a été en quelque sorte le catalyseur et c'est apparemment à travers lui que ces notions se sont clarifiées et fixées ; cf. D. Matthes, *Hermagoras von Temnos*, Lustrum, III, 1958, 193, et, antérieurement, Cl. Peters, *De rationibus inter artem rhetoricam quarti et primi saeculi intercedentibus*, Diss. Kiel, 1907, 101 p. (p. 21-42).

(2) La grande distinction est celle de la *res* et de la *persona*, ou, comme le dit Quintilien, IV, 1, 6 sq. (du *litigator*, de l'*aduer-*

sens et de raison, sans aucun doute, mais que notre auteur assortit d'analyses psychologiques, souvent fines, des mentalités des individus et des foules, qui imposent à l'orateur de la réserve, de la modestie, de la prudence — ou de l'audace —, une connaissance approfondie de son milieu social, de la conjoncture, de la réalité quotidienne, de l'ambiance ; d'où un ensemble d'orientations pratiques et de suggestions techniques inspirées par l'histoire et l'expérience.

Et l'on sent bien que c'est moins ici le théoricien qui parle que le praticien, l'avocat, l'orateur public, habitué des tribunes et des tribunaux. Sans s'écarter de sa modestie habituelle, Quintilien présente pourtant son exposé comme un résumé de l'enseignement des autres, non comme une dogmatique, dont il serait l'auteur original, et il le dit avec simplicité : *Haec fere sunt mihi de exordio comperta* (IV, 1, 79).

Plus tard, Lucien raillera les excès de cette rhétorique mécanisée qu'ont fabriquée les auteurs de traités et qui se satisfait d'imitations plus ou moins heureuses et de procédés abstraits : ainsi[1], un jour où Zeus hésitait, dans son conseil, sur le début d'une harangue qu'il devait prononcer, Hermès lui conseilla d'imiter Démosthène et de lui voler un de ses exordes, si bien que l'on entendit Zeus débiter sans émoi le début de la première *Olynthienne.* De telles aventures ne seraient pas possibles dans l'optique de Quintilien : les règles générales qu'il expose sont toujours subordonnées, dans leur application, au genre de la cause, parce que ce qui importe à ses yeux, c'est moins la réussite technique de la performance, que la vérité dans la résonance

sarius, du *iudex*), mais aussi de l'*actor causae*, à qui l'on ajoute foi *si uir bonus creditur*. Aristote, *Rhét.*, 1415 a 26, ne parlait que de 3 éléments (et de leurs contraires) pour l'inspiration de la parole : ἐκ τοῦ λέγοντος, ἐκ τοῦ ἀκροατοῦ, ἐκ τοῦ πράγματος, ἐκ τοῦ ἐναντίου. Nous y reviendrons plus loin. Cf. l'exposé d'O. Navarre, *Essai sur la rhétorique grecque avant Aristote*, Paris, Hachette, 1900, 345 p. (214-239).

(1) Lucien, *Zeus tragique*, 15.

humaine des paroles. Il y a la cause ; il y a l'auditeur, il y a l'orateur ; il y a aussi et surtout l'homme, et la personne compte plus que la cause.

Pourtant, notre théoricien n'échappera pas à la tradition : des genres de cause, il distinguera, comme la majorité des auteurs, cinq sortes : *honestum*, *humile*, *dubium uel anceps*, *admirabile*, *obscurum*, ce qui correspond à la terminologie grecque : ἔνδοξον, ἄδοξον, ἀμφίδοξον, παράδοξον, δυσπαρακολούθητον.

En fait, Hermagoras en distinguait quatre : δυσπαρακαλούθητον étant exclu[1] ; c'est dans le *De inuentione* (I, 20) qu'apparaît le genre *obscurum* ((δυσπαρακολούθητον), qui procède d'une autre source qu'Hermagoras, et Quintilien en évoque un sixième *(genus turpe)*, déjà cité par la *Rhet. ad Her.*, I, 5, que les uns font entrer dans la catégorie des *genera humilia*, les autres dans la catégorie des *genera admirabilia.* Nous avons montré ailleurs quelles sont les sources de l'*Institution* sur ce point : on nous permettra de renvoyer à nos *Études*[2].

La deuxième partie est la narration : nos rhéteurs se posent la question de savoir si elle est toujours nécessaire, quelle est sa place dans l'économie du discours, quelle est l'économie propre de cette narration ; ce sont là des problèmes qui ont donné lieu en effet à des controverses[3]. Sans les éluder, Quintilien passe assez vite pour venir à l'étude des qualités requises dans la narration : ces qualités se ramènent à trois : clarté, brièveté, vraisemblance, selon l'enseignement d'Isocrate lui-même, mais d'autres ajoutent la magnificence du style, d'autres la *iucunditas*, d'autres l'*euidentia*[4]. A vrai dire, ce sont là des vues simplifiées

(1) Cf. G. Thiele, *Hermagoras. Ein Beitrag zur Geschichte der Rhetorik*, Strassburg, Trübner, 1893, 202 p. (p. 115).

(2) J. Cousin, *op. cit.*, p. 221 sq.

(3) Cf. J. Martin, *Antike Rhetorik*, Handb. der Altertumswissenschaft, II, 3, München, Beck, 1974, p. 75-89.

(4) Cf. la longue note de G. Calboli, *Cornifici Rhetorica ad Herennium*, Bologna, Pàtron, 1969, 498 p. (435-436).

et simplificatrices, et le problème est bien plus complexe, car une narration ne se réduit pas à des lignes aussi schématiques[1] : à lire les traités en langue grecque, on se rend compte qu'avec leur subtilité propre et leur souci de la minutie technique, les Grecs ont travaillé sur les données d'Hermagoras — ainsi que nos Latins plus tard — et introduit, dans cette classification des qualités et des exigences, des subdivisions multiples.

Ainsi, la διήγησις *(narratio)* se divise en trois groupes : a) *cum exponimus rem gestam* ; b) *aut fidei aut criminationis aut transitionis aut alicuius apparationis causa* ; c) *quod a causa ciuili remotum est*[2]. Mais, selon la définition de l'*Anonyme* de Séguier[3], les deux premiers genres sont des διηγήσεις ἐπὶ κριτῶν, le troisième des διηγήσεις καθ' ἑαυτάς. A son tour, le troisième se répartit en deux variétés : *quarum altera*, dit Cicéron[4], *in negotiis, altera in personis maxime uersatur.* Puis, la première de celles-ci se divise encore en *fabula*, *historia*, *argumentum* — répartition que l'on retrouve dans Sextus Empiricus[5] ; la seconde ne reçoit pas

(1) Pour Aristote, la narration ne devait être ni longue, ni brève, mais observer la mesure : Οὐδὲ γὰρ ἐνταῦθά ἐστι τὸ εὖ ἢ τὸ ταχὺ ἢ τὸ συντόμως, ἀλλὰ τὸ μετρίως (*Rhét.*, 1416 a 35).

(2) Cette tripartition remonte probablement à une source péri-hermagoréenne qui a sans doute été mal interprétée par l'adaptateur latin, comme l'a bien senti G. Calboli, *op. cit.*, p. 214. Au groupe *a)* = *Ad Her.*, I, 8, 12 correspond Cicéron, *De inu.*, I, 27 : *in quo ipsa causa et omnis ratio controuersiae continetur* ; au groupe *b)* = *Ad Her.*, *ibid.*, correspond Cicéron, *De inu.*, I, 27 : *in quo digressio aliqua extra causam* [...] *interponitur* ; au groupe *c)* = *Ad Her.*, *ibid.*, correspond Cicéron, *De inu.*, I, 27 : *tertium genus est remotum a ciuilibus causis, quod delectationis causa non inutili cum exercitatione dicitur.*

(3) *Anonyme* de Séguier, I (2), 363, 20 Sp.-H.

(4) Cicéron, *loc. cit.*

(5) Sextus Empiricus, *Adu. gr.*, 263 sq., p. 66, 1 sq. Mau. Les correspondants grecs sont les suivants : *historia* = ἱστορία ; *fabula* = μῦθος ; *argumentum* = πλάσμα pour les διηγήσεις κατὰ πράγματα *(in negotiis)*, tandis que la *pars in personis posita* (κατὰ πρόσωπα) se subdivise en διηγήσεις ἀφηγηματικαί, δραματικαί, μικταί, selon les rhéteurs Nikolaos, III, 455, 18 sq. Sp. et Doxopater, II, 207, 1 Walz, subdivision d'inspiration plato-

de subdivisions chez Cornificius et Cicéron, mais on en rencontre chez Nicolaos et Doxopater, faisant écho à une suggestion de Platon dans sa *République*, et à certaines données de la *Poétique* d'Aristote, qui avaient été systématisées par Praxiphane de Mitylène et par les Alexandrins, ce qui explique sa présence dans Asclépiade de Myrlaea.

Il n'est pas sûr que nos Latins aient parfaitement assimilé ces doctrines et trouvé des équivalents exacts et il faut sans doute mettre en cause ici le filtrage imparfait qu'a fait l'école rhodienne, ou plus exactement asiano-rhodienne, de ce vocabulaire technique et de ses applications et implications[1] : il s'est produit ainsi un clivage analogue à celui qui s'est produit pour les *status causae*, dont nous avons déjà parlé et qui est allé dans le sens d'une élaboration simplifiée, et, par suite, déformante.

C'est qu'en fait ces qualités de la narration et de ses formes se liaient au travail du style et de l'*elocutio* : il n'y a pas loin en effet des *uirtutes narrationis* aux *uirtutes elocutionis*. Quintilien n'a garde d'oublier l'importance du style dans la tenue de la narration, mais, comme il consacre plus loin un long développement au style, il se borne ici à des exigences élémentaires : de la simplicité, peu ou point de figures empruntées à la poésie ; de la variété dans la construction, les phrases, même les désinences, mais rien de ce qui ressemble à un cliquetis ou un ramassis de tours archaïques, dont l'étrangeté surprend, mais ne charme pas : s'il y a de l'art, qu'il se cache ! *Ars est celare artem.*

Deux courts chapitres vont clore ce livre IV : l'un consacré à l'*egressio*, l'autre à la *propositio*, suivis

nicienne (cf. Platon, *Resp.*, 392 c), mais une inspiration révisée par Aristote, particulièrement dans sa *Poétique*, 1448 a 25. Sur Praxiphane de Mitylène, cf. G. Calboli, *Studi grammaticali*, Bologna, Zanichelli, 1962, 258 p. (154-156) ; sur Asclépiade de Myrlaea, cf. Sextus Empiricus, *Adu. gr.*, 212, p. 62, 18 sq. Mau.

(1) Ainsi, dans l'*Anonyme* de Séguier, I (2), 363, 20 sq. Sp.-H., il est question de διηγήσεις βιωτικαί, ἱστορικαί, μυθικαί, περιπετικαί.

d'un développement sur la *diuisio* : il s'agit en fait d'une sorte de concession faite par Quintilien à certains maîtres, car il pense que ce qui doit suivre la narration, c'est la démonstration avec ses preuves — et il consacrera au problème tout le livre suivant — mais il veut être complet.

Le recours à la digression que les Grecs appellent ὑπεξαίρεσις ou παρέκβασις et les Latins *egressio*, *egressus*, *excessus* est ancien, non qu'il faille en attribuer la paternité à Corax, comme le suppose l'auteur des *Prolégomènes à Hermogène*[1], car il est douteux que le rhéteur sicilien ait atteint à une telle science dans la τάξις des parties d'un discours, mais Cicéron ne l'ignore pas, et, plus tard, après Quintilien, Chirius Fortunatianus, Philodème, Alexandre fils de Noumenios ont donné leur avis à ce sujet. Cicéron avait vu dans la digression une possibilité d'exciter ou de calmer les passions, mais rien ne prouve que Quintilien se soit inspiré de lui ; il y avait dans les discours connus assez d'exemples pour qu'il se forme une opinion personnelle[2].

Il en est de même de la proposition, dont il a déjà parlé au livre III (III, 9, 2), et qu'il place ailleurs — avant l'administration de la preuve, comme Aristote, mais les exemples qu'il propose sont empruntés visiblement à des traités de déclamation : c'est, dit-il, une pratique inspirée par la vanité des déclamateurs, qui est passée dans la pratique du forum. Ce n'est pas de sa part un éloge ! Et il conclut avec raison que la digression a sa place partout, selon l'occasion ou la nécessité : aussi n'en faut-il pas abuser et ne point en faire un élément fondamental du discours, une partie essentielle et distincte ; c'est plutôt une *exornatio*, dont il ne faut

(1) *Rhet. gr.*, IV, 12, Walz. Je n'irai pas jusqu'à dire, avec O. Navarre, *Essai sur la rhétorique...*, p. 335, que ce recueil est « un fatras niais et à peu près vide », car il contient quelques informations utiles sur Corax et Tisias.

(2) C'est à Cicéron que sont empruntés les exemples de digression, aux *Verrines*, celles sur l'éloge de la Sicile et le rapt de Proserpine, à la défense de C. Cornelius, le panégyrique de Pompée.

user qu'avec mesure. Sur la proposition, sa position est aussi nette : elle n'est qu'un avertissement à l'auditeur, à qui l'on annonce le plan de la confirmation.

Reste, selon son plan, la division ou partition : la définition qu'il donne se suffit à elle-même : *Partitio est nostrarum aut aduersarii propositionum aut utrarumque ordine conlocata enumeratio* (IV, 5, 1). Selon certains rhéteurs, son emploi est utile et nécessaire ; selon d'autres, il est dangereux. Ces jugements tranchés ne sont point pour lui plaire, de même qu'il rejette la division en mille petites parties (*mille particulas*, IV, 5, 25), qui, au lieu de parer à l'obscurité, la répandent par leur minutie. Le seul intérêt de la division, comme son réel bénéfice, est d'annoncer ce que l'on va dire et il faut se tenir à cette annonce ordonnée, sans aller comme Hortensius jusqu'à compter sur les doigts le nombre des propositions que l'on avance. Tacite, s'il est l'auteur du *Dialogue des orateurs*[1], expose, par la bouche d'Aper, ce qu'étaient les abus de ceux qu'il appelle les Anciens : « De longs exordes préparatoires, un enchaînement de la narration dont le détail remonte haut, un étalage de divisions multiples, une échelle d'innombrables arguments, et tout ce qui est recommandé par les traités les plus arides d'Hermagoras et d'Apollodore, voilà ce qui avait la vogue... » Tacite reproduit fidèlement ici la pensée de son bon maître : Aristote[2] était plus mesuré qu'Hermagoras et Apollodore : il se limitait à la πρόθεσις, qui précédait la preuve et servait à dresser la liste κεφαλαιωδῶς des divers points à traiter ; Cornificius et Cicéron[3] s'étaient bornés à une division bi-partite : *aperire quid nobis conueniat cum aduersariis*, déjà dans Hermagoras, mais les successeurs ne se bornèrent pas à cette sage mesure : Fortunatianus, plus tard, restera fidèle à cette bipartition, mais l'influence hellénique se laisse apercevoir à travers son vocabulaire[4].

(1) *Dialogue*, XIX, 3.
(2) *Rhét.*, 1414 a 35 et 1415 b 8.
(3) *Auct. ad Her.*, I, 17 ; *De inu.*, I, 31.
(4) Fortunatianus, *R.L.M.*, 113, 34 sq.

Ainsi qu'on peut le voir, Quintilien reste partisan de la mesure et du bon sens : il n'ignore pas les auteurs des traités antérieurs, dont l'enseignement affleure par endroits, mais il reste hostile à un formalisme rigide, à tout ce qui ferait soupçonner des artifices de méthode et l'emprisonnement dans une doctrine ; les exemples qu'il propose ou qu'il critique sont empruntés à la réalité de l'histoire de l'éloquence ; le souci majeur est l'efficience ; son guide est la psychologie des individus et des foules[1].

***

M. Jacques André a bien voulu, cette fois encore, accepter de faire la révision de ce travail ; qu'il soit vivement remercié de son amical concours.

Dans l'apparat critique et les notes des livres IV et V, nous renvoyons, sous une forme abrégée, à des noms de rhéteurs, d'éditeurs ou d'auteurs de conjectures. La liste suivante précise ces références :

G.L.K.	*Grammatici latini*, ed. H. Keil.
R.E.	*Realencyclopädie d. Altertumswissenchaft.*
Rhet. gr. Walz	*Rhetores Graeci*, ed. Chr. Walz.
R.L.M.	*Rhetores latini minores*, ed. C. Halm.
Sp.	*Rhetores Graeci*, ed. L. Spengel, 3 vol.
Sp.-H.	*Rhetores Graeci*, ex recogn. L. Spengel, ed. C. Hammer, vol. I, pars II.
S.V.F.	*Stoicorum ueterum fragmenta*, ed. J. von Arnim.

(1) Sur l'importance de la psychologie, cf. désormais K. Adam, *Docere, delectare, mouere. Zur poetischen und rhetorischen Theorie über Aufgaben und Wirkung der Literatur*, Diss. Kiel, 1971, 133 p.

Cass. = Cassiodorus (cf. R.L.M.).
Victor = Iulius Victor (cf. R.L.M.).
ed. Ald. = editio Aldina II, Venetiis, 1514.
ed. Asc. = editio Ascensiana I, Parisiis, 1516.
ed. Asc. = editio Ascensiana, Parisiis (rééd.), 1531.
ed. Gryph. = editio Gryphiana, Lugduni, 1536.
ed. Vasc. = editio Vascosana, Venetiis, 1493.
ed. Vasc. = editio Vascosana, Parisiis (rééd.), 1542.
ed. Ven. = editio Veneta, 1493.
Badius, ed. Ascensiana, 1516.
Bonnell, ed. Leipzig, 1854.
Burman, ed. Lugduni Batauorum (Leiden), 1720.
Campanus, ed. Romana I, 1470.
Capperonnier, éd. Paris, 1725.
Francius, *ap.* ed. Burman.
Gesner, ed. Göttingen, 1738.
Halm, ed. Leipzig, 1868-1869.
Jenson, ed. Veneta, 1471.
Meister, éd. Leipzig, 1886-1887.
Meyer (H.), éd. Leipzig, 1833, *sed uide infra.*
Obrecht, ed. Argentorati (Strasbourg), 1698.
Radermacher, éd. Leipzig, I, 1907.
Regius, *ap.* ed. Veneta, 1493.
Rollin, ed. Paris, 1715.
Schaefer, *ap.* ed. H. Meyer.
Spalding, éd. Leipzig, 1798.
Ps.-Turnèbe *ap.* ed. T. Richard, Paris, 1556.
Winterbottom, ed. Oxford, 1970.
Zumpt, *ap.* éd. Spalding, t. V, 1816.

Becher (F.), Deutsche Literaturzeitung, XII, 1891, 584.
Cameron (A.), Classical Rev., XVI, 1966, 17.
Kayser (L.), Neue Jahrbücher für Philologie, XCIII, 1866, 844.
Kiderling (M.), Neue Jahrbücher für Philologie, CXXXI, 1885, 114-136.
Kiderlin (M.), Wochenschrift für klass. Philologie, IV, 1887, 45.

Kiderlin (M.), Neue Jahrbücher für Philologie, CXXXVII, 1888, 489-508.

Kiderlin (M.), Blätter für d. bayer. Gymn. XXV, 1889, 511-513.

Kiderlin (M.), Neue Jahrbücher für Philologie, CXXXIX, 1889, 486-498.

Kiderlin (M.), Zeitschrift für d. öst. Gymn., XLI, 1890, 1061-1074.

Kiderlin (M.), Blätter für d. bayer. Gymn., XXVII, 1891, 184-189.

Kiderlin (M.), *Abhandlungen... W. von Christ*, München, 1891, 77-87.

Meister (F.), Philologus, VIII, 1853, 183-184.

Meister (F.), *Quaestiones Quintilianeae*, Liegnitz, 1860, 23 p.

Meister (F.), *Quaestionum Quintilianearum pars II*, Breslau, 1865, 36 p.

Meister (F.), Rheinisches Museum, XXII, 1867, 461.

Meyer (W.), *ap.* ed. Halm.

Peters (H.), *Beiträge zur... Quintilians Institutio oratoria*, Progr. Cassel, 1889, 16-25.

Philander (G.), *Castigationes... in... Quintilianum*, Lugduni, 1535.

Pithou (P.), *ap.* ed. Leidensem, 1665.

Toernebladh (R.), *Quaestiones criticae Quintilianeae*, Calmariae, 1860, 42 p.

Victorius (P.), *Commentarii in tres libros Aristotelis de arte dicendi*, Florentiae, 1548.

Winterbottom (M.), Classical Rev., XIV, 1964, 14.

SIGLA

A Ambrosianus lat. E. 153 sup., saec. IX.
a correcturae fere aequales.
Bn[1] Bernensis lat. 351, saec. IX.
Bn[2] Bernensis lat. 351, saec. IX (secunda manu).
Bg Bambergensis lat. M. IV.14 (pars antiquior), saec. X.
b correcturae eiusdem, saec. X.
G supplementum Bambergensis, saec. X.
B consensus inter Bn et Bg (uel G).
H Harleianus lat. 2664, saec. X.
h correcturae eiusdem.
N Parisinus lat. 18527 (= Nostradamensis), saec. X.
F Florentinus lat. (Laurentianus lat. XLVI, 7), saec. X.
T Turicensis lat. 288, saec. XI.
t correcturae eiusdem (Ekkehardo IV° auctore), saec. XI.
J Cantabrigiensis Ioannensis lat. 91, saec. XII.
E Breuiarium Stephani Rothomagensis (= Étienne de Rouen) = Parisinus lat. 14146, saec. XII.
D Parisinus lat. 7719, saec. XIII.

Nonnunquam adhibentur codices recentiores lat. saec. XV : *Vindob*(onensis lat.) *3135*, *Laur*(entianus lat.) *XLVI, 9*, *Harl*(eianus lat.), *2262*, *Par*(isinus lat.) *7723*, *p = correcturae fere aequales eiusdem*, *Vat*(icanus lat.) *1766*, *D'Orv*(ille) *13*.

LIVRE IV

LIVRE IV

Avant-propos

1. J'avais terminé, Marcellus Vitorius, le livre III de l'ouvrage qui t'est dédié, et j'avais déjà dépassé près du quart de mon travail, quand sont venus s'imposer à moi un nouveau motif d'application et une préoccupation plus profonde à l'égard du jugement que l'on portera sur moi. Jusqu'ici en effet nous n'avions guère eu entre nous que des échanges d'idées sur nos études, et si notre système ne rencontrait pas une approbation générale, nous pouvions nous contenter, à ce qu'il semblait, de le pratiquer chez nous, car il nous paraissait satisfaisant pour la formation de ton fils et du mien. **2.** Mais Domitien Auguste m'a remis le soin de m'occuper des petits-fils de sa sœur[1], et je croirais sous-estimer l'honneur de ces divins suffrages, si je ne mesurais aussi d'après cela la grandeur de cette charge[2]. **3.** Comment irais-je mesurer mes peines pour affiner les mœurs, de manière à mériter justement l'approbation du plus irréprochable des censeurs[3], ou les études, de manière à ne pas donner l'impression d'avoir déçu à leur propos un prince qui n'est pas moins éminent dans le domaine de l'éloquence qu'en tout autre domaine[4]?

(1) Cf. notre *Introduction*, t. I, p. xxv.
(2) Cf. *Notes complémentaires*.
(3) Cf. *Notes complémentaires*.
(4) Cf. *Notes complémentaires*.

LIBER QVARTVS

<PROHOEMIVM>

1. Perfecto, Marcelle Vitori, operis tibi dicati tertio libro et iam quarta fere laboris parte transacta, noua insuper mihi diligentiae causa et altior sollicitudo, quale iudicium hominum emererer, accessit. Adhuc enim uelut studia inter nos conferebamus, et, si parum nostra institutio probaretur a ceteris, contenti fore domestico usu uidebamur, ut tui meique filii formare disciplinam satis putaremus. **2.** Cum uero mihi Domitianus Augustus sororis suae nepotum delegauerit curam, non satis honorem iudiciorum caelestium intellegam, nisi ex hoc oneris quoque magnitudinem metiar. **3.** Quis enim mihi aut mores excolendi sit modus, ut eos non inmerito probauerit sanctissimus censor, aut studia, ne fefellisse in iis uidear principem, ut in omnibus, ita in eloquentia quoque eminentissimum ?

Prohoemium *BH* : proemium *A in indice*

1. marcelle *Vat. 1766* : M. *BH* marce *A* || uitori *AB* : uict-*bH* || dicati *A* : dedic- *BH* || noua *A* : nouae *BH* || emererer *BH* : mererer *A* || uelut *BH* : uel *A*

4. Si nul ne s'étonne que les plus grands poètes aient souvent invoqué les Muses au début de leurs ouvrages, et même que, parvenus, dans la suite, à un point plus important, ils renouvellent leurs vœux et ils adressent à la divinité comme une nouvelle prière[1], **5.** l'on me pardonnera certainement, à moi aussi, ne l'ayant pas fait au début, quand j'ai abordé mon sujet, d'appeler maintenant à mon aide tous les dieux, et, avant tout, celui dont le pouvoir est le plus favorable et le plus propice aux études[2] : puisse-t-il m'inspirer assez de talent pour répondre à l'attente placée en moi, m'être secourable et bienveillant, et me rendre tel qu'il m'a supposé !

6. Cet acte de dévotion ne m'est pas inspiré par cette seule raison, qui est de très haute importance ; il y a aussi que la progression de mon ouvrage m'amène à des sujets plus importants et plus ardus que les précédents.

Il s'ensuit, en effet, qu'il faut exposer l'ordre à adopter dans les causes judiciaires, qui sont particulièrement variées et compliquées, quel est le rôle de l'exorde, quelle est la méthode de la narration, quel crédit attacher aux preuves, soit pour confirmer ce que nous avons avancé, soit pour démonter ce qui nous est opposé, quelle vigueur doit recevoir la péroraison, soit que, par une brève récapitulation, il faille rafraîchir la mémoire du juge, ou, ce qui est de beaucoup plus efficace, l'émouvoir.

7. Ces différentes parties, prises une à une, quelques auteurs ont préféré les traiter séparément, comme s'ils craignaient le poids d'un exposé global, et, dans ces conditions, ils ont également, sur chacune d'elles,

(1) Cf. *Notes complémentaires.*
(2) Cf. *Notes complémentaires.*

4. Quod si nemo miratur poetas maximos saepe fecisse ut non solum initiis operum suorum Musas inuocarent, sed, prouecti quoque longius, cum ad aliquem grauiorem uenissent locum, repeterent uota et uelut noua precatione uterentur, **5.** mihi quoque profecto poterit ignosci si, quod initio, quo primum hanc materiam inchoaui, non feceram, nunc omnis in auxilium deos ipsumque in primis, quo neque praesentius aliud nec studiis magis propitium numen est, inuocem, ut, quantum nobis expectationis adiecit, tantum ingenii adspiret, dexterque ac uolens adsit et me qualem esse credidit faciat.

6. Cuius mihi religionis non haec sola ratio, quae maxima est, sed alioqui sic procedit ipsum opus, ut maiora praeteritis ac magis ardua sint, quae ingredior.

Sequitur enim ut iudicialium causarum, quae sunt maxime uariae atque multiplices, ordo explicetur : quod prohoemii sit officium, quae ratio narrandi, quae probationum fides, seu proposita confirmamus siue contra dicta dissoluimus, quanta uis in perorando, seu reficienda breui repetitione rerum memoria est iudicis, siue adfectus, quod est longe potentissimum, commouendi.

7. De quibus partibus singulis quidam separatim scribere maluerunt uelut onus totius corporis ueriti, et sic quoque compluris de una quaque

5. initio *A* : -tium *BH* || deos *AbH* : *om. B* || propitium *A* : -prium *BH*

6. sunt *AB* : *om. H* || prohoemii *A* : prooemii *B* prohomii *H* || fides *A* : sit fides *BH*

publié plusieurs livres. Personnellement, ayant osé les lier toutes, je prévois un travail presque infini, et la seule pensée d'avoir entrepris une telle tâche m'accable. Mais, puisque j'ai commencé, il faut tenir bon, et si les forces me manquent, je dois avoir au moins le courage de persévérer.

I

[De l'exorde]

1. Ce qui est appelé en latin *principium* ou *exordium*, les Grecs l'ont nommé, plus raisonnablement, semble-t-il, προοίμιον, car notre mot latin signifie seulement « début », mais eux, ils montrent, assez clairement, qu'il s'agit de la partie placée avant l'accès au sujet dont on doit parler. **2.** En réalité, le terme peut venir d'οἴμη, le « chant », et du fait que les citharèdes ont donné le nom de *prohoemium* au court prélude qu'ils font entendre, pour se concilier la faveur, avant d'aborder l'épreuve réglementaire, si bien que les orateurs ont, eux aussi, désigné par la même appellation ce qu'ils disent, avant d'aborder la cause, pour se concilier l'esprit des juges[1], **3.** mais il peut venir d'οἶμος, qui, chez les Grecs aussi, signifie « chemin », et l'on aurait décidé d'appeler ainsi ce qui précède l'entrée en matière ; toujours est-il que le *prohoemium* est ce qu'il est utile

(1) Même théorie dans Aristote, *Rhét.*, III, 1414 b 20 sq.

earum libros ediderunt. Quas ego omnis ausus contexere prope infinitum laborem prospicio et ipsa cogitatione suscepti muneris fatigor. Sed durandum est, quia coepimus, et si uiribus deficiemur, animo tamen perseuerandum.

I

[De exordio]

1. Quod principium Latine uel exordium dicitur, maiore quadam ratione Graeci uidentur προοίμιον nominasse, quia a nostris initium modo significatur, illi satis clare partem hanc esse ante ingressum rei, de qua dicendum sit, ostendunt. **2.** Nam siue propterea quod οἴμη cantus est et citharoedi pauca illa, quae antequam legitimum certamen inchoent, emerendi fauoris gratia canunt, prohoemium cognominauerunt, oratores quoque ea, quae prius quam causam exordiantur ad conciliandos sibi iudicum animos praelocuntur, eadem appellatione signarunt, **3.** siue, quod οἶμον idem Graeci uiam appellant, id, quod ante ingressum rei ponitur, sic uocare est institutum : certe prohoemium est, quod apud iudicem dici prius

7. quas ego *AB* : quis ergo *H* || infinitum *A* : finitimum *BH* || deficiemur *AB* : -mus *a H*

I. TEST. : 2-3. Cassiodorus, *R.L.M.*, 501, 41 clare — 502, 6 institutum

1. illi *BH* : -is *A* || clare *BH Cass.* : -ret *A*

2. citharoedi *Cass.* : -redi *BH* chitaroedi *A* || cognominauerunt *BH* (-narunt *Cass.*) : nominauerunt *A* || iudicum *A Cass.* : -cium *BH*

3. OIMON *BH Cass.* : hoemon *A* || idem *ABH* : *om. Cass.* || ingressum *A Cass.* : -gresse *BH* || uocare *ABH* : -cari *Cass.* || dici *A* : *om. BH*

de dire devant le juge avant de l'informer de la cause ; c'est donc une faute, dans les écoles, de traiter toujours l'exorde comme si le juge était déjà instruit de la cause[1]. **4.** Cette licence s'explique par le fait qu'une déclamation est précédée d'une sorte d'esquisse du litige. Mais, au forum aussi, ce genre de début peut trouver place dans la seconde audience, plus rarement, à vrai dire, dans la première, à moins que le juge, devant qui nous parlons, ait eu déjà connaissance, par une autre source, de l'affaire dont il s'agit.

5. L'introduction n'a pas d'autre but que de préparer l'auditeur à être mieux disposé à notre égard dans les autres parties. Les théoriciens admettent, pour la plupart, qu'on atteint au mieux ce résultat par trois moyens, qui consistent à rendre l'auditeur bienveillant, attentif et docile, non que ces précautions ne doivent pas être observées tout au long du plaidoyer, mais elles s'imposent particulièrement dans les débuts pour avoir accès dans l'esprit du juge et y progresser ensuite plus avant.

6. Ce qui nous vaut la bienveillance, nous a-t-on appris, ce sont ou les personnes ou les causes. Mais, les personnes, contrairement à ce que l'on a pensé généralement, ne se réduisent pas seulement à trois : le plaignant, l'adversaire et le juge. Car il arrive aussi parfois que l'exorde se tire de celui qui plaide[2]. **7.** Tout en parlant assez peu de lui-même et assez modérément, il est tout à fait décisif qu'il soit considéré comme un

(1) Cf. la *Notice*. Nous avons gardé dans la traduction la graphie *prohoemium* du texte des mss, quelque illogique qu'elle soit.

(2) Cf. Aristote, *Rhét.*, 1415 a 27 : Λέγεται δὲ ταῦτα ἔκ τε τοῦ λέγοντος καὶ τοῦ ἀκροατοῦ καὶ τοῦ πράγματος καὶ τοῦ ἐναντίου ; Cicéron, *De orat.*, 182 et 321 modifie la notion : *Cum erit utendum principio, quod plerumque erit, aut ex reo aut ex aduersario aut ex re aut ex eis apud quos agetur, sententias duci licebit.* La différence vient du fait qu'en Grèce le secours d'un avocat n'est pas admis.

quam causam cognouerit possit, uitioseque in scholis facimus, quod exordio semper sic utimur quasi causam iudex iam nouerit. **4.** Cuius rei licentia ex hoc est, quod ante declamationem illa uelut imago litis exponitur. Sed in foro quoque contingere istud principiorum genus secundis actionibus potest, primis quidem raro umquam, nisi forte apud eum, cui res aliunde iam nota sit, dicimus.

5. Causa principii nulla alia est, quam ut auditorem quo sit nobis in ceteris partibus accommodatior, praeparemus. Id fieri tribus maxime rebus inter auctores plurimos constat, si beniuolum, attentum, docilem fecerimus, non quia ista non per totam actionem sint custodienda, sed quia initiis praecipue necessaria, per quae in animum iudicis, ut procedere ultra possimus, admittimur.

6. Beniuolentiam aut a personis duci aut a causis accepimus. Sed personarum non est, ut plerique crediderunt, triplex ratio, ex litigatore et aduersario et iudice ; nam exordium duci nonnumquam etiam ab actore causae solet. **7.** Quamquam enim pauciora de se ipso dicit et parcius, plurimum tamen ad omnia momenti est in hoc positum, si uir

3. possit *A* : prosit *BH* || scholis *A* : sco- *BH*
4. cuius *BH* : cui *A* || rei *AB* : regi *H* || illa *A* : -am *BH* || aliunde iam *BH* : iam aliunde *A*
5. TEST. : Cassiodorus, *R.L.M.*, 502, 7 causa — 502, 10 iudicis
praeparemus *AB* : -ramus *b* -raemus *H* || auctores *A* : act- *BH* || fecerimus *ABH* : -ris *Cass.* || iudicis *ABn Cass.* : -ces *BgH* || admittimur *AbH* : admiti- *B*
6. duci *B* : -imus *AbH* || accepimus *BH* : accip- *Ab* || ab actore — enim *om. Bg 1 m. H*

honnête homme. Car, alors, il aura la chance de donner l'impression qu'il n'apporte pas à l'affaire un zèle d'avocat[1], mais presque la bonne foi d'un témoin. Il faut qu'il fasse croire, avant tout, que, s'il est venu plaider, c'est qu'il a été guidé par un devoir de parenté, d'amitié, et surtout, si possible, d'intérêt public, ou, du moins, d'exemplarité qui ne soit pas négligeable. Il en est de même, et plus encore, sans aucun doute, pour les plaideurs, qui doivent donner l'impression d'avoir été amenés en justice pour un motif important et honorable ou même par la nécessité. **8.** Mais si l'avocat tire une autorité particulière du fait qu'il ne peut être soupçonné de s'être chargé d'une affaire pour des raisons sordides ou par haine ou par ambition, c'est également pour lui une sorte de recommandation tacite à cet égard auprès du juge que de se dire mal assuré, mal préparé, inférieur en talent aux avocats adverses, comme le fait Messala dans la plupart de ses exordes[2]. **9.** On est, en effet, bien disposé naturellement pour ceux qui se trouvent en difficulté, et un juge scrupuleux écoute très volontiers un défenseur, contre qui son esprit de justice ne se tient pas en garde. De là, chez les anciens[3], ce souci de dissimuler leur éloquence, bien éloigné de la jactance de nos contemporains.

10. Il faut éviter aussi l'insolence, la malignité, la suffisance, la médisance à l'encontre d'un homme ou d'un ordre et particulièrement de ceux qu'on ne peut blesser sans s'aliéner la bonne volonté des juges. **11.** En réalité, il ne faut rien dire contre les juges, soit ouvertement, soit par allusions transparentes, et il serait sot de le rappeler, si cela ne se produisait.

(1) Cf. V, 13, 10 ; VI, 2, 4. Quintilien emploie souvent *aduocatus* avec le sens de *patronus*, mais parfois il fait du mot un synonyme de *causidicus*, qui a un sens péjoratif, ou même d'assistant ou d'aide pour les affaires de justice.

(2) Cf. *Notes complémentaires.*

(3) Cf. *Notes complémentaires.*

bonus creditur. Sic enim continget ut non studium aduocati uideatur adferre, sed paene testis fidem. Quare in primis existimetur uenisse ad agendum ductus officio uel cognationis uel amicitiae, maximeque, si fieri poterit, rei publicae, aut alicuius certe non mediocris exempli. Quod sine dubio multo magis ipsis litigatoribus faciendum est, ut ad agendum magna atque honesta ratione aut etiam necessitate accessisse uideantur. **8.** Sed ut praecipua in hoc dicentis auctoritas, si omnis in subeundo negotio suspicio sordium aut odiorum aut ambitionis afuerit, ita quaedam in his quoque commendatio tacita, si nos infirmos, inparatos, inpares agentium contra ingeniis dixerimus, qualia sunt pleraque Messalae prohoemia. **9.** Est enim naturalis fauor pro laborantibus, et iudex religiosus libentissime patronum audit, quem iustitiae suae minime timet. Inde illa ueterum circa occultandam eloquentiam simulatio, multum ab hac nostrorum temporum iactatione diuersa.

10. Vitandum etiam ne contumeliosi, maligni, superbi, maledici in quemquam hominem ordinemue uideamur, praecipueque eorum, qui laedi nisi aduersa iudicum uoluntate non possint. **11.** Nam in iudicem ne quid dicatur non modo palam, sed quod omnino intellegi possit, stultum erat monere, nisi fieret.

7. continget *B* : -git *AHb* || adferre *om.* *A* || poterit *BH* : potue- *A* || ipsis litigatoribus AB : ipsis *bH*

8. afuerit *AB* : abf- *bH* || inparatos *om.* *B* || inpares *AB* : inpartes *H* || ingeniis *B* : -gentes *AHb*

9. inde *AB* : in die *H* || multum *AbH* : multo *B*

11. in *AB* : *om.* *H* || quod *B* : ne quod (quid *H*) *AH* quod ne *b* || nisi *om.* *bH*

Le défenseur de la partie adverse pourra également fournir la matière de l'exorde : nous pouvons parler de lui, tantôt avec honneur, en feignant de craindre son éloquence et son crédit, afin de susciter à cet égard la défiance du juge, tantôt, mais très rarement, en recourant au dénigrement, comme l'a fait Asinius, qui, défendant les héritiers d'Urbinia, fit valoir entre autres comme preuve que la cause de l'adversaire était mauvaise, le fait qu'il avait choisi Labiénus comme défenseur[1].

12. D'après Cornelius Celsus[2], ce ne sont pas là des exordes, parce qu'ils sont en dehors de la cause. Mais, personnellement, je préfère suivre l'autorité des plus grands orateurs ; de plus, j'estime que tout ce qui concerne la personne du défenseur concerne la cause, car il est naturel que les juges croient même plus facilement ceux qu'ils écoutent plus volontiers.

13. De la personne du demandeur, on peut parler de plusieurs façons : tantôt, en effet, on allègue sa dignité, tantôt on recommande sa faiblesse. Parfois, on a la chance de pouvoir rappeler ses services, ce qui demandera plus de réserve en parlant pour soi qu'en louant un autre. Des moyens d'action importants sont fournis par le sexe, l'âge, la condition, par exemple, quand des femmes, des vieillards, des pupilles allèguent leur qualité d'enfants, de parents, d'épouses : **14.** car la pitié suffit à fléchir aussi un juge strict. Toutefois, dans l'exorde, il faut seulement donner un avant-goût de ces considérations, non les épuiser.

On attaque, d'ordinaire, la partie adverse à peu près par les mêmes moyens, mais inversés. Car la puissance fait naître l'envie, l'obscurité et l'abjection le mépris,

(1) Cf. *Notes complémentaires.*

(2) Cornelius Celsus est l'encyclopédiste contemporain de Tibère, dont il ne reste plus, à part quelques fragments, que les huit livres sur la médecine (VI-XII). Sur ses théories en rhétorique, cf. J. Woehrer, *De A. Cornelii Celsi rhetorica*, Wien, Denticke, 1903, 79 p., qui est une reconstitution quelque peu aventureuse.

Etiam partis aduersae patronus dabit exordio materiam, interim cum honore, si eloquentiam eius et gratiam nos timere fingendo, ut ea suspecta sint iudici, fecerimus, interim per contumeliam, sed hoc perquam raro, ut Asinius pro Vrbiniae heredibus Labienum aduersarii patronum inter argumenta causae malae posuit.

12. Negat haec prohoemia esse Cornelius Celsus, quia sint extra litem ; sed ego cum auctoritate summorum oratorum magis ducor, tum pertinere ad causam puto quidquid ad dicentem pertinet, cum sit naturale ut iudices iis, quos libentius audiunt, etiam facilius credant.

13. Ipsius autem litigatoris persona tractanda uarie est : nam tum dignitas eius adlegatur, tum commendatur infirmitas. Nonnumquam contingit relatio meritorum, de quibus uerecundius dicendum erit sua quam aliena laudanti. Multum agit sexus, aetas, condicio, ut in feminis, senibus, pupillis, liberos, parentis, coniuges adlegantibus : **14.** nam sola rectum quoque iudicem inclinat miseratio. Degustanda tamen haec prohoemio, non consumenda.

Aduersarii uero persona prope isdem omnibus, sed e contrario ductis inpugnari solet. Nam et potentes sequitur inuidia et humiles abiectosque

11. etiam *A* : etenim *BH* || et gratiam *A* : ad gratiam *BH* || asinius *Ab* : -inus *BH* || urbiniae *Bn* : -binae *AbH* || malae *BH* : male *A*

12. iis *B* : his *AH*

13. TEST. : 13-14, Victor, *R.L.M.*, 422, 2-6.

13. multum *BH* : -o *A* || agit *B* : magis *A* ait *H* || ut *AbH* : *om. B* || in *om. H*

l'infamie et la culpabilité la haine, et ce sont trois moyens très puissants pour aliéner l'esprit des juges. **15.** A cet égard, un simple exposé ne suffit pas : des orateurs sans expérience en sont aussi capables ; dans la plupart des cas, il faut amplifier ou atténuer, selon les besoins : le traitement est en effet du domaine de l'orateur ; le reste, de la cause[1].

16. Nous gagnerons le juge, en faisant son éloge, ce qui, même fait, comme il se doit, avec mesure, est admis pour les deux parties, mais encore on liera son éloge aux intérêts de notre cause, par exemple, si les clients sont des gens distingués, nous en appellerons à sa propre dignité, humbles à son esprit de justice, malheureux à sa pitié, lésés à sa sévérité, et, ainsi de suite, par analogie. **17.** Je voudrais aussi que l'on connût, si possible, l'humeur des juges, car, selon qu'elle est hargneuse, douce, aimable, grave, dure, détendue, il faudra invoquer, pour notre cause, tout ce qui peut les rendre coopérants, ou tempérer ce qui les rendra hostiles. **18.** Quelquefois, il arrive aussi que le juge soit notre ennemi personnel ou l'ami de nos adversaires. C'est une éventualité qui doit être prise en considération par les deux parties, et peut-être même plus par celle vers laquelle le juge paraît incliner. Il y a parfois, en effet, des juges à l'esprit dévié, qui affectent de prononcer contre leurs amis ou en faveur de ceux avec lesquels ils sont en mauvais termes, et qui commettent une injustice pour ne pas donner l'impression d'en avoir commis.

19. On en a même connu, qui prononçaient dans leurs propres affaires. Par exemple, dans les livres d'*Observations* publiés par Septimius, je vois que

(1) Quintilien suit ici l'enseignement de Cicéron, *De inu.*, I, 22 et celui de l'*Auct. ad Her.*, I, 8.

contemptus et turpes ac nocentes odium, quae tria sunt ad alienandos iudicum animos potentissima. **15.** Neque haec dicere sat est, quod datur etiam imperitis ; pleraque augenda ac minuenda, ut expediet ; hoc enim oratoris est, illa causae.

16. Iudicem conciliabimus nobis, non tantum laudando eum, quod et fieri cum modo debet et est tamen parti utrique commune, sed si laudem eius ad utilitatem causae nostrae coniunxerimus, ut adlegemus pro honestis dignitatem illi suam, pro humilibus iustitiam, pro infelicibus misericordiam, pro laesis seueritatem, et similiter cetera. **17.** Mores quoque, si fieri potest, iudicis uelim nosse. Nam prout asperi, lenes, iucundi, graues, duri, remissi erunt, aut adsumere in causam naturas eorum, qua competent, aut mitigare qua repugnabunt, oportebit. **18.** Accidit autem interim hoc quoque, ut aut nobis inimicus aut aduersariis sit amicus qui iudicat. Quae res utrique parti tractanda est, ac nescio an etiam ei magis, in quam uideatur propensior. Est enim nonnumquam prauus hic ambitus, aduersus amicos aut pro iis, quibuscum simultates gerant, pronuntiandi, faciendique iniuste, ne fecisse uideantur. **19.** Fuerunt etiam quidam suarum rerum iudices. Nam et in libris Obseruationum a Septimio editis adfuisse

14. contemptus *Ab* : -tio *BH*
17. TEST. : 16-17, Victor, *R.L.M.*, 422, 6-14.
17. duri remissi *om. Victor* || remissi erunt *AB* : remiserunt *H* fuerint ita *Victor*
18. aduersariis *AbH* : -rio *B* || etiam *om. B* || uideatur *A* : -detur *BH* || prauus *E* : paruus *A* prauis *BH* || iis *BH* : his *A*
19. septimo *edd.* : septimino *ABH.*

Cicéron a plaidé une cause de ce genre, et, moi-même, j'ai plaidé pour la reine Bérénice devant elle-même[1]. En ce cas, la méthode est celle que j'ai indiquée plus haut ; l'adversaire proclame hautement la confiance de son client ; l'avocat de l'autre partie redoute les scrupules du juge.

20. En outre, il faut détruire ou consolider l'opinion que le juge paraît avoir apportée de chez lui <au tribunal[2]>. Parfois même, il faut écarter ses appréhensions ; tel Cicéron, qui, défendant Milon, s'efforça de montrer aux juges que le dispositif militaire de Pompée n'était pas dirigé contre eux ; parfois, il faut en inspirer, comme le fait le même Cicéron dans son plaidoyer contre Verrès. **21.** Mais il y a deux façons de procéder : la première, fréquente et bien vue, c'est de faire craindre que le peuple Romain n'ait mauvaise impression, que le procès ne soit transféré devant une autre instance ; l'autre, brutale et rare, consiste à menacer les juges d'une accusation de corruption ; d'ailleurs, il est plus sûr d'employer ce dernier moyen devant un tribunal plus étoffé, car la menace inhibe les mauvais juges et plaît aux bons ; mais, devant un juge unique, je ne conseillerais jamais de recourir à cette tactique, sauf à défaut de toute autre. **22.** Si la nécessité l'exige, ce ne sera plus affaire de rhétorique, non plus que d'en appeler de la sentence, même si cela aussi se révèle souvent utile, ou d'incriminer le juge avant qu'il ne prononce, car menacer ou dénoncer est à la portée de quiconque n'est pas même orateur.

23. Si la cause nous fournit un moyen de nous concilier le juge, c'est à elle de préférence que nous emprunterons, pour en faire usage dans le début, ce qui paraîtra très propre à gagner la faveur. Ici,

(1) Cf. l'*Introduction* générale, t. I, p. XXXII. Septimius est inconnu ; on ne sait s'il s'agit de celui qui est nommé par Stace (*Sil.*, IV, 5) ou de celui dont parle Martial (II, 6, 3).

(2) C'est l'exorde καθ' ὑπόληψιν d'Aristote, *Rhét.*, 1416 a 4 ; l'allusion au *Pro Milone* concerne évidemment le préambule

Ciceronem tali causae inuenio, et ego pro regina Berenice apud ipsam eam dixi. Similis hic quoque superioribus ratio est : aduersarius enim fiduciam partis suae iactat, patronus timet cognoscentis uerecundiam.

20. Praeterea detrahenda uel confirmanda opinio, si quam praecipue domo uidebitur iudex attulisse. Metus etiam nonnumquam est amouendus, ut Cicero pro Milone ne arma Pompei disposita contra se putarent laborauit, nonnumquam adhibendus, ut idem in Verrem facit. **21.** Sed adhibendi modus alter ille frequens et fauorabilis, ne male sentiat populus Romanus, ne iudicia transferantur, alter autem asper et rarus, quo minatur corruptis accusationem, et id quidem in consilio ampliore utcumque tutius (nam et mali inhibentur et boni gaudent) ; apud singulos uero numquam suaserim, nisi defecerint omnia. **22.** Quod si necessitas exiget, non erit iam ex arte oratoria, non magis quam appellare, etiamsi id quoque saepe utile est, aut antequam pronuntiet, reum facere ; nam et minari et deferre etiam non orator potest.

23. Si causa conciliandi nobis iudicis materiam dabit, ex hac potissimum aliqua in usum principii, quae maxime fauorabilia uidebuntur, decerpi

19. ciceronem *aBH* : -ni *A* || ratio aut aduersarius *om. BH*
20. TEST. : 20, Victor, *R.L.M.*, 422, 14-15.
20. si quam praecipue *B* : praecipue si quam *A* praeterea in *H*
21. populus Romanus : pr. *BH* praetor *A*
22. exiget *A* : -git *B* exiit *H*

Verginius se trompe[1], quand il enseigne que, selon Théodore, chaque question doit fournir un élément pour l'exorde. **24.** En fait, ce n'est pas là ce que dit Théodore, mais qu'il faut préparer le juge aux questions les plus importantes <que l'on soulèvera> ; et ce précepte n'aurait rien d'erroné, s'il n'en faisait une prescription générale, car cela n'est pas possible pour n'importe quelle question, ni désirable pour n'importe quelle cause. En effet, le demandeur parlant le premier, quand l'affaire est encore inconnue du juge, comment tirer d'emblée des idées des questions ? Il faudra sans nul doute que les faits soient signalés au préalable. Admettons qu'on le fasse pour quelques-uns (ce que le système de défense exigera parfois) ; faut-il le faire aussi pour les plus importants, c'est-à-dire, pour la cause dans sa totalité ? En ce cas, l'exposé des faits sera achevé dans l'exorde ! **25.** Quoi donc ? Si, comme il arrive souvent, la cause est un peu dure[2] ? Ne faudra-t-il pas gagner la bienveillance du juge en d'autres passages, et lui exposera-t-on les questions dans leur âpre nudité, sans avoir, au préalable, conquis sa sympathie ? Si toutes les questions importantes pouvaient toujours se traiter comme il faut, dès le début, il n'y aurait pas besoin d'exorde. **26.** Donc, il ne sera pas inutile parfois d'emprunter aux questions et de placer dans l'exorde certains points particulièrement propres à nous concilier le juge.

Quels sont, d'ailleurs, dans les causes, les points favorables. Il n'est pas nécessaire de les énumérer, parce qu'ils seront évidents, dès que seront connues les données de chaque affaire en discussion, et qu'il est impossible de les grouper tous ici, en raison de la variété considérable des litiges. **27.** Il est, d'autre part, de

de ce discours ; mais nous ne connaissons que la version récrite et l'on sait par Asconius que Cicéron parla dans le tumulte et le désarroi ; l'allusion au plaidoyer contre Verrès vise l'*actio prima* (1-3).

(1) Cf. *Notes complémentaires.*

(2) Cf. *Notes complémentaires.*

oportebit. Quo in loco Verginius fallitur, qui Theodoro placere tradit ut ex singulis quaestionibus singuli sensus in prohoemium conferantur. **24.** Nam ille non hoc dicit, sed ad potentissimas quaestiones iudicem praeparandum ; in quo uitii nihil erat, nisi in uniuersum id praeciperet, quod nec omnis actio patitur nec omnis causa desiderat. Nam protinus a petitore primo loco, dum ignota iudici lis est, quo modo ex quaestionibus ducemus sententias ? Nimirum res erunt indicandae prius. Demus aliquas (nam id exiget ratio nonnumquam) ; etiamne potentissimas omnis, id est totam causam ? Sic erit in prohoemio peracta narratio ! **25.** Quid uero si, ut frequenter accidit, paulo est durior causa ? Non beniuolentia iudicis petenda ex aliis partibus erit, sed, non ante conciliato eius animo, nuda quaestionum committetur asperitas ? Quae si recte semper initio dicendi tractarentur, nihil prohoemio opus esset. **26.** Aliqua ergo nonnumquam, quae erunt ad conciliandum nobis iudicem potentissima, non inutiliter interim ex quaestionibus in exordio locabantur.

Quae sint porro in causis fauorabilia, enumerare non est necesse, quia et manifesta erunt cognita cuiusque controuersiae condicione et omnia colligi in tanta litium uarietate non possunt. **27.** Vt autem

23. uerginius *BH* : uir- *A* || tradit ut *AB* : -ditus *H*

24. nec omnis... patitur *om. H* || actio *B* : quaestio *A* || protinus *A* : proten- *BH* || indicandae *BH* : iud- *A* || exiget *A* : -git *B* -gat *bH*

25. durior *om. BH*

26. TEST. : 26-29, Victor, *R.L.M.*, 422, 15-25.

26. nonnumquam *A* : numquam *BH* || fauorabilia *AH Victor* : -les *B* || quia *A* : q. (*i.e.* quae) *BH*

l'intérêt de la cause de trouver et d'amplifier ces éléments d'argumentation, mais aussi d'écarter totalement de la cause ou, tout au moins, d'atténuer ce qui peut porter tort. C'est du même intérêt que peut aussi s'inspirer un appel à la pitié, que nous ayons subi un grave dommage ou que nous soyons exposés à le subir. **28.** Aussi bien, ne suis-je pas de l'avis de ceux[1], pour qui la différence entre l'exorde et la péroraison réside en ce que la seconde traite du passé, le premier du futur ; mais j'estime que, dans l'entrée en matière, on doit chercher à prédisposer le juge à la pitié avec plus de réserve et de mesure, tandis que, dans la péroraison, il est loisible de donner libre cours à toute l'émotion, de faire parler des personnages imaginaires, d'évoquer des morts, et de produire au tribunal des êtres chers aux prévenus, tous moyens qui sont d'emploi plus rare dans les exordes. **29.** Mais cela n'empêche pas que, dans l'exorde, on ébranle les sentiments, dont j'ai parlé, et il faut aussi montrer, inversement, que le cas de notre adversaire ne les justifie pas. Il est avantageux de faire naître l'impression que notre sort sera misérable, si nous perdons, mais que celui de nos adversaires, s'ils l'emportent, sera insolent.

30. Indépendamment des personnes et des causes, l'exorde se tire souvent aussi des éléments qui s'y rapportent[2]. Aux personnes se rattachent les êtres chers, comme je l'ai dit plus haut, mais aussi les proches, les amis, parfois les pays même et les cités, et, d'une manière générale, ce qui peut souffrir du malheur de celui que nous défendons. **31.** Comme circonstances

(1) On ne sait quels sont les théoriciens auxquels fait ici allusion Quintilien, mais l'*Anonyme* de Séguier, p. 427, 1 sq. Sp. enseigne : « L'exorde diffère de l'épilogue en ce que, dans l'exorde, le geste et l'expression doivent être mesurés et, si j'ose dire, domestiqués, dans l'épilogue, le geste doit être très agité et accompagné de nombreux éclats de voix et de nombreuses marques d'indignation. »

(2) Ce sont les προοίμια περιστατικά dont parle l'*Anonyme*,

haec inuenire et augere, ita quod laedit, aut omnino repellere aut certe minuere ex causa est. Miseratio quoque aliquando ex eadem uenit, siue quid passi sumus graue siue passuri. **28.** Neque enim sum in hac opinione, qua quidam, ut eo distare prohoemium ab epilogo credam, quod in hoc praeterita, in illo futura dicantur, sed quod in ingressu parcius et modestius praetemptanda sit iudicis misericordia, in epilogo uero liceat totos effundere adfectus, et fictam orationem induere personis et defunctos excitare et pignora reorum producere : quae minus in exordiis sunt usitata. **29.** Sed haec, quae supra dixi, non mouere tantum, uerum ex diuerso amoliri quoque prohoemio opus est. Vt autem nostrum miserabilem, si uincamur, exitum, ita aduersariorum superbum, si uicerint, utile est credi.

30. Sed ex *i*is quoque, quae non sunt personarum nec causarum, uerum adiuncta personis et causis, duci prohoemia solent. Personis adplicantur non pignora modo, de quibus supra dixi, sed propinquitates, amicitiae, interim regiones etiam ciuitatesque et si quid aliud eius, quem defendimus, casu laedi potest. **31.** Ad causam extra pertinent

27. laedit *Ab* : legit *BgH* || quid *BH* : quod *A*
28. TEST. : Cassiodorus, *R.L.M.*, 502, 12-16.
28. dicantur *BH Cass. diuerso ordine* : -centur *A* || in *BH Victor Cass.* : *om. A* || sit *A Cass.* : est *BnHb om. Bg* || pignora *A* : -nera *BH* || reorum *A Cass.* : eorum *BH* || quae *om. H ante* minus || in *Ab Cass.* : *om. BH* || exordiis *ABH* : prooemiis *Cass.*
30. iis his *ABH* || quid *AB* : quod *bH* || casu laedi *B* : causale dici *H* causa dici *b* causale duci *A in ras.*
31. pertinent *A* : -net *BH*.

extérieures à la cause, il y a le moment, d'où l'exorde du *Pro Caelio*, le lieu, d'où celui du *Pro Deiotaro*, l'ambiance, d'où celui du *Pro Milone*, l'opinion, d'où celui des *Verrines*, et, enfin, pour ne pas tout énumérer, la mauvaise réputation des tribunaux et l'attente du public ; aucun de ces éléments n'appartient réellement à la cause, mais tous s'y rattachent. **32.** Théophraste[1] ajoute que l'exorde peut être tiré d'un discours <antérieur> ; tel paraît être celui de Démosthène dans son discours pour Ctésiphon, lorsqu'il demande qu'on lui permette de parler selon son gré, plutôt que de suivre l'ordre tracé déjà par l'accusateur dans son intervention.

33. L'assurance risque souvent, par le ton seul, d'être considérée fâcheusement comme de la présomption. Ce qui concilie la faveur, ce sont des moyens presque toujours communs aux deux parties, mais qu'il ne faut pas négliger, ne fût-ce que pour en prévenir l'emploi : les souhaits, les paroles de détestation, les prières, les manifestations d'inquiétude, car, généralement, l'attention du juge est mise en éveil, si on lui présente l'affaire comme inédite, importante, scandaleuse, susceptible de créer un précédent, et surtout, si on le persuade que l'État ou lui-même y sont intéressés ; il faut donc ébranler son esprit par l'espérance, la crainte, la remontrance, les prières, et finalement la vanité, si l'on pense que cela peut servir[2]. **34.** Il n'est pas inutile, en outre, pour stimuler l'attention, de donner à penser que l'on ne traînera pas et qu'on ne sortira pas du sujet.

Rhét., p. 428, 18 sq. Sp. = 8, p. 354, 4 sq. Sp.-H., qu'illustre le texte de Quintilien : cf. Cicéron *Pro Caelio*, 1, 1 (*miretur... quod diebus festis*, etc.) = *tempus* ; *Pro Deiot.*, II, 5 *(moueor etiam loci ipsius insolentia)* = *locus* ; *Pro Mil.*, 1, 1 *(haec noui iudicii noua forma)* = *habitus* ; *In Verr.*, II, 1, 1, 1 *(inueterauit enim iam opinio)* = *opinio*.

(1) Cf. *Notes complémentaires*.

(2) Même doctrine dans la *Rhét. à Hér.*, I, 4, 7 : *Attentos habebimus* <auditores>, *si pollicebimur nos de rebus magnis,*

tempus, unde principium pro Caelio, locus, unde pro Deiotaro, habitus, unde pro Milone, opinio, unde in Verrem, deinceps, ne omnia enumerentur, fama iudiciorum, expectatio uulgi : nihil enim horum in causa est, ad causam tamen pertinent. **32.** Adicit Theophrastus ab oratione principium, quale uidetur esse Demosthenis pro Ctesiphonte, ut sibi dicere suo potius arbitrio liceat rogantis, quam eo modo, quem accusator actione praescripserit.

33. Fiducia ipsa solet opinione adrogantiae laborare. Faciunt fauorem et illa paene communia, non tamen omittenda, uel ideo ne occupentur : optare, abominari, rogare, sollicitum agere, quia plerumque attentum iudicem facit, si res agi uidetur noua, magna, atrox, pertinens ad exemplum, praecipue tamen, si iudex aut sua uice aut rei publicae commouetur; cuius animus spe, metu, admonitione, precibus, uanitate denique, si id profuturum credemus, agitandus est. **34.** Sunt et illa excitandis ad audiendum non inutilia, si nos neque diu moraturos neque extra causam dicturos existiment.

31. enumerentur fama *BH* : enumerem infamia *A* || pertinent *A* : -net *BH*
32. accusator actione *BH* : actione accusator *A* || praescripserit *A* : -seris *BH*
33. TEST. : 33-35, Victor, *R.L.M.*, 422, 32-36 ; 423, 3-7.
33. credemus *B* : -dimus *AbH*

Sans aucun doute, une telle attention dispose à elle seule le juge à s'instruire, de même que le soin que nous prendrons de lui exposer brièvement et clairement le fond de l'affaire, dont il a à connaître (comme l'ont fait Homère et Virgile au début de leurs œuvres) : **35.** car, pour rester sur ce point dans la juste mesure, l'exorde doit se rapprocher d'une proposition plus que d'une exposition, et l'orateur doit moins décrire comment chaque chose s'est passée qu'indiquer ce dont il va parler. Je ne vois pas que l'on puisse en repérer, chez les orateurs, un meilleur exemple que dans le *Pro Cluentio* de Cicéron : **36.** « J'ai remarqué, juges, que l'ensemble du discours de l'accusateur a été divisé en deux parties : dans l'une, me semblait-il, il reposait et fondait fortement sa confiance sur les préventions qui s'attachaient depuis longtemps au jugement rendu par Junius, dans l'autre, il effleurait, par simple habitude, avec timidité et avec méfiance, la question des accusations d'empoisonnement, celle pour laquelle la loi a établi votre juridiction »[1]. Néanmoins, ce procédé, dans son ensemble, se prête mieux à la réplique du défenseur qu'à l'exposé du poursuivant, puisque, ici, on doit orienter le juge, là, l'instruire.

37. Aucune autorité, même importante, ne me conduira à croire que je ne veuille pas toujours rendre le juge attentif et docile[2] ; non que j'ignore la raison qu'on invoque, à savoir qu'il n'est pas avantageux pour une mauvaise cause que le juge saisisse ce qu'elle est ; mais parce que chez un juge, on ne peut attribuer ce défaut de compréhension à son inattention, mais à l'er-

nouis, inusitatis uerba facturos aut de iis, quae ad rem publicam pertineant, aut ad eos ipsos, qui audient, aut ad deorum inmortalium religionem, et si rogabimus ut attente audiant, et si numero exponemus res, quibus de rebus dicturi sumus. De même, cf. Cicéron, *De inu.*, I, 16, 23 ; Julius Victor, *R.L.M.*, p. 422, 32 sq. ; *Anonyme* de Séguier, p. 429, 6 sq. Sp. = p. 355, 5 sq. Sp.-H. Quintilien est plus minutieux dans son analyse.

(1) Cf. *Notes complémentaires.*

(2) Cf. *Notes complémentaires.*

Docilem sine dubio et haec ipsa praestat attentio, sed et illud, si breuiter et dilucide summam rei de qua cognoscere debeat, indicarimus (quod Homerus atque Vergilius operum suorum principiis faciunt) : **35.** nam is eius rei modus est ut propositioni similior sit quam expositioni, nec quo modo quidque sit actum, sed de quibus dicturus sit orator ostendat. Nec uideo quod huius rei possit apud oratores reperiri melius exemplum quam Ciceronis pro A. Cluentio : **36.** « Animaduerti, iudices, omnem accusatoris orationem in duas diuisam esse partes ; quarum altera mihi niti et magno opere confidere uidebatur inuidia iam inueterata iudicii Iuniani, altera tantum modo consuetudinis causa timide et diffidenter attingere rationem ueneficii criminum, qua de re lege est haec quaestio constituta ». Id tamen totum respondenti facilius est quam proponenti, quia hic admonendus iudex, illic docendus est.

37. Nec me quamquam magni auctores in hoc duxerint, ut non semper facere attentum ac docilem iudicem uelim ; non quia nesciam, id quod ab illis dicitur, esse pro mala causa, qualis ea sit non intellegi, uerum quia istud non neglegentia

34. indicarimus *BH* : -auerimus *Ab* indicemus *Victor*
35. is eius rei *A* : istius rei *B* istius regi *H* cuius rei *Victor* || quidque *A Victor* : quoque *BH* || A *ante* Cluentio *om. A*
36. animaduerti *AB* : aduerti *H* || niti *BH* : initi *A* inniti *b* || magno opere *A* : magnopere *BH* || diffidenter *BH* : -culter *A* || ueneficii *AB* : benef- *bH*
37. magni *om. Bg 1 m.*

reur. **38.** En effet, l'adversaire a déjà parlé et il l'a peut-être persuadé ; nous avons besoin que le juge change d'opinion, et il ne peut en changer, si nous ne le disposons pas à écouter et à prêter attention à nos paroles. Dès lors, que faire ? Je conviens que, pour détendre l'attention prêtée par le juge à l'adversaire, il faut atténuer, affaiblir et presque dédaigner certains points, comme l'a fait Cicéron dans le *Pro Ligario*. **39.** A quoi tendait en effet cette ironie célèbre, sinon à persuader César de prêter moins d'attention à une chose « qui n'était pas nouvelle ? » Et quelle fut sa tactique dans le *Pro Caelio*, sinon de présenter l'affaire comme moins importante qu'on ne s'y attendait ?[1].

40. Mais il est patent que l'application des principes que je viens d'exposer varie selon les genres de cause[2]. On en distingue ordinairement cinq : noble, humble, douteuse ou ambiguë, extraordinaire, obscure, soit, en grec, ἔνδοξον, ἄδοξον, ἀμφίδοξον, παράδοξον et δυσπαρακολούθητον. Certains croient devoir y ajouter les causes scandaleuses, que les uns rangent dans les causes humbles, les autres dans les causes extraordinaires. **41.** On appelle extraordinaires les cas qui sont contraires à l'attente ordinaire. Nous devons chercher surtout à rendre le juge bienveillant, si la cause est douteuse, prêt à écouter, si elle est obscure, attentif, si elle est humble. Quant aux causes nobles, leur nature suffit, à vrai dire, à gagner la sympathie ; pour les causes extraordinaires et scandaleuses, il faut user de palliatifs[3].

42. Aussi, certains divisent-ils l'exorde en deux parts : l'introduction et l'insinuation[4], et ils veulent que,

(1) Cf. *Notes complémentaires.*
(2) Cf. *Notes complémentaires.*
(3) Cf. *Notes complémentaires.*
(4) Cf. *Notes complémentaires.*

iudicis contingit, sed errore. **38.** Dixit enim aduersarius et fortasse persuasit ; nobis opus est eius diuersa opinione, quae mutari non potest, nisi illum fecerimus ad ea quae dicemus docilem et intentum. Quid ergo est ? Inminuenda quaedam et eleuanda et quasi contemnenda esse consentio ad remittendam intentionem iudicis, quam aduersario praestat, ut fecit pro Ligario Cicero. **39.** Quid enim agebat aliud ironia illa, quam ut Caesar minus se in rem tamquam non nouam intenderet ? Quid pro Caelio, quam ut res expectatione minor uideretur ?

40. Verum ex iis, quae proposuimus, aliud in alio genere causae desiderari palam est. Genera porro causarum plurimi quinque fecerunt : honestum, humile, dubium uel anceps, admirabile, obscurum, id est ἔνδοξον, ἄδοξον, ἀμφίδοξον, παράδοξον, δυσπαρακολούθητον. Sunt quibus recte uidetur adici turpe, quod alii humili, alii admirabili subiciunt. **41.** Admirabile autem uocant quod est praeter opinionem hominum constitutum. In ancipiti maxime beniuolum iudicem, in obscuro docilem, in humili attentum parare debemus. Nam honestum quidem ad conciliationem satis per se ualet ; in admirabili et turpi remediis opus est.

42. Et eo quidam exordium in duas diuidunt partis : principium et insinuationem, ut sit in

38. mutari *BH* : mutuari *A* || eleuanda *ed. Asc. 1521* : laeuanda *A* leu- *B* leui- *H* || contemnenda : -tempnenda *BH* -tendenda *A* || quam *BH* : quae *A* || praestat ut *BH* : praestatur *A*
39. se *om. AbH*
40. proposuimus *AbH* : -posui *B* || sunt BH : *om. A* || quibus *ABH* : quibusdam *a* || uidetur *ABn*[1] : -deatur *Bg Bn*[2]*H*
41. in *ante* admirabili *B* : in *om. AH*
42. et eo *BH* : eo *A* || quidam *a* : quidem *ABH*

dans la première, on sollicite directement la bienveillance et l'attention, mais, comme c'est impossible dans une cause scandaleuse, ils souhaitent qu'on s'insinue insensiblement dans l'esprit du juge[1], surtout si l'apparence de la cause n'est pas suffisamment honorable, si l'affaire est malhonnête ou généralement désapprouvée, si elle est grevée aussi par les apparences mêmes, si elle suscite l'hostilité, quand on a en face de soi un patron ou un père, ou la pitié, quand c'est un vieillard, un aveugle, un enfant en bas âge.

43. A vrai dire, ceux qui doivent indiquer les moyens de remédier à ces difficultés, en traitent trop longuement et se créent eux-mêmes des sujets qu'ils développent jusqu'au bout comme s'il s'agissait d'un plaidoyer ; mais, comme ces difficultés naissent des causes, dont on ne peut embrasser toutes les espèces, les cas se multiplient à l'infini, si on ne les envisage pas en général. **44.** Aussi, la ligne de conduite à adopter dépendra-t-elle de la nature propre de chaque cas. Comme principe général, cependant, je conseillerais de s'écarter des points qui nuisent pour insister sur ceux qui servent. Si la cause nous donne de la tablature, faisons valoir la personnalité du client, et si c'est le client, faisons valoir la cause ; si nous ne trouvons rien pour nous aider, cherchons ce qui peut nuire à l'adversaire, car, ce qu'il faut souhaiter, c'est de nous attirer plus de sympathie qu'à lui, ou, à tout le moins, moins d'antipathie.

45. Pour les faits qu'on ne pourra nier, il faut s'efforcer de les faire paraître moins graves qu'il a été dit, ou montrer que l'intention était tout autre, ou

(1) Cf. la doctrine de l'*insimuatio* exposée dans la *Rhét. à Hér.*, I, 9-11.

principiis recta beniuolentiae et attentionis postulatio ; quae quia esse in turpi causae genere non possit, insinuatio subrepat animis, maxime ubi frons causae non satis honesta est, uel quia res sit improba uel quia hominibus parum probetur, aut si facie quoque ipsa premitur, uel inuidiosa consistentis ex diuerso patroni aut patris, uel miserabili senis, caeci, infantis.

43. Et quidem quibus aduersus haec modis sit medendum, uerbosius tradunt, materiasque ipsi sibi fingunt et ad morem actionum prosecuntur ; sed hae, cum oriantur ex causis, quarum species consequi omnes non possumus, nisi generaliter comprenduntur, in infinitum sunt extrahendae. **44.** Quare singulis consilium ex propria ratione nascetur. Illud in uniuersum praeceperim, ut ab *ii*s, quae laedunt, ad ea, quae prosunt, refugiamus. Si causa laborabimus, persona subueniat, si persona, causa ; si nihil quod nos adiuuet erit, quaeramus quid aduersarium laedat ; nam ut optabile est plus fauoris mereri, sic proximum odii minus.

45. In iis, quae negari non poterunt, elaborandum ut aut minora quam dictum est aut alia mente

42. quia *om. BH* || esse *Ab* : ē (*pro* ēē) *B* est *H* || animis *A* : -mus *BH* -mos *b* || maxime *AB* : -mae *H* || frons *A* : fors *BH* | quia hominibus *AB* : qui hominibus *H* || miserabili *Spalding* : -lis *ABH*

43. quidem *BH* : -dam *A* || ipsi sibi *BH* : sibi ipsi *A* || ad morem *AB* : amorem *H* || fingunt *ABH* : ping- *b* || hae *ed. Vasc. 1542* : haec *ABH* || oriantur *aBH* : mor- *A*

44. TEST. : Victor, *R.L.M.*, 422, 25-28.

44. praeceperim *AB* : -perimus *bH* praeceptum sit *Victor* || iis : his *ABH* || laborabimus A : -uimus *BH* || erit *ABH* : fuerit *Victor* || nam ut *BH* : ut enim *A*

45. poterunt *BH* : potuerint *A* || aut emendari *AB* : elabo enim damnari *H*

qu'ils sont sans rapport avec l'affaire présente, ou qu'ils peuvent être effacés par le repentir, ou qu'ils semblent déjà punis assez. Aussi, la tâche est-elle plus aisée pour l'avocat que pour son client, parce qu'il peut louer sans être taxé d'arrogance, et, même, quelquefois, critiquer utilement. **46.** C'est ainsi que, parfois, comme l'a fait Cicéron pour Rabirius Postumus[1], il feindra d'être ébranlé, lui aussi, jusqu'à ce qu'il trouve audience auprès du juge, et qu'il se donne l'autorité d'un homme qui a le sens de la vérité, ce qui lui permettra d'inspirer plus de confiance, lorsqu'il justifiera ou niera ces mêmes actes. Il faut donc examiner avant tout, si l'on doit parler comme plaignant ou comme avocat, lorsque l'alternative est possible, car, si le choix est libre dans les écoles, il est rare au forum que pour soi l'on soit un défenseur idoine. **47.** Quand le déclamateur devra traiter des causes, qui reposent surtout sur les passions, il faudra que les personnages se chargent du rôle qui leur est propre. Les passions ne peuvent être en effet l'objet d'un mandat, et l'on n'exprime pas les sentiments d'un autre avec la même force d'émotion que les siens propres.

48. C'est pour les mêmes raisons que l'exorde par insinuation semble nécessaire, quand la plaidoirie de l'adversaire a conquis l'esprit des juges, ou qu'il faut s'adresser à un auditoire fatigué ; nous éviterons le premier inconvénient, en promettant d'apporter nos preuves, et en éludant celles de l'adversaire, le second en faisant espérer que nous serons brefs, et en recourant aux moyens que nous avons indiqués pour rendre le juge attentif. **49.** Ajoutons qu'une plaisanterie opportune délasse les esprits, et de quelque source que vienne le

(1) Dans le plaidoyer pour C. Rabirius Postumus, Cicéron n'use que d'un seul argument juridique : la *lex Iulia de repetundis* s'applique seulement à l'ordre sénatorial ; or, Rabirius est un chevalier ; il échappe donc aux prises de la loi ; pour les autres accusations, l'orateur nie tout. On sent qu'il épruove de la gêne pour défendre son client et démontrer l'innocence de Gabinius,

facta aut nihil ad praesentem quaestionem pertinere aut emendari posse paenitentia aut satis iam punita uideantur. Ideoque agere aduocato quam litigatori facilius, quia et laudat sine adrogantiae crimine et aliquando utiliter etiam reprehendere potest. **46.** Nam se quoque moueri interim finget, ut pro Rabirio Postumo Cicero, dum aditum sibi ad aures faciat et auctoritatem induat uera sentientis, quo magis credatur uel defendenti eadem uel neganti. Ideoque hoc primum intuemur, litigatoris an aduocati persona sit utendum, quotiens utrumque fieri potest ; nam id in schola liberum est, in foro rarum, ut sit idoneus suae rei quisque defensor. **47.** Declamaturus autem maxime positas in adfectibus causas propriis personis debet induere. Hi sunt enim, qui mandari non possunt, nec eadem ui perfertur alieni animi qua sui motus.

48. His etiam de causis insinuatione uidetur opus esse, si aduersarii actio iudicum animos occupauit, si dicendum apud fatigatos est ; quorum alterum promittendo nostras probationes et aduersas eludendo uitabimus, alterum spe breuitatis et iis quibus attentum fieri iudicem docuimus. **49.** Et urbanitas oportuna reficit animos et

46. se *om. H* || aditum *A* : -tus *BH* || intuemur *ABH* : -eamur *F* || suae *AH* : sui *B*

47. qua *BH* : quam *Ab*

48. fatigatos *AB* : -gatores *H* || eludendo *BH* : elue*ndo *A* || spe *BH* : et spe *Ab* || iis *BH* : his *A*

49. TEST. : Victor, *R.L.M.*, 422, 28-30.

plaisir, pour le juge, il atténue son ennui[1]. Il n'est pas inutile non plus de prévenir les objections qui semblent se présenter, comme le fait Cicéron, disant qu'il sait que « certaines personnes sont surprises du fait que lui, qui, durant tant d'années, a défendu tant de citoyens sans jamais blesser personne, en soit venu à accuser Verrès »[2]. Puis, il montre que cette accusation même est une défense des alliés, et c'est là une figure qui est appelée prolempsis (anticipation)[3]. **50.** Comme ce procédé est parfois utile, certains déclamateurs l'emploient presque toujours aujourd'hui, pensant qu'il est interdit de commencer autrement qu'au rebours de l'ordre attendu.

Pour les disciples d'Apollodore, les moyens de préparer l'esprit du juge ne se limitent pas aux trois dont j'ai parlé plus haut ; ils énumèrent beaucoup d'autres sortes, comme s'adapter au caractère du juge, aux opinions relatives aux circonstances extérieures à la cause, à l'opinion relative à la cause elle-même, et ainsi presque à l'infini, puis viennent les éléments constitutifs de tout procès, personnes, faits, dits, motifs, temps, lieux, occasions, etc. **51.** Tout cela est vrai, j'en conviens, mais retombe dans les genres dont j'ai parlé. Car, du moment que j'ai un juge bienveillant, attentif, docile, je ne vois pas ce que je dois souhaiter de plus, puisque la crainte même, qui semble être le plus en dehors des moyens, d'une part, rend le juge attentif, et, d'autre part, le détourne d'avoir de la faveur pour l'adversaire[4].

52. Comme il ne suffit pas d'ailleurs de montrer aux étudiants quelles sont les normes de l'exorde

qui aurait été le bénéficiaire des levées d'argent faites par Rabirius en Égypte, lequel ne se serait pas oublié au passage. Cicéron essaie de mêler le sénat et les chevaliers à l'affaire.

(1) Cf. *Notes complémentaires.*

(2) Cf. *Notes complémentaires.*

(3) Cf. *Notes complémentaires.*

(4) Ce développement est une preuve du syncrétisme des doctrines résultant de l'enseignement des diverses écoles : écho des distinctions aristotéliciennes transmis à travers Théophraste,

undecumque petita iudicis uoluptas leuat taedium. Non inutilis etiam est ratio occupandi quae uidentur obstare, ut Cicero dicit scire se « mirari quosdam, quod is, qui per tot annos defenderit multos, laeserit neminem, ad accusandum Verrem descenderit ». Deinde ostendit hanc ipsam esse sociorum defensionem : quod schema prolempsis dicitur. **50.** Id cum sit utile aliquando, nunc a declamatoribus quibusdam paene semper adsumitur, qui fas non putant nisi a contrario incipere.

Negant Apollodorum secuti tris esse de quibus supra diximus praeparandi iudicis partes, sed multas species enumerant, ut ex moribus iudicis, ex opinionibus ad causam extra pertinentibus, ex opinione de ipsa causa, quae sunt prope infinitae, tum iis, ex quibus omnes controuersiae constant, personis, factis, dictis, causis, temporibus, locis, occasionibus, ceteris. **51.** Quas ueras esse fateor, sed in haec genera reccidere. Nam si iudicem beniuolum, attentum, docilem habeo, quid amplius debeam optare, non reperio, cum metus ipse, qui maxime uidetur esse extra haec, et attentum iudicem faciat et ab aduerso fauore deterreat.

52. Verum quoniam non est satis demonstrare discentibus quae sint in ratione prohoemii, sed

49. uoluptas *AH* : uoluntas *B* || mirari *A* : mina- *BH* || deinde *BH* : inde *A* || esse *om.* *BH* || defensionem *AB* : -sorem *H* || prolempsis *ABgH* : prolemsis *Bn*

50. adsumitur *AB* : adsum metus *H* || supra *om.* *BH* || ad causam — opinione *om.* *BH* || tum *a* : cum *ABH* || iis *BH* : his *A*

51. reccidere *BH* : reci- *Ab* || reperio *A* : -periam *bH*

52. TEST. : Victor, *R.L.M.*, 421, 19-23.

et qu'il faut aussi leur indiquer la méthode pour en composer le plus facilement, j'ajoute qu'au moment de parler, l'orateur doit considérer ce qu'il a à dire, devant qui, pour qui, contre qui, à quel moment, en quel lieu, dans quelle conjoncture, ce qu'on dit dans le public, ce que pense vraisemblablement le juge avant de nous entendre, puis, ce que nous avons à désirer ou à conjurer. Tout naturellement, l'orateur sera porté à savoir ce qu'il doit dire pour commencer. **53.** Au contraire, actuellement, on pense que tout ce que l'on dit en commençant, constitue un préambule, et que la première pensée venue, surtout si c'est un trait qui plaît, constitue un exorde. Sans doute, y a-t-il, dans l'exorde, bien des choses qui sont communes aussi aux autres parties de la cause ; cependant, rien n'est mieux dit, en quelque partie que ce soit, que ce qui ne pourrait être également bien dit ailleurs. **54.** L'exorde rencontre beaucoup de faveur, lorsqu'on en tire la matière de l'action de la partie adverse[1], par le fait même qu'il n'a pas l'air d'avoir été composé à la maison, mais de jaillir sur place et à partir de la conjoncture même ; et cette aisance accroît notre renommée de talent, et, par son allure simple et spontanée, le langage gagne aussi la confiance, si bien que, même si tout le reste a été écrit et travaillé avec soin, le discours n'en a pas moins l'air, la plupart du temps, d'être entièrement improvisé, si le début ne présente manifestement aucune trace de préparation.

55. Mais, le plus souvent, ce qui conviendra à l'exorde, ce sera la retenue dans les pensées, leur mise en place, la voix, l'expression du visage, à tel point que, même

écho de l'enseignement d'Hermagoras ; notre texte est commenté par celui de III, 6, 25 ; IV, 2, 31 ; IV, 2, 55 et l'allusion à *metus* rappelle IV, 1, 20.

(1) L'*actio diuersae partis* est ici la formule délivrée par le magistrat pour saisir le juge : cf. la définition de Celse (D. 44, 7, 51) : *Actio nihil aliud quam ius quod sibi debeatur iudicio persequendi.*

dicendum etiam quomodo perfici facillime possint, hoc adicio, ut dicturus intueatur cui, apud quem, pro quo, contra quem, quo tempore, quo loco, quo rerum statu, qua uulgi fama dicendum sit, quid iudicem sentire credibile sit, antequam incipimus ; tum, quid aut desideremus aut deprecemur. Ipsa illum natura eo ducet ut sciat quid primum dicendum sit. **53.** At nunc omne, quo coeperunt, prohoemium putant, et ut quidque succurrit, utique si aliqua sententia blandiatur, exordium. Multa autem sine dubio sunt et aliis partibus causae communia, nihil tamen in quaque melius dicitur, quam quod aeque bene dici alibi non possit. **54.** Multum gratiae exordio est quod ab actione diuersae partis materiam trahit, hoc ipso, quod non compositum domi, sed ibi atque ex re natum ; et facilitate famam ingenii auget et facie simplicis sumptique ex proximo sermonis fidem quoque adquirit, adeo ut, etiam si reliqua scripta atque elaborata sint, tamen plerumque uideatur tota extemporalis oratio, cuius initium nihil praeparati habuisse manifestum est.

55. Frequentissime uero prohoemium decebit et sententiarum et compositionis et uocis et uultus modestia, adeo ut in genere causae etiam indubi-

52. perfici *P* : perspici *ABH* || cui *A* : qui *BH Victor* || aut *BH* : *om. Ab* || eo *om. BH*

53. quo *A* : quod *BH* || sunt et *A* : ex aliis partibus sunt aut *BH* || dicitur *Ab* : duc- *BH*

54. TEST. : Victor, *R.L.M* , 422, 30-32.

54. exordio *B* : -dium *AbH Victor* || facie *BH* : facile *A* || ex *Ab* : et *BH* || praeparati *A* : -ratum *BH*

55. TEST. : 55-56, Victor, *R.L.M.*, 423, 17-26.

dans un genre de cause qui n'est pas douteux, la confiance en soi de l'orateur ne doit pas se révéler trop ouvertement. Le juge déteste presque toujours, en effet, l'air assuré du plaideur ; et, conscient de ses droits propres[1], il réclame tacitement le respect. **56.** L'orateur ne doit pas mettre moins de soin à éviter, dans cette partie, de se rendre suspect, et, pour cela, dans l'exorde, il ne faut pas du tout laisser s'étaler le travail de préparation, parce qu'alors tout l'art de l'orateur donne l'impression d'être dirigé contre le juge. **57.** Éviter cet étalage est en soi-même d'un très grand art[2] ; c'est là, d'ailleurs, sans conteste, un excellent conseil qui a été donné par tous les théoriciens, mais l'application varie, en quelque mesure, suivant les époques ; car, aujourd'hui, dans certains procès, surtout dans les causes capitales ou devant les centumvirs, les juges eux-mêmes exigent des plaidoyers composés avec attention et avec application ; si l'orateur ne met pas également du soin à les prononcer, ils se croient méprisés ; ils ne veulent pas seulement être informés, mais charmés. **58.** Il est difficile ici de trouver la juste mesure ; mais on peut trouver un compromis, en donnant l'impression de parler avec soin, non avec artifice.

Parmi les anciens préceptes, ce qui reste valable, c'est de ne pas laisser surprendre, dans un exorde, un mot rare, une métaphore trop audacieuse, un archaïsme désuet ou une licence poétique[3]. **59.** A ce moment de notre discours, notre point de vue n'est

(1) Cf. *Notes complémentaires.*

(2) Cette dissimulation de l'art est déjà recommandée par Aristote, *Rhét.*, 1408 b 5 sq., suivi par Cicéron, *Or.*, 38 et 150 ; Sénèque, *Contr.*, X, *pr.* 14 : *Partem esse eloquentiae putabat* (Augustus) *eloquentiam abscondere* ; Quintilien rappelle le principe sous diverses formes, II, 17, 6 ; IV, 1, 9 ; IV, 1, 56-57 (ici même) ; IV, 2, 127 (ironiquement à propos des orateurs de son temps), XII, 9, 5-6.

(3) Cf. *Notes complémentaires.*

tabili fiducia se ipsa nimium exerere non debeat. Odit enim iudex fere litigantis securitatem, cumque ius suum intellegat, tacitus reuerentiam postulat. **56.** Nec minus diligenter, ne suspecti simus ulla parte uitandum est, propter quod minime ostentari debet in principiis cura, quia uidetur ars omnis dicentis contra iudicem adhiberi. **57.** Sed ipsum istud euitare summae artis ; nam id sine dubio ab omnibus, et quidem optime, praeceptum est, uerum aliquatenus temporum condicione mutatur, quia iam quibusdam in iudiciis, maximeque capitalibus aut apud centumuiros, ipsi iudices exigunt sollicitas et accuratas actiones, contemnique se, nisi in dicendo etiam diligentia appareat, credunt, nec doceri tantum, sed etiam delectari uolunt. **58.** Et est difficilis huius rei moderatio ; quae tamen ita temperari potest, ut uideamur accurate, non callide dicere.

Illud ex praeceptis ueteribus manet, ne quod insolens uerbum, ne audacius tralatum, ne aut ab obsoleta uetustate aut poetica licentia sumptum in principio deprehendatur. **59.** Nondum enim recepti sumus et custodit nos recens audientium

55. exerere *B* : exercere *AbH*

56. est *Ab* : *om. BH* || quia *Ab* : *om. BH*

57. artis *AB* : artis est *ab* || temporum *BH* : tempus cum *A* || iam *om. BH*

58. illud *om. A* || poetica *AH* : a poetica *B* || sumptum *AB* : sumpta *H*

pas encore admis, en effet, et nous sommes surveillés avec une attention encore fraîche par l'auditoire ; ce n'est qu'après nous être davantage concilié les esprits et les avoir échauffés déjà que nous pourrons user de cette liberté, surtout quand nous aurons abordé les développements généraux, où l'abondance naturelle empêche qu'une licence d'expression ne se remarque au milieu de l'éclat qui l'entoure.

60. Dans l'exorde, le style ne doit pas ressembler à celui de l'argumentation, des développements généraux, ou de l'exposé des faits, et, cependant, il ne doit pas non plus être partout travaillé ou apprêté ; il faut souvent lui laisser un air simple et non élaboré, ne pas trop promettre par les mots ou l'expression du visage ; un plaidoyer, où l'art se dissimule, — ἀνεπίφαντος, comme disent les Grecs — réussit souvent mieux en effet à s'insinuer. Mais tout cela doit se régler d'après la façon dont il convient de disposer l'esprit des juges.

61. Avoir un trouble de mémoire ou perdre le fil de la parole n'est nulle part plus fâcheux, car un exorde défectueux peut ressembler à un visage balafré, et, un pilote qui s'est engravé au sortir du port est assurément le pire de tous.

62. La longueur de l'exorde doit être proportionnée à la cause ; il doit être bref dans les causes simples, plus long dans les causes compliquées, suspectes et discréditées[1]. En tout cas, ceux qui ont établi comme une sorte de loi générale pour tous les exordes de se borner à quatre phrases sont vraiment ridicules[2]. Il n'en faut pas moins d'ailleurs éviter une longueur excessive, afin que la tête ne donne pas l'impression d'être plus grosse que le corps, et que la partie destinée à préparer l'esprit du juge ne le fatigue pas.

(1) Cf. *Notes complémentaires.*
(2) Cf. *Notes complémentaires.*

intentio ; magis conciliatis animis et iam calentibus haec libertas feretur, maximeque cum in locos fuerimus ingressi, quorum naturalis ubertas licentiam uerbi notari circumfuso nitore non patitur.

60. Nec argumentis autem nec locis nec narrationi similis esse in prohoemio debet oratio, neque tamen deducta semper atque circumlita, sed saepe simplici atque inlaboratae similis nec uerbis uultuque nimia promittens ; dissimulata enim, et, ut Graeci dicunt, ἀνεπίφαντος actio melius saepe subrepit. Sed haec, prout formari animum iudicum expediet.

61. Turbari memoria uel continuandi uerba facultate destitui nusquam turpius, cum uitiosum prohoemium possit uideri cicatricosa facies ; et pessimus certe gubernator, qui nauem, dum portu egreditur, impegit.

62. Modus autem principii pro causa ; nam breue simplices, longius perplexae suspectaeque et infames desiderant. Ridendi uero, qui uelut legem prohoemiis omnibus dederunt, ut intra quattuor sensus terminarentur. Nec minus euitanda est inmodica eius longitudo, ne in caput excreuisse uideatur et quo praeparare debet fatiget.

59. circumfuso *ABnbH* : -fuse *Bg*

60. circumlita *Ab* : -lata *BH* || et ut *A* : ut et *BH* || ἀνεπίφαντος *Schaefer ap. H. Meyer ed. 1833* : aNЄΠIΦaTOC *ABH* || prout *ABnbH* : ut *Bg*

61. TEST. : 61-63 Victor, *R.L.M.*, 423, 26-31.

61. memoria *BH* : -riam *A Victor* || portu *A* : -tum *BH* || *post* impegit *duodecim fere litterae in A erasae sunt*

62. autem *B* : *om. AbH* || breue *B* : -uius *AbH, sed* ius *in ras. A* || legem *A* : -ges *BH* || intra quattuor sensus *om. BH* || praeparare *AbH* : -rari *B*

63. Quant à la figure, que les Grecs appellent ἀποστροφή (apostrophe) et qui consiste à se tourner vers un autre que le juge, certains auteurs la bannissent totalement de l'exorde, et ils n'ont certes pas été portés à cette opinion sans quelque raison[1]. Car il faut reconnaître qu'il est beaucoup plus naturel de s'adresser de préférence à ceux dont nous voulons gagner la sympathie. **64.** Parfois, pourtant, même dans l'exorde, un trait est nécessaire, et il est plus piquant et plus vif s'il est dirigé vers une autre personne que le juge. En ce cas, quelle règle juridique, ou quel grave scrupule nous interdirait de donner, grâce à cette figure, de la vigueur à une pensée? **65.** Aussi bien, les théoriciens de notre art interdisent-ils ce procédé, non parce qu'il serait illicite, mais, d'après eux, inutile. Donc, si l'utilité l'emporte, nous devrons recourir à l'apostrophe pour la même raison qui nous l'interdit. **66.** Démosthène ne se tourne-t-il pas dans son exorde vers Eschine, et Cicéron ne fait-il pas de même à l'égard de plusieurs autres, quand il lui a paru bon de les apostropher, et notamment à l'égard de Tubéron dans le *Pro Ligario*? **67.** Toute autre figure eût rendu ce discours bien plus languissant, et l'on se convaincra plus aisément de l'effet produit, si tout le passage, si véhément, où il dit : « Tu as donc, Tubéron, l'avantage le plus souhaitable pour un accusateur », etc., était adressé au juge ; c'est alors, en effet, que la pensée aurait l'air d'être « détournée » et que toute sa force deviendrait languis-

(1) Il ne s'agit pas ici de l'apostrophe (gr. ἐκφώνησις ou σχετλιασμός, lat. *exclamatio*) qui est un éclat de voix, un cri, mais de l'*auersus sermo* ou *auersio*, dont parlera encore Quintilien en IX, 2, 38 : *auersus quoque a iudice sermo, qui dicitur* ἀποστροφή, *mire mouet, siue aduersarios inuadimus* : « *Quid enim tuus ille* [sc. *gladius*], *Tubero, in acie Pharsalica*? » Il y a des exemples célèbres : Démosthène, *Pour la couronne*, 5 (Κακοήθης δ'ὤν, Αἰσχίνη, τοῦτο παντελῶς εὔηθες ᾠήθης, κ.τ.λ.) ; Cicéron, *Pro Ligario*, I, 2 ; *In Catil.*, I, 1.

63. Sermonem a persona iudicis auersum (ἀποστροφή dicitur) quidam in totum a prohoemio summouent, nonnulla quidem in hanc persuasionem ratione ducti. Nam prorsus esse hoc magis secundum naturam confitendum est, ut eos adloquamur potissimum, quos conciliare nobis studemus. **64.** Interim tamen et est prohoemio necessarius sensus aliquis, et hic acrior fit atque uehementior ad personam derectus alterius. Quod si accidat, quo iure aut qua tanta superstitione prohibeamur dare per hanc figuram sententiae uires ? **65.** Neque enim istud scriptores artium, quia non liceat, sed quia non putent utile, uetant. Ita, si uincet utilitas, propter eandem causam facere debebimus propter quam uetamur. **66.** Et Demosthenes autem ad Aeschinen orationem in prohoemio conuertit, et M. Tullius cum pro aliis quibusdam ad quos ei uisum est, tum pro Ligario ad Tuberonem. **67.** Nam erat multo futura languidior si esset aliter figurata, quod facilius cognoscet si quis totam illam partem uehementissimam — cuius haec forma est : « Habes igitur, Tubero, quod est accusatori maxime optandum » et cetera, conuertat ad iudicem ; tum enim uere auersa uideatur oratio et languescat uis omnis,

63. auersum *BH* : auersum quae *A* || hanc persuasionem *BH* : hae persuasione *A* || ducti *BH* : deducti *A* || prorsus *AbH* : prosus *B* || adloquamur *A* : adloca- *BH*

64. prohoemio *A* : hoc prohoemio *BH* || hic *A* : is *BH* || derectus *BH* : dir- *Abh* || prohibeamur *A* : -bemur *BH*

65. ita — utilitas *om. H.*

66. m. tullius *Ab* : tullius *BH*

67. figurata *A* : figura *BH* || totam illam *A* : illam totam *BH* || optandum *AB* : operandum *H* || auersa *BH* : aduersa *A* || languescat uis *BH* : languere actus *A*

sante, si nous disions : « Tubéron a donc l'avantage le plus souhaitable pour un accusateur. » Le premier tour presse et attaque, le second se serait borné à une assertion. **68.** Il en sera de même dans Démosthène, si l'on change le tour. Et Salluste? Parlant contre Cicéron lui-même, ne s'adresse-t-il pas directement à lui et précisément dès le début : « J'aurais peine à supporter tes invectives sans perdre mon sang-froid, M. Tullius », à l'exemple de Cicéron, qui avait dit lui-même contre Catilina : « Jusques à quand, enfin, abuseras-tu... ?

69. Mais pourquoi s'étonner du procédé de l'apostrophe, quand le même Cicéron, défendant Scaurus, qui était accusé de brigue (le plaidoyer figure dans ses brouillons ; car il l'a défendu deux fois[1]) recourt à une prosopopée, et fait parler quelqu'un en faveur de l'accusé ; défendant Rabirius Postumus, et le même Scaurus, qui était prévenu de concussion, il se sert aussi d'exemples ; défendant Cluentius, comme je l'ai fait remarquer il y a un instant, il procède par division. **70.** Parce que ces moyens peuvent, parfois, se révéler utiles, ce n'est pas une raison pour y recourir n'importe où ; on doit s'en servir uniquement, quand il y a une raison d'enfreindre la règle ; il en est de même de la comparaison, pourvu qu'elle soit brève, de la métaphore et d'autres tropes, que les rhéteurs circonspects et méticuleux dont j'ai parlé rejettent en bloc, et que l'on pourra employer de temps à autre, à moins que l'on n'aime pas la divine ironie du *Pro Ligario*, dont j'ai parlé un peu plus haut[2].

71. Ces rhéteurs ont signalé avec plus de justesse d'autres défauts de l'exorde. <Par exemple> : l'exorde qui peut s'adapter à plusieurs causes est dit « banal » ; quoique, parfois, il nous concilie moins la faveur, il n'est pas cependant inefficace, et, souvent, de grands

(1) Sur cette question, cf. *Notes complémentaires.*
(2) *Inst. orat.*, IV, 1, 39.

dicentibus nobis : « Habet igitur Tubero quod est accusatori maxime optandum ». Illo enim modo pressit atque institit, hoc tantum indicasset. **68.** Quod idem in Demosthene, si flexum illi mutaueris, accidet. Quid ? non Sallustius derecto ad Ciceronem, in quem ipsum dicebat, usus est principio, et quidem protinus : « Grauiter et iniquo animo maledicta tua paterer, M. Tulli » : sicut Cicero fecerat in Catilinam : « Quo usque tandem abutere » ?

69. Ac ne quis ἀποστροφήν miretur, idem Cicero pro Scauro ambitus reo (quae causa est in commentariis ; nam bis eundem defendit), prosopopoeia loquentis pro reo utitur ; pro Rabirio uero Postumo eodemque Scauro reo repetundarum etiam exemplis ; pro Cluentio, ut modo ostendi, partitione. **70.** Non tamen haec, quia possunt bene aliquando fieri, passim facienda sunt, sed quotiens praeceptum uicerit ratio ; quo modo et similitudine, dum breui, et tralatione atque aliis tropis, quae omnia cauti illi ac diligentes prohibent, utemur interim, nisi cui diuina illa pro Ligario ironia, de qua paulo ante dixeram, displicet.

71. Alia exordiorum uitia uerius tradiderunt. Quod in pluris causas accommodari potest, uulgare dicitur ; id minus fauorabile aliquando, tamen non inutiliter adsumimus, magnis saepe oratoribus non

68. demosthene *P* : -nen *A* -nem *BH* || illi *BH* : ille *A* illum *a* || derecto *BH* : dir- *A* || protinus *A* : -tenus *BH*

69. reo utitur *BH* : eo rei p̄. *A*

70. TEST. : Victor, *R.L.M.*, 423, 29-30 ; 31-34.

70. breui et *A* : breuis et *BH* breui set *b* || tralatione *BH* : transl- *b* rel- *A* || nisi cui *B* : si cui *B* nisi sicut *H* || de *om.* *A*

orateurs ne l'ont pas écarté ; celui dont l'adversaire peut, lui aussi, se servir, est appelé «commun»; celui qu'il peut tourner à son avantage, est dit «réversible»; celui qui ne tient pas à la cause, «détaché»; celui qui est tiré d'ailleurs, « transposé » ; et, en outre, il y a celui qui est jugé « long » et celui qui est « contraire à la règle »[1] ; la plupart de ces défauts ne sont pas propres à l'exorde ; ils se rencontrent dans n'importe quelle partie d'un discours.

72. Voilà pour l'exorde, quand il faudra en user. Mais ce n'est pas toujours nécessaire, car il est parfois superflu, si le juge est suffisamment préparé, même sans exorde, ou si la cause n'a pas besoin de préparation. Aristote, d'ailleurs, va jusqu'à nier que l'exorde soit absolument nécessaire devant de bons juges[2]. Quelquefois, cependant, il n'est pas loisible d'en faire usage, même si on le voulait, quand le juge est affairé, que le temps presse, ou qu'une autorité supérieure nous contraint à partir du fait même, tout de suite.

73. Quelquefois, inversement, ce sont d'autres parties qui jouent le rôle de l'exorde ; c'est parfois dans l'exposé des faits et dans l'argumentation que nous demandons aux juges leur attention et leur bienveillance ; selon Prodicus[3], c'est un moyen propre à les tirer d'une apparente somnolence, comme dans le plaidoyer pour Varenus[4] : **74.** « Alors, C. Varenus, l'homme qui a été tué par les esclaves d'Ancharius... Je vous prie, juges, de fixer avec soin toute votre attention sur ce point »... Si la cause comporte plusieurs chefs, chaque partie doit avoir son préambule ; par exemple : « Écoutez maintenant ce qui suit... » et : « Je passe maintenant au point suivant »[5]... **75.** Dans la confirmation elle-même,

(1) Cf. nos *Études sur Quintilien*, I, p. 226, où sont cités les textes de l'*Auct. ad Her.*, I, 11 et du *De inu.*, I, 26. L'identité des vocabulaires est totale entre Cicéron et Quintilien *(uulgare, commune, commutabile, longum, separatum, translatum, contra praecepta)*.

(2) Cf. *Notes complémentaires*.

(3) Cf. L. Radermacher, *Artium scriptores*, fr. 5.

(4) Cf. *Notes complémentaires*.

(5) Cf. *Notes complémentaires*.

euitatum ; quo et aduersarius uti potest, commune appellatur ; quod aduersarius in suam utilitatem deflectere potest, commutabile ; quod causae non cohaeret, separatum ; quod aliunde trahitur, tralatum ; praeterea quod longum, quod contra praecepta est ; quorum pleraque non principii modo sunt uitia, sed totius orationis.

72. Haec de prohoemio, quotiens erit eius usus. Non semper autem est ; nam et superuacuum aliquando est, si sit praeparatus satis etiam sine hoc iudex, aut si res praeparatione non egeat. Aristoteles quidem in totum id necessarium apud bonos iudices negat. Aliquando tamen uti nec si uelimus eo licet, cum iudex occupatus, cum angusta sunt tempora, cum maior potestas ab ipsa re cogit incipere.

73. Contraque est interim prohoemii uis etiam non exordio ; nam iudices et in narratione nonnumquam et in argumentis ut attendant et ut faueant rogamus, quo Prodicus uelut dormitantes eos excitari putabat, quale est : **74.** « Tum C. Varenus, qui a familia Anchariana occisus est — hoc quaeso, iudices, diligenter attendite. » Vtique si multiplex causa est, sua quibusque partibus danda praefatio est, ut « Audite nunc reliqua » et « Transeo nunc illuc ». **75.** Sed in ipsis etiam probationibus multa

71. cohaeret *H* : -heret *B* **haeret *A* || separatum *A* : -tim *BH* || tralatum *AB* : transl- *abH* || praeterea — praecepta est *non habet Victor, susp. Spalding, del. H. Meyer ut glossema*

72. egeat *A* : eget *BH* || aristoteles *BH* : -lis *A*

73. contraque *BH* : -quae *A* || est interim prohoemii *om. BH* || exordio *BH* : in exordio *A* || prodicus *P* : -igus *ABH*

74. tum *BH* : tum cum *A* || illuc *B* : illud *AbH*

elle aussi, bien des passages jouent le rôle d'un exorde, par exemple, dans le *Pro Cluentio*[1], quand Cicéron s'apprête à attaquer les censeurs, dans le *Pro Murena*, quand il s'excuse auprès de Servius Sulpicius. Mais cette pratique est trop courante pour qu'il soit besoin de la confirmer par des exemples.

76. Au reste, en toutes occasions, quand nous nous serons servis d'un exorde, que nous passions à l'exposé des faits ou que nous allions directement à la confirmation, nous devrons terminer l'introduction par ce qui se lie le plus avantageusement avec le début de ce qui suit. **77.** L'affectation, qui a la vogue dans les écoles, de faire, en toute circonstance, de chaque transition elle-même comme une sorte de trait, et de chercher les applaudissements par cette espèce de tour de force est un procédé froid et puéril : c'est ainsi qu'Ovide a coutume de se jouer dans les *Métamorphoses*, et, cependant, on peut l'en excuser, car il est forcé de grouper en un ensemble d'une apparente unité les sujets les plus divers. **78.** Pour l'orateur, au contraire, quelle nécessité y a-t-il de dérober ce franchissement et de tromper le juge, qui doit être au surplus invité à faire attention à la succession des faits? En réalité, la première partie de l'exposition aura été sans effet, si le juge ne saisit pas encore que la narration a commencé. **79.** Donc, s'il ne faut pas se jeter brusquement dans la narration, il est excellent de ne pas y entrer sans clarté. Si c'est un exposé des faits un peu long et plutôt compliqué qui va suivre l'exorde, il sera bon précisément d'y préparer le juge, comme Cicéron l'a fait assez souvent et, particulièrement, dans le passage suivant : « J'irai chercher un peu loin en arrière le début de ma démonstration ; je vous demande, juges, de ne pas m'en savoir mauvais gré, car lorsque vous connaîtrez le début, il vous sera plus aisé de comprendre la fin »[2].

Voilà, à peu près, ce que j'ai recueilli sur l'exorde.

(1) Cicéron, *Pro Clu.*, 117-118 ; *Pro Mur.*, 7.
(2) Cicéron, *Pro Clu.*, 11.

funguntur prohoemii uice, ut facit Cicero pro Cluentio dicturus contra censores, pro Murena, cum se Seruio excusat. Verum id frequentius est quam ut exemplis confirmandum sit.

76. Quotiens autem prohoemio fuerimus usi, tum siue ad expositionem transibimus siue protinus ad probationem, id debebit in principio postremum esse, cui commodissime iungi initium sequentium poterit. **77.** Illa uero frigida et puerilis est in scholis adfectatio, ut ipse transitus efficiat aliquam utique sententiam et huius uelut praestigiae plausum petat, ut Ouidius lasciuire in Metamorpho*se*sin solet ; quem tamen excusare necessitas potest, res diuersissimas in speciem unius corporis colligentem. **78.** Oratori uero quid est necesse surripere hanc transgressionem, et iudicem fallere, qui, ut ordini rerum animum intendat, etiam commonendus est ? Peribit enim prima pars expositionis, si iudex narrari nondum sciet. **79.** Quapropter, ut non abrupte cadere in narrationem, ita non obscure transcendere est optimum. Si uero longior sequetur ac perplexa magis expositio, ad eam ipsam praeparandus iudex erit, ut Cicero saepius, sed et hoc loco fecit : « Paulo longius exordium rei demonstrandae repetam, quod, quaeso, iudices, ne moleste patiamini ; principiis enim cognitis multo facilius extrema intellegetis. »

Haec fere sunt mihi de exordio comperta.

75. exemplis *AbH* : -plo *B*
76. ad *BH* : in *Ab* || sequentium *AB* : consequentium *bH*
77. adfectatio *A* : adfectio *BH* || aliquam *A* : -quem *BH* || metamorphosesin *Halm* : -phosin *BH* -fosi *A*
78. surripere *BH* : sub- *A* || sciet *Ab* : siciet *BnH* sitiet *Bg*
79. sequetur *AB* : -itur *bH* || repetam *ABH* : petam *codd. Tulliani*

II

[De la narration]

1. Le plus naturel, et, très souvent, le plus nécessaire, c'est qu'une fois le juge préparé par les moyens indiqués plus haut, soit exposée l'affaire sur laquelle il va prononcer : c'est là <l'objet de> la narration. **2.** Ici, à dessein, je passerai rapidement sur les divisions trop subtiles de certains auteurs, qui en distinguent plusieurs genres[1] : ils veulent, en effet, que la narration ne porte pas seulement sur l'affaire, qui est soumise au juge, mais aussi, par exemple, sur la personne intéressée : « M. Lollius Palicanus, un Picénien d'humble origine, plus bavard que bon orateur »[2], sur le lieu : « Il y a, juges, une ville de l'Hellespont, Lampsaque »[3], sur le temps[4] :

« Au début du printemps, quand descend l'eau glacée
des monts immaculés... »,

sur les causes, dont les historiens font très souvent usage, lorsqu'ils exposent les origines d'une guerre, d'une sédition, d'une peste. **3.** Outre cela, ils appellent les narrations, les unes « complètes », les autres « incomplètes » ; mais qui ne le sait? Ils ajoutent que l'exposé peut se rapporter au passé, ce qui est le cas le plus fréquent, au présent, comme le fait Cicéron[5], évoquant l'agitation des amis de Chrysogonus, quand son nom fut mentionné, et, enfin, à l'avenir, forme de narration qui peut être réservée aux seuls devins, car la

(1) Cf. *Notes complémentaires*.

(2) Salluste, *Hist.*, 4 fr. 43 Maurenbrecher. Peut-être Cicéron parle-t-il de lui dans le *Brutus*, 223, quand il cite un Palicanus *aptior etiam auribus imperitorum*.

(3) Cicéron, *In Verr.*, I, 63.

(4) Virgile, *Géorg.*, I, 43.

(5) Cicéron, *Pro Rosc. Amer.*, 60.

II

[De narratione]

1. Maxime naturale est, et fieri frequentissime debet, ut, praeparato per haec, quae supra dicta sunt, iudice, res, de qua pronuntiaturus est, indicetur : ea est narratio. **2.** In qua sciens transcurram subtiles nimium diuisiones quorundam, plura eius genera facientium. Non enim solam uolunt esse illam negotii, de quo apud iudices quaeritur, expositionem, sed personae, ut : « M. Lollius Palicanus, humili loco Picens, loquax magis quam facundus », loci, ut : « Oppidum est in Hellesponto, Lampsacum, iudices », temporis, ut :

« Vere nouo, gelidus canis cum montibus umor
liquitur »,

causarum, quibus historici frequentissime utuntur, cum exponunt, unde bellum, seditio, pestilentia. **3.** Praeter haec alias perfectas, alias inperfectas uocant ; quod quis ignorat ? Adiciunt expositionem et praeteritorum esse temporum, quae est frequentissima, et praesentium, qualis est Ciceronis de discursu amicorum Chrysogoni, postquam est nominatus, et futurorum, quae solis dari uatici-

II, 1. ea *B* : haec *AH*

2. sciens *AbH* : *om.* *B* || quo *BH* : qua *A* || lollius *Burman* : ollius *A* acilius *B* aolius *H* || humili *AH* : -lio *B* || loco *A* : -quo *BH* || lampsaco *Ab* : lampacum *B* et iam pascum *H*

3. alias inperfectas *Ab* : *om.* *B* || chrysogoni *A* : -nus *B* chris- *H*

ὑποτύπωσις, <l'hypotypose> ne doit pas être tenue pour une narration. Mais passons à des problèmes plus importants.

4. La plupart des auteurs ont considéré la narration comme toujours indispensable, mais on peut soutenir qu'à plus d'un titre cette vue est fausse[1]. Tout d'abord, en effet, il y a des causes si courtes qu'elles requièrent une proposition plutôt qu'une narration. **5.** C'est le cas, parfois, pour les deux parties en présence, quand on n'a rien à exposer, ou que, d'accord sur le fait, on conteste sur le droit, par exemple, devant les centumvirs : « Est-ce le fils ou le frère, qui doit hériter d'une femme décédée intestat »? ou que l'on doit décider si « la puberté s'évalue d'après l'âge ou d'après l'état physique? »[2] ; quelquefois, à vrai dire, il y a place dans une affaire pour une narration, mais ou bien toutes les circonstances sont déjà connues du juge, ou bien elles ont été exposées correctement par le premier intervenant.

6. Il en est de même, parfois, pour l'une des deux parties, et, plus souvent, pour le demandeur, qu'il lui suffise de se borner à la proposition, ou que cela soit plus expédient ainsi. Il suffit d'avoir dit : « Je demande, en vertu de la stipulation, la somme précise que j'ai prêtée », ou : « Je demande la délivrance du legs en vertu du testament ». C'est à la partie adverse d'exposer pourquoi cette somme ou ce legs ne sont pas dus. **7.** Inversement, il est suffisant et plus expédient pour le poursuivant de dire : « Je dis qu'Horace a tué sa sœur »[3]. En effet, la proposition suffit à faire connaître au juge toute l'accusation, mais l'ordre des faits et leur motivation, c'est plutôt à l'adversaire de les faire connaître. **8.** Le prévenu, pour sa part, esquivera alors

(1) Cf. *Notes complémentaires.*
(2) Cf. *Notes complémentaires.*
(3) Cf. *Notes complémentaires.*

nantibus potest ; nam ὑποτύπωσις non est habenda narratio. Sed nos potioribus uacemus.

4. Plerique semper narrandum putauerunt, quod falsum esse pluribus coargitur. Sunt enim ante omnia quaedam tam breues causae, ut propositionem potius habeant quam narrationem. **5.** Id accidit aliquando utrique parti, cum uel nulla expositio est, uel de re constat, de iure quaeritur, ut apud centumuiros : « filius an frater debeat esse intestatae heres », « pubertas annis an habitu corporis aestimetur », aut cum est quidem in re narrationi locus, sed aut ante iudici nota sunt omnia aut priore loco recte exposita.

6. Accidit aliquando alteri, et saepius ab actore, uel quia satis est proponere uel quia sic magis expedit. Satis est dixisse : « Certam creditam pecuniam peto ex stipulatione », « Legatum peto ex testamento ». Diuersae partis expositio est, cur ea non debeantur. **7.** Et satis est actori et magis expedit sic indicare : « Dico ab Horatio sororem suam interfectam ». Namque et propositione iudex crimen omne cognoscit, et ordo et causa facti pro aduersario magis est. **8.** Reus

3. sed *A* : *om.* *BH*

5. intestatae *ABn* : inthes- *BgH* || habitu corporis *BH* : corporis habitu *A* || aestimetur *A* : extim- *BH* || in re *AH* : *om.* *B* || narrationi *BH* : -nis *A* || aut ante *AH* : ante aut *B* aut ante aut *bH*

6. TEST. : 6-8, Victor, *R.L.M.*, 425, 27-34.

6. proponere — satis est *om.* *H* || legatum *AH* : *om.* *B* || debeantur *ABH* : -atur *Victor*

7. expedit sic indicare *AbH* : *om.* *B* || horatio *B* : orat- *AH* || namque *B* : nam cum *A* namque cum *bH* || cognoscit *AbH* : -nouit *B*

la narration, quand ce qu'on lui reproche ne peut être nié ni excusé, mais que la contestation porte uniquement sur le point de droit. Par exemple, un homme a soustrait dans un édifice sacré l'argent d'un particulier, et il est accusé de sacrilège. En ce cas, un aveu est plus pudique qu'un récit : « Nous ne nions pas que l'argent a été soustrait dans le temple, mais l'accusateur accuse à tort mon client de sacrilège, puisque l'argent appartenait à un particulier, non au trésor sacré ; il vous appartient de décider si c'est un sacrilège qui a été commis »[1].

9. Mais si je pense qu'il y a de ces causes, où, parfois, la narration n'est pas nécessaire, je ne suis pas de l'avis de ceux pour qui elle n'a pas à intervenir, quand le prévenu nie seulement ce qui lui est reproché ; c'est l'opinion de Cornelius Celsus[2], d'après qui c'est le cas de la plupart des procès pour meurtre, et de toutes les affaires de brigue ou de concussion. **10.** D'après lui, la narration a pour seul objet d'exposer le point essentiel de l'accusation soumise au tribunal ; puis, il admet lui-même que, dans le *Pro Rabirio Postumo*, Cicéron a fait une narration ; or, Cicéron nie que l'on ait versé de l'argent entre les mains de Rabirius, alors que les questions d'argent étaient du ressort de l'instance constituée, et, dans son exposé, il n'a pas parlé du chef d'accusation. **11.** Pour ma part, et en cela je suis du reste de bons auteurs, j'estime

(1) Cf. *Notes complémentaires.*
(2) Cf. *Notes complémentaires.*

contra tunc narrationem subtrahet cum id, quod obicitur, neque negari neque excusari poterit, sed in sola iuris quaestione consistet. Vt in eo qui, cum pecuniam priuatam ex aede sacra surripuerit, sacrilegi reus est. Confessio uerecundior est quam expositio : « Non negamus pecuniam de templo esse sublatam, calumniatur tamen accusator actione sacrilegii, cum priuata fuerit, non sacra ; uos autem de hoc cognoscitis, an sacrilegium sit admissum ».

9. Sed ut has aliquando non narrandi causas puto, sic ab illis dissentio qui non existimant esse narrationem, cum reus quod obicitur tantum negat : in qua est opinione Cornelius Celsus, qui condicionis huius esse arbitratur plerasque caedis causas et omnis ambitus ac repetundarum. **10.** Non enim putat esse narrationem, nisi quae summam criminis, de quo iudicium est, contineat, deinde fatetur ipse pro Rabirio Postumo narrasse Ciceronem ; atqui ille et negauit peruenisse ad Rabirium pecuniam, qua de re erat quaestio constituta, et in hac narratione nihil de crimine exposuit. **11.** Ego autem, magnos alioqui secutus auctores,

8. subtrahet *AH* : -hit *B* || excusari *ABn* : -are *BgH* || sed in sola] *hic in A interciderunt prima et ultima schedae quaternionis, sed quae desunt, ea manu fere aequali suppleta sunt usque ad IV, 2, 123* [totis]; *in hac quoque parte, correcturae eadem manu scriptae sunt qua per totum codicem* || aede *AB* : sede *bH* || est *AH* : *om. B* || pecuniam de templo *BH Victor* : de templo pecuniam *A* || cognoscitis *B* : -cetis *ABH*

9. narrandi *A* : mirandi *B* narrandi non mirandi *H* || existimant esse *AH* : esse existiment *B* || repetundarum *ABn* : repetend- *BgH*

10. narrationem *A* : -nis *BH* || contineat *A* : -net *BH* -neant *b* || fatetur *AbH* : -teatur *B* || atqui *A* : atque *BH* || hac *AB* : hanc *bH*

que, dans les affaires judiciaires, il y a deux espèces de narrations ; l'une consiste à exposer les faits de la cause elle-même, l'autre les circonstances qui s'y rapportent. **12.** « Je n'ai pas tué un homme » ne constitue pas une narration ; c'est d'accord ; mais il pourra y en avoir une, et, parfois même étendue, pour réfuter à cet égard les arguments de l'accusation ; elle traitera de la vie passée de l'accusé, des causes qui exposent un innocent au risque d'un procès, des autres éléments qui rendent la charge inadmissible. **13.** L'accusateur ne se borne pas, en effet, à dire : « Tu as tué », il fait une narration qui a pour but de le prouver ; par exemple, dans les tragédies, lorsque Teucer accuse Ulysse d'avoir tué Ajax, et dit qu'il a été trouvé dans un lieu solitaire avec une épée ensanglantée près du corps inanimé de son adversaire, à cela, Ulysse ne répondra pas seulement qu'il n'a pas commis ce crime, mais qu'il n'y avait jamais eu d'inimitié entre Ajax et lui, et qu'il n'y avait entre eux qu'émulation de gloire ; puis, il enchaîne en montrant comment il est venu dans ce lieu solitaire, comment il a vu Ajax gisant inanimé, comment il a retiré l'épée de la blessure[1]. Ces déclarations constituent la trame sous-jacente de l'argumentation.

14. D'ailleurs, on n'est pas dispensé d'exposer les faits, même quand l'accusateur déclare : « Tu as été à l'endroit où ton adversaire a été tué » et que l'accusé répond : « Je n'y étais pas », car il doit dire alors où il était. Aussi, les causes de brigue et de concussion, elles aussi, requièrent-elles des narrations de cette sorte, d'autant plus nombreuses qu'il y a davantage de chefs d'accusation ; il faudra, il est vrai, nier ; mais, à l'aide d'un exposé qui s'oppose à celui de l'adversaire, il faudra résister à ses arguments, soit un à un, soit en bloc. **15.** Un homme accusé de brigue,

(1) Cf. *Notes complémentaires.*

duas esse in iudiciis narrationum species existimo, alteram ipsius causae, alteram in rerum ad causam pertinentium expositione. **12.** « Non occidi hominem » : nulla narratio est ; conuenit ; sed erit aliqua et interim etiam longa contra argumenta eius criminis, de ante acta uita, de causis propter quas innocens in periculum deducatur, aliis, quibus incredibile id quod obicitur fiat. **13.** Neque enim accusator tantum hoc dicit : « Occidisti », sed quibus id probet narrat : ut in tragoediis, cum Teucer Vlixem reum facit Aiacis occisi, dicens inuentum eum in solitudine iuxta exanime corpus inimici cum gladio cruento, non id modo Vlixes respondet, non esse a se id facinus admissum, sed sibi nullas cum Aiace inimicitias fuisse, de laude inter ipsos certatum ; deinde subiungit quo modo in eam solitudinem uenerit, iacentem exanimem sit conspicatus, gladium e uulnere extraxerit. His subtexitur argumentatio.

14. Sed ne illud quidem sine narratione est, dicente accusatore : « Fuisti in eo loco in quo tuus inimicus occisus est » ; « Non fui » ; dicendum enim ubi fuerit. Quare ambitus quoque causae et repetundarum hoc etiam plures huiusmodi narrationes habere poterunt, quo plura crimina ; in quibus ipsa quidem neganda sunt, sed argumentis expositione contraria resistendum est, interdum singulis, interdum uniuersis. **15.** An reus ambitus

12. narratio *B* : ratio *AbH*

13. tragoediis *A* : -dis *BH* || ulixem *BH* : -xen *A* || ipsos *AB* : omnes *H* || extraxerit *aBH* : ettra- *A*

14. sed *AbH* : et *B* || in quo *AB* : in qua *bH* || poterunt *BH* : potue- *A* || est *Spalding* : et *ABH*

demandera-t-on, aurait-il tort de faire connaître quels sont ses parents, comment il a vécu lui-même, sur quels services rendus il s'est fondé pour se porter candidat à une élection? Ou bien, pour un homme accusé de concussion, sera-t-il inutile d'exposer ses antécédents, et les raisons qui ont pu heurter la province entière ou l'accusateur ou le témoin[1]? **16.** Si tout cela ne constitue pas une narration, ce n'en sera pas une, non plus, que la partie du début du *Pro Cluentio* de Cicéron, qui commence par « A. Cluentius Habitus »[2]... En effet, Cicéron n'y parle pas d'empoisonnement, mais des motifs qui ont attiré sur Cluentius l'hostilité de sa mère.

17. Il y a aussi des narrations, qui sont en relation avec la cause, mais qui ne l'exposent pas elle-même. Ou bien elles servent d'illustration, comme, dans les *Verrines*, le cas de L. Domitius, qui fit crucifier un berger, parce qu'il venait de lui offrir un sanglier et qu'il avait avoué l'avoir tué avec un épieu[3] ; **18.** ou bien, elles peuvent concourir à faire tomber une charge, extérieure à l'accusation, comme dans le passage du discours pour Rabirius Postumus[4] : « A peine fut-on arrivé à Alexandrie, juges, le seul moyen de sauver son argent, que le roi suggéra à Postumus, fut de prendre en charge les biens royaux et d'en assurer en quelque sorte la gestion ». Ou encore : l'orateur peut aggraver « l'effet des charges », comme dans la description du voyage de Verrès[5].

19. Parfois, on introduit une narration fictive pour exciter l'indignation des juges, comme dans le passage du *Pro Roscio Amerino* relatif à Chrysogonus[6], dont j'ai fait mention il y a peu, ou pour les détendre par

(1) Cf. *Notes complémentaires.*
(2) Cicéron, *Pro Clu.*, 11.
(3) Id. *In Verr.*, V, 7.
(4) Id. *Pro Rab. post.*, 28.
(5) Id., *In Verr.*, V, 26 sq.
(6) Id., *Pro Rosc. Amer.*, 60.

male narrabit quos parentes habuerit, quem ad modum ipse uixerit, quibus meritis fretus ad petitionem descenderit ? Aut qui repetundarum insimulabitur, non et ante actam uitam et quibus de causis prouinciam uniuersam uel accusatorem aut testem offenderit, non inutiliter exponet ? **16.** Quae si narratio non est, ne illa quidem Ciceronis pro Cluentio prima, cuius est initium : « A. Cluentius Habitus ». Nihil enim hic de ueneficio, sed de causis, quibus ei mater inimica sit, dicit.

17. Illae quoque sunt pertinentes ad causam, sed non ipsius causae narrationes, uel exempli gratia, ut in Verrem de L. Domitio, qui pastorem, quod is aprum, quem ipsi muneri optulerat, exceptum esse a se uenabulo confessus esset, in crucem sustulit; uel discutiendi alicuius extrinsecus criminis, ut pro Rabirio Postumo : « Nam ut uentum Alexandream est, iudices, haec una ratio a rege proposita Postumo est seruandae pecuniae, si curationem et quasi dispensationem regiam suscepisset » ; uel augendi, ut describitur iter Verris.

19. Ficta interim narratio introduci solet, uel ad concitandos iudices, ut pro Roscio circa Chrysogonum, cuius paulo ante habui mentionem, uel

15. quibus *A* : quis *BH* si quis *T* || insimulabitur *B* : crimine insimulabitur *AbH* || de *AbH* : *om.* *B* || prouinciam *T* : per prouinciam *ABH* || non inutiliter *AH* : utiliter *B* || exponet *AH* : -nit *B*

16. a cluentius *AbH* : aduentius *B* || ueneficio *BH* : beneficiis *b*

17. illae *A* : duae *B* ille *bH* || uerrem *aBH* : uerre *A* || de l. *B* : uel *AbH* || muneri *ABH* : -re *a*

18. discutiendi *AH* : excut- *B* || ut pro *AH* : uel *B* || alexandream (-driam *b*) est *ABH* : est alexandriam *Cicero*

19. ficta *ABH* : faceta *Spalding* || uel *AbH* : *om.* *B* || pro A : por *BH*

quelque trait d'esprit, comme dans le passage du *Pro Cluentio*[1], où il parle des frères Caepasius ; parfois, on peut faire une digression pour embellir le récit, comme, de nouveau, dans les *Verrines*, où Cicéron évoque Proserpine : « C'est en ces lieux, dit-on, qu'un jour une mère chercha sa fille »[2]...

Tout cela tend à montrer que celui qui nie ne s'abstient pas toujours de faire une narration, mais qu'il peut raconter le fait même qu'il nie.

20. Ce que j'ai dit ci-dessus, à savoir que l'exposé de faits déjà connus du juge est superflu, ne doit même pas être pris littéralement ; ce que je veux dire, c'est que l'on peut se dispenser d'une narration, si le juge sait ce qui s'est passé, mais également s'il a une vue des faits qui est favorable à notre cause. **21.** En réalité, l'objectif de la narration n'est pas seulement d'informer le juge, mais plutôt de l'amener à être d'accord avec nous. Aussi, quand on veut l'influencer dans un sens ou dans l'autre, même s'il n'a besoin d'aucune information, nous la lui donnerons, en l'accompagnant d'une sorte de préparation : « Quoiqu'il connaisse le fond de l'affaire, dira-t-on, qu'il ne prenne pas mal qu'on lui rende compte de chaque fait en particulier. » **22.** Nous pouvons feindre, parfois, que nous recommençons le récit des faits, parce qu'un membre du jury a été nouvellement introduit, ou parfois, pour que tous les assistants même comprennent l'iniquité de ce qu'avance l'adversaire. En ce cas, il faudra varier notre exposé en recourant à de nombreuses figures pour éviter d'ennuyer ceux qui connaissent déjà les faits[3] ;

(1) Id., *Pro Clu.*, 57 sq.

(2) Id., *In Verr.*, IV, 106 sq. Mais, en fait, les mots : *In his quondam locis mater filiam quaesisse dicitur* ne sont pas chez Cicéron. Cf. pour le thème l'hymne homérique à Déméter.

(3) C'est ce qu'a fait Démosthène dans son discours sur l'*Ambassade*, 446 : Δέδοικα μὴ σφόδρα ἀκριβῶς δεικνύναι πειρώμενος διενοχλῶ πάλαι τοῦτο αὐτοὺς ὑμᾶς εἰδότας · ὅμως δ' οὖν ἔτι καὶ τόδε ἀκούσατε.

ad resoluendos aliqua urbanitate, ut pro Cluentio circa fratres Caepasios ; interdum per digressionem decoris gratia, qualis rursus in Verrem de Proserpina : « In his quondam locis mater filiam quaesisse dicitur ».

Quae omnia eo pertinent ut appareat non utique non narrare eum qui negat, sed illud ipsum non narrare, quod negat.

20. Ne hoc quidem simpliciter accipiendum, quod est a me positum, superuacuam esse narrationem rei, quam iudex nouerit ; quod sic intellegi uolo, si non modo factum quid sit sciet, sed ita factum etiam, ut nobis expedit, opinabitur. **21.** Neque enim narratio in hoc reperta est, ut tantum cognoscat iudex, sed aliquanto magis, ut consentiat. Quare, etiam si non erit docendus, sed aliquo modo adficiendus, narrabimus, cum praeparatione quadam : « scire quidem eum in summam quid acti sit, tamen rationem quoque facti cuiusque cognoscere ne grauetur ». **22.** Interim propter aliquem in consilium adhibitum nos repetere illa simulemus, interim, ut rei, quae ex aduerso proponatur, iniquitatem omnes etiam circumstantes intellegant. In quo genere plurimis figuris erit uarianda expositio ad effugiendum taedium nota audientis,

19. resoluendos *AbH* : soluendos *B* || digressionem *AH* : deg- *B* || in his... dicitur *del. H. Meyer ut falsa ea Tullio adscripta uerba, quae apud eum non leguntur* || illud *BH* : illum *A* || non *AH* : *om. B*

20. TEST. : 20-22, Victor, *R.L.M.*, 425, 34 - 426, 8.

20. superuacuam esse *B Victor* : esse superuacuam *A* || si non *AB* : quasi non *bH* || factum quid *BH Victor* : quid factum *A*

21. reperta *AB* : resp- *bH* || aliquanto *AbH* : -ndo *B*

22. simulemus *B* : similemus *AbH* || interim *AB* : id interim *bH* || genere *AB* : *om. bH* || figuris erit *BH Victor* : erit figuris *A*

nous dirons, par exemple : « Vous vous rappelez »... ou « Il sera peut-être superflu d'insister sur ce point » ou « Mais pourquoi m'attarder, puisque vous connaissez bien l'affaire »... « Vous savez bien ce qu'il en est », et ainsi de suite. **23.** Autrement, si nous en sommes toujours à considérer que la narration est superflue devant un juge informé, on pourrait aller jusqu'à penser qu'il n'est même pas toujours nécessaire de plaider la cause elle-même.

24. Une autre question, plus fréquemment soulevée, est celle de savoir si l'exposé des faits doit suivre à tout prix l'exorde. Ceux qui soutiennent cette idée ne semblent pas dépourvus de bonnes raisons. Puisqu'en effet l'exorde a été conçu pour mieux disposer le juge à l'égard d'une affaire, le rendre plus docile, plus attentif, et puisque la preuve ne peut être administrée avant que la cause ne soit connue de lui, il semble bon que le juge soit informé des faits sans délai. **25.** Mais cet ordre aussi est modifié parfois en raison de la nature des causes, à moins que M. Tullius, dans la magnifique plaidoirie pour Milon, dont il nous a laissé le texte écrit, n'ait eu tort de différer la narration, après un examen préalable de trois questions ; ou, alors, aurait-il été plus utile d'exposer comment Clodius avait tendu une embuscade à Milon, sans examiner s'il n'était pas inadmissible de défendre un homme qui avouait un assassinat, ou si Milon avait été condamné d'avance par le sénat, ou si Cn. Pompée, qui, outre l'influence qu'il exerçait par ailleurs, avait fait cerner le tribunal par des soldats en armes, se révélait par là comme hostile et redoutable au prévenu[1]. **26.** Donc ces questions aussi

(1) Sur le problème des discours prononcés et des discours récrits, cf. J. Humbert, *Les plaidoyers écrits et les plaidoiries réelles de Cicéron*, Paris, Presses Universitaires, 1925, 296 p. (p. 189-197).

sicut « Meministi » et « Fortasse superuacuum fuerit hic commorari », « Sed quid ego diutius cum tu optime noris ? », « Illud quale sit tu scias », et his similia. **23.** Alioqui, si apud iudicem, cui nota causa est, narratio semper uidetur superuacua, potest uideri non semper esse etiam ipsa actio necessaria.

24. Alterum est, de quo frequentius quaeritur, an sit utique narratio prohoemio subicienda ; quod qui opinantur non possunt uideri nulla ratione ducti. Nam cum prohoemium idcirco comparatum sit ut iudex ad rem accipiendam fiat conciliatior, docilior, intentior, et probatio, nisi causa prius cognita non possit adhiberi, protinus iudex notitia rerum instruendus uidetur. **25.** Sed hoc quoque interim mutat condicio causarum, nisi forte M. Tullius in oratione pulcherrima, quam pro Milone scriptam reliquit, male distulisse narrationem uidetur tribus praepositis quaestionibus, aut profuisset exponere quo modo insidias Miloni fecisset Clodius, si reum, qui a se hominem occisum fateretur, defendi omnino fas non fuisset, aut si iam praeiudicio senatus damnatus esset Milo, aut si Cn. Pompeius, qui, praeter aliam gratiam, iudicium etiam militibus armatis cluserat, tamquam aduersus ei timeretur. **26.** Ergo hae quoque

22. || illud — scias *om. Victor del. H. Meyer*

24. TEST. : 24-27, Victor, *R.L.M.*, 426, 9-21.

24. docilior *AbH* : *om. B* || nisi *ABH* : non nisi *a* || instruendus *ABH* : institu- *H*

25. nisi *AbH* : ni *B* || M. *AH* : *om. B Victor* || aut *ABH* : nihil enim *Victor* || fateretur *AH* : fatetur *B* || praeter *A* : propter *BH* || iudicium etiam *ABH* : *om. B* || cluserat *AB* : clau- *H* || ei timeretur *Ab* : exstima- *Bn*[2] extima- *Bn*[1] || hae *Ab* : haec *BH*

avaient une valeur d'exorde, puisqu'elles préparaient toutes le juge. Mais, dans le *Pro Vareno* également[1], Cicéron a retardé la narration jusqu'à ce qu'il eût liquidé les allégations de l'adversaire. Cette méthode sera avantageuse, toutes les fois que nous n'aurons pas seulement à repousser une accusation, mais aussi à la retourner contre un autre[2], car, en ce cas, une fois qu'on s'est défendu, la narration sert en quelque sorte à introduire une contre-accusation contre un autre ; c'est ainsi, que, dans un combat armé, le premier soin est de parer les coups avant d'en porter.

27. Il y aura aussi des causes, et cela n'est pas rare, où l'accusation, dont est saisi le juge, est aisée à repousser, mais qui sont grevées par les multiples et lourds scandales du passé du client ; il nous en faut écarter d'abord le rappel, pour que le juge puisse écouter d'une oreille favorable la défense du fait qui est l'objet propre de l'affaire. Par exemple, si l'on doit défendre M. Caelius, la meilleure démarche, pour l'avocat, ne serait-elle pas d'aller au-devant des imputations de désordre, de provocation, d'immoralité avant d'aborder celle d'empoisonnement et c'est bien sur elles seules que roule tout le plaidoyer de Cicéron; puis, il traiterait des biens de Palla et il développerait toute la question de violence, qui a déjà fait l'objet de l'apologie de Caelius par lui-même[3]?

28. Mais nous sommes entraînés par la pratique des écoles, où sont proposés certains points précis que nous appelons des « thèmes »[4], hors desquels il n'y a

(1) Cicéron, *Orat. fragm.*, II, 12.

(2) C'est ce qui a été fait dans le *Pro Vareno* ; cf. Quintilien, VII, 2, 10.

(3) Ainsi a procédé Cicéron en écartant les imputations relatives à la moralité de Caelius ; cf. *Pro Caelio : Non criminibus, sed uocibus maledictisque celebratum est* (§ 6) ; *aliud est maledicere, aliud accusare (ibid.)* ; *maledictio... si petulantius iactatur, conuicium (ibid.)* ; *adulter, impudicus... conuicium est, non accusatio* (§ 30), les biens de Palla sont évoqués au § 23, la mort de Dion aux §§ 51-54.

(4) Cf. *Notes complémentaires.*

quaestiones uim prohoemii optinebant, cum omnes iudicem praepararent. Sed pro Vareno quoque postea narrauit quam obiecta diluit. Quod fiet utiliter, quotiens non repellendum tantum erit crimen, sed etiam transferendum, ut his prius defensis uelut initium sit alium culpandi narratio, ut in armorum ratione antiquior cauendi quam ictum inferendi cura est.

27. Erunt quaedam causae, neque id raro, crimine quidem, de quo cognitio est, faciles ad diluendum, sed multis ante actae uitae flagitiis et grauibus oneratae, quae prius amouenda sunt, ut propitius iudex defensionem ipsius negotii, cuius propria quaestio est, audiat. Vt si defendendus sit M. Caelius, nonne optime patronus occurrat prius conuiciis luxuriae, petulantiae, inpudicitiae quam ueneficii, in quibus solis omnis Ciceronis uersatur oratio ; tum deinde narret de bonis Pallae totamque de ui explicet causam, quae est ipsius actione defensa ?

28. Sed nos ducit scholarum consuetudo, in quibus certa quaedam ponuntur, quae themata dicimus, praeter quae nihil est diluendum, ideoque

26. optinebant *AbH* : -bunt *B* || praepararent *AbH* : -rauerint *B* || pro uareno *AbH* : reo *B* || narrauit *A* : -bit *BH* || quam *A* : cum *BH* || fiet *Ab* : flet *BH* || repellendum — defensis *A* : repetendum ut prius defensi *BH* || culpandi narratio *A* : *om. BH relicto spatio decem litt.* narrandi aliud *Victor* || ratione *BH* : -nem *A*
27. crimine *A* : -ni *BH* || quidem *om. bH* || cognitio *AbH Victor* : -nitum *B* || sunt *Ab Victor* : sint *BH* || sit *AbH* : est *B* || caelius *A* : caecilius *BH* || optime *A* : -tume *bH om. B* || quam *AbH* : *om. B* || omnis *AB* : -nibus *bH* || tum deinde *A* : deinde tum *BH* || pallae *BH* : paullae *A* paulae *a*
28. quaedam *A* : quidem *BH* || themata *AB* : thema *H*

rien à réfuter ; voilà pourquoi la narration vient toujours après l'exorde. De là, la liberté prise par les déclamateurs de faire un semblant de narration, même quand ils parlent comme seconds pour leur propre partie. **29.** Quand ils parlent en effet au nom du demandeur, ils font ordinairement une narration, comme s'ils parlaient les premiers, et une réfutation de la partie adverse, comme s'ils répliquaient ; et, en cela, ils ont raison. Car, la déclamation étant un entraînement aux plaidoiries du forum, pourquoi ne s'exerceraient-ils pas d'emblée à plaider en premier et en second ? Cependant, ceux qui ne connaissent pas la raison d'une telle pratique pensent qu'au forum, il n'y aura rien à changer à la méthode à laquelle ils ont été habitués. **30.** Mais, même dans les exercices d'école[1], on substitue parfois une proposition à la narration. En effet, qu'exposera, par exemple, une femme qui accuse de mauvais traitements un mari jaloux[1] ou l'homme qui dénonce aux censeurs un cynique en raison de ses mœurs ? Dans de tels cas, le délit sera suffisamment précisé par un seul mot, placé dans n'importe quelle partie de l'exposé. Mais en voilà assez sur ce point.

31. Je vais passer maintenant à la technique de la narration. La narration est l'exposé, destiné à persuader, d'une action accomplie ou prétendue accomplie, ou, selon la définition d'Apollodore[1], un discours qui instruit l'auditeur de ce qui est controversé. La plupart des théoriciens, et surtout les Isocratiques[1], veulent qu'elle soit claire, brève, vraisemblable. Peu importe, en effet, qu'au lieu de « limpide », nous disions « transparente », au lieu de « vraisemblable » « plausible » ou « croyable ». **32.** J'approuve aussi cette division ; cependant, sur un point, Aristote s'est séparé d'Isocrate, et il raille ce conseil de brièveté, comme s'il était

(1) Pour les §§ 30-32, cf. *Notes complémentaires.*

narratio prohoemio semper subiungitur. Inde libertas declamatoribus, ut etiam secundo partis suae loco narrare uideantur. **29.** Nam cum pro petitore dicunt, et expositione, tamquam priores agant, uti solent, et contradictione, tamquam respondeant, idque fit recte. Nam cum sit declamatio forensium actionum meditatio, cur non in utrumque protinus locum se exerceat ? Cuius rationis ignari ex more, cui adsuerunt, nihil in foro putant esse mutandum. **30.** Sed in scholasticis quoque nonnumquam euenit ut pro narratione sit propositio. Nam quid exponet quae zelotypum malae tractationis accusat, aut qui cynicum apud censores reum de moribus facit, cum totum crimen uno uerbo in qualibet actionis parte posito satis indicetur ? Sed haec hactenus.

31. Nunc quae sit narrandi ratio subiungam. Narratio est rei factae aut ut factae utilis ad persuadendum expositio, uel, ut Apollodorus finit, oratio docens auditorem quid in controuersia sit. Eam plerique scriptores maximeque qui sunt ab Isocrate uolunt esse lucidam, breuem, ueri similem. Neque enim refert an pro lucida perspicuam, pro ueri simili probabilem credibilemue dicamus. **32.** Eadem nobis placet diuisio, quamquam et Aristo-

28. narratio prohoemio *BH* : prohoemio narratio *A*

29. et expositione *B* : ut expositione *AbH* || priores *AbH* : prius *B* || recte *AbH* : non recte *B* || se *A* : *om.* *BH* || adsuerunt *BH* : assueue- *A*

30. indicetur *AbH* : iudic- *B* || hactenus *AbH* : act- *B*

31. aut ut *AbH* : aut non *B* || perspicuam *BnbH* : -cua *A* perspiciam *Bg*

nécessaire que la narration fût ou longue ou brève et qu'elle ne pût être de longueur moyenne[1]. Les Théodoriens, pour leur part, ne retiennent que la dernière qualité, <la vraisemblance>, parce que, d'après eux, il n'est pas toujours utile que l'exposé soit forcément bref ni toujours limpide. **33.** Aussi faut-il distinguer plus soigneusement les différents genres de narration, afin de montrer ce qui est utile en chaque circonstance.

La narration est toute à notre avantage ou toute à l'avantage de nos adversaires, ou partie à l'avantage de l'un et partie à l'avantage des autres. Si elle est toute à notre avantage, nous pouvons nous contenter des trois qualités indiquées, grâce auxquelles le juge a plus de facilité pour comprendre, se souvenir, croire. **34.** Que personne n'aille me reprocher de soutenir qu'une narration, qui est toute en notre faveur, doive être vraisemblable, si elle est vraie. Il y a, en effet, beaucoup de choses qui sont vraies, mais peu croyables, de même qu'il y a des choses fausses qui, souvent, sont vraisemblables. Aussi ne faut-il pas se donner moins de peine pour faire croire au juge ce que nous disons de vrai que ce que nous inventons. **35.** Au surplus, les qualités, dont j'ai parlé plus haut, sont aussi des qualités à respecter dans les autres parties ; c'est en effet à travers tout le plaidoyer qu'il faut éviter l'obscurité ; il faut garder partout aussi la mesure et tout ce qui se dit doit être plausible. C'est toutefois dans

(1) Cf. *Notes complémentaires.*

teles ad Isocrate parte in una dissenserit, praeceptum breuitatis inridens, tamquam necesse sit longam esse aut breuem expositionem nec liceat ire per medium, Theodorei quoque solam relinquant ultimam partem, quia nec breuiter utique nec dilucide semper sit utile exponere. **33.** Quo diligentius distinguenda sunt singula, ut quid quoque loco prosit ostendam.

Narratio est aut tota pro nobis aut tota pro aduersariis aut mixta ex utrisque. Si erit tota pro nobis, contenti sumus his tribus partibus, per quas efficitur, quo facilius iudex intellegat, meminerit, credat. **34.** Nec quisquam reprensione dignum putet, quod proposuerim eam, quae sit tota pro nobis, debere esse ueri similem, cum uera sit. Sunt enim plurima uera quidem, sed parum credibilia, sicut falsa quoque frequenter ueri similia. Quare non minus laborandum est ut iudex quae uere dicimus quam quae fingimus credat. **35.** Sunt quidem hae, quas supra retuli, uirtutes aliarum quoque partium ; nam et per totam actionem uitanda est obscuritas, et modus ubique custodiendus, et credibilia esse oportet omnia, quae dicuntur. Maxime tamen haec in ea

32. breuitatis *A* : uerit- *BH* || inridens *AH* : inserens *B* || longam *AB* : -ga *H* || esse *A* : *om.* *BH* || expositionem *AB* : expolit- *H* || relinquent *A* : -ant *BH*

33. TEST. : narratio... putet Cassiodorus, *R.L.M.*, 502, 17-20.

33. quo *A* : quod *BH* || contenti sumus *AB* : contentissimus *H* || his *A Cass.* : *om.* *B* || per quas *ABH* : per qua *b*

34. reprensione *BH* : reprehen- *A* || quod *ABgH* : quo *Bn* || proposuerim *aBH* : -rit *A* || similem *ABn* : simile *BgH*

35. TEST. : Victor, *R.L.M.*, 423, 36 - 424, 1.

35. hae *AbH* : haec *B* || oportet omnia *BH* : omnia oportet *A* || maxime tamen *AbH* : maximeq. *B*

la partie qui, la première, instruit le juge, qu'il faut surtout observer cette règle, et si le malheur veut qu'alors le juge ne nous comprenne pas, ou qu'il ne se souvienne pas, ou qu'il ne nous croie pas, nos efforts n'auront dans la suite aucun effet.

36. La narration d'autre part sera dégagée et limpide, si elle est présentée, tout d'abord en termes appropriés, signifiants, sans vulgarité même, mais sans être recherchés ni éloignés de l'usage ; de plus, elle donnera une vue distincte des faits, des personnes, des circonstances, des lieux, des causes, et le débit même sera de nature à permettre au juge de saisir ce qui sera dit le plus facilement possible[1]. **37.** Cette dernière exigence est négligée, à vrai dire, par la grande majorité des orateurs, qui, préparés aux acclamations d'une foule organisée ou même rassemblée autour d'eux par hasard, ne peuvent souffrir ce grand silence créé par l'attention, et ne se croient éloquents que s'ils ont tout fait retentir de bruits et de vociférations[2]. Pour eux, indiquer simplement les faits, c'est de la conversation de tous les jours, à la portée même du premier ignorant venu. Cependant, ce qu'ils méprisent comme facile, on ne saurait dire s'ils ne veulent ou s'ils ne peuvent pas le faire. **38.** En réalité, dans l'éloquence, ceux qui ont tout essayé ne trouveront rien plus difficilement qu'un langage, que tous les auditeurs, après l'avoir entendu, se croiraient capables de tenir, non parce qu'ils le trouvent bon, mais vrai. C'est que l'orateur ne parle jamais mieux que lorsqu'il donne l'impression du vrai. **39.** Au contraire, maintenant, les orateurs se donnent en quelque sorte du champ avec la narration, et ils se mettent à y donner des

(1) Mêmes conseils dans la *Rhét. à Her.*, I, 15, Cicéron (*De inu.*, I, 29 ; *De orat.*, 329) et, plus tard, chez Julius Severianus, *R.L.M.*, 357, 18, Julius Victor, *R.L.M.*, 424, 22, *Anonyme* de Séguier, 437, 29 ; 438, 14 Sp. = 367, 12 ; 368, 6 Sp.-H., etc.

(2) Cf. *Notes complémentaires.*

parte custodienda sunt, quae prima iudicem docet ; in qua si acciderit ut aut non intellegat aut non meminerit aut non credat, frustra in reliquis laborabimus.

36. Erit autem narratio aperta ac dilucida, si fuerit primum exposita uerbis propriis et significantibus et non sordidis quidem, non tamen exquisitis et ab usu remotis, tum distincta rebus, personis, temporibus, locis, causis, ipsa etiam pronuntiatione in hoc accommodata, ut iudex quae dicentur quam facillime accipiat. **37.** Quae quidem uirtus neglegitur a plurimis, qui ad clamorem dispositae uel etiam forte circumfusae multitudinis compositi non ferunt illud intentionis silentium, nec sibi diserti uidentur, nisi omnia tumultu et uociferatione concusserint. Rem indicare sermonis cotidiani et in quemcumque etiam indoctorum cadentis existimant, cum interim, quod tamquam facile contemnunt, nescias praestare minus uelint an possint. **38.** Neque enim aliud in eloquentia cuncta experti difficilius reperient quam id quod se dicturos fuisse omnes putant, postquam audierunt, quia non bona iudicant esse illa, sed uera. Tum autem optime dicit orator, cum uidetur uera dicere. **39.** At nunc uelut campum nacti expositionis his potissimum et uocem flectunt et ceruicem reponunt et bracchium in latus iactant

35. docet *A* : -cent *BH* || laborabimus *AB* : -uimus *H*

36. uerbis propriis *ABH* : propriis uerbis *T* || dicentur *A* : -cuntur *B* dencuntur (?) *H*

37. dispositae *Ab* : -tis *BH* || ferunt *AB* : fecerunt *H* || indoctorum *AH* : -tiorum *B*

38. cuncta *A* : *om.* *BH* || dicturos fuisse *BH* : fuisse dicturos *A* || uera *ABH* : -rae *b*

inflexions à leur voix, à rejeter la tête en arrière[1], à se battre les flancs avec les bras, à se laisser aller à toutes sortes de fantaisies pour la pensée, le vocabulaire, le style ; puis — cela semble un prodige —, le plaidoyer plaît, mais la cause n'est pas comprise. Mais passons ; je ne veux pas m'attirer moins de faveur en recommandant ce qui est bien que de critiques en blâmant ce qui est mal.

40. La brièveté de la narration résultera, avant tout, du fait que nous prendrons comme point de départ de l'exposé le moment où les faits relèvent du juge ; puis, de ce que nous ne dirons rien d'extérieur à la cause ; ensuite, de ce que nous éliminerons tout ce dont la suppression n'enlève rien à la connaissance de l'affaire ni aux intérêts du client. **41.** Car il y a souvent dans les détails, une sorte de brièveté qui n'en allonge pas moins l'ensemble : « Je suis venu sur le port ; j'ai aperçu le navire ; j'ai demandé le tarif du passage ; on s'est mis d'accord sur le prix ; j'ai embarqué ; on a levé l'ancre ; on a détaché l'amarre ; nous sommes partis ». Rien de tout cela ne peut être dit plus rapidement, mais il suffit de dire : « J'ai quitté le port en bateau ». Toutes les fois que l'issue de l'événement suffit à indiquer les faits antérieurs, nous devons nous contenter de ce qui fait comprendre le reste. **42.** Puisqu'on peut dire : « J'ai un jeune fils », il est superflu de développer : « Désireux d'avoir des enfants, je me suis marié ; j'ai eu un fils ; je l'ai élevé ; je l'ai amené à l'adolescence. » Voilà pourquoi certains rhéteurs grecs distinguèrent entre la narration concise, c'est-à-dire σύντομος, et la narration brève, la première, à leur avis, ne comportant rien de superflu, l'autre pouvant laisser à désirer quelque élément du nécessaire[2]. **43.** Pour moi, la brièveté ne consiste pas à dire moins

(1) Cf. *Notes complémentaires.*
(2) C'est l'opposition entre σύντομος et βραχεῖα διήγησις.

totoque et rerum et uerborum et compositionis genere lasciuiunt ; deinde, quod sit monstro simile, placet actio, causa non intellegitur. Verum haec omittamus, ne minus gratiae praecipiendo recta quam offensae reprendendo praua mereamur.

40. Breuis erit narratio, ante omnia, si inde coeperimus rem exponere, unde ad iudicem pertinet ; deinde, si nihil extra causam dixerimus ; tum etiam, si reciderimus omnia, quibus sublatis neque cognitioni quicquam neque utilitati detrahatur ; **41.** solet enim quaedam esse partium breuitas, quae longam tamen efficit summam : « In portum ueni, nauem prospexi, quanti ueheret interrogaui, de pretio conuenit, conscendi, sublatae sunt ancorae, soluimus oram, profecti sumus ». Nihil horum dici celerius potest, sed sufficit dicere : « E portu nauigaui » ; et quotiens exitus rei satis ostendit priora, debemus hoc esse contenti, quo reliqua intelleguntur. **42.** Quare, cum dicere liceat : « Est mihi filius iuuenis », omnia illa superuacua : « Cupidus ego liberorum uxorem duxi ; natum filium sustuli ; educaui ; in adulescentiam perduxi ». Ideoque Graecorum aliqui aliud circumcisam expositionem, id est σύντομον, aliud breuem putauerunt, quod illa superuacuis careret, haec posset aliquid ex necessariis desiderare. **43.** Nos autem breuitatem in hoc ponimus, non ut minus, sed ne plus dicatur

39. haec *AbH* : hoc *B* || praecipiendo *AB* : percipienda *bH* || reprendendo *B* : reprehen- *AbH*
40. inde *om. B* || coeperimus *ABnH* : cep- *Bg*
41. ancorae : ancho- *ABH* || nihil horum *A* : nihilorum *BH* || quotiens *B* : -ties *A* || natum — perduxi *om. B*
42. filium sustali *AB* : sustuli filium *bH*

qu'il ne faut, mais à ne pas dire plus. Car, les itérations, les ταυτολογίαι (répétitions des mêmes idées), les περισσολογίαι (redondances d'expression), que certains traités recommandent d'éviter dans la narration, à vrai dire, je les passe ; ce sont en effet des défauts que l'on ne doit pas seulement éviter par souci de brièveté[1].

44. Il ne faut pas moins prendre garde au défaut qui résulte d'un abrègement excessif : l'obscurité ; et il vaut mieux, dans une narration, qu'il y ait excès en plus plutôt qu'en moins ; car le superflu dégage de l'ennui, mais la suppression du nécessaire n'est pas sans risque. **45.** Aussi faut-il éviter également la fameuse brièveté de Salluste[1] (quoique, chez lui, elle soit tenue pour une qualité) et ce genre abrupt de style, qui échappe moins à un lecteur qui a peut-être du loisir, mais vole par-dessus la tête de l'auditeur, et n'attend pas qu'on le rappelle, d'autant qu'en outre, il n'y a guère de lecteur qui ne soit un homme cultivé, tandis que, généralement, ce sont les régions rurales qui envoient un juge aux décuries, et que ce juge va prononcer sur ce qu'il aura compris[1], de sorte que partout peut-être, mais particulièrement dans les narrations, nous devons tenir le juste milieu : « dire tout ce qu'il faut et seulement ce qui suffit ». **46.** « Tout ce qu'il faut » ne signifie pas, selon moi, ce qui suffit pour énoncer les faits, car la brièveté ne doit pas être inélégance, sous peine d'être inculture. Le plaisir donne le change, et ce qui plaît semble moins long ; c'est ainsi qu'un parcours agréable et facile, même plus long, fatigue moins qu'un raccourci dur et aride.

(1) Cf. *Notes complémentaires.*

quam oporteat. Nam iterationes quidem et ταυτολογίας et περισσολογίας, quas in narratione uitandas quidam scriptores artium tradiderunt, transeo : sunt enim haec uitia non tantum breuitatis gratia refugienda.

44. Non minus autem cauenda erit, quae nimium corripientes omnia sequitur, obscuritas ; satiusque aliquid narrationi superesse quam deesse ; nam superuacua cum taedio dicuntur, necessaria cum periculo subtrahuntur. **45.** Quare uitanda est etiam illa Sallustiana (quamquam in ipso uirtutis optinet locum) breuitas et abruptum sermonis genus : quod otiosum fortasse lectorem minus fallat, audientem transuolat, nec, dum repetatur, expectat, cum praesertim lector non fere sit nisi eruditus, iudicem rura plerumque in decurias mittant de eo pronuntiaturum, quod intellexerit, ut fortasse ubique, in narratione tamen praecipue media haec tenenda sit uia dicendi : « quantum opus est et quantum satis est ». **46.** « Quantum opus est » autem non ita solum accipi uolo, quantum ad indicandum sufficit, quia non inornata debet esse breuitas, alioqui sit indocta. Nam et fallit uoluptas, et minus longa quae delectant uidentur, ut amoenum ac molle iter, etiamsi est spatii amplioris, minus fatigat quam durum aridumque compen-

44. TEST. : quotiens... subtrahuntur Cassiodorus, *R.L.M.*, 502, 23-24.

44. aliquid *BH* : est aliquid *A Cass.* || narrationi *ABH* : -nis *b*

45. est *AbH* : sunt *B* || optinet *BH* : obt- *A* || otiosum *AB* : occisum *H* || ubique *AB* : ubicumque *bH* || tamen *AbH* : tamen ubique *B*

46. quantum *AbH* : -to *B* || et quantum — opus est *om. BH* || solum accipi *BH* : accipi solum *A* || non *AB* : et non *bH* || amoenum *AH* : admoenum *B* || spatii *BH* : -tiis *A*

47. Et ce souci de brièveté ne m'empêcherait jamais d'introduire volontiers dans l'exposé des faits des détails qui le rendent plausible. Car s'il est simplifié et rogné de toutes parts, il mérite moins le nom de narration que celui de confession.

Il y a, d'ailleurs, beaucoup de causes, dont la teneur implique de longues narrations. En ce cas, comme je l'ai recommandé, il faut y préparer l'attention du juge dans la dernière partie de l'exorde, et veiller ensuite à user de tout notre art pour en éliminer des longueurs ou l'ennui. **48.** Pour raccourcir la narration, on différera tout ce qu'il sera possible, mais non sans mentionner ce que l'on se propose de différer : « Les raisons que cet homme a eues de commettre le meurtre, les complices qu'il a recrutés, la façon dont il a disposé le guet-apens, j'en parlerai dans la confirmation. » **49.** Quelquefois, à vrai dire, dans la trame du récit, il faut laisser de côté certains éléments, comme l'a fait Cicéron[1] : « Fulcinius meurt ; il y a, en effet, dans cette affaire bien des circonstances, qui sont étrangères à la cause actuelle, et je les laisserai de côté. » En divisant le récit, on lève l'ennui : « Je dirai ce qui a précédé la liaison de l'affaire[2] ; je dirai ce qui concerne l'affaire elle-même ; je dirai ce qui a suivi. » **50.** Ainsi, on donnera l'impression de faire trois narrations de proportions modestes plutôt qu'une seule, longue. Cependant, il conviendra de couper le récit par une brève interruption[3] : « Vous avez entendu ce qui s'est passé avant ; écoutez maintenant ce qui suit. » Le juge en effet aura l'esprit reposé en pensant que la première partie est achevée, et il se tiendra prêt à écouter,

(1) Cf. *Notes complémentaires.*

(2) *Contractus* est un terme technique de droit ; on dit aujourd'hui « liaison de l'instance ». L'instance est liée à la première audience, lors de laquelle sont échangées les conclusions. L'affaire liée, les exceptions ne peuvent être admises ; le désistement d'instance ne peut plus avoir lieu qu'avec l'assentiment du défendeur, et seules sont recevables les demandes additionnelles ou reconventionnelles qui sont liées à la demande par connexité.

(3) L'*interfatio* est proprement une interruption ; c'était

dium. **47.** Neque mihi umquam tanta fuerit cura breuitatis, ut non ea, quae credibilem faciunt expositionem, inseri uelim. Simplex enim et undique praecisa non tam narratio uocari potest quam confessio.

Sunt porro multae condicione ipsa rei longae narrationes. Quibus extrema, ut praecepi, prohoemii parte ad intentionem praeparandus est iudex, deinde curandum ut omni arte uel ex spatio eius detrahamus aliquid uel ex taedio. **48.** Vt minus longa sit, efficiemus quae poterimus differendo, non tamen sine mentione eorum quae differemus : « Quas causas occidendi habuerit, quos adsumpserit conscios, quem ad modum disposuerit insidias, probationis loco dicam. » **49.** Quaedam uero ex ordine praetermittenda, quale est apud Ciceronem : « Moritur Fulcinius ; multa enim, quae sunt in re, quia remota sunt a causa, praetermittam ». Et partitio taedium leuat : « Dicam quae acta sint ante ipsum rei contractum, dicam quae in re ipsa, dicam quae postea ». **50.** Ita tres potius modicae narrationes uidebuntur quam una longa. Interim expediet expositionem breui interfatione distinguere : « Audistis quae ante acta sunt : accipite nunc quae insecuntur ». Reficietur enim iudex priorum fine et se uelut ad nouum rursus initium praeparabit. **51.** Si tamen adhibitis quoque

47. neque *A* : neque enim *BH* || uocari *ABnb* : uac- *BgH* || prohoemii *Ab* : -mio *B* || ex spatio *A* : expatio *B* exspatio *bH*

48. efficiemus *ABH* : -ciamus *T* || dicam *ABH* : -camus *T*

49. quale est *A* : qualest *B* quae est *H* || Fulcinius *B* : **lcinius *AH* || et *A* : at *BH* || quae acta *AB* : qui acta *H*

50. ita *A* : ideo *BH* || expositionem *A* : -nes *BH* || insecuntur *BH* : insequ- *A*

comme si commençait un nouveau discours. **51.** Si toutefois, malgré ces artifices aussi, la série des faits a exigé un long développement, il ne sera pas inutile, à la fin, de faire un résumé de rappel. C'est ce que fait Cicéron, même pour une courte narration : « Jusqu'à présent, César, Q. Ligarius est exempt de toute faute ; il est parti de chez lui, non seulement sans dessein de guerre, mais sans qu'il y eût même le moindre soupçon de guerre, etc. »[1].

52. La narration sera particulièrement plausible, si nous consultons d'abord notre raison, pour ne rien dire de contraire à la nature des choses, ensuite, si nous faisons précéder l'exposé des faits par celui des causes et des motifs, non de tous les faits, mais de ceux qui sont l'objet de l'affaire, si nous campons des caractères en harmonie avec les faits que nous voulons faire admettre, par exemple, si nous représentons comme cupide un homme accusé de vol, comme sensuel un homme accusé d'adultère, comme violent un homme accusé d'homicide ou inversement, si nous sommes défendeurs ; de même pour les lieux, les dates, et ainsi de suite.

53. Il y a, d'autre part, une manière de conduire le récit qui rend les faits plausibles, comme dans les comédies aussi et dans les mimes. En effet, il y a des choses qui se suivent et s'enchaînent si naturellement qu'une fois les premières bien racontées, le juge, de lui-même, attend ce qu'on va raconter ensuite. **54.** Il ne sera pas inutile non plus de disséminer ici et là des embryons de preuves, mais sans oublier que nous faisons une narration, non une confirmation. Parfois, cependant, nous devons confirmer aussi par quelque argument ce que nous aurons avancé, mais ce doit être un argument simple et bref ; par exemple, dans

un droit garanti par la *lex Icilia* de 492 av. J.-C., et il était la clef de voûte du statut des tribuns de la plèbe et des *leges sacratae* ; cf. Cicéron, *Pro Sestio*, 79. Ici, le mot est employé dans un sens banal.

(1) Cicéron, *Pro Lig.*, 4.

his artibus in longum exierit ordo rerum, erit non inutilis in extrema parte commonitio. Quod Cicero etiam in breui narratione fecit : « Adhuc, Caesar, Q. Ligarius omni culpa caret ; domo est egressus non modo nullum ad bellum, sed ne ad minimam quidem belli suspicionem », et cetera.

52. Credibilis autem erit narratio ante omnia, si prius consuluerimus nostrum animum, ne quid naturae dicamus aduersum, deinde si causas ac rationes factis praeposuerimus, non omnibus, sed de quibus quaeritur, si personas conuenientes iis, quae facta credi uolemus, constituerimus, ut furti reum cupidum, adulterii libidinosum, homicidii temerarium, uel his contraria, si defendemus ; praeterea loca, tempora, et similia.

53. Est autem quidam et ductus rei credibilis, qualis in comoediis etiam et in mimis. Aliqua enim naturaliter secuntur et cohaerent, ut, si bene priora narraueris, iudex ipse quod postea sis narraturus expectet. **54.** Ne illud quidem fuerit inutile, semina quaedam probationum spargere, uerum sic ut narrationem esse meminerimus, non probationem. Non numquam tamen etiam argumento aliquo confirmabimus quod proposuerimus, sed simplici et breui,

51. commonitio *AbH* : -motio *B* || fecit *A* : facit *BH* || belli suspicionem *ABH* : suspicionem belli *Cicero nosterque* § *110 infra*
52. contraria *A* : contra *BH*
53. etiam et *BH* : et et *A* || secuntur *A* : sequ- *BH* || bene priora *BH* : priora bene *A*
54. non *om.* *BH* || tamen etiam *A* : etiam tamen *BH*

un cas d'empoisonnement : « Il était en bonne santé, quand il a bu ; aussitôt, il est tombé à terre ; la lividité et l'enflure ont suivi aussitôt »[1]. **55.** On atteint au même effet avec ces « préparations » bien connues, où l'on représente l'accusé comme robuste, armé, <paré> et, en face de lui, des gens sans force, sans armes, sans défiance. Enfin, avec la narration, nous pourrons donner un avant-goût de tout ce que nous nous proposons de traiter dans la confirmation, relativement aux personnes, aux causes, aux lieux, aux dates, à l'instrument, à l'occasion. **56.** Parfois, si cette ressource nous fait défaut, nous reconnaîtrons encore que le crime est à peine croyable, mais vrai ; que, par suite, il doit être tenu comme plus atroce ; que nous ignorons comment ou pourquoi il a été commis ; que nous sommes étonnés, mais que nous apporterons des preuves.

57. La meilleure préparation sera celle qui sera restée invisible[2]. Cicéron, par exemple, a très bien servi la cause, en indiquant d'avance tout ce qui est de nature à montrer que c'est Clodius qui a tendu l'embuscade à Milon, et non Milon à Clodius, mais ce qui a produit le meilleur effet, c'est cet air de candeur très habilement feint : « Quant à Milon, qui était resté ce jour-là au sénat jusqu'au moment où la séance fut levée, il rentra chez lui, changea de chaussures et de vêtements, attendit quelques instants, comme il arrive, que sa femme fût prête »[3]. **58.** Quelle absence de précipitation, quelle absence de préméditation, on le voit, chez Milon ! Cet effet, l'éminent orateur ne l'a pas seulement obtenu par les détails mêmes qui indiquent les délais et la lenteur du dispositif de départ, mais aussi par le recours à des mots ordinaires,

(1) Cf. *Notes complémentaires.*

(2) On trouve encore les termes de *praemunitio* et de *praestructio* (Julius Rufinianus, *R.L.M.*, 46, 9 ; Fortunatianus, *R.L.M.*, 110, 22 ; 113, 29).

(3) Cicéron, *Pro Mil.*, 28.

ut in ueneficiis : « Sanus bibit; statim concidit; liuor ac tumor confestim est insecutus ». **55.** Hoc faciunt et illae praeparationes, cum reus dicitur robustus, armatus, <paratus> contra infirmos, inermis, securos. Omnia denique, quae probatione tractaturi sumus, personam, causam, locum, tempus, instrumentum, occasionem, narratione delibabimus. **56.** Aliquando, si destituti fuerimus his, etiam fatebimur uix esse credibile, sed uerum, et hoc maius habendum scelus ; nescire nos quo modo factum sit aut quare, mirari, sed probaturos.

57. Optimae uero praeparationes erunt quae latuerint. Vt a Cicerone sunt quidem utilissime praedicta omnia, per quae Miloni Clodius, non Clodio Milo insidiatus esse uideatur ; plurimum tamen facit illa callidissima simplicitatis imitatio : « Milo autem, cum in senatu fuisset eo die quoad senatus est dimissus, domum uenit, calceos et uestimenta mutauit, paulisper, dum se uxor, ut fit, comparat, commoratus est. » **58.** Quam nihil festinato, nihil praeparato fecisse uidetur Milo ! Quod non solum rebus ipsis uir eloquentissimus, quibus moras et lentum profectionis ordinem ducit, sed uerbis etiam uulgaribus et cotidianis et arte

54. liuor *BnbH* : libor *Bg* || tumor *AB* : timor *H*
55. TEST. : quae... delibabimus Cassiodorus, *R.L.M.*, 502, 25-26.
55. armatus *AH* : arramatus *B* || paratus *suppl. Peters* : praeparatus *Philander, sed tres tantum syllabae desunt* || delibabimus *ABn Cass.* : -bauimus *BgH* ||
57. sunt quidem utilissime (-ma *BH*) *N* : quidem utilissime sunt || praedicta BH : -cata A || senatu *BH Cicero* : -tum *A* || quoad senatus est *AB* : quo a senatu *bH*
58. ducit *ABnH* : dic- *Bg*

des mots de tous les jours et un art voilé ; s'il avait parlé autrement, l'éclat des mots aurait suffi à mettre le juge en garde contre l'avocat.

59. Ce passage semble froid à la plupart des lecteurs, mais le fait même qu'ils en saisissent à peine l'habileté montre comment elle a échappé au juge. Ce sont des procédés de cette sorte, qui rendent plausible une narration. **60.** Quant à ne rien dire, dans une narration, qui soit contradictoire ou inconsistant, il serait vain d'enseigner le reste à quelqu'un, qui aurait besoin d'une telle recommandation ; et, pourtant, certains auteurs de traités donnent aussi ce conseil comme si c'était un mystère qu'a révélé leur sagesse.

61. A ces trois qualités de la narration, certains ajoutent la magnificence, que <les Grecs> appellent μεγαλοπρέπεια[1], et qui ne peut trouver place dans toutes les causes (car, dans la plupart des procès civils, à propos de créance, de location et de louage, d'interdits, quelle place y aurait-il pour un propos qui se hausse au-dessus de la mesure?) et d'ailleurs, cela n'est pas toujours utile, comme le montre à l'évidence l'exemple du *Pro Milone*, que je viens d'évoquer. **62.** Souvenons-nous aussi qu'il y a beaucoup de procès, où il faut admettre, excuser, atténuer les faits exposés ; dans tous ces cas-là, cette qualité de magnificence est exclue. Aussi bien n'est-elle pas plus le propre de la narration qu'un langage qui respire la pitié, l'envie, la gravité, la douceur ou l'urbanité. Toutes ces qualités, quand elles sont à leur place, sont dignes d'éloge, mais aucune n'est à regarder comme assignée en propre et, pour ainsi dire, assujettie à la partie du plaidoyer dont je traite ici.

(1) On admettait en effet trois *uirtutes narrationis necessariae*, que nous avons déjà signalées (σαφής, σύντομος, πιθανή), ainsi que leurs équivalents latins. Théodecte (Aristote, *Rhét.*, 1414 a 20) et Quintilien (IV, 2, 63) ont ajouté la μεγαλοπρέπεια et la *iucunditas*, Théophraste la *suauitas* et l'*adfluentia* avec l'*euidentia* (ἐνάργεια). Cf. Cicéron, *Or.*, 79 et 97 ; *Part. orat.*, 31 ; *Anonyme* de Séguier, p. 439, 9 Sp. = 369, 13 Sp.-H., etc.

occulta consecutus est ; quae si aliter dicta essent, strepitu ipso iudicem ad custodiendum patronum excitassent.

59. Frigida uidentur ista plerisque, sed hoc ipso manifestum est quo modo iudicem fefellerit, quod uix a lectore deprenditur. Haec sunt quae credibilem faciant expositionem. **60.** Nam id quidem, ne qua contraria aut repugnantia in narratione dicamus, si cui praecipiendum est, is reliqua frustra docetur, etiam si quidam scriptores artium hoc quoque tamquam occultum et a se prudenter erutum tradunt.

61. His tribus narrandi uirtutibus adiciunt quidam magnificentiam, quam μεγαλοπρέπειαν uocant, quae neque in omnes causas cadit (nam quid in plerisque iudiciis priuatis de certa credita, locato et conducto, interdictis habere loci potest supra modum se tollens oratio ?), neque semper est utilis, ut uel proximo exemplo Miloniano patet. **62.** Et meminerimus multas esse causas, in quibus confitendum, excusandum, summittendum sit quod exponimus ; quibus omnibus aliena est illa magnificentiae uirtus. Quare non magis proprium narrationis est magnifice dicere quam miserabiliter, inuidiose, grauiter, dulciter, urbane ; quae cum suo quoque loco sint laudabilia, non sunt huic parti proprie adsignata et uelut dedita.

58. ipso *A* : -um *BH* || ad custodiendum *AH* : deinde *B*
59. frigida *BH* : -gere *A* || ipso *A* : ipsum *om. bH*
60. id — qua *AbH* : ne *B* || aut *BH* : aut sibi *A* || reliqua *A* : req̄ *BnH om. Bg*
61. cadit *AbH* : caed- *Bg* || iudiciis *AH* : -cis *B* || certa *AbH* : re certa *B*
62. ut uel *B* : uelut *AbH* || suo quoque *A* : quoque *B* suo *bH* || et uelut *BbH* : est *Bn* ut uel *Bg*

63. A la narration convient aussi, mais est également commune à toutes les autres parties du discours, une qualité que Théodecte lui a donnée en propre à elle seule ; il veut en effet que le style de la narration ait non seulement de la magnificence, mais aussi de l'agrément. D'autres ajoutent l'évidence, que les Grecs appellent ἐνάργεια. **64.** Et je ne veux tromper personne, en cachant que Cicéron demande encore un plus grand nombre de qualités. Il veut que la narration soit toute unie, brève et plausible, mais aussi qu'elle ait l'évidence, la convenance avec la dignité. Mais dans le discours, tout doit avoir, autant que possible, ce ton de convenance avec la dignité[1] : quant à l'évidence dans la narration, pour autant que je comprenne le terme, c'est, à vrai dire, une grande qualité, quand il faut non pas tant dire que montrer du doigt, en quelque sorte, ce qui est vrai ; toutefois, on peut la faire entrer dans la transparence, qualité d'ailleurs que certains auteurs ont parfois regardée comme susceptible de desservir, parce qu'il y a, d'après eux, des cas où il faut voiler la vérité. C'est un précepte ridicule ; **65.** car celui qui veut voiler, expose le faux à la place du vrai, alors que, dans la narration, il doit travailler à donner à ce qu'il raconte l'apparence de la plus grande évidence possible.

66. Mais, puisqu'une sorte de hasard nous a conduit aussi à traiter d'un genre de narration plus difficile, parlons maintenant du cas où les faits seront contre nous : à ce propos, quelques auteurs ont pensé qu'il faut omettre la narration. Rien n'est plus facile, sans doute, sinon de ne pas plaider du tout. Mais si, pour

(1) Cicéron, *De orat.*, II, 326-329 ; *Top.* ch. XXVI ; *Part. orat.*, ch. IX.

63. Illa quoque ut narrationi apta, ita ceteris quoque partibus communis est uirtus, quam Theodectes huic uni proprie dedit ; non enim magnificam modo uult esse, uerum etiam iucundam expositionem. Sunt qui adiciant his euidentiam, quae ἐνάργεια Graece uocatur. **64.** Neque ego quemquam deceperim, ut dissimulem Ciceroni quoque plures partes placere. Nam praeterquam planam et breuem et credibilem, uult esse euidentem, moratam cum dignitate. Sed in oratione morata debent esse omnia, cum dignitate, quae poterunt : euidentia in narratione, quantum ego intellego, est quidem magna uirtus, cum quid ueri non dicendum, sed quodammodo etiam ostendendum est, sed subici perspicuitati potest, quam quidam etiam contrariam interim putauerunt, quia in quibusdam causis obscuranda ueritas esset. Quod est ridiculum ; **65.** nam qui obscurare uult, narrat falsa pro ueris, et in *i*is quae narrat debet laborare ut uideantur quam euidentissima.

66. Sed quatenus etiam forte quadam peruenimus ad difficilius narrationum genus, iam de iis loquamur, in quibus res contra nos erit : quo loco nonnulli praetereundam narrationem putauerunt. Et sane nihil est facilius, nisi prorsus totam causam omnino non agere. Sed si aliqua iusta

63. ita *A* : itaque *BH* || quoque *om.* *BH* || theodectes *bH* : -doctes *aB* thodectes *A* || ἐνάργεια *Regius* : ЄNЄΡΓIa *A* aΡΓIaa *BH*

64. breuem et *aBH* : breuem *A* || euidentem *Ab* : uidentem *BH* || dignitate *BH* : dignitate ornatam *A* || morata *A* : -te *BH* || sed — ostendendum *om.* *BH* || esset *AbH* : est *B*

65. iis : his *ABH* || quae *Ab* : in qua *B* qui *H*

66. sed *BH* : et *Ab* || forte *om.* *B* || iis *B* : his *AbH*

une juste raison, on s'est chargé d'un procès de cette sorte-là, quel art y a-t-il à reconnaître par le silence que la cause est mauvaise? A moins que le juge soit assez obtus pour prononcer dans un sens favorable sur un cas, dont il sait que vous n'avez pas voulu l'exposer ! **67.** Je ne nie pas que, dans une narration, s'il y a des points que l'on doit nier, ajouter, altérer, il en est aussi que l'on devra taire, mais il ne faudra les taire que s'il faut les taire, et si l'on en a la liberté. On le fait aussi parfois pour des raisons de brièveté, comme dans la phrase connue : « Il répondit ce qu'il crut devoir répondre »[1].

68. Distinguons donc les genres de causes. Dans celles en effet, où il ne s'agira pas de culpabilité, mais de l'action à intenter, même si les thèmes à traiter sont contre nous, il nous sera loisible d'avouer : « Il a dérobé de l'argent dans le temple, mais cet argent appartenait à un particulier ; donc, le prévenu n'est pas un sacrilège »[2] — « Il a enlevé une jeune fille, mais ce n'est pas une raison pour que l'option soit donnée au père »[3]. — **69.** « Il a déshonoré un homme de condition libre et la victime s'est pendue ; ce n'est pas une raison pour que l'auteur de l'attentat subisse la peine capitale, comme responsable de la mort, mais il paiera dix mille sesterces, montant de l'amende réservée à ceux qui ont déshonoré un homme libre »[4].

A propos de ces aveux aussi, on peut faire disparaître une part de l'animosité provoquée par l'exposé de notre adversaire, du moment que nos esclaves aussi parlent

(1) Même tour dans une lettre de César à Oppius et à Balbus insérée dans Cicéron, *Ad Att.*, IX, 13 : *Quae uisa sunt, respondi*, et dans *In Verr., act. sec.*, II, 73 : *Quae uisa sunt... respondit.*

(2) Il s'agit d'un *status definitiuus* : est-ce un *furtum*? est-ce un *sacrilegium*?

(3) Cf. *Notes complémentaires.*

(4) En ce cas, c'est la *lex Scantinia* qui était appliquée. Cf. J. Sprenger, *Quaestiones in rhetorum Romanorum declamationes iuridicae*, Diss. Halle, 1911, 95 p., et sur le *stuprum*, voir W. Rein, *Das Kriminalrecht der Römer*, Leipzig, 1844 (réimpr. 1962 Scientia Verlag Aalen) p. 858-869.

ratione huiusmodi susceperis litem, cuius artis est malam esse causam silentio confiteri ? Nisi forte tam hebes futurus est iudex, ut secundum id pronuntiet quod sciet narrare te noluisse. **67.** Neque infitias eo in narratione, ut aliqua neganda, aliqua adicienda, aliqua mutanda, sic aliqua etiam tacenda ; sed tacenda quae tacere oportebit et liberum erit. Quod fit nonnumquam breuitatis quoque gratia, quale illud est : « Respondit quae ei uisum est ».

68. Distinguamus igitur genera causarum. Namque in iis, in quibus non de culpa quaeretur, sed de actione, etiam si erunt contra nos themata, confiteri nobis licebit : « Pecuniam de templo sustulit, sed priuatam, ideoque sacrilegus non est » ; « Virginem rapuit, non tamen optio patri dabitur » ; **69.** « Ingenuum stuprauit et stupratus se suspendit ; non tamen ideo stuprator capite ut causa mortis punietur, sed decem milia, quae poena stupratori constituta est, dabit ».

Verum in his quoque confessionibus est aliquid quod ex inuidia, quam expositio aduersarii fecit, detrahi possit, cum etiam serui nostri de peccatis

66. narrare te *A* : narre te *B* te narrare *bH*

67. infitias *A* : -ficias *BH* || nonnumquam *A* : nonnumquam quam *BH*

68. in his *A* : *om.* *B* || quaeretur *A* : -ritur *BH* || etiamsi *AbH* : etiam *B* || ideoque *AbH* : ideo *B* || non est *A* : est *BH* || ingenuum *ABH* : -nuam *b*

69. punietur *AbH* : -iretur *B* || quod ex *abH* : quod *B* quo *E* || possit *AbH* : potest *B*

de leurs propres méfaits en les atténuant. **70.** Dans certains cas, en effet, on adoucira la portée d'un fait, sans avoir l'air de le raconter ; « Non, il n'est pas venu dans le temple, comme le dit notre adversaire, avec l'intention de voler ; il n'a pas guetté depuis longtemps le moment favorable ; il a été perdu par l'occasion et par l'absence de gardiens[1], et il a été subjugué par la vue de l'argent, dont l'attrait est trop puissant sur l'esprit des hommes. Qu'importe? Il a commis un délit, et il est un voleur ; il est inutile de prendre la défense du délit dont nous ne refusons pas la sanction. » **71.** Parfois, comme si nous étions les premiers à condamner notre client : « Veux-tu que je dise que tu as été poussé par l'ivresse? Que tu as fait un faux-pas par erreur? Que l'obscurité t'a abusé? Tout cela est vrai peut-être, et cependant, tu as déshonoré un homme de naissance libre ; paie les dix mille sesterces. »

Nous pouvons parfois fortifier à l'avance notre cause par un propos préliminaire, avant d'exposer les faits. **72.** Toutes les circonstances sont contraires à trois fils qui avaient conspiré la mort de leur père ; après avoir tiré au sort, ils entrèrent successivement dans sa chambre, avec une arme, la nuit, pendant son sommeil ; aucun ne put le tuer ; il se réveilla, et ils lui dirent tout. **73.** Si le père, qui leur a partagé son patrimoine, les défend cependant contre une accusation de parricide, il pourra dire : « Ce qui suffit à combattre les effets de la loi, c'est que l'accusation de parricide est dirigée contre des jeunes gens, dont le père est vivant et même les assiste en justice. Est-il nécessaire d'exposer les faits dans le détail, puisqu'ils ne tombent pas sous le coup de la loi? Mais si vous exigez l'aveu de ma faute, je reconnais que je me suis, comme père, montré dur, et gardien jaloux d'un patrimoine, que

(1) Ces *custodes* sont en fait les *aeditui*.

suis mollius loquantur. **70.** Quaedam enim quasi non narrantes mitigabimus : « Non quidem, ut aduersarius dicit, consilium furti in templum attulit nec diu captauit eius rei tempus ; sed occasione et absentia custodum corruptus, et pecunia, quae nimium in animis hominum potest, uictus est. Sed quid refert ? Peccauit et fur est ; nihil attinet id defendere, cuius poenam non recusamus. » **71.** Interim quasi damnemus ipsi : « Vis te dicam uino inpulsum ? errore lapsum ? nocte deceptum ? Vera sunt ista fortasse : tu tamen ingenuum stuprasti, solue decem milia. »

Nonnumquam propositione praemuniri potest causa, deinde exponi. **72.** Contraria sunt omnia tribus filiis, qui in mortem patris coniurarant : sortiti nocte singuli per ordinem cum ferro cubiculum intrarunt patre dormiente ; cum occidere eum nemo potuisset, excitato omnia indicarunt. **73.** Si tamen pater, qui diuisit patrimonium et reos parricidii defendit, sic agat : « Quod contra legem sufficit, parricidium obicitur iuuenibus, quorum pater uiuit atque etiam liberis suis adest. Ordinem rei narrare quid necesse est, cum ad legem nihil pertineat ? Sed si confessionem culpae meae exigitis, ego fui pater durus, et patrimonii,

70. narrantes *AH* : -tis *B* || templum *A* : -plo *BH* || nimium *AbH* : -mirum *B* || quid *BH* : qui *A* || est *BH* : est et *Ab*

71. TEST. : Victor, *R.L.M.*, 426, 21-24.

71. uis te *B Victor* : ut si *A* ut *b* uis dicam *H* || tu tamen *ABH* : cum tamen *Victor* || milia *A Victor* : *om.* *BH* || propositione *N* : praepo- *ABH* || praemuniri *AbH* : -parari *B*

72. coniurarant *BH* : -rarunt *A* || nocte *A* : -tem *BH*

73. patrimonium *Ab* : patrom- *BH* || parricidii *A* : patric- *BH* || parricidium *ABnb* : patric- *BgH* || quid *A* : quidem nihil *BH* || sed si *ABn* : sed qui *Bg* || ego fui *B* : fui *A*

mes fils pouvaient administrer déjà mieux que moi. » **74.** Puis, il ajouterait qu'ils ont été stimulés par d'autres jeunes gens, dont les parents étaient plus indulgents, mais que, l'événement l'a montré, leurs sentiments leur auraient toujours interdit de commettre un parricide ; tant il est vrai, en effet, qu'il n'aurait pas été besoin d'un serment, si, de toute façon, ils avaient eu l'intention de l'assassiner, ni de tirage au sort, si chacun n'avait voulu se tirer du complot. Toutes ces explications, quelle qu'en soit la valeur, seront accueillies par les juges avec des sentiments plus compréhensifs, parce que la brève défense contenue dans l'exposé préliminaire a fléchi les esprits.

75. Mais quand on demande si le fait existe ou quelle est sa nature[1], quand même toutes les données seraient contre nous, comment éviter une narration, sans dommage pour notre cause ? L'accusateur a fait un exposé des faits, et il ne s'est pas borné à indiquer ce qui s'est passé ; il y a joint de la malveillance ; il a envenimé l'affaire par ses propos ; vinrent alors s'ajouter les preuves ; la péroraison a enflammé l'auditoire et l'a laissé irrité contre nous. **76.** Comme il est naturel, le juge attend ce que nous allons dire. Si nous ne faisons aucun exposé, il faut bien qu'il croie ce que notre adversaire a dit et tel qu'il l'a dit. Que faire ? Répéterons-nous ce qu'il a dit ? S'il s'agit de qualifier l'acte, sur lequel porte alors la question, seulement lorsque le fait est constant, nous dirons certes la même chose que l'adversaire, mais non de la même façon : je ferai valoir d'autres motifs, une autre intention, un autre système. **77.** Par le choix des mots, on pourra lever certaines imputations :

(1) Renvoi aux paragraphes 67 et 68.

quod iam melius ab his administrari poterat, tenax custos. » **74.** Deinde subiciat stimulatos ab iis, quorum indulgentiores parentes erant, semper tamen eum habuisse animum, qui sit euentu deprensus, ut occidere patrem non possent ; neque enim iure iurando opus fuisse, si alioqui hoc mentis habuissent, nec sorte nisi quod se quisque eximi uoluerit. » Omnia haec qualiacumque placidioribus animis accipientur, illa breui primae propositionis defensione mollita.

75. At cum quaeritur an factum sit uel quale factum sit, licet omnia contra nos sint, quo modo tamen euitare expositionem salua causae ratione possumus ? Narrauit accusator, neque ita ut quae essent acta tantum indicaret, sed adiecit inuidiam, rem uerbis exasperauit ; accesserunt probationes, peroratio incendit et plenos irae reliquit. **76.** Expectat naturaliter iudex quid narretur a nobis. Si nihil exponimus, illa esse, quae aduersarius dixit, et talia, qualia dixit, credat necesse est. Quid ergo ? Eadem exponemus ? Si de qualitate agitur, cuius tum demum quaestio est, cum de re constat, eadem, sed non eodem modo : alias causas, aliam mentem, aliam rationem dabo. Verbis eleuare quaedam licebit : **77.** luxuria *liberal*itatis, auaritia

74. subiciat *A* : -citur *BH* || eum habuisse *BH* : habuisse eum *A* || fuisse *A* : fuisset *B* || alioqui *AB* : aliqui *bH* || nec *A* : ne *BH* || qualiacumque *A* : qualia haec quae *BH* || propositionis *AB* : praep- *H*

75. euitare *ABH* : *uitare *a* || salua *A* : -ae *BH*

76-77. TEST. : Victor, *R.L.M.*, 425, 29-21.

76. talia *A* : non talia *B* et alia *H* || credat *A* : -dant *BH* || exponemus *aBH* : -nimus *A* || agitur *AbH* : -getur *B* || aliam mentem *A Victor* : *om. BH*

77. liberalitatis *Bonnell* : hilar- *Ab Victor* ilaratis *Bn*[1] hilaratis *Bn*[2] *BgH*

par atténuation, on appellera le luxe libéralité, l'avarice économie, la négligence simplicité ; par les jeux de physionomie, enfin, la voix, l'attitude, je gagnerai quelque faveur ou quelque compassion : il arrive parfois, qu'à lui seul un aveu fasse verser des larmes. Et j'aimerais demander ici <à ceux qui ne partagent pas mon opinion>, s'ils sont prêts à défendre ou non des faits qu'ils n'ont pas voulu rapporter.

78. Car s'il n'y a ni défense ni narration, on trahira la cause entière ; si, au contraire, on est disposé à tenter une défense, il faut, au moins, la plupart du temps, exposer au préalable l'affaire que nous avons l'intention de justifier. Pourquoi donc ne pas exposer d'une part ce qui peut être liquidé, et, d'autre part, ce qui, pour atteindre à ce résultat, doit être en tout cas signalé ? **79.** Quelle différence y a-t-il entre une preuve et une narration, sinon que la narration est une preuve présentée sous la forme d'un récit continu, et qu'à son tour, une preuve est une confirmation qui s'accorde avec une narration ? Voyons donc si l'exposé des faits ne doit pas être, en ce cas précis, plus long et un peu plus copieux qu'à l'ordinaire, à cause du préambule et de l'appel à certains arguments (je dis : « arguments », non argumentation) ; il acquerra cependant une grande force, si nous affirmons à maintes reprises que nous ferons ce que nous disons, que l'importance des faits ne peut être montrée dans un exposé introductif, que les auditeurs doivent attendre, et différer leur jugement, et avoir confiance.

80. Enfin, il faut à tout prix narrer tout ce qui peut être narré autrement que l'adversaire l'a fait lui-même, ou alors dans les procès de ce genre, les exordes eux-mêmes sont superflus ; que font-ils d'autre que de

parsimoniae, neglegentia simplicitatis nomine lenietur ; uultu denique, uoce, habitu, uel fauoris aliquid uel miserationis merebor : solet nonnumquam mouere lacrimas ipsa confessio.

Atque ego libenter interrogem, sint illa defensuri quae non narrauerint necne ?

78. Nam si neque defenderint neque narrauerint, tota causa prodetur ; at, si defensuri sunt, proponere certe plerumque id quod confirmaturi sumus oportet. Cur ergo non exponamus, quod et dilui potest, et, ut hoc contingat, utique indicandum est ? **79.** Aut quid inter probationem et narrationem interest, nisi quod narratio est probationis continua propositio, rursus probatio narrationi congruens confirmatio ? Videamus ergo num expositio haec longior demum esse debeat et paulo uerbosior praeparatione et quibusdam argumentis (argumentis dico, non argumentatione) ; cui tamen plurimum conferet frequens adfirmatio, effecturos nos quod dicimus ; non posse uim rerum ostendi prima expositione : expectent et opiniones suas differant et bene sperent.

80. Denique utique narrandum est quidquid aliter quam aduersarius exposuit narrari potest, aut etiam prohoemia sunt in his causis superuacua ; quae quid magis agunt quam ut cognitioni rerum

77. nec ne *AbH* : nene *B*
78. confirmaturi *AH* : -mati *B* || et ut *AbH* : ut *B*
79. expositio haec *BH* : haec expositio *A* || esse debeat *BH* : debeat esse *A* || argumentis *bis A* : *semel BH* || conferet *A* : -fert *BH* || dicimus *A* : didi- *BH*
80. denique *AB* : deinde *bH* || quidquid *BH* : quicquid *A* || aut *ABH* : aut eo *B* || cognitioni *AH* : cognitio *B*

mieux disposer le juge à s'informer des faits ? Or, il est certain que l'exorde ne sera nulle part plus utile que dans le cas où il faut détourner l'esprit du juge d'une prévention qui s'est ancrée en lui contre nous.

81. Dans les causes conjecturales, d'autre part, celles où le fait est en question, la narration roule moins sur le point en jugement que sur les éléments à rassembler pour l'établir. Du moment que l'accusateur fait un exposé qui suscite des soupçons, l'accusé doit les lever, et les faits doivent être présentés au juge sous un jour différent par l'un et par l'autre.

82. Mais, en fait, certains arguments ne valent que s'ils sont présentés en groupe ; isolés, ils ont moins de poids. Cette considération ne se rapporte pas, à vrai dire, à la question de savoir « si » l'on doit faire un exposé des faits, mais « comment » on doit le faire. Qu'est-ce qui empêche en effet d'accumuler plus d'arguments dans l'exposé, si c'est utile à la cause, et d'en annoncer d'autres, ou, encore, de diviser la narration, de joindre leurs preuves à chaque section et de passer ainsi à ce qui vient ensuite ? **83.** Car je ne me range pas non plus à l'avis de ceux pour qui la narration doit toujours suivre l'ordre des faits ; j'aime mieux qu'elle suive l'ordre qui est avantageux[1]. Et à cette fin, l'on peut recourir à plusieurs figures. Tantôt, nous feignons qu'une circonstance nous a échappé, quand nous la ramenons à un moment plus utile, tantôt, nous protestons que, dans la suite, nous reprendrons l'ordre qui a été laissé de côté, parce que, ainsi, la cause deviendra, dirons-nous, plus lumineuse ; **84.** tantôt,

(1) C'est l'avis de l'auteur de la *Rhét. à Alexandre*, ch. XXX et XXXI, de la *Rhét. à Anaximène*, p. 216, de la *Rhét. à Hér.*, I, 15, du *De orat.*, II, 329. — Isocrate était aussi de cet avis (Τέχνη, fr. 6) : Διηγητέον δὲ τὸ πρῶτον καὶ τὸ δεύτερον καὶ τὰ λοιπὰ ἑπομένως. Denys d'Halicarnasse, au contraire, était partisan dans certains cas d'un dédain complet de la suite chronologique (*De Isaeo*, 15, 615) et Quintilien s'oriente vers l'utilité, qui lui paraît préférable à la chronologie.

accommodatiorem iudicem faciant ? Atqui constabit nusquam esse eorum maiorem usum, quam ubi animus iudicis ab aliqua contra nos insita opinione flectendus est.

81. Coniecturales autem causae, in quibus de facto quaeritur, non tam saepe rei, de qua iudicium est, quam eorum, per quae res colligenda est, expositionem habent. Quae cum accusator suspiciose narret, reus leuare suspicionem debeat, aliter ab hoc atque ab illo ad iudicem perferri oportet.

82. At enim quaedam argumenta turba ualent ; diducta leuiora sunt. Id quidem non eo pertinet, ut quaeratur an narrandum, sed quo modo narrandum sit. Nam et congerere plura in expositione qui*d* prohibet, si id utile est causae, et promittere, sed et diuidere narrationem et probationes subiungere partibus atque ita transire ad sequentia ? **83.** Namque ne eis quidem accedo, qui semper eo putant ordine, quo quid actum sit, esse narrandum, sed eo malo narrare, quo expedit. Quod fieri plurimis figuris licet. Nam et aliquando nobis excidisse simulamus, cum quid utiliore loco reducimus, et interim nos reddituros relicum ordinem testamur, quia sic futura sit causa lucidior :

80. atqui *AB* : atque *bH*
82. turba *ABn* : turbare *bH* || sed — narrandum *AbH* : *om. B* || plura in *A* : plura *B* -rima *H* || quid *ed. Vasc. 1542* : quis *ABH*
83. TEST. : Victor, *R.L.M.*, 426, 24-28.
83. namque *ABH* : nam *b* || eis *bH* : is *B* his *A* || putant *AbH* : -tat *B* || malo *AbH* : modo *B* || quo *A* : quod *BH* || nobis *A Victor* : *om. BH* || reducimus *BH* : **ducimus *A* || reddituros *A Victor* : reducturos *BH* || quia *Ab* : qui *H om. B* quasi *Victor*

une fois exposés les éléments de l'affaire, nous indiquons, à la suite, les raisons préalables <qui les ont motivés>. En effet, les méthodes de défense ne sont pas soumises à une loi unique ni à une règle fixe : il faut considérer, d'après les cas, d'après les circonstances, ce qui peut être utile, comme, en cas de blessure, il faut donner des soins immédiats, ou, si les soins peuvent être différés, poser pour le moment un bandage.

85. Je ne saurais considérer comme un crime de faire plusieurs narrations comme Cicéron dans le *Pro Cluentio*[1] ; et ce n'est pas seulement admis, mais parfois même nécessaire, comme, par exemple, dans les procès de concussion, et dans tous ceux qui ne sont pas simples ; ce serait folie, en effet, que de se laisser entraîner à l'encontre de l'intérêt de la cause par superstition pour les préceptes. **86.** Aussi, le principe s'est-il établi de placer la narration avant les preuves, pour que le juge n'ignore pas sur quoi porte l'instance. Pourquoi donc, si tous les points doivent être prouvés ou réfutés, un à un, ne seraient-ils pas exposés aussi un à un ? En ce qui me concerne personnellement, du moins, pour autant que ma propre expérience doive inspirer confiance, je sais bien que j'ai procédé ainsi au forum, toutes les fois que le demandait l'utilité, et, en cela, j'ai eu l'approbation des gens éclairés et de ceux qui jugeaient, et (je ne saurais dire cela par vanité, car il y a encore un très grand nombre d'avocats, aux côtés de qui j'ai plaidé et qui pourraient me contredire, si je mentais) c'est presque toujours à moi que l'on demandait d'exposer la cause[2].

(1) En effet, dans ce plaidoyer, Cicéron traite de l'assassinat de M. Aurius § 21-28, de sa femme Cluentia § 30, de sa belle-sœur et de son frère § 31-32, d'Asuvius § 36-39, de Dinaea § 40-41, le tout entrecoupé d'appels aux juges et de déclarations diverses ; viennent ensuite des récits des procès de Scamander et de Caius Fabricius et des tentatives de corruption.

(2) Notation intéressante pour analyser le caractère de la méthode de Quintilien ; on sait que, pour sa part, Cicéron se chargeait de la péroraison, *ubi plurimum pollet oratio* (*Br.*, 190).

84. interim re exposita subiungimus causas, quae antecesserunt. Neque enim est una lex defensionis certumque praescriptum : pro re, pro tempore intuenda quae prosint, atque, ut erit uulnus, ita uel curandum protinus, uel, si curatio differri potest, interim deligandum.

85. Nec saepius narrare duxerim nefas, quod Cicero pro Cluentio fecit, estque non concessum modo, sed aliquando etiam necessarium, ut in causis repetundarum omnibusque quae simplices non sunt ; amentis est enim superstitione praeceptorum contra rationem causae trahi. **86.** Narrationem ideo ante probationes ponere est institutum, ne iudex, qua de re quaeratur, ignoret. Cur igitur, si singula probanda aut refellenda erunt, non singula etiam narrentur ? Me certe, quantacumque nostris experimentis habenda est fides, fecisse hoc in foro, quotiens ita desiderabat utilitas, probantibus et eruditis et iis, qui iudicabant, scio ; et (quod non adroganter dixerim, quia sunt plurimi, quibuscum egi, qui me refellere possint, si mentiar) fere ponendae a me causae officium exigebatur.

84. interim *AbH Victor* : in *B* || certumque *AB* : certum estque *bH*

85. duxerim *A* : dix- *BH* || omnibusque quae *A* : omnibus quaeque *BH* || superstitione *B* : -nem *AH*

86. est *om. BgH* || quaeratur *B* : dicatur *AbH* || ignoret *repetit B post* igitur || singula *A* : -lae *B* -le *H* || etiam *om. H* || ita *AbH* : ipsa *B* || iis *BH* : his *A* || quia *AbH* : qua *B* || egi *A* : ei *BH* || mentiar *AB* : -tior *bH* || ponendae a me *BH* : a me ponendae *A*

87. Ce n'est pas une raison toutefois pour ne pas suivre en général l'ordre des faits. Quelquefois même, il serait détestable de l'inverser, comme si l'on racontait qu'une femme a accouché, puis qu'elle a conçu, qu'un testament a été ouvert, puis scellé ; dans de tels cas, si l'on mentionne en premier lieu le fait qui devait être mentionné plus tard, il vaut mieux ne pas parler du fait antérieur, car il est évident qu'il a eu lieu avant.

88. Il arrive aussi qu'il y ait des exposés qui sont faux : au forum, on en trouve deux sortes : dans l'une, on s'aide de preuves externes ; c'est ainsi que P. Clodius, s'appuyant sur des témoins <subornés>, soutenait que, la nuit où, d'après l'accusation, il avait commis à Rome un inceste, il était à Interamna[1] ; dans l'autre, le seul support est le talent de l'orateur ; dans ce cas, tantôt on recourt à la seule tonalité réservée du récit — de là vient même, je crois, le nom de « couleur »[2], tantôt on met en jeu l'intérêt de la cause elle-même. **89.** Quelle que soit la forme que nous adoptions, nous devons tout d'abord prendre soin que la fiction reste dans les limites du possible, ensuite, qu'elle cadre avec la personne, le lieu et la date, et qu'elle soit plausible dans son système et dans sa séquence ; si c'est possible, il faut aussi qu'elle se relie à une circonstance reconnue exacte ou qu'elle soit soutenue par une argumentation liée au fond de la cause ; car, lorsque tout est pris en dehors de la cause, l'abus du mensonge se révèle[3].

90. Il faut surtout éviter — ce qui échappe souvent, lorsque l'on invente — les assertions contradictoires ; si certaines sont conciliables avec quelques parties

(1) Cicéron, *Pro Mil.*, 46 : *Dixit C. Causinius Schola Interamnanus, familiarissimus et idem comes Clodi, cuius iampridem testimonio Clodius eadem hora Interamnae fuerat et Romae!* Or, entre les deux villes, il y a 96 km !

(2) Cf. *Notes complémentaires.*

(3) Rappel des conseils relatifs à la *narratio,* qui doit être *probabilis* (Cicéron, *De inu.*, I, 28) ou *uerisimilis* (*Rhét. à Her.*, I, 14 ; Quintilien, IV, 2, 31) ou *credibilis* (Cicéron, *Top.*, 97 ; Quintilien, IV, 2, 31 et 52).

87. Neque ideo tamen non saepius id facere oportebit, ut rerum ordinem sequamur. Quaedam uero etiam turpiter conuertuntur, ut si peperisse narres, deinde concepisse, apertum testamentum, deinde signatum ; in quibus si id, quod posterius est, dixeris, de priore tacere optimum ; palam est enim praecessisse.

88. Sunt quaedam et falsae expositiones, quarum in foro duplex genus est : alterum, quod instrumentis adiuuatur, ut P. Clodius fiducia testium, qua nocte incestum Romae commiserat, Interamnae se fuisse dicebat : alterum, quod est tuendum dicentis ingenio ; id interim ad solam uerecundiam pertinet, unde etiam mihi uidetur dici color, interim ad quaestionem. **89.** Sed, utrumcumque erit, prima sit curarum, ut id quod fingemus fieri possit, deinde ut et personae et loco et tempori congruat et credibilem rationem et ordinem habeat ; si continget, etiam uerae alicui rei cohaereat, aut argumento, quod sit in causa, confirmetur ; nam quae tota extra rem petita sunt, mentiendi licentiam produnt.

90. Curandum praecipue, quod fingentibus frequenter excidit, ne qua inter se pugnent ; quaedam enim partibus blandiuntur, sed in summam non

87. TEST. : Victor, *R.L.M.*, 426, 28-30.
87. saepius id *B* : id saepius *A* ipse pius *bH* || id facere *ABnb* : ideo *Bg* alia re *H* || ut rerum *ABnbH* : ut rectum *Bg* || palam est enim praecessisse *A* : *om. BH*
88. commiserat *AH* : -erit *B*
89. fingemus *AbH* : -gimus *B* || ut et *aBH* : ut *A* || si *AbH* : sic *B* || continget *B* : -tigerit *Ab* continet gerit *H* || uerae *Ab* : uere *BgH* || sit *Ab* : *om. BH*
90. excidit *ABH* : accidit *T* || enim *A* : *om. BH*

de l'exposé, elles ne cadrent pas avec l'ensemble ; en outre, nos paroles ne devront pas être en opposition avec la vérité établie ; et, même dans les écoles, qu'on n'aille pas chercher une couleur étrangère aux sujets proposés ! **91.** D'un côté comme de l'autre, l'orateur doit se rappeler, à travers toute sa plaidoirie, la fiction qu'il a imaginée, car ce qui est forgé sort d'ordinaire de la mémoire, et la maxime populaire est exacte, qui dit que « le menteur doit avoir de la mémoire ». **92.** Sachons bien que, s'il s'agit d'un fait qui nous concerne, il nous faut nous en tenir à un seul objet ; s'il s'agit d'autres personnes, il est loisible de jeter la suspicion dans plusieurs directions. Toutefois, dans certaines controverses d'école, où l'on pose que l'on peut ne pas répondre aux questions posées, on a la liberté d'énumérer tout ce qui aurait pu faire l'objet d'une réponse.

93. Mais souvenons-nous que ce que nous imaginons ne doit jamais retomber sur un témoin ; cela, nous le tirons de notre imagination, et nous sommes seuls à le connaître, ou nous le faisons dire, soit à des morts (nul ne peut les contredire) soit à une personne qui a les mêmes intérêts que nous (elle ne le niera pas), soit à l'adversaire aussi, car s'il nie, il ne sera pas cru. **94.** Quant aux « couleurs » tirées des songes et des superstitions, la facilité même qu'on a d'y recourir leur a déjà fait perdre toute autorité[1].

Il ne suffit pas d'user de « couleurs » au cours d'une narration, si elles ne s'accordent pas entre elles à travers l'ensemble de la plaidoirie, d'autant que certaines d'entre elles ne peuvent être justifiées qu'en persévérant dans l'affirmation : **95.** tel est le cas de ce parasite,

(1) Cf. *Notes complémentaires*.

consentiunt ; praeterea ne iis, quae uera esse constabit, aduersa sint ; in schola etiam, ne color extra themata quaeratur. **91.** Vtrubique autem orator meminisse debebit actione tota quid finxerit, quoniam solent excidere quae falsa sunt ; uerumque est illud, quod uulgo dicitur, mendacem memorem esse oportere. **92.** Sciamus autem, si de nostro facto quaeratur, unum nobis aliquid esse dicendum ; si de alieno, mittere in plura suspiciones licere. Est tamen quibusdam scholasticis controuersiis, in quibus ponitur aliquem non respondere quod interrogatur, libertas omnia enumerandi, quae responderi potuissent.

93. Fingenda uero meminerimus ea quae non cadant in testem ; sunt autem haec, quae a nostro d*u*cuntur animo, cuius ipsi tantum conscii sumus, item quod a defunctis (nec hoc enim est qui neget) itemque ab eo, cui idem expediet (is enim non negabit), ab aduersario quoque, quia non est habiturus in negando fidem. **94.** Somniorum et superstitionum colores ipsa iam facilitate auctoritatem perdiderunt.

Non est autem satis in narratione uti coloribus, nisi per totam actionem consentiant, cum praesertim quorundam probatio sola sit in adseueratione et perseuerantia : **95.** ut ille parasitus, qui ter

90. iis *b* : his *A om. B* || esse *om. H*

91. utrubique *BH* : utro- *A* || sunt *AH* : sint *B*

92. aliquid *A* : -quem *BH* || plura *A* : -rimas *BH* || quod *A* : qui *B* ad que *bH* || quae *A* : qui *BH* que *b* || potuissent *A* : -set *BH*

93. a nostro *A* : nostro *BH* || ducuntur *Burman* : dic- *ABH* || qui *Ab* : quae *B* quem *H* || quia *Ab* : qua *BH*

94. facilitate *A* : felicitate *BH* || consentiant *Ab* : -tiunt *B*

qui réclame comme son fils un jeune homme trois fois chassé par un homme riche, et trois fois pardonné ; il pourra colorer, à vrai dire, son exposé, en disant que c'est par pauvreté qu'il a été conduit à exposer son enfant, que, s'il a assumé un rôle de parasite, c'est parce qu'il avait un fils dans la maison en question, et que, si le jeune homme a été trois fois chassé, quoiqu'il ne méritât aucun reproche, c'est qu'il n'était pas le fils de celui qui le chassait[1] ; **96.** mais, si toutes ses paroles ne révèlent pas un amour paternel, un amour vraiment très ardent, la haine du riche, et l'anxiété pour le jeune homme, dont il sait les risques s'il reste dans ladite maison, où il est si mal vu, le parasite n'échappera pas au soupçon d'avoir été suborné pour intenter l'action.

97. Il arrive parfois qu'on présente, dans les controverses d'école, des cas, dont je doute qu'ils puissent se rencontrer au forum, à savoir que les deux parties ont recours à la même couleur, mais défendent leur point de vue chacune à sa façon, telle est la controverse suivante : **98.** « Une femme dit à son mari qu'elle a reçu de son beau-fils des propositions déshonnêtes et qu'il lui avait fixé un rendez-vous à un moment et dans un lieu donnés ; le beau-fils porta contre sa belle-mère les mêmes accusations, mais en mentionnant seulement un autre moment et un autre endroit. Le père trouva le fils à l'endroit que sa femme avait indiqué, et sa femme à l'endroit que le fils avait signalé. Il répudie sa femme ; et comme elle garde le silence, il chasse son fils »[2]. **99.** On ne peut rien dire pour défendre le fils que l'on ne puisse dire aussi pour défendre la belle-mère ; on exposera même cependant des arguments communs aux deux parties, puis, de la comparaison des deux personnes, de l'ordre des dénonciations, et du silence de l'épouse répudiée, on tirera des arguments. **100.** Il ne faut pas ignorer non plus qu'il y a des cas

(1) Cf. *Notes complémentaires.*
(2) Cf. *Notes complémentaires.*

abdicatum a diuite iuuenem et absolutum tamquam suum filium adserit; habebit quidem colorem quo dicat, et paupertatem sibi causam exponendi fuisse, et ideo a se parasiti personam esse susceptam, quia in illa domo filium haberet, et ideo illum innocentem ter abdicatum, quia filius abdicantis non esset; **96.** nisi tamen in omnibus uerbis et amorem patrium atque hunc quidem ardentissimum ostenderit et odium diuitis et metum pro iuuene, quem periculose mansurum in illa domo, in qua tam inuisus sit, sciat, suspicione subiecti petitoris non carebit.

97. Euenit aliquando in scholasticis controuersiis, quod in foro an possit accidere dubito, ut eodem colore utraque pars utatur, deinde eum pro se quaeque defendat, ut in illa controuersia : **98.** « Vxor marito dixit appellatam se de stupro a priuigno et sibi constitutum tempus et locum ; eadem contra filius detulit de nouerca, edito tantum alio tempore ac loco. Pater in eo, quem uxor praedixerat, filium inuenit, in eo, quem filius, uxorem ; illam repudiauit ; qua tacente filium abdicat ». **99.** Nihil dici potest pro iuuene, quod non idem sit pro nouerca ; ponentur tamen etiam communia, deinde ex personarum comparatione et indicii ordine et silentio repudiatae argumenta ducentur. **100.** Ne illud quidem ignorare oportet, quaedam esse quae

95. innocentem ter *BH* : ter innocentem *A*
96. tamen *AbH* : tantum *B* || in *AbH* : *om.* *B* || periculose *AbH* : -lo *B*
98. priuigno *AH* : -uigino *B* || inuenit *B* : -uentum *A* -uenit et *b* iuuenem *H*

qui ne peuvent admettre de « couleurs », et qu'on doit se borner à défendre, tel celui du riche qui fit flageller la statue de son ennemi personnel, lequel était pauvre, et qui est prévenu d'injures ; car on ne saurait dire que l'acte du riche soit une preuve de mesure, mais peut-être obtiendra-t-on qu'il échappe à une sanction.

101. Que si l'exposé des faits parle en partie, pour nous, en partie contre nous, les conditions mêmes de la cause doivent décider si la narration doit les mêler ou les séparer. Car si le nombre des éléments défavorables l'emporte, ils submergeront ceux qui sont utiles. Aussi, le mieux sera-t-il de diviser la narration[1], et, après avoir exposé et confirmé ce qui favorise notre position, d'user, contre le reste, des palliatifs, dont on a parlé plus haut[2]. **102.** Si le nombre des éléments favorables prédomine, il sera loisible alors de les unir < à ceux qui nous sont contraires >, afin que ceux-ci, encadrés en quelque sorte par nos troupes auxiliaires, aient ainsi moins de force. Néanmoins, ni les uns, ni les autres, ne doivent être mis en avant tout nus ; nous soutiendrons par notre argumentation ceux qui nous sont favorables ; contre les autres, qui nous sont opposés, nous ferons valoir, en outre, les raisons qui les rendent indignes de créance ; car, sans cette distinction, il serait à craindre que ce qu'il y a de bon dans notre cause ne soit gâté par le mélange avec ce qu'il y a de mauvais.

103. A propos de la narration, on a coutume de recommander aussi de ne pas faire de digression, de ne pas s'adresser à un autre qu'au juge, de ne pas y faire parler une personne étrangère à la cause, de ne pas argumenter ; quelques théoriciens même ajoutent que nous ne devons pas faire appel au pathétique ; le plus souvent, la plupart de ces préceptes doivent être observés ; mais il y a plus : il ne faut jamais y rien

(1) C'est ce que Fortunatianus, *R.L.M.*, 111, 8, 16 sq., appelle la *narratio concisa*.

(2) Cf. *supra*, IV, 1, 41 et, *infra*, V, 2, 5.

colorem non recipiant, sed tantum defendenda sint, qualis est ille diues, qui statuam pauperis inimici flagellis cecidit et reus est iniuriarum ; nam factum eius modestum esse nemo dixerit, fortasse ut sit tutum optinebit.

101. Quod si pars expositionis pro nobis, pars contra nos erit, miscenda sit an separanda narratio, cum ipsa causae condicione deliberandum est. Nam si plura sunt quae nocent, quae prosunt obruentur. Itaque tunc diuidere optimum erit, et iis, quae partem nostram adiuuabunt, expositis et confirmatis, aduersus reliqua uti remediis, de quibus supra dictum est. **102.** Si plura proderunt, etiam coniungere licebit, ut quae obstant in mediis uelut auxiliis nostris posita minus habeant uirium. Quae tamen non erunt nuda ponenda, sed ut et nostra aliqua argumentatione firmemus, et diuersa cur credibilia non sint adiciamus, quia, nisi distinxerimus, uerendum est ne bona nostra permixtis malis inquinentur.

103. Illa quoque de narratione praecipi solent, ne qua ex ea fiat excursio, ne auertatur a iudice sermo, ne alienae personae uocem demus, ne argumentemur ; adiciunt quidam etiam, ne utamur adfectibus ; quorum pleraque sunt frequentissime

101. quod si *AB* : quasi *H* || causae condicione *BH* : condicione causae *A* || obruuntur *A* : obruentur *BH* || tunc *AbH* : nunc *B* || partem *AbH* : panem *B* || nostram *AbH* : *om.* *B* || confirmatis *AbH* : -mandi si *B* || reliqua *AH* : ali- *B* || remediis *AbH* : ut praem- *B*

102. coniungere *AB* : coniug- *H* || in mediis *AbH* : sint in medio *B* || firmemus *AB* : -mamus H

103. sermone *AbH* : sermo *B*

changer, sauf si nous y sommes raisonnablement contraints.

104. Comme l'exposition doit être claire et brève, rien, à vrai dire, ne pourra aussi rarement se justifier qu'une digression ; encore devra-t-elle toujours être brève et de nature à donner l'impression que si nous avons dévié en quelque sorte du droit chemin, c'est sous l'impulsion de quelque émotion : **105.** tel est le cas de Cicéron à propos des noces de Sasia[1] : « O crime incroyable d'une femme, dont, sans elle, nous n'aurions jamais entendu parler de toute notre vie ! O passion effrénée et indomptée ! Audace singulière ! N'avoir craint ni la puissance des dieux, ni le jugement des hommes, ni cette nuit même et ces torches nuptiales, non plus que le seuil de la chambre, ni le lit de sa fille, ni ces murs enfin, témoins du mariage antérieur ? ». **106.** Adresser la parole à un autre qu'au juge permet parfois un exposé plus bref et doté d'une force convaincante plus grande, et j'ai à cet égard la même opinion qu'à propos de l'exorde ; il en est de même pour la prosopopée, employée pourtant par Servius Sulpicius, plaidant pour Aufidia[2] : « Dois-je croire que tu es engourdi par le sommeil ou accablé d'une lourde léthargie ? », et par Cicéron également, à propos des navarques[3] (car là aussi il s'agit d'un exposé des faits) : « Pour les voir, tu donneras tant... », etc. **107.** Quoi donc encore ? Dans le *Pro Cluentio*[4], l'entretien de Staienus et de Bulbus ne confère-t-il pas au

(1) Cicéron, *Pro Clu.*, 15.
(2) Cf. *Notes complémentaires.*
(3) Cicéron, *In Verr.*, V, 118.
(4) Cicéron, *Pro Clu.*, 70 sq.

custodienda, immo numquam, nisi ratio coegerit, mutanda.

104. Vt sit expositio perspicua et breuis, nihil quidem tam raro poterit habere rationem quam excursio ; nec umquam debebit esse, nisi breuis et talis, ut ui quadam uideamur adfectus uelut recto itinere depulsi, **105.** qualis est Ciceronis circa nuptias Sasiae : « O mulieris scelus incredibile et praeter hanc unam in omni uita inauditum ! O libidinem effrenatam et indomitam ! O audaciam singularem ! Nonne timuisse, si minus uim deorum hominumque famam, at illam ipsam noctem facesque illas nuptiales, non limen cubiculi, non cubile filiae, non parietes denique ipsos, superiorum testes nuptiarum ? » **106.** Sermo uero auersus a iudice et breuius indicat interim et coarguit magis : qua de re idem, quod in prohoemio dixeram, sentio, sicut de prosopopoeia quoque, qua tamen non Seruius modo Sulpicius utitur pro Aufidia : « Somnone te languidum an graui lethargo putem pressum ? », sed M. quoque Tullius circa nauarchos (nam ea quoque rei expositio est) : « Vt adeas, tantum dabis » et reliqua. **107.** Quid ? pro Cluentio Staieni Bulbique conloquium nonne ad

103. ratio *A* : raro *BH* || coegerit *ABH* : contigerit *b*

104-106-107. TEST. : Victor, *R.L.M.*, 426, 30 - 427, 2.

104. recto *ABH* : a recto *Victor*

105. sasiae *B Victor* : osiae *A* sosiae *H* ; *at apud Cic.* sassia *legitur* || at *AB* : ad *BH* || superiorem *A* : -rior *BH*

106. uero auersus *AbH* : uersus *B* quo quidem aduersus *Victor* || breuius *A* : -uis *BH* || magis *Ab* : interim *BH* || qua de *H* : quae de *B* de qua *A* || idem *AH* : item *B* || dixeram *A* : -rim *BH* || languidum *abH* : -do *AB* || lethargo *B* : letargo *A* lethargor *H* || sed *AbH* : et *B* || est *AH* : *om.* B

107. staieni *AB* : stagieni *Bn 1 m.* staie *H* || bulbique *A* : bulli- *BnbH* belli- *Bg*

récit beaucoup de rapidité et de crédibilité? Et pour qu'on ne croie pas à une inadvertance (ce qui n'est pas croyable de la part de ce grand orateur), il recommande dans les *Partitions*[1] que la narration comporte des passages qui charment, qui étonnent, qui laissent en suspens, des sorties inattendues, des dialogues, toutes sortes d'émotion.

108. Comme je l'ai dit, nous nous abstiendrons toujours d'argumenter au cours d'une narration ; nous introduirons éventuellement un argument, comme le fait Cicéron dans le *Pro Ligario*[2], quand il dit que son client avait si bien administré sa province, qu'il était de son intérêt que la paix régnât. Nous introduirons aussi, dans l'exposé, quand ce sera nécessaire, une justification brève et raisonnée des faits, **109.** car nous n'avons pas à raconter ces faits en témoin, mais en avocat : « Q. Ligarius est parti comme légat de C. Considius. » Tel est l'ordre des faits en lui-même. Que dit donc Cicéron? « Q. Ligarius, en effet, comme il n'y avait aucun soupçon de guerre, partit pour l'Afrique comme légat de C. Considius »[3] ; **110.** et ailleurs : « Non seulement, sans projet de guerre, mais dans un pays où il n'y avait pas même le moindre soupçon de guerre »[4]. Et quand il aurait suffi de dire : « Q. Ligarius ne souffrit d'être impliqué dans aucune affaire », il ajouta : « les regards tournés vers sa maison, désirant revenir vers les siens »[5]... Ainsi, son exposé a été rendu plausible par des raisons valables et empreint en même temps d'émotion.

(1) Cicéron, *Part. orat.*, 32.
(2) Cicéron, *Pro Ligario*, 4.
(3) Cicéròn, *ibid.*, 2.
(4) Cicéron, *ibid.*, 4.
(5) Cicéron, *ibid.*, 9.

celeritatem plurimum et ad fidem confert ? Quae ne fecisse inobseruantia quadam uideatur (quamquam hoc in illo credibile non est), in Partitionibus praecipit ut habeat narratio suauitatem, admirationes, expectationes, exitus inopinatos, conloquia personarum, omnes adfectus.

108. Argumentabimur in narratione, ut dixi, numquam ; argumentum ponemus aliquando, quod facit pro Ligario Cicero, cum dicit sic eum prouinciae praefuisse ut illi pacem esse expediret. Inseremus expositioni et breuem, cum res poscet, defensionem, et rationem factorum ; **109.** neque enim narrandum est tamquam testi, sed tamquam patrono. Rei ordo per se talis est : « Q. Ligarius legatus C. Considio profectus ». Quid ergo M. Tullius ? « Q. enim, inquit, Ligarius, cum esset nulla belli suspicio, legatus in Africam C. Considio profectus est » ; **110.** et alibi : « Non modo nullum ad bellum, sed ne ad minimam quidem suspicionem belli ». Et cum esset indicaturo satis : « Q. Ligarius nullo se inplicari negotio passus est », adiecit : « domum spectans, ad suos redire cupiens ». Ita quod exponebat et ratione fecit credibile et adfectu quoque impleuit.

107. et ad *AH Victor* : *om.* B || inobseruantia *AH* : sine obs- *B* || praecipit *B* : -cepit *AbH*

108. argumentabimur *E* : -abimus *A* -auimus *BH* || in narratione *A* : *om. BH* || praefuisse *ABH* : prof- *Bg 1 m.*

109. TEST. : Victor, *R.L.M.*, 425, 13-17.

109. testi sed tamquam (tam *B*) *NB* : *om. AH* || Q. *AH* : *om. B* que *b* || africam *P* : affricam *H om. AB* || c. *ABH* : cum c. P || et *om. B*

110. nullum *P Cicero* : *om. ABH Victor* || adfectu *A Victor* : -tus *BH* || impleuit *ABH* : *om. Victor*

111. Aussi m'étonné-je d'autant plus de voir des rhéteurs exclure de la narration tout appel à l'émotion. S'ils disent : « ni constamment, ni comme dans la péroraison », nous sommes d'accord ; il faut éviter en effet tout ce qui retarde. Pourquoi d'ailleurs ne pas vouloir instruire le juge, sans l'émouvoir en même temps ? **112.** Pourquoi ce que je vais demander à la fin de mon plaidoyer, ne pas l'obtenir immédiatement dès l'entrée en matière elle-même, si la chose est possible, d'autant que, même dans la confirmation, je trouverai chez le juge un esprit plus malléable, s'il est déjà pris par la colère ou par la pitié ? **113.** Cicéron ne touche-t-il pas en quelques mots à toutes sortes d'émotions, à propos de coups portés à un citoyen Romain[1], quand il représente la condition de la victime, le lieu de l'outrage, la nature des coups, mais aussi quand il loue son courage ? Il le décrit, en effet, comme un homme de grand caractère, qui, battu de verges, ne fait entendre ni gémissements, ni prières, mais se borne à clamer qu'il est citoyen Romain, suscitant l'indignation contre son bourreau et montrant la confiance qu'il a dans la loi. **114.** Quoi donc ? A propos du malheur de Philodamus[2], n'a-t-il pas excité dans tout son exposé la flamme de l'indignation, et, dans l'évocation même du supplice, n'a-t-il pas mis le comble aux larmes, quand il décrivait ou plutôt quand il montrait le père pleurant sur la mort du fils, et le fils sur la mort du père ? Eh quoi ? Où trouver épilogue plus émouvant[3] ? **115.** Il est trop tard, en effet, dans la péroraison, pour appeler l'émotion sur des faits qu'on aurait exposés dans la narration de façon impassible ; le juge s'est accoutumé à ces faits, et il accueille, sans

(1) Cicéron, *In Verr.*, V, 162 sq.
(2) Cicéron, *In Verr.*, I, 76.
(3) Cf. *Notes complémentaires.*

111. Quo magis miror eos, qui non putant utendum in narratione adfectibus. Qui si hoc dicunt : « non diu neque ut in epilogo », mecum sentiunt ; effugiendae sunt enim morae. Ceterum cur ego iudicem nolim, dum doceo, etiam mouere ? **112.** Cur, quod in summa parte sum actionis petiturus, non in primo statim rerum ingressu, si fieri potest, consequar cum praesertim etiam in probationibus faciliorem sim animum eius habiturus, occupatum uel ira uel miseratione ? **113.** An non M. Tullius circa uerbera ciuis Romani omnis breuissime mouit adfectus, non solum condicione ipsius, loco iniuriae, genere uerberum, sed animi quoque commendatione ? Summum enim uirum ostendit, qui, cum uirgis caederetur, non ingemuerit, non rogauerit, sed tantum ciuem se Romanum esse cum inuidia caedentis et fiducia iuris clamauerit. **114.** Quid ? Philodami casum nonne cum per totam expositionem incendit inuidia tum in supplicio ipso lacrimis impleuit, cum flentis non tam narraret quam ostenderet patrem de morte filii, filium de patris ? Quid ulli epilogi possunt magis habere miserabile ? **115.** Serum est enim aduocare iis rebus adfectum in peroratione, quas securus narraueris ; adsueuit illis iudex iamque eas sine

111. dum *Ab* : dum ego *BH* || mouere *AbH* : -ri *B*

112. TEST. : Victor, *R.L.M.*, 427, 12-13.

112. parte *AbH* : *om.* *B* || faciliorem *A* : -ore *BH* || animum *A* : -mo *BH* || habiturus *A* : abusurus *BH* || occupatum *A* : -to *BH*

113. mouit *A* : -uet *BH* || se Romanum esse *BH* : Romanum esse se *A*

114. philodami *A* : filod- *BH*

115. aduocare *AB* : -cari *H* || peroratione *B* : -nem *AH* per orationem *b* || narraueris *A* : -rit *BH*

en être ébranlé, le récit de faits qui ne l'ont pas touché, quand il l'a entendu la première fois ; il est difficile de changer une attitude d'esprit, une fois que le siège est fait.

116. Pour moi — car je ne dissimulerai pas mon opinion — bien que ce que j'ai à dire se fonde plus sur des exemples que sur des préceptes, je pense que la narration plus que toute autre partie du discours, doit être parée de toute la grâce et de toute la beauté possibles. Mais cela dépend beaucoup de la nature des faits que l'on expose[1]. **117.** Donc, pour les faits peu importants, comme le sont presque toutes les causes privées, l'ornement doit être restreint et, pour ainsi dire, collé au sujet ; il faut apporter le plus grand soin au vocabulaire ; les mots qui, dans les développements généraux, sont emportés par l'élan et masqués par l'abondance des phrases qui les entourent, devront, en ce cas, être expressifs, et, comme le veut Zénon[1], « imprégnés de sens » ; leur arrangement, pour être dissimulé, n'en sera pas moins aussi attrayant que possible. **118.** Les figures ne doivent pas être de celles qu'on emprunte à la poésie, ou qui sont contraires au système de la langue, tout en étant garanties par l'autorité des anciens[2] — car notre langue doit être aussi pure que possible — mais de celles dont la variété chasse l'ennui, dont la diversité délasse l'esprit, et qui permettent de ne pas tomber dans la répétition des mêmes désinences, la similitude des cadences, l'égalité des tours de phrases[3]. En effet, l'exposition des faits est démunie de toute autre séduction, et, si elle ne se recommande pas par cette sorte de beauté, elle tombe nécessairement à plat. **119.** Cependant, nulle part,

(1) Il s'agit de Zénon de Cittium : cf. *S.V.F.*, I, 79. — Cf. des locutions parallèles : *tinctus litteris* (Cicéron, *De orat.*, II, 85), *elegantia tincta* (id., *Br.*, 211), *sales lepore attico tincti* (Martial, III, 20, 9), *sale tinge libellos* (*id.*, VIII, 3, 19).

(2) Cf. *Notes complémentaires.*

(3) Cf. *Notes complémentaires.*

motu mentis accipit, quibus commotus nouis non est ; et difficile est mutare habitum animi semel constitutum.

116. Ego uero (neque enim dissimulabo iudicium meum, quamquam id quod sum dicturus exemplis magis quam praeceptis ullis continetur) narrationem, ut si ullam partem orationis, omnia qua potest gratia et uenere exornandam puto. Sed plurimum refert quae sit natura eius rei quam exponimus. **117.** In paruis ergo, quales sunt fere priuatae, sit ille pressus et uelut adplicitus rei cultus, in uerbis summa diligentia ; quae in locis impetu feruntur et circumiectae orationis copia latent, hic expressa et, ut uult Zenon, « sensu tincta » esse debebunt : compositio dissimulata quidem, sed tamen quam iucundissima ; **118.** figurae non illae poeticae et contra rationem loquendi auctoritate ueterum receptae (nam debet esse quam purissimus sermo), sed quae uarietate taedium effugiant et mutationibus animum leuent, ne in eundem casum, similem compositionem, pares elocutionum tractus incidamus. Caret enim ceteris lenociniis expositio, et, nisi commendetur hac uenustate, iaceat necesse est. **119.** Nec in ulla

115. habitum animi *BH* : animi habitum *A*

116. TEST. : 116-118 et 120-121, Victor, *R.L.M.*, 427, 2-18.

116. neque *post* enim *repetit B* || ut *del. Regius* || uenere *A* : -rem *B* uere *bH* || exponimus *BH Victor* : -nemus *A*

117. fere *B* : fere rei *A* ferrei *H* || et *A Victor* : *om. BH* || locis *AB* : -cum *bH* || feruntur *AB* : fecerunt *H* || circumiectae *aBH* : -lectae *A* || Zenon *B* : -no *AbH* || tincta *ABnbH* : iuncta *Bg*

118. rationem *AH Victor* : finem *B* || sed quae *A* : et qui *B* || effugiant *AH* : -giat *B* || leuent *AH* : -et *B* || ceteris *AbH* : et eius *B*

119. ulla *AB* : illa *H*

un juge n'est plus attentif ; aussi rien de ce qui est bien dit n'y est perdu. En outre — et je ne sais pourquoi —, il est plus disposé à croire ce qu'il a pris plaisir à écouter et le charme le conduit à la conviction. **120.** Mais, lorsque la question sera plus importante, il sera loisible de prendre soit un ton malveillant en exposant des faits atroces, soit un ton de compassion en exposant des faits pitoyables[1], non pour épuiser la sensibilité, mais pour dessiner en quelque sorte une première esquisse, afin qu'apparaisse clairement, dès l'abord, ce que sera le tableau d'ensemble. **121.** Je ne saurais déconseiller non plus de stimuler par un trait le juge, dont l'appétit est, pour ainsi dire, paralysé par la tension de l'esprit, surtout d'insérer au moins une brève parenthèse, comme la suivante : « Les esclaves de Milon firent ce que chacun aurait souhaité que fissent ses propres esclaves en pareille circonstance »[2], ou encore, avec un tour un peu plus libre, comme le suivant : « La belle-mère épousa son gendre : pas d'auspices, pas de garants, chez tous, des paroles de présage funeste »[3]. **122.** Si l'on en usait ainsi, même à l'époque où tout, dans le discours, visait à l'utilité plutôt qu'à l'ostentation, et où les tribunaux étaient encore particulièrement stricts, n'est-on pas conduit davantage à procéder ainsi aujourd'hui, où, même quand la vie ou la fortune sont en danger, le goût du plaisir a fait irruption ? Je dirai ailleurs[4] jusqu'à quel point on doit céder à cet appétit populaire ; en attendant, j'admets qu'il faut y faire quelques concessions.

(1) *Inuidiose* et *miserabiliter* sont déjà associés en IV, 1, 42.

(2) Cicéron, *Pro Mil.*, 29. Probable citation de mémoire ; le texte authentique se lit ainsi : *Fecerunt id serui Milonis — dicam enim aperte, non deriuandi criminis causa, sed ut factum est — nec imperante domino nec sciente nec praesente, quod suos quisque seruos in tali re facere uoluisset.*

(3) Cicéron, *Pro Clu.*, 14.

(4) Probablement en VIII, *pr.* ; VIII, 3, 6 ; XII, 9, 5.

parte intentior est iudex, eoque nihil recte dictum perit. Praeterea nescio quo modo etiam credit facilius quae audienti iucunda sunt, et uoluptate ad fidem ducitur. **120.** Vbi uero maior res erit, et atrocia inuidiose et tristia miserabiliter dicere licebit, non ut consumantur adfectus, sed ut tamen uelut primis lineis designentur, ut plane, qualis futura sit imago rei, statim appareat. **121.** Ne sententia quidem uelut fatigatum intentione stomachum iudicis reficere dissuaserim, maxime quidem breui interiectione, qualis est illa : « Fecerunt serui Milonis quod suos quisque seruos in tali re facere uoluisset », interim paulo liberiore, qualis est illa : « Nubit genero socrus nullis auspicibus, nullis auctoribus, funestis ominibus omnium ». **122.** Quod cum sit factum iis quoque temporibus, quibus omnis ad utilitatem potius quam ad ostentationem componebatur oratio et erant adhuc seueriora iudicia, quanto nunc faciendum magis, cum in ipsa capitis aut fortunarum pericula inrupit uoluptas ? Cui hominum desiderio quantum dari debeat alio loco dicam ; interim aliquid indulgendum esse confiteor.

119. recte dictum *AbH* : rectum *B*

120. inuidiose *A* : -diosa *BH* || tristia *N Victor* : tristitia *ABH* || licebit *AB Victor* : decebit *abH* || designentur *AH* : dissig- *B* || ut *BH Victor* : et *A*

121. stomachum *aBH* : -macum *A* || breui *AbH Victor* : breuiter *B* || interiectione *AbH Victor* : iniecta *B* || tali re *A Cicero* : re tali *BH Victor* || genero *A* : -re *BH* -ri *b* || ominibus *ab* : homin- *ABH*

122. ad ostentationem *a* : ad *om. ABH* || componebatur *aBH* : -natur *A* || faciendum *AH* : -iundum *B* || loco dicam *BH* : dicam loco *A*

123. Il est très avantageux d'ajouter à la vérité un tableau plausible des faits, qui donne aux auditeurs l'impression qu'ils assistent, pour ainsi dire, à la scène, telle la description célèbre de M. Caelius dans son discours contre Antoine[2] : « On le trouve prostré dans l'hébétude de l'ivresse, ronflant de tous ses poumons, poussant des hoquets redoublés, dans la compagnie de belles femmes, dont les unes étaient couchées en travers des lits et les autres gisaient çà et là à l'entour. **124.** Mortes cependant d'épouvante à l'annonce de l'ennemi, elles tentaient d'éveiller Antoine, l'appelaient par son nom, le soulevaient vainement par la nuque ; l'une lui parlait amoureusement à l'oreille, l'autre le secouait même assez rudement ; mais lui, les reconnaissant toutes à leur voix et à leur contact, il cherchait à passer son bras autour du cou des plus proches, incapable, étant éveillé, de dormir, étant ivre, de rester éveillé ; enfin, à demi-hébété de sommeil, il fut emporté sur les bras de ses centurions et de ses maîtresses. » On ne saurait rien imaginer avec plus de vraisemblance, ni stigmatiser avec plus de violence, ni présenter avec plus de réalisme.

125. Je n'omettrai pas non plus de dire tout le crédit qu'apporte à un exposé l'autorité du narrateur ; cette autorité, nous devons la mériter avant tout par notre conduite, mais aussi par le style de notre propos ; plus il sera sérieux et digne, plus nos assertions auront nécessairement du poids. **126.** Il faut donc, particuliè-

(1) *O.R.F.*, p. 483.
(2) Cf. *Notes complémentaires.*

123. Multum confert adiecta ueris credibilis rerum imago, quae uelut in rem praesentem perducere audientis uidetur, qualis est illa M. Caeli in Antonium descriptio : « Namque ipsum offendunt temulento sopore profligatum, totis praecordiis stertentem ructuosos spiritus geminare, praeclarasque contubernales ab omnibus spondis transuersas incubare et reliquas circum iacere passim. **124.** Quae tamen exanimatae terrore, hostium aduentu percepto, excitare Antonium conabantur, nomen inclamabant, frustra a ceruicibus tollebant, blandius alia ad aurem inuocabat, uehementius etiam nonnulla feriebat ; quarum cum omnium uocem tactumque noscitaret, proximae cuiusque collum amplexu petebat ; neque dormire excitatus neque uigilare ebrius poterat, sed semisomno sopore inter manus centurionum concubinarumque iactabatur ». Nihil his neque credibilius fingi neque uehementius exprobrari neque manifestius ostendi potest.

125. Ne illud quidem praeteribo, quantam adferat fidem expositioni narrantis auctoritas, quam mereri debemus ante omnia quidem uita, sed et ipso genere orationis ; quod quo fuerit grauius ac sanctius, hoc plus habeat necesse est in adfirmando ponderis. **126.** Effugienda igitur in

123. M. *BH* : *om. A* || stertentem *A* : sternen- *BH* || exanimatae *AB* : examin- *H*

124. a *om. B* || inuocabat *A* : -bant *BH* || sopore *ABH* : stup.- *Cameron*

125. ne *B* : neque *AbH* || adferat *BH* : affert *a* affer *A* || et *om. H* || ac *A* : *om. BH* || habeat *A* : habet *BH* || ponderis *A* : quoque ponderis *BH*

rement dans cette partie, échapper à tout soupçon d'habileté, car, nulle part, le juge ne se tient plus sur ses gardes ; qu'on n'y voie rien de feint, rien de sollicité ; que tout donne l'impression de naître de la cause plutôt que de l'orateur. **127.** Mais, <aujourd'hui>, nous ne pouvons supporter cela, et nous croyons qu'il n'y a pas d'art s'il n'apparaît pas, alors qu'il n'y en a plus, dès qu'il est apparent[1]. Nous sommes suspendus aux applaudissements et ils sont pour nous le but suprême de nos efforts ; aussi, vouloir briller aux yeux des assistants nous compromet aux yeux des juges.

128. Il y a aussi une sorte de reprise de la narration, nommée en grec ἐπιδιήγησις ; c'est, à vrai dire, une pratique d'école de déclamation plus que de forum et elle a été inventée, la narration devant être brève, pour qu'il soit possible d'exposer les faits avec plus d'abondance et de brillant, ce qui est un moyen d'exciter l'hostilité ou la pitié[2]. J'estime qu'on doit s'en servir rarement, et, en tout cas, ne jamais reprendre les faits dans leur ordre intégral ; on peut, en effet, obtenir le même résultat par des reprises partielles. D'ailleurs, quand on veut utiliser cette forme de reprise, on doit condenser les faits, et s'étant borné à indiquer ce qui s'est passé, promettre d'exposer en son lieu et de façon plus complète comment la chose s'est passée.

129. Quelques rhéteurs conseillent de commencer toujours la narration en partant d'une personne, d'en flatter le portrait, si elle est de notre côté, et de le charger immédiatement, si elle est du côté adverse.

(1) Cf. *Notes complémentaires.*

(2) D'après Aristote, *Rhét.*, 1414 b 14, c'est Théodore de Byzance, auteur de la fin du ve siècle, cité par Platon, *Phaidr.*, 266 e - 267 a (cf. Solmsen, *R.-E.*, V, A, 2, 38, col. 1839-1847), qui distingua διήγησις, ἐπιδιήγησις, προδιήγησις. Martianus Capella, *R.L.M.*, 486, 31 attribue à Théodore une division en cinq parties, Fortunatianus, *R.L.M*, 112, en compte huit.

hac praecipue parte omnis calliditatis suspicio, neque enim se usquam custodit magis iudex; nihil uideatur fictum, nihil sollicitum; omnia potius a causa quam ab oratore profecta credantur. **127.** At hoc pati non possumus, et perire artem putamus nisi appareat, cum desinat ars esse, si apparet. Pendemus ex laude atque hanc laboris nostri ducimus summam; ita quae circumstantibus ostentare uolumus, iudicibus prodimus.

128. Est quaedam etiam repetita narratio, quae ἐπιδιήγησις dicitur, sane res declamatoria magis quam forensis, ideo autem reperta, ut, quia narratio breuis esse debet, fusius et ornatius res posset exponi, quod fit uel inuidiae gratia uel miserationis. Id et raro faciendum iudico neque sic umquam ut totus ordo repetatur; licet enim per partes idem consequi. Ceterum qui uti ἐπιδιηγήσει uolet, narrationis loco rem stringat, et, contentus indicare quid facti sit, quo sit modo factum plenius se loco suo expositurum esse promittat.

129. Initium narrationis quidam utique faciendum a persona putant, eamque, si nostra sit, ornandam, si aliena, infamandam statim. Hoc

126. magis *AbH* : *om. B*
127. at *A* : ad *a* sed *BH* || appareat *ABn*[1]*Bg* : -ret *Bn*[2]*bH* || cum — apparet *om. Bg* || ducimus *AB* : dic- *H* || summam *AB* : -ma *H*
128. TEST. : 128-130, Cassiodorus, *R.L.M.*, 502, 28-32.
128. etiam *om. BH* || ЄΠΙΘЄCIC *BH* || posset *B* : -it *AbH* || et *Halm* : est *BH* enim *A* || iudico *A* : -cio *H om. B* || sic *AH* : sit *B* || repetatur *ABg* : repetetatur *BnH* || qui *ABnH* : cui *Bg* || uolet *AH* : nollet *B* || loco rem *A* : rem loco *BH* || contentus *AbH* : contus *B* || quid *B* : quod *AH* || facti *BH* : -tum *A* || plenius se *AbH* : plese *B*
129. ornandam *Ab* : ordin- *BgH* || aliena *AB* : -nam *H*

C'est sans doute le cas le plus fréquent, puisque, dans un procès, ce sont des personnes qui sont en contestation. **130.** Mais ces personnes mêmes, il faut parfois les présenter avec tous les détails qui, éventuellement, les concernent, quand une telle procédure paraît devoir être utile. Par exemple : « Le père de mon client, juges, était A. Cluentius Habitus ; c'était un homme, qui, non seulement, dans le municipe de Larinum, d'où il était sorti, mais aussi dans le canton et la région avoisinante, était le premier par sa valeur, sa réputation, sa naissance »[1] ; **131.** quelquefois, sans donner de tels détails : « Q. Ligarius étant... »[2], mais, souvent, on part d'un fait, comme Cicéron dans le *Pro Tullio* : « M. Tullius possède, sur le territoire de Thurium, un fonds qui lui vient de son père »[3], ou Démosthène parlant pour Ctésiphon : « La guerre de Phocide ayant éclaté... »[4].

132. Ce qui concerne la conclusion de la narration est sujet de discussion avec ceux qui veulent que l'exposé soit conduit jusqu'au moment où apparaît la question à juger : « Les choses s'étant ainsi passées, le préteur P. Dolabella interdit, selon la forme ordinaire, toute violence aux hommes armés, sans aucune exception, sauf qu'il [Aebutius] devrait le rétablir [Caecina] dans le domaine d'où il l'avait chassé. Il déclara qu'il l'avait fait par la suite. Un cautionnement fut déposé. C'est à vous de décider à qui doit aller ce cautionnement »[5]. Cette règle peut toujours être observée par le demandeur, mais non toujours par le défenseur.

(1) Cicéron, *Pro Cluentio*, 11.
(2) Cicéron, *Pro Ligario*, 2.
(3) Cicéron, *Pro Tullio*, 14.
(4) Démosthène, *Pro Ctes.*, 18.
(5) Cicéron, *Pro Caec.*, 23.

sane frequentissimum est, quia personae sunt, inter quas litigatur. **130.** Sed eae quoque interim cum suis accidentibus ponendae, cum id profuturum est, ut : « A. Cluentius Habitus fuit pater huiusce, iudices, homo non solum municipii Larinatis, ex quo erat, sed regionis illius et uicinitatis uirtute, existimatione, nobilitate princeps » ; **131.** interim sine his ut : « Q. enim Ligarius cum esset » ; frequenter uero et a re, sicut pro Tullio Cicero : « Fundum habet in agro Thurino M. Tullius paternum », Demosthenes pro Ctesiphonte : τοῦ γὰρ Φωκικοῦ συστάντος πολέμου.

132. De fine narrationis cum iis contentio est, qui perduci expositionem uolunt eo, unde quaestio oritur : « His rebus ita gestis, P. Dolabella praetor interdixit, ut est consuetudo, de ui hominibus armatis, sine ulla exceptione, tantum ut, unde deiecisset, restitueret » ; deinde : « restituisse se dixit. Sponsio facta est ; hac de sponsione uobis iudicandum est ». Id a petitore semper fieri potest, a defensore non semper.

130. eae *E* : haec *ABH Cass.* || ponendae *ABH* : -nitur *Cass.* || habitus *B Cicero* : *om. AbH* || larinatis *AH* : -ti *B* || facile princeps *Cicero*

131. ut q. enim *A* : ut quae ligarius *H om. B* || thurino *A* : turino *bH* tigurino *Bn* tug- *Bg* || Ctesiphonte *BH* : -ponte *A* || ΦωΚΙΚΟΙCIC TaNTOC *A* : ΦΥCIKOΥ CΥNITaNTOC *BH*

132. est *B* : *om. AbH* || se *om. B*

III

[De la digression]

1. Dans l'ordre naturel, après la narration, vient la confirmation, car il faut prouver les faits que nous avons exposés à cette fin. Mais, avant d'aborder cette partie, il faut dire quelques mots sur l'opinion de certains rhéteurs.

La plupart d'entre eux ont l'habitude, dès qu'ils ont exposé les faits dans l'ordre, de dévier immédiatement[1], et en toutes circonstances, vers un développement riche et plausible, susceptible de leur assurer la plus grande faveur possible[2]. Cette pratique, née du besoin d'ostentation des déclamateurs, s'est étendue maintenant au forum, depuis que l'on a imaginé que les plaidoyers avaient pour but, non l'intérêt des plaideurs, mais la gloriole des avocats, craignant que, si, à la maigreur d'une narration au style ramassé, assez souvent réclamée, succédait immédiatement une argumentation agressive, les séductions de la parole ne se fissent attendre trop longtemps et que le discours n'en vînt à se refroidir. **3.** Le défaut, c'est que les avocats, sans distinguer les causes ni l'intérêt, recourent à ce procédé, comme s'il était toujours expédient ou même nécessaire ; par suite, ils accumulent dans cette partie des traits, empruntés à d'autres, et dont la place était ailleurs, et il en résulte qu'ils sont entraînés à de nombreuses redites ou qu'ils ne peuvent dire au moment opportun ce qui a été dit à un moment qui ne convenait pas.

(1) Cf. *Notes complémentaires.*
(2) Même idée dans Cicéron, *De orat.*, II, 80.

III

[De egressione]

1. Ordine ipso narrationem sequitur confirmatio ; probanda sunt enim quae propter hoc exposuimus. Sed priusquam ingrediar hanc partem, pauca mihi de quorundam opinione dicenda sunt.

Plerisque moris est, prolato rerum ordine, protinus utique in aliquem laetum ac plausibilem locum quam maxime possint fauorabiliter excurrere. **2.** Quod quidem natum ab ostentatione declamatoria iam in forum uenit, postquam agere causas non ad utilitatem litigatorum, sed ad patronorum iactationem repertum est, ne, si pressae illi, qualis saepius desideratur, narrationis gracilitati coniuncta argumentorum pugnacitas fuerit, dilatis diutius dicendi uoluptatibus oratio refrigescat. **3.** In quo uitium illud est, quod sine discrimine causarum atque utilitatis hoc, tamquam semper expediat aut etiam necesse sit, faciunt, eoque sumptas ex iis partibus, quarum alius erat locus, sententias in hanc congerunt, ut plurima aut iterum dicenda sint, aut, quia [alia] alieno loco dicta sunt, dici suo non possint.

III, 1. exposuimus *AbH* : -sui *B* || prolato *ABg* : perl- *BnbH* || ac *A* : aut *BH* || excurrere *AB* : excurre *H*

2. ne si *Ab* : nisi *BH* || narrationis *A* : -ni *BH*

3. uitium *B* : uici- *AH* || eoque *AbH* : eo quod *B* || sumptas *AbH* : desum- *B* || aut quia — possint *AbH* : *om.* *B* || alia *ABH* : *del. Regius*

4. J'avoue d'ailleurs que cette manière de se donner du champ peut se déployer avec avantage, non seulement après la narration, mais même après les questions, soit générales, soit quelquefois particulières, lorsque le cas l'exige, ou, du moins, le permet ; et ainsi on peut donner au discours beaucoup de lustre et d'élégance, mais à la condition que la digression soit bien ajustée à la suite du développement[1], au lieu de s'y insérer de force, comme un coin, et de disjoindre ce qui était joint naturellement. **5.** Rien, en effet, ne s'articule aussi bien avec la narration que la preuve, à moins que la digression, dont je parle, ne soit comme la conclusion de la narration ou comme le commencement de la preuve. Elle aura donc quelquefois sa place, par exemple, si la fin de l'exposition concerne une circonstance atroce, et nous pouvons alors la développer, comme emportés d'emblée par un sursaut d'indignation. **6.** Encore ne faudra-t-il procéder ainsi que si le fait évoqué n'appelle aucun doute ; autrement, il vaut mieux commencer par faire apparaître la justesse de la charge que son importance, car l'odieux des accusations profite à l'accusé, quand la preuve n'en est pas rapportée ; en effet, les crimes les plus atroces trouvent difficilement créance.

7. De même, il pourra ne pas être inutile, après avoir exposé des services rendus par notre client à son adversaire, de s'élever contre son ingratitude, ou, après avoir établi, dans la narration, des charges variées, de montrer l'importance des risques qu'elles impliquent.

1. Même idée dans Cicéron, *De orat.*, II, 80.

4. Ego autem confiteor hoc expatiandi genus non modo narrationi, sed etiam quaestionibus uel uniuersis uel interim singulis oportune posse subiungi, cum res postulat aut certe permittit, atque eo uel maxime inlustrari ornarique orationem, sed si cohaeret et sequitur, non si per uim cuneatur et quae natura iuncta erant, distrahit. **5.** Nihil enim tam est consequens quam narrationi probatio, nisi excursus ille uel quasi finis narrationis uel quasi initium probationis est. Erit ergo illi nonnumquam locus, ut, si expositio circa finem atrox fuerit, prosequamur eam uelut erumpente protinus indignatione. **6.** Quod tamen ita fieri oportebit, si res dubitationem non habebit ; alioqui prius est quod obicias uerum efficere quam magnum, quia criminum inuidia pro reo est, priusquam probatur; difficillima est enim grauissimi cuiusque sceleris fides.

7. Item fieri non inutiliter potest ut, si merita in aduersarium aliqua exposueris, in ingratum inueharis, aut, si uarietatem criminum narratione demonstraueris, quantum ob ea periculum inten-

4. TEST. : 4-9. Victor, *R.L.M.*, 427, 24 - 428, 6.

4. ego *om. H* || expatiandi *B* : *spatiandi *A* spaci- *Victor* || sed *Ab* : quod *B* || uniuersis *AB* : -sas *bH* || certe permittit *BH* : permittit aut certe queat *A* || orationem sed *BH* : oratio nam et *A* || cuneatur *AB* : contineatur *b* conitatur *H* || natura *A* : -rae *BH*

5. probatio nisi *A* : probationis si *BH* || excursus ille *ABH* : -su illo *Victor* || uel quasi *B* : uel egressio quasi *AH Victor* || finis narrationis *B Victor* : initium probationis *AH* || uelut erumpente *B* : spm rumpente *Ab* ueluti irrumpente *Victor* || protinus *A* : -tenus *BH*

6. est *om. B* || reo *aB* : ore *AbH* || priusquam *aB* : usquam *bH* || probatur *B Victor* : -babitur *AH*

7. item *AB* : idem *H* || *ea quae in A sequuntur, alia, sed fere aequali manu scripta sunt, non duobus columnis, sed plena pagina* || ut *A* : uti *B* ut sit *bH* || uarietatem *BH* : uerit- *A* || ea *B* : eam *A*

8. Mais tout cela doit être bref ; sitôt terminée en effet l'audition de l'enchaînement des faits, le juge est pressé d'en avoir confirmation, et il désire acquérir le plus tôt possible des certitudes pour décider. En outre, il faut veiller à ne pas faire évanouir l'effet de l'exposé, en détournant ailleurs l'attention et en la fatigant par un retard inutile.

9. Mais si cette progression n'est pas toujours nécessaire sitôt la narration finie, elle est souvent une utile préparation, avant l'examen d'une question, en tout cas, à première vue, cette question n'est pas de nature à nous valoir la faveur, si nous avons à invoquer une loi rigoureuse ou que nous réclamions des sanctions pénales[1]. C'est le lieu d'insérer une sorte de second exorde pour bien disposer le juge en faveur de nos preuves, l'adoucir, l'exciter, et on peut le faire ici avec plus de liberté et de vigueur, parce que, désormais, le juge connaît la cause. **10.** Donc, ce seront des sortes de baumes, qui vont lénifier par avance ce qui pourra se rencontrer de rude, pour que les oreilles des juges accueillent plus facilement ce que nous allons dire et qu'ils ne soient pas indisposés contre notre bon droit ; il n'est pas facile en effet de persuader les gens malgré eux[2]. **11.** En de telles occasions, il faut connaître aussi le caractère du juge, savoir s'il est plus attaché au droit ou à l'équité ; selon le cas, en effet, la digression sera plus ou moins nécessaire.

D'ailleurs, un tel développement peut également,

(1) *Poenarius* ne se rencontre guère qu'ici (et en VII, 4, 26). L'adjectif usuel est *poenalis*, que les juristes emploient avec *actio, conditio, lex, stipulatio*.

(2) Cf. XII, 1, 14.

tetur, ostendas. **8.** Verum haec breuiter omnia ; iudex enim, ordine audito, festinat ad probationem et quam primum certus esse sententiae cupit. Praeterea cauendum est ne ipsa expositio uanescat, auersis in aliud animis et inani mora fatigatis.

9. Sed ut non semper est necessaria post narrationem illa procursio, ita frequenter utilis ante quaestionem praeparatio, utique si prima specie minus erit fauorabilis, si legem asperam tuebimur aut poenarias actiones inferemus. Est hic locus uelut sequentis exordii ad conciliandum probationibus nostris iudicem, mitigandum, concitandum. Quod liberius hic et vehementius fieri potest, quia iudici nota iam causa est. **10.** His igitur uelut fomentis, si quid erit asperum, praemolliemus, quo facilius aures iudicum quae post dicturi erimus admittant, ne ius nostrum oderint ; nihil enim facile persuadetur inuitis. **11.** Quo loco iudicis quoque noscenda natura est, iuri magis an aequo sit adpositus : proinde enim magis aut minus erit hoc necessarium.

Ceterum res eadem et post quaestionem pero-

8. festinat *AB* : -net *H* || expositio *AH Victor* : positio *B* || uanescat *ABH* : euan- *Victor*

9. ut *B* : et *AbH* sicut *Victor* || prima *A* : -mam *BH* || si *BH* : *om.* *A* || specie *A* : -ciem *BH* || minus erit *A* : inusserit *B* iusserit *H* || si *a Bg* : *om.* *ABnbH* || aut *H* : ac *AB* || poenarias *B* : pen- *AH* || exordii *B* : -dium *A Victor* -dia *bH* || ad *B Victor* : *om.* *A* || mitigandum concitandum *AbH Victor* : *om.* *B* || quod *B* : quo *AH* || hic *B* : hoc *AH* || nota iam causa *BH Victor* : iam causa nota *A*

10. his *B* : hic *AbH* || quo *A* : quod *BH* || post dicturi *B* : propposituri *AH* || ius nostrum *B* : iustum *AbH*

11. TEST. : 11-13, Victor, *R.L.M.*, 428, 6-14.

11. loco *AH Victor* : loco tamen *B* || an — magis *om.* *A* || aut *ABgH* : haud *Bn*

après une question, servir de péroraison. **12.** Il est appelé par les Grecs παρέκϐασις, par les Latins *egressus* ou *egressio* ; mais, comme je l'ai dit, il y en a plusieurs sortes, qui, dans toute l'étendue de la cause, offrent des échappées variées, par exemple, des éloges de personnes[1] et de lieux, des descriptions de régions, des exposés de certains faits, ou même de légendes. **13.** A ce genre ressortissent, dans les discours contre Verrès, l'éloge de la Sicile, le rapt de Proserpine[2], dans le *Pro Cornelio*[3], le rappel si populaire des qualités de Pompée, où le divin orateur, comme si le seul nom du général retenait le cours de sa plaidoirie, détourna brusquement le développement qu'il avait commencé.

14. La παρέκϐασις, est, selon moi, du moins, le traitement sous forme de digression, hors du plan naturel, d'un point quelconque, mais d'un point utile à la cause[4]. Aussi ne vois-je pas pour quelle raison on lui assigne de préférence la place qui suit l'exposé ordonné des faits, ni pourquoi l'on pense que ce nom est à réserver en propre à ce qui doit être exposé dans une digression, alors qu'il y a tant de manières, dans un discours, de s'écarter de la route droite. **15.** Car tout ce qui se dit en dehors des cinq parties que nous avons définies est une digression : indignation, commi-

(1) C'est le cas du *Pro Archia*.

(2) Cicéron, *In Verr.*, II, 2 sq., IV, 106 sq.

(3) Cicéron, *Frgm. orat.*, VII, 47.

(4) Anaximène, Aristote et l'*Auct. ad. Her.* ne traitent pas de la question. Corax faisait de la digression la quatrième partie du discours (Prol. in Hermog. = Rhet. gr., IV, p. 12, 17 W = Proleg, Sylloge, 17, p. 270, 22 Rabe). Quant à Cicéron, il disait : *Nobis autem non placuit* < *hanc partem* > *in numerum reponi, quod de causa digredi nisi per locum communem dipslicet* (*De Inu.*, I, 97).

rationis uice fungitur. **12.** Hanc partem παρέκβασιν uocant Graeci, Latini egressum uel egressionem. Sed hae sunt plures, ut dixi, quae per totam causam uarios habent excursus, ut laus hominum locorumque, ut descriptio regionum, expositio quarundam rerum gestarum uel etiam fabulosarum. **13.** Quo ex genere est in orationibus contra Verrem compositis Siciliae laus, Proserpinae raptus, pro C. Cornelio popularis illa uirtutum Cn. Pompei commemoratio ; in quam ille diuinus orator, ueluti nomine ipso ducis cursus dicendi teneretur, abrupto quem inchoauerat sermone deuertit actutum.

14. Παρέκβασις est, ut mea quidem fert opinio, alicuius rei, sed ad utilitatem causae pertinentis, extra ordinem excurrens tractatio. Quapropter non uideo cur hunc ei potissimum locum adsignent qui rerum ordinem sequitur, non magis quam illud, cur hoc nomen ita demum proprium putent, si aliquid in digressu sit exponendum, cum tot modis a recto itinere declinet oratio. **15.** Nam quidquid dicitur praeter illas quinque quas fecimus partes, egressio est : indignatio, miseratio, inuidia,

11. uice *BH* : uicem *A*

12. TEST. : 12-15, Cassiodorus, *R.L.M.*, 502, 33-41.

12. ΠΑΡЄΚΒaCΙΝ *BH* : peregrasin *A* || hae *BH* : haec *A* || locorumque *BH Victor Cass.* : locorum *om.* *A* || uel *Cass.* : sed *BH* uel *A*

13. ex *Ab Victor* : *om.* *B* || diuinus orator *B* : diu immoratur *A* diuinus moratur *bH* || ueluti *A* : uelut *BH* || actutum *B* : ac (hac *A*) totum *Ab* ac tantum *H*

14. parecbasis *Victor* : pareubasis *A* ΠaΡЄΡΒaCЄΙC *BH* || mea *AbH* : *om.* *B* || potissimum *B* : potent- *A* || adsignent *H* : assig- *B* assignant *A* || hoc nomen *AbH* : hoc *B* || aliquid *AH* : -cui *B*

sération, détestation, injure, excuse, conciliation, réfutation des propos outrageants[1]. Il en est de même pour tout ce qui n'est pas impliqué dans la question, à savoir toute amplification, toute atténuation, tout genre d'appel aux sentiments, tout passage surtout qui apporte au discours de l'agrément et de l'ornement, et traite du luxe, de l'avarice, de la religion, des devoirs ; mais comme ces thèmes viennent après des arguments similaires, et qu'ils sont, pour cette raison, liés avec eux, ils ne semblent pas faire digression.

16. Il y a pourtant bien des passages que l'on greffe sur des développements sans rapport avec eux, et qui reposent le juge, l'orientent, l'apaisent, le sollicitent, le louent. Innombrables sont les digressions que nous apportons ainsi, les unes, toutes préparées, d'autres inspirées par l'occasion ou la nécessité, si se produit un incident inattendu, durant la plaidoirie, tel qu'une interruption, la venue de quelqu'un, du tumulte[2]. **17.** C'est là ce qui força Cicéron lui-même dans son préambule, lorsqu'il plaidait pour Milon, à faire une digression, comme on le voit par le petit discours lui-même qu'il a prononcé[3]. D'ailleurs, on peut s'écarter un peu plus longuement du sujet, quand on se prépare la voie, avant d'aborder la question, et que l'on ajoute à une preuve déjà rapportée une sorte de renfort ; mais si l'on s'échappe au milieu du discours, il faut vite revenir au point d'où l'on a dévié[4].

(1) Par ex., Cicéron, *Pro Clu*, 62 : *Doce in illorum iudiciis quid praeter hoc uenenum Oppianici non modo in criminis, sed in male dicti loco sit obiectum.*

(2) Cf. Cicéron, *Pro Rabirio perduellionis reo*, 18 sq.

(3) Il est inutile de rappeler les désordres qui accompagnèrent la prise de parole de Cicéron au procès de Milon (cf. Asconius, *Argumentum*, § 31 : *Cicero, cum inciperet dicere, exceptus acclamatione Clodianorum, qui se continere ne metu quidem circumstantium militum potuerunt*).

(4) On connaît la formule citée par Quintilien, IX, 3, 87 : *longius euectus sum, sed redeo ad propositum.*

conuicium, excusatio, conciliatio, maledictorum refutatio. Similia his, quae non sunt in quaestione : omnis amplificatio, minutio, omne adfectus genus, atque ea <quae> maxime iucundam et ornatam faciunt orationem, de luxuria, de auaritia, de religione, de officiis ; quae cum sunt argumentis subiecta similium rerum, quia cohaerent, egredi non uidentur.

16. Sed plurima sunt, quae rebus nihil secum cohaerentibus inseruntur, quibus iudex reficitur, admonetur, placatur, rogatur, laudatur. Innumerabilia sunt haec, quorum alia sic praeparata adferimus, quaedam ex occasione uel necessitate ducimus, si quid nobis agentibus noui accidit, interpellatio, interuentus alicuius, tumultus. **17.** Vnde Ciceroni quoque in prohoemio, cum diceret pro Milone, degredi fuit necesse, ut ipsa oratiuncula, qua usus est, patet. Potest autem paulo longius exire qui praeparat aliquid ante quaestionem et qui finitae probationi uelut commendationem adicit ; at qui ex media erumpit, cito ad id redire debet unde deuertit.

15. minutio *B Victor Cass.* : *om. AH* || omne *B* : omnis *AH Cass. om. Victor* || adfectus *ABH Victor Cass.* : -tu *H* || atque ea quae *Winterbottom* : atque ea *AB* || de officiis *b Victor* : de *om. ABH Cass.*

16. sed *B* : et *AbH* || nihil *AH* : non *B* || ducimus *A* : dic- *BH* || si quid *AbH* : quis *B*

17. uelut *A* : uel *BH* || commendationem *AB* : -ne *bH* || at qui *A* : atque *BH* || medio *ABH* : media *Victor*

IV

[De la proposition]

1. Il y a des auteurs, qui placent immédiatement la proposition à la suite de la narration, et qui en font comme une partie du discours judiciaire : j'ai déjà réfuté cette opinion[1].

A mon avis, la proposition est le commencement de toute preuve, que l'on a l'habitude d'employer, non seulement pour éclairer la question principale, mais parfois même au cours des argumentations isolées, et tout particulièrement de celles que l'on appelle ἐπιχειρήματα (épichérèmes)[2]. **2.** Mais nous parlons pour l'instant de la première. Elle n'est pas toujours indispensable. Parfois, en effet, même sans proposition, on voit suffisamment sur quoi porte la question, surtout si l'exposé des faits se termine où commence la question[3], si bien que, parfois, l'on se borne à placer immédiatement après l'exposition la récapitulation générale, que l'on trouve ordinairement après les preuves : « Si les faits se sont passés, juges, comme je l'ai dit, l'agresseur a été défait, la violence vaincue par la violence ou plutôt l'audace accablée par le courage »[4].

3. Parfois, la proposition est vraiment utile, surtout lorsque le fait ne peut être justifié et qu'on discute

(1) Quintilien a déjà discuté de cette question en III, 9, 2, La *propositio* est appelée πρόθεσις par Aristote, *Rhét.*, 1414 a 35. 1414 b 7 et *Anonyme* de Séguier, *Rhét.*, 447, 29 *Sp.* = 381, 1 Sp.-H. ; προεκθέσις ou ὑπόσχεσις par les Hermogéniens (Hermog., Περὶ μεθόδου δειν., 427, 16 sq. Rabe).

(2) Cf. V, 14, 14.

(3) Cf. IV, 2, 132.

(4) Cicéron, *Pro Mil.*, 30.

IV

[De propositione]

1. Sunt qui narrationi propositionem subiungant tamquam partem iudicialis materiae : cui opinioni respondimus.

Mihi autem propositio uidetur omnis confirmationis initium, quod non modo in ostendenda quaestione principali, sed nonnumquam etiam in singulis argumentis poni solet, maximeque in iis, quae ἐπιχειρήματα uocantur. **2.** Sed nunc de priore loquimur. Ea non semper uti necesse est. Aliquando enim sine propositione quoque satis manifestum est quid in quaestione uersetur, utique si narratio ibi finem habet ubi initium quaestio, adeo ut aliquando subiungatur expositioni, quae solet in argumentis esse summa collectio : « Haec si, ut exposui, gesta sunt, iudices, insidiator superatus est, ui uicta uis uel potius oppressa uirtute audacia est ».

3. Nonnumquam ualde est utilis, praecipue ubi res defendi non potest et de iure quaeritur, ut pro

IV, 2. TEST. : 2-9, Victor, *R.L.M.*, 416, 30 - 417, 27.

2. propositione *AH Victor* : praep- *B* || aliqua *add. B ante* quoque || si ut *AB Victor* : sicut *H Cicero* || ita *ante* gesta *Cicero*

3. ualde est utilis *B* : ualde utilis est *Victor* uero deest utiliter *bH* || praecipue *B* : *om. AbH Victor* || et *A Victor* : *om. BH* || iure *B Victor* : fine *AbH*

sur le droit : tel est le cas de l'homme qui a pris dans un temple l'argent d'un particulier : « C'est d'un sacrilège qu'il s'agit : c'est d'un sacrilège que vous connaissez », afin que le juge comprenne que son rôle consiste uniquement à chercher si le fait incriminé est un sacrilège. **4.** Il faut procéder de même, dans les causes obscures ou complexes, non seulement toujours pour les rendre plus limpides, mais quelquefois aussi pour les rendre plus émouvantes. Or, on émeut, si l'on insère dans la trame du texte des mots qui servent : « Il est expressément écrit dans le texte de la loi, que tout étranger qui escalade les murs de la ville est passible de mort ; il est certain que tu es un étranger ; il est hors de question que tu as escaladé les murs de la ville ; que conclure, sinon qu'il faut te punir ? »[1]. Pareille proposition presse l'aveu de l'adversaire, et, en quelque façon, supprime toute remise dans l'instance ; elle n'indique pas la question, mais elle contribue à la décision.

5. Les propositions peuvent être simples, doubles. ou multiples, ce qui arrive de plus d'une manière, Car, tantôt, on lie ensemble plusieurs chefs d'accusation, comme, par exemple, lorsque Socrate fut accusé de corrompre la jeunesse et d'introduire de nouvelles croyances[2] ; tantôt plusieurs chefs d'accusation sont confondus en un seul, comme, par exemple, lorsque l'on reproche à Eschine d'avoir mal dirigé son ambassade, d'avoir menti, de n'avoir pas suivi les instructions données, d'avoir différé son retour, d'avoir reçu des cadeaux[3]. **6.** La récusation peut aussi comporter plusieurs propositions, par exemple, lors d'une poursuite en recouvrement d'une dette : « Ta demande n'est pas recevable ; car il n'était pas permis, à toi, d'agir comme mandataire du demandeur, ni à celui au nom de qui

(1) Cf. *Notes complémentaires.*
(2) Cf. *Notes complémentaires.*
(3) Cf. *Notes complémentaires.*

eo qui pecuniam priuatam de templo sustulit : « Sacrilegii agitur, de sacrilegio cognoscitis », ut iudex intellegat id unum esse officii sui quaerere, an id, quod obicitur, sacrilegium sit. **4.** Item in causis obscuris aut multiplicibus, nec semper propter hoc solum, ut sit causa lucidior, sed aliquando etiam ut magis moueat. Mouet autem, si protinus subtexantur aliqua, quae prosint : « Lex aperte scripta est, ut peregrinus, qui murum ascenderit, morte multetur ; peregrinum te esse certum est ; quin ascenderis murum non quaeritur ; quid superest, nisi ut te puniri oporteat ? » Haec enim propositio confessionem aduersarii premit et quodam modo iudicandi moram tollit, nec indicat quaestionem, sed adiuuat.

5. Sunt autem propositiones et simplices et duplices uel multiplices, quod accidit non uno modo. Nam et plura crimina iunguntur, ut cum Socrates accusatus est, quod corrumperet iuuentutem et nouas superstitiones introduceret ; et singula ex pluribus colliguntur, ut cum legatio male gesta obicitur Aeschini, quod mentitus sit, quod nil ex mandatis fecerit, quod moratus sit, quod munera acceperit. **6.** Recusatio quoque pluris interim propositiones habet, ut contra petitionem pecuniae : « Male petis ; procuratorem enim tibi esse non licuit ; sed neque illi, cuius

4. quin *B* : qui si *AbH* || confessionem *AbH Victor* : conces- *B* || sed adiuuat *B* : iudici *AbH*

5. simplices et duplices *B* : simplices sunt plerumque duplices *AbH* non tantum simplices, sed et duplices et multiplices *Victor* || socrates *A Victor* : -tis *BH* || cum *om. H* || nil *AB* : nihil *AbH*

6. petis *AB* : petitis *H* || procuratorem *A Victor* : -tori *B* -tore *bH*

tu plaides, d'avoir un mandataire ; il n'est pas l'héritier de l'homme à qui l'on dit que j'ai emprunté, et je n'ai même jamais été son débiteur. » **7.** On peut multiplier à plaisir ces exemples ; il suffit d'avoir donné cette indication. Si les propositions sont énoncées une à une après chaque preuve, il y a plusieurs propositions distinctes ; si elles sont réunies, elles rentrent dans le cadre de la division[1].

8. Une proposition peut être, aussi, toute nue, comme il arrive presque toujours dans les causes conjecturales : « C'est de meurtre que j'accuse » ; « c'est un vol que je reproche » ; ou encore, elle peut être accompagnée d'une raison explicative, par exemple : « C. Cornelius a commis un crime de lèse-majesté, car, étant tribun de la plèbe, il a lu lui-même son texte devant l'assemblée »[2]. En outre, nous pouvons présenter la proposition en notre nom : « C'est un adultère que je reproche », ou au nom de l'adversaire : « C'est d'adultère que l'on m'accuse », ou au nom des deux : « Entre mon adversaire et moi, la question est de savoir quel est le plus proche parent du défunt mort intestat. » Parfois aussi, nous pouvons associer des propositions contradictoires : « Moi, je dis ceci ; mon adversaire dit cela. »

9. Nous pouvons parfois provoquer l'effet d'une proposition, sans même en présenter une formellement, lorsque, la suite des faits exposée, l'on enchaîne : « Voilà les points sur lesquels vous avez à connaître », si bien que c'est une invitation pour le juge à être plus attentif à la question ; réveillé en quelque sorte comme si on le touchait, il saisit que c'est la fin de la narration et le commencement de la preuve ; enfin, lorsque nous commençons la confirmation, il lui faut aussi comprendre qu'il doit lui-même recommencer en quelque sorte à écouter.

(1) Cf. *Notes complémentaires.*
(2) Cf. Cicéron, *Fragm. orat.*, VII, 6.

nomine litigas, habere procuratorem ; sed neque est heres eius a quo accepisse mutuam dicor ; sed nec ipsi debui ». **7.** Multiplicari haec in quantum libet possunt, sed rem ostendisse satis est. Hae si ponantur singulae subiectis probationibus, plures sunt propositiones ; si coniungantur, in partitionem cadunt.

8. Est et nuda propositio, qualis fere in coniecturalibus : « Caedis ago », « Furtum obicio » ; est ratione subiecta, ut : « Maiestatem minuit C. Cornelius ; nam codicem tribunus plebis ipse pro contione legit ». Praeter haec utimur propositione aut nostra, ut : « Adulterium obicio », aut aduersarii, ut : « Adulterii mecum agitur », aut communi, ut : « Inter me et aduersarium quaestio est uter sit intestato propior ». Nonnumquam diuersas quoque iungimus : « Ego hoc dico, aduersarius hoc ».

9. Habet interim uim propositionis, etiamsi per se non est propositio, cum exposito rerum ordine subicimus : « De his cognoscitis », ut sit haec commonitio iudicis, quo se ad quaestionem acrius intendat et uelut quodam tactu excitatus finem esse narrationis et initium probationis intellegat, et nobis confirmationem ingredientibus ipse quoque quodam modo nouum audiendi sumat exordium.

6. est *bH* : es *ABn* ei *Bg* || mutuam *BH* : -tuum *A* || sed nec *A* : nec *B*
7. ponantur *AbH* : -natur *B*
8. est et *ABH* : est etiam *Victor* || ago *B Victor* : ego *AH* || aut aduersarii — agitur *om. A* || uter *ABn* : ut *BgH* || propior *A Victor* : proprior *BH*
9. habet *ABgH* : abet *Bn* || propositionis *ABnbH* : -onibus *Bg* || propositio *A* : -tionem *bH* || cognoscitis *BH* : -cetis *Victor* cognitis *A* || iudicis *B Victor* : *om. AH* || quo *AB* : quod *H* || et uelut (ueluti *A*) quodam tactu *ab* : uel quodam (quondam *H*) uti actu *BH* || excitatus *BH* : resuscitatus *A* || et *ante* initium *om. A*

V

[De la division]

1. La division est l'énumération ordonnée de nos propositions, de celles de l'adversaire, ou des deux[1]. Quelques rhéteurs pensent qu'il faut toujours y recourir, parce qu'elle rend la cause plus limpide et le juge plus attentif et plus docile, s'il sait à l'avance de quoi nous parlons et de quoi nous allons parler par la suite[2]. **2.** Selon d'autres, en revanche, et pour deux raisons, cette pratique est risquée pour l'orateur : parfois, en effet, et c'est assez habituel, est oublié ce que nous avons annoncé, et d'autre part, surgissent certains développements que nous avons omis dans notre division[3] ; mais ce double inconvénient ne se produira pas, à moins que l'on soit vraiment dépourvu de talent ou que l'on vienne plaider sans avoir réfléchi ni préparé. **3.** Autrement, y a-t-il système aussi sûr et aussi lumineux qu'une division bien faite ? Il s'accorde si bien, en effet, avec la nature que, pour la mémoire, le meilleur secours est de ne pas s'écarter de la voie que l'on s'est tracée pour parler. Aussi ne saurais-je non plus approuver ceux qui défendent d'étendre la division au-delà de trois propositions[4] ; si elle est trop compliquée, elle

(1) Cf. Cicéron, *De inu.*, I, 31-32.

(2) *Rhét. à Her.*, I, 10.

(3) Cicéron rapporte que Curion le père était si dépourvu de mémoire qu'il lui arrivait, après avoir annoncé trois divisions, d'en ajouter une quatrième ou de ne plus retrouver la troisième (*Br.*, 217) ; même aventure à propos d'un plaidoyer en faveur de Servius Naevius *(ibid.)* et même indication sur Curion dans l'*Orator*, 129.

(4) *Rhét. à Hér.*, I, 17 : (Enumerationem) *plus quam trium partium numero <esse> non oportet.*

V

[De partitione]

1. Partitio est nostrarum aut aduersarii propositionum aut utrarumque ordine conlocata enumeratio.

Hac quidam utendum semper putant, quod ea fiat causa lucidior et iudex attentior ac docilior, si scierit et de quo dicimus, et de quo dicturi postea sumus. **2.** Rursus quidam periculosum id oratori arbitrantur duabus ex causis ; quod nonnumquam et excidere soleant quae promisimus, et, si qua in partiendo praeterîmus, occurrere ; quod quidem nemini accidet, nisi qui plane uel nullo fuerit ingenio uel ad agendum nihil cogitati praemeditatique detulerit. **3.** Alioqui quae tam manifesta et lucida est ratio quam rectae partitionis ? Sequitur enim naturam ducem adeo memoriae id maximum sit auxilium, uia dicendi non decedere. Quapropter ne illos quidem probauerim, qui partitionem uetant ultra tris propositiones extendere ; quae sine dubio, si nimium sit

V, 1. TEST. : Victor, *R.L.M.*, 417, 29-31.

1. partitio *AB* : partio *H* || ordine *ABH* : in ordinem *Victor* || collocata *A Victor* : conlata *BH* || ea *A* : de ea *BH* || attentior *A* : inten- *BH* || si scierit *B* : suscitetur *AH*

2. rursus *BH* : rufus *A* || arbitrantur *BH* : -atur *A* || cogitati *AbH* : -tandi *Bg*

3. lucida est *AH* : lucidast *Bn* lucida sit *Bg* || ratio *B* : or- *AbH* || adeo *B* : adeo quoque *AbH* || id *BH* : ad *A* || dicendi *ABnH* : duc- *Bg* || decedere *AB* : decere *H* || partitionem *H* : partionem *BH*

échappera, sans aucun doute, à la mémoire du juge et troublera son attention ; mais ce n'est pas une raison pour l'assujettir à ce nombre comme par une loi, car la cause pourrait éventuellement en réclamer un plus grand nombre.

4. Il y a d'autres considérations, plus importantes, pour dispenser parfois d'une division : tout d'abord, il y a généralement plus d'agrément dans ce qui donne l'impression d'avoir été trouvé soudainement, non pas apporté de chez soi, mais, inspiré, au cours du plaidoyer, par l'affaire même ; de là vient qu'on accueille sans déplaisir ces figures : « Il m'est presque sorti de l'esprit... » et « Il m'avait échappé »..., et « Tu as raison de me rappeler... »[1]. En effet, si l'on annonce des preuves, on déflore, par avance, pour la suite, tout le charme de la nouveauté.

5. Parfois, à la vérité, il faut aussi mystifier le juge et le circonvenir par des moyens variés, afin qu'il croie que notre objectif est autre que ce que nous demandons[2]. Car il arrive qu'une proposition soit dure à faire admettre, et si le juge l'aperçoit à l'avance, il aura autant de défiance qu'un patient qui voit, avant l'intervention, le scalpel du médecin ; en revanche, si aucune information préliminaire n'a mis le juge en éveil, si aucune déclaration ne l'amène à se replier sur lui-même, la plaidoirie produira sur lui un effet qu'on n'aurait pas obtenu en annonçant ce que nous allons dire. **6.** Parfois, il faut éviter de

(1) *Recte admones* est tiré du *De signis*, 5. Ce n'est qu'une fausse perte de mémoire, car le *De signis* ne fut pas prononcé et ce remerciement adressé à un secrétaire qui lui aurait soufflé le nom de Polyclète n'est donc qu'une politesse fictive ; Cicéron feint en effet d'avoir oublié le nom du sculpteur. Cf. P. Cayrel, *Autour du De signis*, Mélanges d'archéologie et d'histoire de l'École franç. de Rome, L, 1933, 120-155.

(2) C'est la *causa* ou *controuersia figurata* des rhéteurs qui pose un πρόϐλημα ἐσχηματισμένον. L'obscurcissement du plan a été déjà abordé à propos de la narration ; Cicéron en a tiré parti dans le *Pro Cluentio*.

multiplex, fugiet memoriam iudicis et turbabit intentionem ; hoc tamen numero uelut lege non est alliganda, cum possit causa pluris desiderare.

4. Alia sunt magis, propter quae partitione non semper sit utendum, primum, quia pleraque gratiora sunt, si inuenta subito nec domo allata, sed inter dicendum ex re ipsa nata uideantur, unde illa non iniucunda schemata : « Paene excidit mihi » et « Fugerat me » et « Recte admones » ; propositis enim probationibus omnis in relicum gratia nouitatis praecerpitur.

5. Interim uero etiam fallendus est iudex et uariis artibus subeundus, ut aliud agi, quam quod petimus, putet. Nam est nonnumquam dura propositio, quam iudex si prouidit, non aliter praeformidat quam qui ferrum medici prius quam curetur aspexit ; at si re non ante proposita securum ac nulla denuntiatione in se conuersum intrarit oratio, efficiet quod promittenti non crederetur. **6.** Interim refugienda non modo distinc-

3. tamen *AbH* : tunc *B*
4. TEST. : 4-8, Victor, *R.L.M.*, 417, 31 - 418, 12.
4. praecerpitur *AB* : -cipitur *b* -cepitur *H*
5. quam *BH Victor* : quod *A* || praeformidat *A* : perf- *BH* ref- *Victor* || at si re *Ab* : ad scire *BH*
6. interim *ABH* : interdum *Victor*

distinguer les questions et même de les indiquer ; il faut troubler l'auditeur par l'appel à la sensibilité et détourner son attention. L'orateur, en effet, n'a pas seulement à instruire ; l'éloquence vaut surtout pour émouvoir. Rien n'est plus contraire à cet effet que le soin que l'on apporte à faire une division minutieuse et scrupuleusement tranchée, au moment où nous nous efforçons d'arracher un jugement à celui qui doit décider.

7. Des arguments, qui, en eux-mêmes, sont légers et sans force n'acquièrent-ils pas parfois de la valeur grâce à leur accumulation? Voilà pourquoi il vaut mieux les concentrer et tenter comme une sortie[1] pour combattre. Mais c'est une tactique à employer rarement, et seulement en cas de nécessité, lorsque la raison nous aura poussés à en user d'une façon apparemment irrationnelle. **8.** En outre, dans toute division, il y a toujours un point particulièrement important, et, lorsque le juge l'a entendu exposer, le reste l'importune habituellement comme superflu.

Donc, lorsque l'on a plusieurs choses à objecter ou à réfuter, la division est utile et agréable, parce qu'elle met dans son jour l'ordre dans lequel nous traiterons chacune d'elles ; d'autre part, s'il s'agit d'un crime unique, dont nous assurons la défense par des moyens variés, elle est superflue. **9.** Supposons, par exemple, la division suivante : « Je vais dire que le prévenu, ici présent, que je défends, n'est pas tel qu'on puisse le croire capable d'un homicide ; je vais dire qu'il n'avait pas de raison de tuer ; je vais dire qu'au moment où la victime a été tuée, mon client était au-delà des mers. » En ce cas, tout ce que l'on exposera avant le dernier point paraîtra nécessairement

(1) Terme emprunté à la langue militaire.

tio quaestionum est, sed omnino tractatio ; adfectibus turbandus et ab intentione auferendus auditor. Non enim solum oratoris est docere, sed plus eloquentia circa mouendum ualet. Cui rei contraria est maxime tenuis illa et scrupulose in partis secta diuisionis diligentia eo tempore, quo sognoscenti iudicium conamur auferre.

7. Quid quod interim quae per se leuia sunt et infirma, turba ualent, ideoque congerenda sunt potius, et uelut eruptione pugnandum ? Quod tamen rarum esse debet et ex necessitate demum, cum hoc ipsum, quod dissimile rationi est, coegerit ratio. **8.** Praeter haec in omni partitione est utique aliquid potentissimum, quod cum audiuit iudex, cetera tamquam superuacua grauari solet.

Itaque, si plura uel obicienda sunt uel diluenda, et utilis et iucunda partitio est, ut quo quaque de re dicturi simus ordine appareat ; at, si unum crimen uarie defendemus, superuacua. **9.** Vt si ita partiamur : « Dicam non talem esse hunc quem tueor reum, ut in eo credibile uideri possit homicidium ; dicam occidendi causam huic non fuisse ; dicam hunc eo tempore, quo homo occisus est, trans mare fuisse » ; omnia quae ante id, quod ultimum est, exequeris, inania uideri necesse est.

6. turbandus *A Victor* : -bationibus *BH* || ab *om. B* || cui rei *A* : cur ei *BH* cui *Victor* || maxime *A* : -ma *BH* -mae *Victor* || illa *AB* : est illa *bH* || cognoscenti *A* : -ndi *BH*

7. quid quod *AB* : quicquid *H* || et *ante* uelut *om. BH* || rarum *AbH Victor* : rerum *B* || et *BH Victor* : *om. A* || rationi *BH Victor* : narrationis *A*

8. partitione *A* : partione *BH* || uel *ante* obicienda *om. A* || quo *E* : quod *BH* quid *A* || simus *E* : sumus *ABH* || at *A* : ac *B* aut *bH*

9. ita *t* : illa *ABHT* || reum *AbH* : *om. B* || in eo *AbH* : *om. B* || ante *AbH* : ante quam *B*

inutile. **10.** Le juge se hâte, en effet, vers le point le plus important ; s'il a quelque patience, il fera un appel silencieux à l'avocat qui, lui, semble comme lié par sa promesse ; si le juge est affairé, ou s'il occupe un poste élevé, ou même si son tempérament l'y porte, il lui demande en termes vifs de venir au sujet. **11.** Aussi n'a-t-il pas manqué de gens pour désapprouver la célèbre division du *Pro Cluentio*[1], dans laquelle Cicéron s'est engagé à prouver tout d'abord que « personne n'a été cité en justice pour de plus grands crimes, sur des témoignages plus accablants qu'Oppianicus », puis, « que des jugements analogues ont été rendus antérieurement par les juges mêmes qui l'ont condamné », enfin, que, « si quelqu'un tenta d'acheter le tribunal, ce ne fut pas pour le compte de Cluentius, mais contre Cluentius », car si l'on avait pu prouver le troisième point, il n'aurait pas été nécessaire de traiter ceux qui précèdent. **12.** En revanche, à moins d'injustice ou de sottise, qui ne reconnaîtrait que le plan du *Pro Murena* est excellent[2] : « Je comprends, juges, que l'accusation tout entière se divise en trois parties : dans la première, on le reprend sur sa vie ; dans la seconde, on conteste sa dignité ; dans la troisième, on l'accuse de brigue » ? Car, ainsi, il expose la cause de façon très limpide, et aucun point de la division ne rend l'autre inutile.

13. Voici encore un autre genre de défense qui suscite généralement de l'hésitation : « Si j'ai tué, j'en avais le droit, mais je n'ai pas tué. » En effet, à quoi

(1) Cicéron, *Pro Cluentio*, 9.
(2) Cicéron, *Pro Murena*, 11.

10. Festinat enim iudex ad id, quod potentissimum est, et uelut obligatum promisso patronum, si est patientior, tacitus appellat ; si uel occupatus uel in aliqua potestate uel etiam sic moribus compositus, cum conuicio efflagitat. **11.** Itaque non defuerunt qui Ciceronis illam pro Cluentio partitionem improbarent, qua se dicturum esse promisit, primum « neminem maioribus criminibus, grauioribus testibus in iudicium uocatum quam Oppianicum ; deinde praeiudicia esse facta ab ipsis iudicibus a quibus condemnatus sit, postremo iudicium pecunia temptatum non a Cluentio, sed contra Cluentium », quia, si probari posset quod est tertium, nihil necesse fuerit dicere priora. **12.** Rursus nemo tam erit aut iniustus aut stultus, quin eum fateatur optime pro Murena esse partitum : « Intellego, iudices, tris totius accusationis partis fuisse, et earum unam in reprensione uitae, alteram in contentione dignitatis, tertiam in criminibus ambitus esse uersatam ». Nam sic et ostendit lucidissime causam et nihil fecit altero superuacuum.

13. De illo quoque genere defensionis plerique dubitant : « Si occidi, recte feci ; sed non occidi ».

10. potentissimum *B* : -me *AH* || est *B* : et *AH* || patronum *B* : -ni est *AH* || in *B* : *om.* *AH* || sic *B* : si *AbH* || compositus *B* : incom- *abH* incompotus *A*

11. neminem *ABH* : neminem unquam *Cicero* || ipsis *AH Cicero* : iis ipsis *B* || a *B Cicero* : pro *Ab* a pro *H*

12. erit aut *B* : erit *AbH* || murena *AbH* : munera *B* || partis fuisse *BH Cicero* : fuisse partes *A* || reprensione *BH* : reprehensione *A*

13. TEST. : 13-15, Victor, *R.L.M.*, 418, 12-22.

13. illo quoque genere *aBH* : illoque genere *A* || defensionis — pertinere *B* : *om.* *AbH* || si *A* : sed si *BH*

tend la première partie, si la suivante est bien établie? Elles se nuisent mutuellement, et, si on les emploie toutes les deux, on supprime toute créance pour les deux. C'est là une objection qui, certes, est partiellement justifiée ; on aurait dû s'en tenir au seul second point, si le fait est indubitable ; **14.** mais s'il y a dans le plus solide des deux quelque point qui nous inspire de la crainte, nous fonderons la preuve sur l'un et sur l'autre. Tous les gens, en effet, ne sont pas ébranlés par les mêmes arguments ; celui qui croit que le meurtre a été commis peut l'estimer légitime ; tel autre qui croira peut-être qu'il a eu lieu, sans le considérer comme légitime, ne sera pas ému ; de même, une main sûre d'elle-même peut se contenter d'un seul trait ; si elle n'est pas sûre, elle doit en lancer plusieurs à la volée, afin de laisser une place aussi à la chance. **15.** Dans son *Pro Milone*, Cicéron montre habilement que c'est Clodius qui a tendu une embuscade ; puis, il ajouta, surabondamment, que, même si cela n'avait pas été, ç'aurait été cependant pour son meurtrier un acte hautement méritoire et glorieux que d'avoir pu supprimer un tel citoyen[1].

16. Je ne voudrais pas cependant condamner l'ordre, dont j'ai parlé plus haut, car certains arguments, même un peu durs en eux-mêmes, ont cependant pour effet d'atténuer ceux qui suivent. Ce n'est pas tout à fait sans raison qu'on dit communément : « Il faut demander l'injuste, pour emporter l'équitable. » **17.** Que personne toutefois n'interprète cet adage comme signifiant qu'il faut tout oser. Les Grecs ont raison en effet de recommander de ne pas tenter du tout l'irréalisable[2]. Mais toutes les fois que nous

(1) Il ne s'agit pas d'une citation textuelle, mais d'un résumé.

(2) Un proverbe comparable est attribué à Chilon par Diogène Laërce, I, 70 : Μὴ ἐπιθυμεῖν ἀδυνάτων.

Quo enim pertinere prius, si sequens firmum sit ? Haec inuicem obstare et utroque utentibus in neutro haberi fidem. Quod sane in parte uerum est, ut illo sequenti, si modo indubitabile est, sit solo utendum ; **14.** at si quid in eo quod est fortius, timebimus, utraque probatione nitemur. Alius enim alio moueri solet ; et qui factum putabit, iustum credere potest ; qui tamquam iusto non mouebitur, factum fortasse non credet : ut certa manus uno telo potest esse contenta, incerta plura spargenda sunt, ut sit et fortunae locus. **15.** Egregie uero Cicero pro Milone insidiatorem primum Clodium ostendit ; tum addidit ex abundanti, etiam si id non fuisset, talem tamen ciuem cum summa uirtute interfectoris et gloria necari potuisse.

16. Neque illum tamen ordinem, de quo prius dixi, damnauerim, quia quaedam, etiam si ipsa sunt dura, in id tamen ualent, ut ea molliant quae sequentur. Nec omnino sine ratione est, quod uulgo dicitur « Inicum petendum, ut aecum feras ». **17.** Quod tamen nemo sic accipiat, ut omnia credat audenda. Recte enim Graeci praecipiunt non temptanda quae effici omnino non possint. Sed quotiens hac, de qua loquor, duplici defensione

13. firmum sit *ABH* : firmissimum est *Victor* || fidem *B* : *om.* *AbH* || ut *p* : et *ABH*

14. nitemur *ABH* : nita- *Victor* || et *AH* : ac *B* uerum tamen *Victor* || putabit *Victor* : -auit *ABH* || credet *A* : -dit *BH* || potest *Victor* : posset *ABH* || sit et *B Victor* : fiat *A*

16. sequentur *BH* : secun- *H* sequun- *b* || omnino *AB* : omnimo *H*

17. TEST. : 17-22, Victor, *R.L.M.*, 418, 22 - 419, 5.

17. credat *ABnH* : -dere *Bg* || effici *A* : off- *BH*

emploierons la double défense dont je parle, il faut faire en sorte que la première partie fournisse créance à la seconde ; il est sensible, en effet, qu'un homme qui aurait pu même avouer un crime, en toute sécurité, peut n'avoir aucune raison de mentir, en niant l'avoir commis.

18. En tous les cas, chaque fois que nous soupçonnerons que le juge désire une preuve autre que celle dont nous parlons, promettons de le satisfaire pleinement et immédiatement, surtout s'il s'agit d'une affaire où l'honneur est en cause. **19.** Il arrive souvent qu'une affaire peu honorable ait pour elle la caution du droit ; si l'on veut pouvoir en parler sans déplaire aux juges, il faut leur faire entendre à plusieurs reprises que nous allons en venir à la défense <de la question> de probité et d'honneur ; qu'ils attendent seulement un peu et nous permettent de procéder par ordre. **20.** Parfois, il nous faut feindre de parler contre le gré même de nos clients, comme l'a fait Cicéron dans le *Pro Cluentio*[1], à propos de la loi <sur la corruption> judiciaire ; parfois, il faut nous arrêter, comme si nous étions interpellés par eux, souvent leur adresser la parole à eux-mêmes, les exhorter à nous laisser suivre notre propos. Ainsi, l'on s'insinuera dans l'esprit du juge, et pendant qu'il attend la preuve de l'honneur de notre client, il aura moins de répugnance à l'égard des choses plus rudes. **21.** Lorsqu'il les aura admises, il sera plus accessible à la défense de l'honneur de notre client. Ainsi, les deux aspects de l'affaire se prêteront une mutuelle assistance, et le juge, espérant que nous allons prouver que notre client a de la retenue, sera plus attentif à notre droit et plus enclin à admettre qu'il a le sens de la retenue, quand nous aurons prouvé notre droit.

(1) Cicéron, *Pro Clu.*, 144-145.

utemur, id laborandum est, ut in illam partem sequentem fides ex priore ducatur ; potest enim uideri, qui tuto etiam confessurus fuit, mentiendi causam in negando non habere.

18. Et illud utique faciendum est, ut, quotiens suspicabimur a iudice aliam probationem desiderari quam de qua loquimur, promittamus nos plene et statim de eo satis esse facturos, praecipueque, si de pudore agetur. **19.** Frequenter autem accidit ut causa parum uerecunda iure tuta sit ; de quo ne inuiti iudices audiant, et aduersi, frequentius sunt admonendi secuturam defensionem probitatis ac dignitatis ; expectent paulum et agi ordine sinant. **20.** Quaedam interim nos et inuitis litigatoribus simulandum est dicere, quod Cicero pro Cluentio facit circa iudiciariam legem ; nonnumquam, quasi interpellemur ab iis, subsistere : saepe auertenda ad ipsos oratio, hortandi ut sinant nos uti nostro consilio. Ita subrepetur animo iudicis, et, dum sperat probationem pudoris, asperioribus illis minus repugnabit. **21.** Quae cum receperit, etiam uerecundiae defensioni facilior erit. Sic utraque res inuicem iuuabit eritque iudex circa ius nostrum spe modestiae attentior, circa modestiam iuris probatione procliuior.

17. mentiendi *AB* : metiendi *H*

18. suspicabimur *BH* : -cabimus *Ab* -camur *Victor* || a iudice *B* : iudici *AbH* || qua *A Victor* : quo *BH* || agetur *Ab* : agitur *BH*

19. uerecunda *B* : -dia *AH* || et aduersi *BH* : auersi *A*

20. nos *AB* : uos *H* || et *BH* : *om.* *Ab* || auertenda *B Victor* : conuertenda *AH*

21. eritque *BH Victor* : erit *A* || modestiae *AH Victor* : -tior *B*

22. Mais, pour n'être pas toujours nécessaire ou même utile, la division, employée à propos, contribue beaucoup à la clarté et à l'agrément d'un discours. Et elle ne se borne pas à rendre plus clair ce que nous disons, en isolant certains points, pour ainsi dire, de la mêlée, et en les mettant sous les yeux des juges ; elle repose aussi l'auditeur en fixant les limites précises de chaque partie, comme la lecture des distances inscrites sur les bornes miliaires atténue largement la fatigue chez ceux qui cheminent. **23.** En effet, mesurer l'importance d'un travail accompli est un plaisir, et savoir combien il reste à faire est un stimulant pour le poursuivre jusqu'à la fin. Car, nécessairement, on ne trouve jamais long ce dont on voit la fin avec certitude. **24.** Ce n'est donc pas sans raison qu'on a beaucoup loué Q. Hortensius pour le soin qu'il apportait à la division, bien que, plus d'une fois, Cicéron le raille légèrement pour son habitude de compter les parties sur ses doigts[1]. Car il faut aussi mesurer ses gestes et éviter particulièrement une division trop minutieuse et, pour ainsi dire, trop morcelée. **25.** En effet, l'autorité même de l'orateur perd beaucoup avec ces divisions menues, qui ne sont plus des membres, mais des miettes, et ceux qui recherchent ce genre de gloire et veulent donner l'impression d'avoir fait une division plus subtile et plus copieuse, y introduisent aussi du superflu, en subdivisant certains points qui, par nature, forment un tout, et ils multiplient moins les développements qu'ils ne les diminuent ; ensuite, après avoir morcelé le développement en mille petites parties, ils tombent dans la même obscurité, qu'on a voulu éviter en inventant la division.

(1) Cf. Cicéron, *Br.*, 302 sur le goût d'Hortensius pour les divisions ; *Pro Quinctio*, 35 : *Faciam quod te saepe animaduerti facere, Hortensi ; totam causae meae dictionem certas in partes diuidam ; Diuin. in Caecilium*, 45 : *Quid? cum accusationis tuae membra diuidere coeperit* (Hortensius) *et in digitis suis singulas partes causas constituere?* Autre allusion également dans un fr. de l'*Hortensius*.

22. Sed ut non semper necessaria aut utilis etiam partitio est, ita oportune adhibita plurimum orationi lucis et gratiae confert. Neque enim solum id efficit, ut clariora fiant quae dicuntur, rebus uelut ex turba extractis et in conspectu iudicum positis, sed reficit quoque audientem certo singularum partium fine, non aliter quam facientibus iter multum detrahunt fatigationis notata inscriptis lapidibus spatia. **23.** Nam et exhausti laboris nosse mensuram uoluptati est, et hortatur ad reliqua fortius exequenda scire quantum supersit. Nihil enim longum uideri necesse est, in quo, quid ultimum sit, certum est. **24.** Nec inmerito multum ex diligentia partiendi tulit laudis Q. Hortensius, cuius tamen diuisionem in digitos diductam nonnumquam Cicero leuiter eludit. Nam est suus et in gestu modus et uitanda utique maxime concisa nimium et uelut articulosa partitio. **25.** Nam et auctoritati plurimum detrahunt minuta illa nec iam membra, sed frusta ; et huius gloriae cupidi, quo subtilius et copiosius diuisisse uideantur, et superuacua adsumunt, et quae natura singularia sunt secant, nec tam plura faciunt quam minora ; deinde, cum fecerunt mille particulas, in eandem incidunt obscuritatem, contra quam partitio inuenta est.

22. utilis etiam *AbH* : etiam superuacua *B* utilis *Victor* || certo *Ab Victor* : *om. B*

23. exhausti laboris *A* : exaustis laboribus *B* exausti labori *H*

24. digitos *AbH* : -tis *B* || diductam *AH* : ded- *B* || gestu *A* : gesta *H* certus *B* || uitanda *AH* : euitanda *B* || utique *A* : ut que *bH om. B*

25. minuta *AbH* : multa *B* || iam *AbH* : *om. B* || in eandem *B* : infandam *AbH*

26. Simple ou multiple, la proposition, toutes les fois qu'elle peut être employée avec profit, doit être avant tout claire et limpide (qu'y a-t-il de plus détestable que l'obscurité même d'une partie, qui a pour but unique de prévenir l'obscurité des autres?) — en outre, elle doit être brève et déchargée de tout mot superflu ; car, ce que nous indiquons, ce n'est pas ce que nous sommes en train de dire, mais ce que nous allons dire. **27.** Il faut aussi donner l'assurance qu'il n'y a ni omission, ni superfluité. Il y a presque toujours quelque chose de trop, quand nous divisons en espèces ce qu'il suffirait de diviser en genres, ou que, après avoir indiqué le genre, nous ajoutons l'espèce, comme dans l'exemple suivant : « Je parlerai de la vertu, de la justice, de la retenue », alors que la justice et la retenue sont des espèces de la vertu. **28.** La première division indique ce dont on est d'accord, ce dont on discute. Ce dont on est d'accord? Ce qu'admet l'adversaire, ce que nous admettons. Ce dont on discute? Ce que nous alléguons, ce qu'allègue la partie adverse. Mais, dans tous les cas, la pire faute, c'est de ne pas suivre, dans le développement, le même plan que celui que l'on a annoncé dans la proposition.

(1) C'est la théorie même de Cicéron, *De inu.*, I, 31 : *Vna pars (partitionis) est, quae, quid cum aduersariis conueniat et quid in controuersia relinquatur, ostendit.*

26. Et diuisa autem et simplex propositio, quotiens utiliter adhiberi potest, primum debet esse aperta atque lucida (nam quid sit turpius quam id esse obscurum ipsum, quod in eum solum adhibetur usum, ne sint cetera obscura ?), tum breuis nec ullo superuacuo onerata uerbo ; non enim quid dicamus, sed de quo dicturi simus, ostendimus. **27.** Optinendum etiam ne quid in ea desit, ne quid supersit. Superest autem sic fere, cum aut in species partimur quod in genera partiri sit satis, aut, genere posito, subicitur species, ut « Dicam de uirtute, iustitia, continentia », cum iustitia atque continentia uirtutis sint species. **28.** Partitio prima est, quid sit de quo conueniat, quid de quo ambigatur. In eo, quod conuenit, quid aduersarius fateatur, quid nos ; in eo, de quo ambigitur, [quae dicturi sumus], quae nostrae propositiones, quae partis aduersae. Pessimum uero non eodem ordine exequi, quo quidque proposueris.

26. et diuisa autem *A* : diuisa *BH* || propositio *AH* : propositio est *B* || atque lucida *BH* : ac dilucida *A* || adhibetur usum *AbH* : adhibiturus sum *B* || quid *A* : de quo *BH* || simus *P* : sumus *ABH*

27. ut *AB* : ut si ab *H*

28. de quo *BH* : quo de *A* || quae dicturi sumus *ABH del. Gesner* || pessimum *A* : turpissimum *BH* || quo quidque *AbH* : quo quid *Bg* || M. FABI QVINTILIANI INSTITVTIONIS ORATORIAE LIB. IIII EXP. INC. LIB. V *A* M. FABI QVINTILIANI INSTITVTIONVM (-TVCIONVM *B*) ORATORIAR. LIB. IIII EXP. INCIPIT LIB. V *BH*

LIVRE V

NOTICE

Voici un livre pour lequel Quintilien estime nécessaire de justifier sa rédaction : c'est qu'en effet certains auteurs limitaient le devoir de l'orateur à l'information de l'auditoire, tandis que d'autres plaçaient dans l'établissement des preuves de ce qu'il énonce et la réfutation de ce qu'on lui oppose la tâche fondamentale de l'avocat. Sans prendre parti, Quintilien parle donc de la preuve, parce qu'il n'est pas de procès où l'on puisse s'en passer et que l'*Institution oratoire* fait une grande place à l'éloquence judiciaire.

De prime abord, on peut penser que l'établissement de la preuve est consubstantiel, pourrait-on dire, à la rhétorique « ouvrière de persuasion », puisque la persuasion n'est possible que si s'impose ce que l'on avance ; par suite, il serait inutile de traiter de l'administration de la preuve dans un développement séparé. Mais les choses sont moins simples, d'autant que les théoriciens se sont emparés du problème.

Nous n'avons pas en effet d'action directe sur la volonté des autres et nous ne parvenons à la modifier que par le moyen de la sensibilité et par l'intermédiaire de l'intelligence. On remarquera que Quintilien parle peu ici de l'influence de la parole sur la sensibilité, et qu'il insiste au contraire sur le rôle de l'intelligence : en effet, une preuve a pour but de rendre évidente la vérité que l'on entend démontrer et il s'agit tout d'abord d'une évidence rationnelle ; une conviction qui est née d'une émotion n'est pas stable, et elle peut varier comme la sensibilité elle-même ; une conviction, assise sur la raison, est plus inaccessible au changement et résiste aux passions.

A la suite d'Aristote, qui ne fait que mettre en ordre des idées émises avant lui sur la démonstration, mais qui renouvelle le problème par la façon dont il distingue les procédés de l'esprit humain dans ce domaine, l'induction et la déduction, l'enthymème et l'exemple, notre auteur sépare, comme on va le voir, les preuves « en dehors de l'art », c'est-à-dire celles qui sont fournies par la cause elle-même et qui ne doivent rien à l'art, et les preuves que l'orateur, grâce à l'art, peut tirer de son propre fonds. Les premières sont appelées « extrinsèques », les secondes « intrinsèques ». Les sources enfin d'où l'on peut tirer des preuves pour tous les discours sont appelées « lieux communs », puisqu'ils sont communs à toutes ou, du moins, à une pluralité.

Quels sont les lieux extrinsèques? Les jugements antérieurement rendus, qui font autorité ; les bruits publics ; la torture, les documents écrits (contrats, conventions, testaments, titres, etc.), le serment, les dépositions des témoins. Tout cela a l'air simple : en fait, il n'en est rien. Sur le premier point, à savoir l'autorité de la chose jugée, il faut reconnaître que, la décision étant acquise, il est interdit de renouveler une première poursuite, terminée par un acquittement ou une condamnation rendue sur le fond même de l'affaire et qui est devenue irrévocable, s'il y a identité d'objet, identité de parties, identité de cause[1] ; mais

(1) A l'époque classique, la sentence d'absolution ou de condamnation est protégée par ce que l'on appelle en effet l'autorité de la chose jugée, suivant l'axiome connu : *Res iudicata pro ueritate habetur* ; dans le système des actions de la loi, il n'existait rien de tel et jouait seulement l'effet extinctif de l'action dont la règle est exprimée par l'axiome : *Bis de eadem re ne sit actio*. Sous l'Empire, à côté de cette règle, apparaît l'effet particulier de la *res iudicata,* différent de l'effet extinctif de la *litis contestatio* : la *litis contestatio* a un effet négatif (elle s'oppose à ce que celui qui a « agi » agisse de nouveau *de eadem re*); la *res iudicata* a un effet négatif, comme ci-devant, et un effet positif, car elle établit d'une façon positive la chose qui a été jugée

dans notre législation et notre procédure modernes, ces divers points soulèvent des difficultés multiples. Quintilien passe très vite — trop vite — sur ces problèmes, et son exposé, trop superficiel, ne donne guère une idée exacte de la procédure romaine ; au surplus, il ne distingue pas le domaine civil et le domaine pénal, ni l'autorité sur le civil de la chose jugée au criminel et inversement, ni l'autorité de la chose jugée dans les rapports entre une instance répressive et une autorité extra-judiciaire, etc.

Sur les bruits publics[1], Quintilien, avec raison, se montre prudent : on sait ce qu'une campagne bien menée, même à Rome, peut produire de mensonges et susciter d'interprétations.

La torture est un moyen indigne, qui était admis alors : savoir quel est celui qui la demande, celui qui l'offre, contre qui elle est demandée ou offerte n'est pas une garantie. On tend depuis à condamner le vertige mental auquel conduit un interrogatoire prolongé et la question de l'aveu a été revue entièrement dans le droit moderne des divers États[2] : on peut regretter

inter easdem personas. Sans doute y a-t-il des cas où l'on peut invoquer des exceptions, mais ils sont limités et résultent d'un fait nouveau. De là, au cours de l'instance, la nécessité d'établir les preuves sur des bases solides.

(1) Dans des procès criminels, l'importance des *rumores* de suspicion sont de haute importance ; mais il en est de même pour toute autre affaire comme celles d'*ambitus*, de concussion, etc., qui mettent en jeu des passions politiques et sociales.

(2) C'est tout le problème de la force probante de l'aveu qui est ainsi posé et qui se divise aujourd'hui en aveu extra-judiciaire et aveu judiciaire ; aujourd'hui également joue la technique des interrogatoires, moyens d'instruction et moyen de défense ; la torture, qui n'est pas admise, est parfois pratiquée sous l'aspect de « brutalités ». Les anciens ne connaissaient pas évidemment l'hypnotisme et la narco-analyse qu'utilise le médecin-expert et qui est aussi à prohiber. Mais l'utilisation de ce que l'on appelle le profil psychologique est admise et l'intime conviction ne dispense pas d'autres voies pour la découverte de la vérité. Cf. la thèse de droit de M. Le Roy, *L'utilisation du profil psychologique en matière judiciaire*, Paris, 1944 (exempl. dactyl.). L'ouvrage capital reste celui de Fr. Gorphe, *L'appréciation des preuves en justice*, thèse de droit, Paris, Sirey 1947, 488 p.

que Quintilien soit passé si vite sur les *tormenta*, à un moment où, en dépit des horreurs commises par les empereurs et leurs serviteurs, s'est amorcé un mouvement d'idées favorable à une conception plus généreuse de recherche de la vérité.

Une autre forme de preuve extrinsèque est constituée par les *tabulae*[1], ce qui paraîtrait aujourd'hui une singulière limitation de définition, Quintilien ramenant l'enquête au problème général du faux, alors qu'il peut y avoir fabrication d'un faux, c'est-à-dire contrefaçon ou altération de signatures ou d'écritures, ou supposition d'un écrit, ou altération consciente de la vérité par supposition de personne, de fait ou de convention, dans un écrit qui forme titre ; mais il peut aussi y avoir usage d'un faux ; or, selon les espèces, l'administration de la preuve varie.

En revanche, l'*Institution oratoire* consacre de nombreux paragraphes au serment et au rôle des témoins. Par le serment, l'homme prend la divinité à témoin de sa sincérité, mais il y a des gens qui, par lâcheté, par esprit de lucre ou mépris de la vérité et de la justice, font des déclarations mensongères, et, selon Quintilien, il y a les philosophes qui soutiennent que les dieux ne se mêlent pas des choses humaines ; aussi peut-on dire que le serment lui-même est aux yeux de notre auteur une preuve d'une relative faiblesse[2]. Plus décisive lui semble être la preuve par témoignages

(1) Cf. L. de Sarto, *La produzione dei documenti nel processo romano classico (procedura formulare e cognitio extra ordinem)*, Rendiconti del Ist. Lombardo, LXX, 1937, 169-184, suite de l'ouvrage *Il documento oggetto di rapporti giuridici privati. Studio di diritto romano*, Firenze, Vallecchi, 1935, 390 p. La preuve par titres prendra une importance de plus en plus grande au Bas-Empire, au lieu et place des contrats oraux et des formalités verbales.

(2) Il ne s'agit pas du serment *de calumnia*, dont ne parle pas Quintilien et qui concerne aussi les avocats, mais du *iusiurandum necessarium*, qui joue dans la *condictio* ; il faut en distinguer le serment des amants qui a suscité des figures de rhétorique à travers la tragédie, l'ὅρκος, qui a donné naissance à l'ὀμοτικὸν σχῆμα dont parle Longin, *De subl.*, XVI, 2.

et témoins et il en a fait un exposé documenté, qui, par certains endroits, révèle qu'il parle plus par expérience directe que par réminiscences livresques : nous indiquerons dans les notes du chapitre VII de ce livre V les commentaires qui nous paraissent s'imposer. Mais Quintilien semble beaucoup plus préoccupé de la technique de l'interrogatoire des témoins ou de l'examen de leurs dépositions que du problème supérieur de l'importance du témoignage et du serment. On aurait pu trouver dans ce chapitre quelque trace de réflexion sur le *uinculum ad astringendam fidem* que constitue le *iusiurandum* et sur le culte de la *bona fides*, si profondément ancré au cœur des vieux Romains : les temps ont évolué depuis que Cicéron, dans le *De officiis* (III, 111) faisait l'éloge du serment et de la rectitude de Régulus ![1] Quintilien voit les choses à travers le rideau de la chicane et des controverses.

Il y a en effet chez lui quelque propension à donner une importance très grande à la rhétorique, plus exactement aux preuves soutenues par la rhétorique, indices, arguments et exemples, les indices se décomposant en τεκμήρια et en εἰκότα, les exemples se répartissant en exemples proprement dits et en γνῶμαι, c'est-à-dire en témoignages de sagesse fondés sur l'expérience, la réflexion et la tradition. Ces définitions et subdivisions viennent en droite ligne de l'enseignement de la rhétorique grecque : déjà Corax et Tisias avaient étudié le vraisemblable[2] ; un fragment d'Antiphon atteste que le rhéteur de Rhamnunte s'était efforcé

(1) Cf. Cicéron, *loc. cit.*: *Nullum enim uinculum ad astringendam fidem iureiurando maiores arctius esse uoluerunt. Id indicant leges in XII tabulis; indicant sacratae; indicant foedera, quibus etiam cum hoste deuincitur fides; indicant notiones animaduersionesque censorum, qui nulla de re diligentius quam de iureiurando iudicabant.*

(2) Cf. Aristote, *Rhét.*, II, 1402 a 15 et antérieurement, Platon, *Phaidr.*, 273 b.

de distinguer les τεκμήρια et les σημεῖα[1] ; la *Rhétorique* d'Anaximène fixe la liste des preuves de raisonnement, que nous trouvons plus tard dans l'*Institution*[2] ; Aristote enfin[3], dans sa *Logique* et dans sa *Rhétorique*, condense les variétés du raisonnement dialectique en syllogisme (συλλογισμός) et en induction (ἐπαγωγή), et il ramène l'art de la démonstration oratoire à l'enthymème et à l'exemple. Mais il ne m'apparaît pas que Quintilien se soit inspiré directement d'Aristote ou des écrits publiés sous son nom pour toutes les idées exposées ici : Aristote en effet a rattaché sa conception de la dialectique et du dialogue à la notion d'ontologie, car c'est de la recherche de l'essence de l'être que se préoccupe le dialogue et que se soucie la dialectique ; pour Aristote, la dialectique est l'art d'interroger et le dialecticien est un homme capable de formuler des propositions et des objections[4] ; la dialectique, en commun donc avec la rhétorique, peut conclure des contraires, et Cicéron loue le Stagirite d'avoir inauguré la méthode de la dissertation ou discussion par thèse et antithèse[5]. Mais il faut le louer aussi d'avoir défini

(1) Antiphon, *fr.* VI (cité par L. Gernet, éd. d'Antiphon, Coll. des Univ. de France, Paris, Belles Lettres, 1923, p. 167 qui reprend le texte d'Ammonios, Περὶ διαφορ. λέξ., p. 127 Valk.).

(2) Anaxim., *Rhét.*, VII, 2, 1428 a 23 sq.

(3) Tout le chap. II du livre I de la *Rhétorique* traite de la question. On pourra voir sur ce chapitre l'introduction de l'édition du traité par M. Dufour, Coll. des Univ. de France, Paris, Belles Lettres, 1932, p. 39-43, qui donne une information suffisante pour notre propos.

(4) La dialectique est ἐξεταστική, dit Aristote, *Top.*, I, 2, 101 b 3, et Alexandre *ad loc.*, 32, 9-10, commente : ζητητικὴ καὶ ἐπιχειρηματική.

(5) Cicéron, *Tusc.*, II, 9 : *Itaque mihi semper Peripateticorum Academiaeque consuetudo de omnibus rebus in contrarias partis disserendi non ob eam causam solum placuit, quod aliter non posset quid in quaque re ueri simile esset inueniri, sed etiam quod esset ea maxuma dicendi exercitatio. Qua princeps usus est Aristoteles.*

dès le début des *Topiques* le but de ce traité[1] : « trouver une méthode grâce à laquelle nous pourrons raisonner (συλλογίζεσθαι) sur tout problème proposé en partant de thèses probables ». Cette « probabilité » fonde l'universalité du consentement dialectique : l'autorité des sages, celles des hommes célèbres, celles des faits approuvés, une vérité probable, une vérité vraisemblable..., mais cette probabilité n'est pas la science.

Ce n'est pas ici le lieu d'étudier les rapports de cette dialectique du raisonnement et de la science dans la perspective aristotélicienne : il suffit d'en prendre une notion claire pour comprendre la distance qui sépare Quintilien d'Aristote, ou plutôt l'attitude de l'un de l'attitude de l'autre. Chez notre Latin, qui n'est que rhéteur et qu'avocat, c'est une simplification des thèses aristotéliciennes qui paraît, une simplification orientée vers la pratique et l'application à la réalité judiciaire, à la quête du vraisemblable qui prend force de vérité grâce à l'art de celui qui présente les conclusions. Sans doute Aristote n'aurait-il pas d'indulgence pour cette forme de connaissance polymathique qu'engendre la quête du vraisemblable (il ne faut pas oublier que raisonner λογικῶς, c'est raisonner verbalement et, par conséquence irréversible, négliger l'essence de la chose considérée)[2], mais ses disciples ont tiré des enseignements pratiques de ses prises de positions. Malgré les apparentes réminiscences que dégage l'analyse du texte de Quintilien, il n'y a rien d'authentiquement aristotélicien du point de vue doctrinal dans la théorie des preuves de l'*Institution oratoire*, mais une extrapolation adaptée faite par les rhéteurs postérieurs à Théophraste et à son maître : le vocabulaire est souvent le même ; le contenu diffère. Il est probable qu'Hermagoras a été l'intermédiaire, mais un intermédiaire

(1) Aristote, *Top.*, I, 1, 100 a 18.

(2) Sur la logique d'Aristote, cf. E. Weil, *La place de la logique dans la pensée aristotélicienne*, Revue de métam. et de morale, 1951, 283-315.

qui a parfois déformé la pensée d'Aristote et qui n'a retenu de la doctrine que les apparences verbales : ainsi, cette terminologie peut faire illusion.

Avec le philosophe, c'était toute la question de l'être et de la science qui était posée ; avec le rhéteur, c'est l'existence des apparences vraisemblables, le mécanisme du raisonnement que l'on fait sur ces vraisemblances, l'importance décisoire des opinions reconnues, l'habileté à jouer des vraisemblances et des opinions, mais aussi de ce que l'on appelle les passions, c'est-à-dire des divers états de la sensibilité.

A la preuve, qui est positive, s'oppose la réfutation, qui est négation. Aristote précisément n'admet pas qu'on en fasse un élément indépendant[1], mais dès le ve siècle Théodore de Byzance défendait la distinction et il sera suivi dans cette voie par l'auteur de la *Rhétorique* d'Anaximène et la distinction a prévalu[2]. En réalité, à part certains discours de Démosthène, où la réfutation paraît comme une partie séparée, la réfutation, comme la preuve positive, mais moins qu'elle, est répandue un peu partout dans certains discours : la confirmation est faite par phrases successives et la réfutation aussi ; à côté de la division toute matérielle des arguments pour ou contre, il y a une tendance, chez les grands orateurs, à l'unification de l'argumentation, à ce qu'O. Navarre appelle très justement « une coopération logique de toutes les parties à une même fin »[3].

Et c'est là le but même d'une intervention oratoire.

(1) Aristote, *Rhét.*, III, 1414 b 93 : Ἔσται οὖν, ἄν τις τὰ τοιαῦτα διαιρῇ, ὅπερ ἐποίουν οἱ περὶ Θεόδωρον, διήγησις ἕτερον καὶ ἐπιδιήγησις καὶ προδιήγησις, καὶ ἔλεγχος καὶ ἐπεξέλεγχος. Δεῖ δὲ εἶδός τι λέγοντα καὶ διαφορὰν ὄνομα τίθεσθαι · εἰ δὲ μή, γίνεται κενὸν καὶ ληρῶδες.

(2) Anaxim., *Rhét.*, 1443 a 7, b 15 ; 1446 a 26.

(3) Cf. O. Navarre, *Essai sur la rhétorique grecque avant Aristote*, Paris, Hachette, 1900, p. 276. Toute la partie relative à la preuve (p. 253-277) est, du reste, à consulter.

LIVRE V

<Avant-propos>

1. Il y a eu aussi des auteurs — et ils étaient à vrai dire brillants —, pour qui le seul devoir de l'orateur était d'informer ; et, de fait, d'après eux, il y avait deux raisons d'exclure même l'appel aux passions, tout d'abord, parce que troubler l'âme est une faute, ensuite, parce qu'il ne faut pas détourner le juge de la vérité en faisant jouer la pitié, l'influence, l'indignation ou des moyens analogues[1] ; ensuite, parce qu'ils pensaient que chercher à plaire à l'auditoire, alors qu'il s'agit uniquement de gagner la partie, n'est pas seulement superflu pour un avocat, mais même à peine digne d'un homme ; **2.** cependant, la majorité d'entre eux, sans vouloir sans doute écarter de l'art oratoire ces parties-là, croyait pourtant que la tâche propre et principale de l'orateur est de confirmer ses positions et de réfuter ce qu'avance l'adversaire.

3. Quoi qu'il en soit de ces deux attitudes (ici, en effet, je ne veux pas interposer mon avis), l'un et l'autre parti jugeront particulièrement nécessaire ce livre consacré tout entier à ces seules questions, auxquelles est subordonné tout ce qui a déjà été dit des causes judiciaires. **4.** En effet, l'exorde et la narration

(1) Cf. *Notes complémentaires.*

LIBER QVINTVS

<PROHOEMIVM>

1. Fuerunt et clari quidem auctores quibus solum uideretur oratoris officium docere ; namque et adfectus duplici ratione excludendos putabant, primum, quia uitium esset omnis animi perturbatio ; deinde, quia iudicem a ueritate depelli misericordia, gratia, ira similibusque non oporteret ; et uoluptatem audientium petere, cum uincendi tantum gratia diceretur, non modo agenti superuacuum, sed uix etiam uiro dignum arbitrabantur ; **2.** plures uero, qui nec ab illis sine dubio partibus rationem orandi summouerent, hoc tamen proprium atque praecipuum crederent opus, sua confirmare et quae ex aduerso proponerentur refutare.

3. Vtrumcumque est (neque enim hoc loco meam interpono sententiam), hic erit liber illorum opinione maxime necessarius, quo toto haec sola tractantur, quibus sane et ea quae de iudicialibus causis iam dicta sunt seruiunt. **4.** Nam neque

1. quidem *ABg* : -dam *BnbH* || primum *B* : *om.* *AH* || depelli *B* : pelli *AbH* || gratia ira *Winterbottom* : gratia *AH* uel gratia *b* uel ira *B* || oporteret *BH* : -tere *A* || et *B* : nec *AbH* || petere *AbH* : ptē *B* || agenti *A* : -ndi *BH* || sed — dignum *om.* *AH*
2. ex *Harl. 2662* : *om.* *ABH*
3. quo *B* : qu* *A* quia *aH*

n'ont pas d'autre utilité que de préparer le juge à la partie dont nous parlons ici, et, d'autre part, connaître les états de cause et examiner les problèmes que nous avons traités ci-dessus serait superflu, si nous n'arrivions pas à cette partie-ci. **5.** Enfin, des cinq parties[1] qui constituent, selon nous, la matière d'un discours judiciaire, telle peut être parfois inutile à la cause, mais il n'y a pas de procès où l'on n'ait pas besoin de preuve. Pour en exposer les principes, la meilleure division sera de présenter tout d'abord les considérations communes à toutes les questions, puis de voir successivement celles qui sont afférentes à chaque genre de cause en particulier[2].

I

[Preuves techniques et extra-techniques.]

1. Tout d'abord, la division connue transmise par Aristote[3] a gagné l'assentiment à peu près général ; il y a des preuves que l'orateur tire d'éléments extérieurs à la rhétorique, d'autres qu'il déduit personnellement de la cause et qu'en quelque sorte il engendre ; aussi a-t-on appelé les premières ἄτεχνοι, c'est-à-dire indépendantes de la rhétorique, <d'autres ἔντεχνοι, c'est-à-dire fournies par elle>). **2.** Au premier groupe appartiennent les précédents judiciaires, les rumeurs, les tortures, les pièces, le serment, les témoins, toutes choses qui constituent la partie majeure des controverses du barreau[4]. Mais si, par elles-mêmes, elles sont en dehors

(1) Cf. III, 9, 1 ; IV, *pr.* 6 ; IV, 3, 15.
(2) Cf. *Notes complémentaires.*
(3) Cf. *Notes complémentaires.*
(4) Cf. *Notes complémentaires.*

prohoemii neque narrationis est alius usus quam ut huic iudicem praeparent, et status nosse atque ea de quibus supra scripsimus intueri superuacuum foret, nisi ad hanc perueniremus. **5.** Denique ex quinque quas iudicialis materiae fecimus partibus quaecumque alia potest aliquando necessaria causae non esse, lis nulla est cui probatione opus non sit. Eius praecepta sic optime diuisuri uidemur ut prius quae in commune ad omnis quaestiones pertinent ostendamus, deinde, quae in quoque causae genere propria sunt exequamur.

I

[De probationibus artificialibus et inartificialibus]

1. Ac prima quidem illa partitio ab Aristotele tradita consensum fere omnium meruit, alias esse probationes, quas extra dicendi rationem acciperet orator, alias, quas ex causa traheret ipse et quodam modo gigneret ; ideoque illas ἀτέχνους, id est inartificiales, <has ἐντέχνους, id est artificiales,> uocauerunt. **2.** Ex illo priore genere sunt praeiudicia, rumores, tormenta, tabulae, ius iurandum, testes, in quibus pars maxima contentionum forensium consistit. Sed ut ipsa per se carent arte,

4. prohoemii *Ba* : -mia *H* || est *B* : esset *abH* || huic *A* : *om. BH* || praeparent et *BH* : praeparentis *A* || cui *B* : quae *AH* || uidemur *B* : uideamur *AH* || quae *AbH* : *om. B* || sunt *R* : sine *ABH*

I. *Titulus* : inartificialibus *A* in indice : -calibus *BH*

I. TEST. : 2-4, Victor, *R.L.M.*, 403, 29 - 404, 5.

1. probationes *A* : proposit- *BH* || acciperet *BH* : -perit *A* || has — artificiales *add. Regius*

2. ipsa *Ab* : ipse *BH* || per se *AbH* : *om. B*

du domaine de l'art, il faut généralement, pour les soutenir ou les réfuter, recourir aux moyens les plus puissants de l'éloquence. Aussi, à mon avis, doit-on blâmer vivement ceux qui ont éliminé toute cette classe de preuves de leur enseignement. **3.** Ce n'est pas que j'aie l'intention d'embrasser ici tout ce que l'on peut dire pour ou contre ces vues. Ce ne sont pas en effet des lieux communs que je me propose de présenter, ce qui serait une tâche illimitée, mais une voie et une méthode[1]. Cela exposé, chacun doit appliquer ses forces à les suivre et même à trouver des vues analogues, selon la nature des procès. En effet, il est impossible de traiter de toutes les causes, du moins des causes déjà plaidées, sans parler des causes qui peuvent se présenter dans le futur.

II

[Des précédents.]

1. Les précédents judiciaires peuvent se classer en trois groupes : les cas, où il y a eu un jour chose jugée dans des causes semblables (on dit plus exactement : « exemples »), tels que des testaments paternels récisés ou validés même malgré l'opposition des fils ; les jugements qui se rapportent à la cause même ; c'est de là que vient même leur nom, tels les prétendus jugements rendus contre Oppianicus et ceux du sénat contre Milon, ou les jugements rendus sur la

(1) Cf. *Notes complémentaires.*

ita summis eloquentiae uiribus et adleuanda sunt plerumque et refellenda. Quare mihi uidentur magnopere damnandi, qui totum hoc genus a praeceptis remouerunt. **3.** Nec tamen in animo est omnia, quae pro his aut contra dici solent, complecti. Non enim communes locos tradere destinamus, quod esset operis infiniti, sed ui*a*m quandam atque rationem. Quibus demonstratis, non modo in exequendo suas quisque uires debet adhibere, sed etiam inueniendo similia, ut quaeque condicio litium poscet. Neque enim de omnibus causis dicere quisquam potest saltem praeteritis, ut taceam de futuris.

II

[De praeiudiciis]

1. *I*am praeiudiciorum uis omnis tribus in generibus uersatur : rebus, quae aliquando ex paribus causis sunt iudicatae (quae exempla rectius dicuntur), ut de rescissis patrum testamentis uel contra filios confirmatis ; iudiciis ad ipsam causam pertinentibus, unde etiam nomen ductum est, qualia in Oppianicum facta dicuntur et a senatu aduersus Milonem ; aut cum de eadem

eloquentiae *BH* : -tis *A* || et *ante* adleuanda B : *om. AH* || a *BH* : ac *A*

3. uiam *ed. Asc. 1516* : uim *ABH* || debet *BH* : debeat *A* || inueniendo *BH* : -di *A* || condicio *aBH* : -dictio *A*

II, 1. TEST. : 1-5. Victor, *R.L.M.*, 404, 7-29.

1. iam *Campanus* : tam *H* tamen *AB* || uis *B* : deis *A* de his *a H* || omnis *B* : -nibus *AH* || unde etiam *aBH* : unetiam *A* || aut *Ab* : au *B*

même affaire, comme à propos de la déportation d'accusés, et de la reprise d'une procédure d'affranchissement et du partage d'une cause centumvirale entre deux chambres[1].

2. Ces précédents reçoivent surtout un double appui de l'autorité de ceux qui ont prononcé la décision, et de la similitude avec le cas en question ; on peut rarement d'autre part les réfuter en prenant à partie les premiers juges, à moins qu'ils aient commis une faute manifeste ; car chacun de ceux qui connaissent d'une affaire veut que la sentence de l'autre soit maintenue, étant donné qu'il est appelé à prononcer lui aussi, et qu'il ne crée pas volontiers un précédent, qui pourrait se retourner contre lui-même. **3.** Donc, dans les deux premiers groupes indiqués plus haut, si les circonstances le permettent, il vaut mieux invoquer, comme recours, quelque différence entre les causes, aucune n'étant d'ailleurs absolument semblable à une autre. Si la chose est impossible ou qu'il s'agisse de la même cause, on accusera la négligence dans la procédure ou la faiblesse des parties contre qui le jugement a été rendu, ou l'on se plaindra des influences qui ont corrompu les témoins, ou de la malveillance ou de l'ignorance, ou l'on découvrira des circonstances survenues postérieurement au procès[2]. **4.** Si l'on ne peut recourir à aucun de ces moyens, il est permis au moins d'indiquer qu'en de nombreux cas judiciaires il y a des décisions injustes et qu'ainsi Rutilius a été condamné, Clodius et Catilina acquittés ; on doit également demander aux juges d'examiner l'affaire elle-même au lieu de subordonner leur arrêt à celui d'un autre juge[3]. **5.** Contre

(1) Cf. *Notes complémentaires.*
(2) Cf. *Notes complémentaires.*
(3) Cf. *Notes complémentaires.*

causa pronuntiatum est, ut in reis deportatis et adsertione secunda et partibus centumuiralium, quae in duas hastas diuisae sunt.

2. Confirmantur praecipue duobus, auctoritate eorum qui pronuntiauerunt, et similitudine rerum de quibus quaeritur ; refelluntur autem raro per contumeliam iudicum, nisi forte manifesta in iis culpa erit ; uult enim cognoscentium quisque firmam esse alterius sententiam, et ipse pronuntiaturus, nec libenter exemplum, quod in se fortasse reccidat, facit. **3.** Confugiendum ergo est in duobus superioribus, si res feret, ad aliquam dissimilitudinem causae, uix autem ulla est per omnia alteri similis. Si id non continget aut eadem causa erit, actionum incusanda neglegentia aut de infirmitate personarum querendum contra quas erit iudicatum, aut de gratia, quae testes corruperit, aut de inuidia aut de ignorantia, aut inueniundum quod causae postea accesserit. **4.** Quorum si nihil erit, licet tamen dicere multos iudiciorum casus ad inique pronuntiandum ualere, ideoque damnatum Rutilium, absolutos Clodium atque Catilinam ; rogandi etiam iudices, ut rem potius intueantur ipsam quam iuri iurando alieno suum donent. **5.** Aduersus consulta autem senatus

1. deportatis *Ab* : -tatum *B* || hastas *a* : astas *AB* astis *H*

2. auctoritate *AH* : -tem *B* || iis *AB* : his *H* || uult *BH* : uolunt *A* || quisque *bH* : quisquam *AB* || quod *AbH* : quid *B*

3. ergo *AbH* : *om.* *B* || ulla *ABnH* : illa *Bg* || incusanda *AbH* : in secunda *B* || de infirmitate *AbH Victor* : unde firm- *B* || querendum *BH* : quaer- *A Victor* || inueniendum *AB* : -niundum *H* uidendum *Victor* || quod *ABH* : quid *Victor*

4. casus *A Victor* : causas *BH* || inique *B Victor* : -iquum *A* -icum *H* || iurando *ABn* : -di *BgH*

les sénatus-consultes, et les ordonnances des princes ou des magistrats, il n'y a aucun remède, sinon de trouver quelque différence, si petite soit-elle, entre les causes, ou une décision postérieure, qui soit contraire à la précédente, qui émane ou des mêmes juges, ou de juges détenant les mêmes pouvoirs ; s'il n'y en a pas, il sera inutile de contester.

III

[Des on-dit et des bruits publics.]

1. Les on-dit et les bruits publics sont appelés par les uns opinion commune de la cité et, en quelque sorte, témoignage public, par les autres, propos répandus sans garant assuré, qui doivent leur naissance à la malignité, leur développement à la crédulité, mal auquel l'homme le plus innocent peut être exposé par la méchanceté de ses adversaires, s'ils répandent des mensonges. Pour chaque partie, les exemples ne manqueront pas.

IV

[De la question]

1. Il en est de même pour la question[1], qui est un lieu commun très fréquent, puisque selon les uns,

(1) On trouve encore le mot *quaestio* (*Rhét. à Hér.*, II, 9 ; Cicéron, *De inu.*, II, 46) correspondant à gr. βάσανος. Anaximène, *Rhét.*, 1432 a 12 et Aristote, *Rhét.*, 1376 b 31 insistent sur le caractère de contrainte que représente ce mode de preuve, d'où sa valeur discutable : *Ex quaestione suspiciosior ueritas*, disait Cicéron, *loc. cit.*, idée développée dans le *Pro Sulla*, 78 : *Quaestiones nobis seruorum accusator et tormenta minitatur. In quibus quamquam nihil periculi suspicamur, tamen illa tormenta gubernat dolor, moderatur natura cuiusque cum animi, tum corporis ; regit*

et decreta principum uel magistratuum remedium nullum est, nisi aut inuenta quantulacumque causae differentia aut aliqua uel eorundem uel eiusdem potestatis hominum posterior constitutio, quae sit priori contraria ; quae si deerunt, lis non erit.

III

[De fama atque rumore]

1. Famam atque rumores pars altera consensum ciuitatis et uelut publicum testimonium uocat, altera sermonem sine ullo certo auctore dispersum, cui malignitas initium dederit, incrementum credulitas, quod nulli non etiam innocentissimo possit accidere fraude inimicorum falsa uulgantium. Exempla utrimque non deerunt.

IV

[De tormentis]

1. Sicut in tormentis quoque, qui est locus frequentissimus, cum pars altera quaestionem

5. quantulacumque *P* : -lumcumque *ABH Victor* || uel eorumdem *BH Victor* : eorumdem *A* || uel eiusdem *A Victor* : *om.* *BH* || posterior *B Victor* : -riorum *AH* || quae sit *aBH* : qua si *A* || priori *AB* : -ra *H* || contraria *AB* : constitutio *H*

III. *Titulus* : de fama atque rumore *A* : de rumore *BH*

III. TEST. : 3-5, Victor, *R.L.M.*, 404, 30 - 405, 15.

1. famam *BH Victor* : -ma *A* || innocentissimo *B Victor* : continent- *A* incontinent- *H* || uulgantium *p Victor* : uulgarium *ABH*

IV, 1. in *BH Victor* : *om.* *A*

c'est le moyen nécessaire pour faire dire la vérité, selon les autres, c'est souvent même un prétexte à mentir, parce que, chez certains, l'endurance rend le mensonge facile, chez les autres, la faiblesse le rend nécessaire. Pourquoi m'étendre sur ces considérations? Les discours des anciens et des modernes en sont pleins. **2.** Il y en a néanmoins à cet égard qui sont propres à chaque procès. Car s'il s'agit de donner la question, il importera beaucoup de savoir quel est celui qui la demande et à qui ou celui qui l'offre et contre qui et pour quelles raisons ; si elle a déjà été donnée, il faut examiner quel juge y a présidé, qui a été mis à la question et de quelle façon, si le témoin torturé a dit des choses plausibles, si elles sont cohérentes, s'il a persisté dans sa première déclaration ou s'il l'a modifiée en quelque manière sous l'effet de la souffrance, au commencement ou au cours de la torture. Ces considérations, de part et d'autre, varient à l'infini comme les cas eux-mêmes.

V

[Des pièces.]

1. Il y a souvent aussi à contester les pièces[1], puisque nous savons qu'on les récuse couramment et même qu'on les met en cause. Comme, en cette matière,

quaesitor, flectit libido, corrumpit spes, infirmat metus, ut in tot rerum angustiis nihil ueritati loci relinquatur. Cf. également *Pro Rosc. Amer.*, ch. XLI-XLII, *Pro Mil.*, ch. XXI-XXII, etc., et *Part. orat.*, 117.

(1) Cf. Aristote, *Rhét.*, 1376 b 7 sq., qui parle (1376 a 33) de συνθῆκαι, comme Cicéron, *De inu.*, II, 68, de *pacta*. Sur leur valeur, on trouve, selon les cas, des avis opposés : contre, cf. *Pro Arch.*, 8, à propos des registres d'Héraclée ; pour, *In Verr.*, II, 186 sq. à propos des registres de la société des publicains tenus par Carpinatius.

uera fatendi necessitatem uocet, altera saepe etiam causam falsa dicendi, quod aliis patientia facile mendacium faciat, aliis infirmitas necessarium. Quid attinet de his plura ? Plenae sunt orationes ueterum ac nouorum. **2.** Quaedam tamen in hac parte erunt propria cuiusque litis. Nam siue de habenda quaestione agetur, plurimum intererit quis et quem postulet aut offerat et in quem et ex qua causa ; siue iam erit habita, quis ei praefuerit, quis et quo modo sit tortus, an credibilia dixerit, an inter se constantia, perseuerauerit in eo quod coeperat an aliquid dolore mutarit, prima parte quaestionis an procedente cruciatu. Quae utrimque tam infinita sunt quam ipsa rerum uarietas.

V

[De tabulis]

1. Contra tabulas quoque saepe dicendum est, cum eas non solum refelli, sed etiam accusari sciamus usitatum esse. Cum sit autem in his aut

1. uera *a Bg Victor* : -ram *ABH* || saepe etiam causam *B* : quaestionem uel falsa *AH* || faciat *B Victor* : facti *AH* || infirmitas *B Victor* : -matis *AH* || plenae *B* : quod plene *A* quando (quid *a*) plenae *aH*

2. propria *AB* : -prias *H* || offerat *BH Victor* : auferat *A* || et ex *abH Victor* : ex *AB* || praefuerit *ABn* : prof- *BgH* || an credibilia *AB Victor* : incred- *bH* || se *B* : sese *AbH* || constantia *ABH* : -sonantia an *Victor* || coeperat *AB* : ceperat *Bg* ceperit *bH* || dolore *BH Victor* : de coepto *A*

V. *Titulus* : de tabulis *AH* : de *om. B*

1. dicendum *AbH Victor* : dictum saepe dicendum *B* || cum *B* : quod cum *AH* || usitatum esse *A* : esse usitatum *BH*

il peut y avoir fraude criminelle ou ignorance de la part des signataires, le plus sûr et le plus facile sont de s'en tenir à ce que nous avons dit en second lieu, parce qu'ainsi l'on réduit le nombre des gens mis en cause. **2.** Mais, dans cette éventualité même, on tire les arguments de la cause, s'il se trouve que les faits contenus dans les pièces soient invraisemblables, ou, comme il arrive plus souvent, qu'ils soient réduits à néant par d'autres preuves également extra-techniques, par exemple, si l'on montre que le sieur à l'encontre de qui va la pièce ou que l'un des signataires était absent ou déjà décédé, ou que les dates ne concordent pas, ou que les événements antérieurs ou postérieurs contredisent les dites pièces. Souvent même un simple coup d'œil décèle le faux.

VI

[Du serment.]

1. Quant au serment, les plaideurs peuvent offrir le leur ou refuser d'accepter celui qui est offert ou l'exiger de l'adversaire ou refuser de le prêter, quand on l'exige d'eux[1]. Offrir le sien inconditionnellement, sans que l'adversaire soit admis à le prêter, est presque malhonnête. **2.** Cependant, celui qui agira ainsi, devra être cautionné par une existence, qui rende incroyable un parjure de sa part, ou par la valeur religieuse elle-

(1) Cf. *Notes complémentaires.*

scelus signatorum aut ignorantia, tutius ac facilius id, quod secundo loco diximus, tractatur, quod pauciores rei fiunt. **2.** Sed hoc ipsum argumenta ex causa trahit, si forte aut incredibile est id actum esse quod tabulae continent, aut, ut frequentius euenit, aliis probationibus aeque inartificialibus soluitur, si aut is, in quem signatum est, aut aliquis signator dicitur afuisse uel prius esse defunctus, si tempora non congruunt, si uel antecedentia uel insequentia tabulis repugnant. Inspectio etiam ipsa saepe falsum deprendit.

VI

[De iure iurando]

1. Ius iurandum litigatores aut offerunt suum aut non recipiunt oblatum aut ab aduersario exigunt aut recusant, cum ab ipsis exigatur. Offerre suum sine illa condicione, ut uel aduersarius iuret, fere improbum est. **2.** Qui tamen id faciet, aut uita se tuebitur, ut eum non sit credibile peieraturum, aut ipsa ui religionis, in qua plus

1. signatorum *B Victor* : -ator *AH* || ac *B* : aut *AbH* || fiunt *ABH* : fiant *Victor*

2. ut *B* : *om.* *AbH* || euenit *BH* : deu- *A* || is in *N Victor* : his in *B* in is (his *aH*) *Ab* || quem *B* : quod *AbH* quo *Victor* || signator *ABH* : -torum *Victor* || afuisse *B Victor* : adf- *H* fuisse *A* || repugnant *aBH* : -nat *A* || saepe falsum *AB* : saepe etiam falsum *H* falsum saepe *Victor*

VI. De iure iurando *A* : de *om.* *BH*

2. TEST. : 2-6 Victor, *R.L.M.*, 405, 16 - 406, 3.

2. tuebitur *AbH* : tubitur *B* || peieraturum *B* : -rare *AH* || in qua *BH Victor* : aut in *A*

même du serment et l'on inspire d'autant plus de confiance qu'on paraît, non pas empressé à s'y plier, mais ne pas même oser s'y refuser ou, dans certains cas, par l'intérêt de la cause, pour laquelle on ne se serait pas dévoué aux dieux infernaux ; ou alors en dehors des autres instruments de la cause, on ajoutera que c'est aussi de surcroît la preuve d'une conscience pure.

3. Celui qui refusera la convention dira que bien des gens aussi font fi de la peur du parjure, puisqu'il s'est même trouvé des philosophes pour soutenir que les dieux n'ont cure des choses humaines ; que, d'ailleurs, celui qui est prêt à jurer sans qu'on lui défère le serment veut prononcer personnellement sur sa propre cause et montrer combien ce qu'il offre lui semble léger et facile[1]. **4.** Au contraire, celui qui défère le serment donne l'impression d'agir avec modestie, puisqu'il fait de son adversaire le juge de sa propre cause, et qu'il libère d'un fardeau le juge qui connaît de son affaire, et qui aime mieux assurément se reposer sur le serment d'autrui que sur le sien. **5.** C'est pour cette raison qu'il est plus difficile de refuser le serment, à moins qu'il ne s'agisse d'un fait dont il est croyable qu'on ne l'ait pas connu. Si cette excuse n'existe pas, la seule voie qui restera, sera de soutenir que notre adversaire tient à nous rendre odieux à son égard, et à dire que, dans une cause où il ne peut l'emporter, il cherche une occasion de se plaindre. Aussi, un homme

(1) Cf. *Notes complémentaires.*

fidei consequitur, si id egerit ut non cupide ad hoc descendere, sed ne hoc quidem recusare uideatur, aut, si causa patietur, modo litis, propter quam deuoturus se ipse non fuerit ; aut praeter alia causae instrumenta adiciet ex abundanti hanc quoque conscientiae suae fiduciam.

3. Qui non recipiet condicionem et a multis contemni iuris iurandi metum dicet, cum etiam philosophi quidam sint reperti qui deos agere curam rerum humanarum negarent ; eum uero qui nullo deferente iurare sit paratus et ipsum uelle de causa sua pronuntiare et quam id quod offert leue ac facile credat ostendere. **4.** At is qui defert agere modeste uidetur, cum litis aduersarium iudicem faciat, et eum cuius cognitio est onere liberat, qui profecto alieno iure iurando stari quam suo mauult. **5.** Quo difficilior recusatio est, nisi forte res est ea, quam credibile sit notam ipsi non esse. Quae excusatio si deerit, hoc unum relinquetur, ut inuidiam sibi quaeri ab aduersario dicat, atque id agi, ut in causa in qua uincere non possit, queri possit. Itaque hominem quidem

2. fidei *AbH Victor* : *om. B* || consequitur *ABH* : -quetur *Victor* || aut *Ab* : aut si *BH Victor* || causae *t Victor* : causa *ABH* -am *a* || instrumenta *Victor* : -tum *ABH* || adiciet *Victor* : -cit *ABH*

3. recipiet *BH Victor* : -pit *A* -piet et iniquam *add. aH* || agere *A Victor* : ac *BH* || curam *Victor* : *om. ABH add. ab post* humanarum || negarent *aB Victor* : negant *AH* || eum uero qui *BH Victor* : qui uero *a in ras.* || deferente *a* : differ- *AbH* offer- *B Victor* || et ipsum *B* : et se ipsum *b* se ipsum *AH om. Victor*

4. agere *B Victor* : alioqui agere *AbH* || cum *BH Victor* : qui *a om. A* || eum *AH* : ei *B* || liberat *ABH* : -ret *Victor* || stari *B Victor* : -re *AbH*

5. hoc *B Victor* : *om. AH* || ut in *B Victor* : id agit in *H ea* in *a in ras.* || quaeri *BH Victor* : *om. A* || hominem *BH Victor* : haec in eam *A*

malhonnête aurait-il été prêt à profiter de cette occasion ; mais nous, nous aimons mieux prouver la vérité de ce que nous affirmons que laisser qui que ce soit soupçonner que nous nous parjurons. **6.** Mais, quand j'étais jeune, les avocats vieillis dans la carrière nous recommandaient habituellement de ne jamais déférer le serment, comme aussi de ne pas laisser à notre adversaire le choix du juge, ni de choisir le juge parmi les conseils de la partie adverse. En effet, si, pour un conseil[1], il peut paraître honteux de tenir des propos préjudiciables à son client, il est, certes, plus honteux de faire quelque chose qui lui soit nuisible.

VII

[Des témoins.]

1. Ce qui fait le plus suer sang et eau aux avocats, ce sont les témoignages : ils sont produits ou par écrit ou par comparution de témoins[2]. Contre les témoignages écrits, le combat est plus simple ; car, il semble qu'un homme ait moins de scrupule à faire une fausse déclaration en présence d'un petit nombre de signataires, et l'absence de témoins donne prise à la défiance. Si la personne elle-même est à l'abri de tout reproche, on peut jeter le discrédit sur les cosignataires. **2.** En outre, il y a toujours un certain préjugé tacite contre tous ces documents, puisque personne ne fournit un témoignage écrit, sinon de son propre gré, et le faire, c'est avouer que l'on n'est pas l'ami de celui contre

(1) Terme fréquent chez Quintilien, désignant parfois des plaideurs moyens ou inférieurs (comme *causidicus*) par opposition à l'orateur véritable. Mais le rhéteur latin donne aussi au mot le sens de « conseil », c'est-à-dire, de personne qui assiste de ses avis le demandeur ou le défendeur et qui le soutient dans son action.

(2) Cf. Aristote, *Rhét.*, 1375 b 25 ; Cicéron, *De inu.*, II, 50 ; *Part. orat.*, 49 sq., *Top.*, 72 sq.

malum occupaturum hanc condicionem fuisse ; se autem probare malle quae adfirmet quam dubium cuiquam relinquere an peierarit. **6.** Sed nobis adulescentibus seniores in agendo facti praecipere solebant ne umquam ius iurandum deferremus, sicut neque optio iudicis aduersario esset permittenda nec ex aduocatis partis aduersae iudex eligendus. Nam si dicere contraria turpe aduocato uideretur, certe turpius habendum facere quod noceat.

VII

[De testibus]

1. Maximus tamen patronis circa testimonia sudor est : ea dicuntur aut per tabulas aut a praesentibus. Simplicior contra tabulas pugna ; nam et minus obstitisse uidetur pudor inter paucos signatores et pro diffidentia premitur absentia. Si reprehensionem non capit ipsa persona, infamare signatores licet. **2.** Tacita praeterea quaedam cogitatio refragatur his omnibus, quod nemo per tabulas dat testimonium nisi sua uoluntate, quo ipso non esse amicum ei se contra quem dicit

5. malum occupaturum *B Victor* : malli mutat- *AH* || se *BH Victor* : *om. A* || probare malle *B Victor* : probatio rem aliae *aH* || adfirmet *BH Victor* : -mat *A* || cuiquam *Victor* : cuique *ABH* || an *B Victor* : an se *AH*

6. ne umquam *Harl. 2662* : neque umquam *ABH* num quam tenere *Victor* || deferremus *B* : deferre illius *AbH* deferre oportere *Victor* || esset *J* : esse *ABH* || partis B : *om. AH*

VII. TEST. : 1-8, Victor, *R.L.M.*, 406, 4-26.

1. a *B* : om. *AH* || obstitisse *ABn* : obtitisse *BgH* obticisse *b* || diffidentia *B Victor* : -ferentia *AH*

2. cogitatio *AH* : significatione *B* || se *om. A*

qui l'on dépose. Cependant, un avocat n'accordera pas d'emblée qu'un ami ne puisse donner un témoignage exact pour un ami, et un ennemi contre un ennemi, si leur bonne foi est entière. Mais le sujet admet de larges développements dans les deux sens.

3. Mais quand les témoins sont présents, la lutte est dure ; aussi y a-t-il à livrer combat, soit pour les attaquer, soit pour les soutenir, et cela, en quelque sorte sur deux fronts, dans le discours suivi et dans l'interrogatoire[1]. Dans le discours suivi, on commence par parler, en général, pour les témoins et contre les témoins. **4.** C'est ici un lieu commun, car les uns soutiennent qu'il n'y a pas de preuve plus solide que celle qui s'appuie sur ce que savent les gens ; les autres, pour retirer tout crédit aux témoignages, énumèrent tout ce qui engendre ordinairement les faux témoignages. **5.** La procédure adoptée ensuite par les avocats consiste à porter l'attaque sur des points particuliers, mais qui intéressent en bloc un groupe d'hommes. Nous savons, par exemple, qu'ils ont discrédité globalement les témoignages de nations entières et des catégories entières de témoignages[2] ; ainsi, dans le cas de témoignages auriculaires (ceux qui produisent ces témoignages ne sont pas des témoins directs, mais ils rapportent des propos de gens qui n'ont pas prêté serment), tandis que, dans les affaires de concussion, ceux qui affirment sous serment avoir compté de l'argent au prévenu doivent être considérés comme parties au procès, non comme témoins[3]. **6.** Parfois, c'est contre un seul témoin qu'est dirigé le discours ; ce genre d'attaque se rencontre dans nombre de plaidoiries et étroitement mêlé à la défense, et l'attaque

(1) C'est l'opposition des deux phases de l'instance : l'*actio*, où l'*oratio* est *perpetua*, l'*interrogatio* qui met en cause les témoins et qui est un échange de paroles ou *altercatio*, dont il sera question au livre VI, 4.

(2) Cf. *Notes complémentaires*.

(3) Cf. Cicéron, *Pro Flacco*, ch. XXXVI-XXXVII, à propos de l'accusation portée par Falcidius contre Flaccus, mais il témoignait par lettre et sans avoir prêté serment.

fatetur. Neque tamen protinus cesserit orator quo minus et amicus pro amico et inimicus contra inimicum possit uerum, si integra sit ei fides, dicere. Sed late locus uterque tractatur.

3. Cum praesentibus uero ingens dimicatio est ; ideoque uelut duplici contra eos proque iis acie confligitur actionum et interrogationum. In actionibus primum generaliter pro testibus atque in testis dici solet. **4.** Est hic communis locus, cum pars altera nullam firmiorem probationem esse contendit quam quae sit hominum scientia nixa, altera ad detrahendam illis fidem, omnia, per quae fieri soleant falsa testimonia, enumerat. **5.** Sequens ratio est, cum specialiter quidem, sed tamen multos pariter inuadere patroni solent. Nam et gentium simul uniuersarum eleuata testimonia ab oratoribus scimus et tota genera testimoniorum, ut de auditionibus (non enim ipsos esse testes, sed iniuratorum adferre uoces), ut in causis repetundarum, qui se reo numerasse pecunias iurant, litigatorum, non testium habendos loco. **6.** Interim aduersus singulos derigitur actio ; quod insectationis genus et permixtum defensioni legimus in

3. ingens *AH* : -geniis *B* || dimicatio *AH* : -cati *B* || proque iis acie *B* : pro qui ei *A* pro quia ei *abH*
4. sit *A Victor* : scit *BH*
5. inuadere *B Victor* : -deri *AH* || eleuata *B* : releuant *AbH* || testimonia *B* : -arum *AbH* || loco *B* : -cos *AbH*
6. derigitur *A* : dir- *BH Victor* || insectationis *ABH* : infest- *b*

est portée dans une intervention séparée, comme celle contre le témoin Vatinius[1].

Examinons donc ce problème dans son ensemble, puisque nous avons entrepris une formation complète.

7. Autrement, il suffisait des deux livres composés sur ce sujet par Domitius Afer[2] : Domitius était vieux, quand je l'ai fréquenté étant tout jeune homme, si bien que je n'ai pas seulement lu ses préceptes, mais que j'en ai connu la plupart de sa bouche même. Il a eu tout à fait raison de dire que, dans cette perspective, le premier devoir de l'orateur est d'avoir une connaissance intime de la cause, ce qui, sans aucun doute, est un précepte de portée générale. **8.** Comment on y arrive, je le dirai, lorsque nous en serons au développement consacré à cette question[3]. Cette connaissance fournira une matière à l'interrogatoire et mettra, pour ainsi dire, des armes à la portée de la main ; elle enseignera aussi à quoi l'esprit du juge doit être préparé par notre intervention. Car c'est à travers toute la suite de la plaidoirie qu'il faut donner ou retirer tout crédit aux témoins, puisque chaque juge n'est influencé par des paroles que dans la mesure où il est préparé à les croire ou ne pas les croire.

9. Et, puisqu'il y a deux catégories de témoins, les uns volontaires, les autres cités d'office en vertu de la loi dans les procès criminels, les premiers pouvant être cités par les deux parties, les seconds par les seuls accusateurs et seulement par concession, distinguons l'office de celui qui produit les témoins et de celui qui les combat[4].

(1) Cf. l'*In Vatinium* dans notre édition de ce texte, Paris, Belles Lettres, 1965.

(2) Cf. t. I de la présente édition, p. XIV sq. Domitius Afer est mort en 59 après J.-C.

(3) En XII, 8.

(4) Cf. *Notes complémentaires*.

orationibus plurimis et separatim editum, sicut in Vatinium testem.

Totum igitur excutiamus locum, quando uniuersam institutionem adgressi sumus.

7. Sufficiebant alioqui libri duo a Domitio Afro in hanc rem compositi : quem adulescentulus senem colui, ut non lecta mihi tantum ea, sed pleraque ex ipso sint cognita. Is uerissime praecepit primum esse in hac parte officium oratoris, ut totam causam familiariter norit : quod sine dubio ad omnia pertinet. **8.** <Id> quomodo contingat explicabimus, cum ad destinatum huic parti locum uenerimus. Ea res suggeret materiam interrogationi et ueluti tela ad manum subministrabit ; eadem docebit ad quae iudicis animus actione sit praeparandus. Debet enim uel fieri uel detrahi testibus fides oratione perpetua, quia sic quisque dictis mouetur ut est ad credendum uel non credendum ante formatus.

9. Et quoniam duo genera sunt testium, aut uoluntariorum, aut eorum, quibus <in> iudiciis publicis lege denuntiari solet, quorum altero pars utraque utitur, alterum accusatoribus tantum concessum est, separemus officium dantis testes et refellentis.

6. uatinium *BH* : -ticinium *A* || adgressi *BH* : egr- *A*

7. colui ut *B* : uidi *a in ras. H* || hac parte *AB* : hanc partem *bH*

8. id *add. Regius* || suggeret *ABnH* : -rit *Bg* || ueluti *B* : uelut *AH* || ad quae *AB Victor* : atque *BH* || perpetua] *Hic incipit in A manus alia eiusdem aetatis*

9. in *add. ed. Ald.* || lege *ABn* : legem *bH* legende *Bg* || denuntiari *B* : -tiatur *A* nuntiari *BgH* || solet *B* : et *A om. H* || altero *B* : -rum *A* -ra *H*

10. Celui qui produit un témoin volontaire peut savoir ce qu'il dira, et, par suite, à ce qu'il semble, il a une tâche plus facile en l'interrogeant. Mais dans ce rôle aussi il faut pénétration et vigilance, et il y a lieu de veiller à ce que le témoin ne soit ni timoré, ni inconsistant, ni imprudent[1] ; **11.** car les témoins sont troublés et ils sont poussés par les avocats de la partie adverse dans des pièges, et, tombés dans le panneau, ils nuisent plus qu'ils n'auraient été utiles, s'ils avaient gardé leur assurance et leur sang-froid. L'avocat doit donc, au préalable, les tourner et retourner en privé et les sonder par des questions variées, comme peut en poser l'adversaire. De cette façon, ils tiennent bon, ou s'ils trébuchent, une question opportune posée à son tour par celui qui les a cités, les remet pour ainsi dire sur leurs pieds. **12.** Pour ceux aussi qui ne se seront pas encore contredits, il faut éviter les pièges ; car il arrive souvent qu'ils sont subornés par l'adversaire, et qu'après avoir promis de nous seconder en tous points, ils adoptent dans leurs réponses une attitude opposée, et qu'ils n'ont pas l'autorité de gens qui accusent, mais qui avouent. **13.** Il faut donc découvrir les motifs qu'ils ont de léser la partie adverse ; et il ne suffit pas qu'ils aient été ses adversaires ; on doit voir aussi s'ils ont cessé de l'être, ou s'ils ne veulent pas, pour cette raison, se réconcilier avec elle, s'ils n'ont pas été achetés, si le repentir n'a pas réformé leur attitude antérieure. S'il est nécessaire de prendre aussi ces précautions avec des témoins qui savent que ce qu'ils se proposent de dire est vrai, c'est encore plus nécessaire avec ceux qui promettent des déclarations qui sont fausses. **14.** Car leur repentir est plus

(1) *Timidus, inconstans, imprudens* et *titubare* sont apparemment des termes usuels du parler des avocats ; cf. Cicéron, *Pro Flacco*, 22 : *Si uerbo titubauerint, quo reuertantur non habebunt.*

10. Qui uoluntarium producit scire quid is dicturus sit potest, ideoque faciliorem uidetur in rogando habere rationem. Sed haec quoque pars acumen ac uigilantiam poscit, prouidendumque ne timidus, ne inconstans, ne inprudens testis sit ; **11.** turbantur enim et a patronis diuersae partis inducuntur in laqueos et plus deprensi nocent quam firmi et interriti profuissent. Multum igitur domi ante uersandi, uariis percontationibus, quales haberi ab aduersario possunt, explorandi sunt. Sic fit ut aut constent sibi aut, si quid titubauerint, oportuna rursus eius, a quo producti sunt, interrogatione uelut in gradum reponantur. **12.** In iis quoque adhuc, qui constiterint sibi, uitandae insidiae ; nam frequenter subici ab aduersario solent, et, omnia profutura polliciti diuersa respondent, et auctoritatem habent non arguentium illa, sed confitentium. **13.** Explorandum igitur quas causas laedendi aduersarium adferant ; nec id sat est inimicos fuisse, sed an desierint, an per hoc ipsum reconciliari uelint, ne corrupti sint, ne paenitentia propositum mutauerint. Quod cum in iis quoque, qui ea, quae dicturi uidentur, *esse* uera sciunt, necessarium est praecauere, tum multo magis in iis, qui se dicturos, quae falsa sunt, pollicentur. **14.** Nam et frequentior eorum

10. producit *Bg* : cum (eum *a*) producit *ABnbH* || dicturus *aBH* : duc- *A*

11. laqueos et *D'Orville 13* : -queo sed et *B* latus et *Ab* latus sed et *H* || domi ante *AB* : dominante *bH* || percontationibus *BH* : percunct- *A* || ab *B* : *om.* *AH* || possunt *A* : -sint *BH*

12. iis *b* : is *ABgH* his *Bn* || constiterint *AB* : -terunt *bH* || respondent et *B* : -dente *AH* || illa *B* : -as *AH*

13. laedendi *B* : laedi *AH* || sint *AbH* : sunt *B* || mutauerint *BH* : mutua- *A* || esse *Meister* : re *ABH* || tum *P* : *om.* *ABH*

fréquent, et leur promesse est plus suspecte, et s'ils tiennent parole, il est plus facile de les réfuter.

15. Parmi les témoins cités, les uns veulent léser le prévenu, les autres non, et leurs intentions sont tantôt connues, tantôt inconnues de l'accusateur. Admettons pour l'instant qu'elles lui soient connues ; dans l'un et l'autre cas, l'interrogatoire exige toutefois une très grande habileté. **16.** Car si l'avocat produit un témoin désireux de léser, il doit précisément prendre garde à ne pas laisser paraître ce désir et ne pas interroger immédiatement le témoin sur ce qui vient en jugement, mais y parvenir par quelque détour, de manière à donner l'impression qu'il a arraché au témoin ce qu'il avait le plus grand désir de dire ; il ne faut pas non plus trop le presser de questions, pour éviter qu'en répondant à toutes, il ne ruine son crédit ; mais il faut se borner à lui demander ce qu'il est suffisant de tirer d'un seul témoin. **17.** Au contraire, quand il s'agit d'un témoin qui va répugner à dire la vérité, l'essentiel du succès pour celui qui interroge consiste à lui arracher ce qu'il ne voulait pas dire. On n'atteindra ce résultat qu'en prenant d'assez loin l'interrogatoire. Si l'on procède ainsi, il fera des réponses qui ne lui paraîtront pas nuisibles au parti qu'il soutient ; on partira ensuite des divers points qu'il a admis, et on l'amènera à ne pouvoir nier ce qu'il ne veut pas dire. **18.** C'est ainsi que, si, dans une plaidoirie, nous rassemblons généralement des arguments dispersés, qui, en eux-mêmes, n'ont pas l'air de charger le prévenu, mais dont la réunion permet ensuite de le confondre, de même, un témoin de cette sorte doit être interrogé longuement sur ce qui a précédé les faits, longuement sur ce qui les a suivis, le lieu, le temps, la personne, etc., afin qu'il en vienne incidemment

paenitentia est et promissum suspectius et, si perseuerarint, reprensio facilior.

15. Eorum uero, quibus denuntiatur, pars testium est quae reum laedere uelit, pars quae nolit, idque interim scit accusator, interim nescit. Fingamus in praesentia scire ; in utroque tamen genere summis artibus interrogantis opus est. **16.** Nam si habet testem cupidum laedendi, cauere debet hoc ipsum, ne cupiditas eius appareat, nec statim de eo, quod in iudicium uenit, rogare, sed aliquo circumitu ad id peruenire, ut illi, quod maxime dicere uoluit, uideatur expressum ; nec nimium instare interrogationi, ne omnia respondendo testis fidem suam minuat, sed in tantum euocare eum, quantum sumere ex uno satis sit. **17.** At in eo, qui uerum inuitus dicturus est, prima felicitas interrogantis extorquere quod is noluerit. Hoc non alio modo fieri potest quam longius interrogatione repetita. Respondebit enim quae nocere causae non arbitrabitur ; ex pluribus deinde, quae confessus erit, eo perducetur ut quod dicere non uult negare non possit. **18.** Nam ut in oratione sparsa plerumque colligimus argumenta, quae per se nihil reum adgrauare uideantur, congregatione deinde eorum factum conuincimus, ita huius modi testis multa de ante actis, multa de insecutis, loco, tempore, persona, ceteris est

14. perseuerarint *bH* : -rarit *A* -rarunt *B*
16. habet *BH* : habent *A* || sed *BH* : se *A* || aliquo *B* : ab eo *AbH* || circumitu *B* : circumitu quodam *Ab* circuitu *H*
17. at *A in ras.* : an *B* ad *bH* || non alio *B* : rato *A* ratio *H*
18. sparsa *A* : prosa *B* far prosa *H* || conuincimus *B* : -iungimus *AbH*

à donner une réponse qui le force à reconnaître ce que nous désirons ou qui le mette en contradiction avec ce qu'il a déjà dit.

19. Si nous échouons, il restera évident qu'il ne veut pas parler, et il faudra l'entraîner, pour le surprendre, sur quelque point, même sans rapport avec la cause, et on le retiendra même assez longtemps, afin que, parlant en faveur du prévenu, sur tous les points et même sur plus de points qu'il n'est nécessaire, il devienne suspect au juge ; car, ainsi, il ne nuira pas moins à l'accusé que s'il avait dit la vérité contre lui.

20. Si, au contraire, pour passer à notre deuxième hypothèse, l'avocat ne connaît pas les intentions du témoin, il essaiera peu à peu, et, selon l'expression consacrée[1], pas à pas, de sonder ses dispositions, et il le conduira, par degrés, à la réponse qu'il y aura à lui arracher. **21.** Mais comme, parfois, il y a aussi des témoins qui ont l'art de répondre tout d'abord conformément à nos vœux et qui trouvent ensuite plus de crédit en disant le contraire, le devoir de l'avocat, en face d'un témoin suspect, est de le récuser, pendant que cela peut être avantageux.

22. Pour les avocats de la défense, il est à la fois plus aisé et plus difficile d'interroger. Plus difficile, parce qu'ils peuvent rarement savoir, avant l'audience, ce que dira un témoin, plus aisé, parce que, lorsqu'ils procèdent au contre-interrogatoire, ils savent ce qu'il a dit. **23.** Aussi, en raison de cette incertitude, il est nécessaire d'examiner avec soin quel est

(1) *Pedetemptim* entre en effet dans plusieurs locutions fixées par l'usage : *sensim et pedetemptim; pedetemptim et gradatim; paulatim et pedetemptim; timide et pedetemptim*, etc. Sur ces formations, cf. A. Funck, *Die lateinischen Adverbia auf -im, ihre Bildung und ihre Geschichte*, Arch. für lat. Lexikographie, VII, 1891, 485-506 et VIII, 1893, 77-114 ; K. Bergsland, *Les formations dites adverbiales en -tim, -atim et -im du latin républicain*, Symbolae Osloenses, XX, 1940, 51-85.

interrogandus, ut in aliquod responsum incidat, post quod illi uel fateri quae uolumus necesse sit, uel iis, quae iam dixerit, repugnare.

19. Id si non contingit, relicum erit ut eum nolle dicere manifestum sit, protrahendusque ut in aliquo, quod uel extra causam sit, deprehendatur, tenendus etiam diutius, ut omnia ac plura, quam res desiderat, pro reo dicendo suspectus iudici fiat ; quo non minus nocebit, quam si uera in reum dixisset.

20. At si, quod secundo loco diximus, nesciet actor quid propositi testis attulerit, paulatim, et, ut dicitur, pedetemptim interrogando experietur animum eius, et ad id responsum, quod eliciendum erit, per gradus ducet. **21.** Sed quia nonnumquam sunt hae quoque testium artes, ut primo ad uoluntatem respondeant, quo maiore fide diuersa postea dicant, est actoris suspectum testem, dum prodest, dimittere.

22. Patronorum in parte expeditior, in parte difficilior interrogatio est. Difficilior hoc, quod raro umquam possunt ante iudicium scire quid testis dicturus sit, expeditior quod, cum interrogandus est, sciunt quid dixerit. **23.** Itaque, quod in eo incertum est, cura et inquisitione opus est, quis

18. illi *Ab* : *om. B*

19. contingit *B* : -tigit *AH* || quod uel *A* : aliquod uel *H om. B* || causam sit *A* : causas *B* causas sit *bH*

20. actor quid *BH* : auctor qui (que *a*) *A* || et ad id *A* : eius ad id *BH* || eliciendum *B* : -gendum *AbH*

21. hae *(ex* heę *A)* : haec *bH* eae *a* hea *B* || actoris *Regius* : oratoris *ABH*

22. patronorum *AbH* : -onum *B* || interrogatio est *om. AbH*

l'homme qui charge le prévenu, quelles sont la nature et les causes de son hostilité, afin d'en parler par avance dans la plaidoirie et de les démolir, que l'on veuille représenter les témoins comme inspirés par la haine, ou par l'envie, ou par la complaisance ou par l'argent. Et si le nombre des témoins fait défaut à la partie adverse, il faudra critiquer leur petit nombre ; s'il surabonde, leur collusion ; s'ils sont obscurs, leur médiocrité ; s'ils sont puissants, leur influence. **24.** Cependant, il sera plus utile d'exposer les raisons pour lesquelles les témoins lèsent l'accusé : ces raisons varient même selon la condition de chaque procès ou de chaque partie. Aux arguments ci-dessus en effet, on répond ordinairement de même manière par des lieux communs, car, si les témoins sont peu nombreux et obscurs, le demandeur peut se glorifier de sa droiture, qui l'a conduit à ne faire appel qu'au témoignage de ceux qui peuvent savoir, alors qu'il est un peu plus facile de faire valoir des témoins nombreux et distingués. **25.** Mais, parfois, on a la chance de mettre en relief des témoins isolés ou de les démolir, qu'on ait lu leur déposition au cours du procès, ou qu'ils aient été cités en personne, ce qui était plus facile et plus fréquent au temps où le témoin n'était pas interrogé après la fin des plaidoiries[1]. Quant à ce que l'on doit dire contre chacun des témoins, c'est leur personnalité seule qui peut le fournir.

26. Restent à considérer les parties qui concernent l'interrogatoire. Là, le point essentiel est de connaître son témoin. Car il peut, timide, avoir peur ; stupide, être berné ; irritable, excité ; ambitieux, gonflé ; prolixe,

(1) Cf. *Notes complémentaires.*

reum premat, quas et quibus ex causis inimicitias habeat, eaque in oratione praedicenda atque amolienda sunt, siue odio conflatos testes siue inuidia siue gratia siue pecunia uideri uolumus. Et si deficietur numero pars diuersa, paucitatem, si abundabit, conspirationem, si humiles producet, uilitatem, si potentes, gratiam oportebit incessere. **24.** Plus tamen proderit causas, propter quas reum laedant, exponere ; quae sunt uariae et pro condicione cuiusque litis aut litigatoris. Nam contra illa, quae supra diximus, simili ratione responderi locis communibus solet, quia ut in paucis atque humilibus accusator simplicitate gloriari potest, quod neminem praeter eos qui possint scire, quaesierit, et multos atque honestos commendare aliquanto est facilius. **25.** Verum interim et singulos ut exornare, ita destruere contingit aut recitatis in actione <testimoniis> aut testibus nominatis, quod *i*is temporibus quibus testis non post finitas actiones rogabatur et facilius et frequentius fuit. Quid autem in quemque testium dicendum sit, sumi nisi ex ipsorum personis non potest.

26. Reliquae interrogandi sunt partes. Qua in re primum est nosse testem. Nam timidus terreri, stultus decipi, iracundus concitari, ambitiosus

23. quas *B* : qua *AH* || ex *AbH* : sed *A in ras. om. B* || et *BH* : *om. A* || deficietur *BH* : -ficiet *Ab*

24. ut in *ABH* : et in *E Regius* || possint *t* : -sunt *ABH* || aliquanto *ed. Ald.* : -ndo *ABH* || est *B* : sit *AbH*

25. uerum *B* : -ro *A om. H* || ut *BH* : aut *a* ...ta *A* || contingit *BH* : -tigit *A* || testimoniis *coni. Halm post* actione : testationibus *Spalding* || iis : is *ABH* : his *a* || post *BH* : potest *A* || *pr.* et *P* : ut *B om. AbH*

26. interrogandi *B* : -nde *Ab* -ndae *aH*

entraîné loin ; mais, sage et équilibré, il doit être aussitôt récusé comme étant hostile et obstiné ; l'avocat doit aussi le réfuter, non par un interrogatoire, mais par une brève interpellation, ou alors, si l'occasion s'en présente, le refroidir[1] par un bon mot, ou, si l'on trouve quelque chose à dire sur son passé, le démolir par des accusations infamantes. **27.** Il n'a jamais servi d'attaquer avec âpreté des gens honnêtes et réservés, car, souvent, tels qui s'étaient insurgés contre un interrogatoire agressif sont calmés par la modération.

Tout interrogatoire roule sur la cause elle-même ou sur les circonstances extérieures à la cause. Dans le premier cas, le défenseur aussi, comme nous l'avons recommandé pour l'accusateur, doit remonter assez haut dans ses questions répétées jusqu'à un point qui n'ait rien de suspect ; en comparant les premières réponses aux suivantes, il peut souvent parvenir à arracher aux témoins, malgré eux, des informations utiles. **28.** Sur ce sujet, on ne reçoit, il est vrai, dans les écoles, aucun enseignement, ni aucun entraînement, et c'est plutôt par une pénétration naturelle de l'esprit ou par la pratique que l'on acquiert cette habileté. Si, pourtant, l'on veut que je donne un exemple à imiter, le seul est celui qui peut être emprunté aux dialogues des socratiques et particulièrement de Platon, où les questions sont si habiles que, même si l'on répond à la plupart d'entre elles de façon pertinente, le dialogue n'en arrive pas moins à la conclusion que l'on désire atteindre. **29.** La chance veut parfois qu'un témoin fasse des réponses qui s'accordent trop peu entre elles,

(1) L'exemple classique est celui que rapporte Velleius Paterculus, II, 83, 2. Mais il ne s'agissait pas d'un bon mot.

inflari, longus protrahi potest ; prudens uero et constans uel tamquam inimicus et peruicax dimittendus statim, uel non interrogatione, sed breui interlocutione patroni refutandus est, aut aliquo, si continget, urbane dicto refrigerandus, aut, si quid in eius uitam dici poterit, infamia criminum destruendus. **27.** Probos quosdam et uerecundos non aspere incessere profuit ; nam saepe qui aduersus insectantem pugnassent modestia mitigantur.

Omnis autem interrogatio aut *in* causa est aut extra causam. In causa, sicut accusatori praecepimus, patronus quoque altius et unde nihil suspecti sit repetita percontatione, priora sequentibus adplicando, saepe eo perducit homines, ut inuitis quod prosit extorqueat. **28.** Eius rei sine dubio neque disciplina ulla in scholis neque exercitatio traditur, et naturali magis acumine aut usu contingit haec uirtus. Si quod tamen exemplum ad imitationem demonstrandum sit, solum est quod ex dialogis Socraticorum maximeque Platonis duci potest ; in quibus adeo scitae sunt interrogationes, ut, cum plerisque bene respondeatur, res tamen ad id, quod uolunt efficere, perueniat. **29.** Illud fortuna interim praestat, ut aliquid, quod inter

26. longus *t* : -gum *abH om. B* || protrahi *AbH* : *om. B* || tamquam *B* : quasi iam *AbH* || peruicax *B* : si (*ex* su) peruicax et *AH* || uel *B* : et *AbH* || uitam A : -ta *BH*

27. pugnassent *B* : -nat *AbH* || mitigantur *B* : -gatur *AbH* || aut in *ed. Jenson* : aut ex *ABH* || suspecti *BH* : -ctio *A* || repetita *BH* : -titus *A* || percontatione : -contione *B* cunctatione *A* -cuntatione *bH*

28. plerisque *B* : plures quibus *AH* || res *BH* : tres *A* || id *B* : si *AH* || uolunt *B* : uelint *AH*

et parfois, ce qui est plus fréquent, qu'un témoin en contredise un autre. Mais un interrogatoire pénétrant, conduit avec méthode, atteindra aussi le but qu'on atteint d'ordinaire par accident[1].

30. En dehors de la cause, on pose aussi, habituellement, à un témoin de nombreuses questions qui peuvent être utiles, sur le passé des autres témoins, sur le leur propre, si l'on y trouve une tache, de la bassesse, des liens d'amitié avec l'accusateur, de l'hostilité à l'encontre de l'accusé ; ceux que l'on interroge disent forcément quelque chose dont on peut tirer profit, ou alors, ils sont convaincus de mensonge ou désir de nuire[2].
31. Mais, avant tout, l'interrogatoire doit être mené avec circonspection, car, souvent, un témoin fait aux avocats des réponses spirituelles, et la chose est accueillie avec une faveur particulière par le public ; il y faut aussi le plus possible user d'un vocabulaire usuel, afin que le témoin questionné (qui est assez souvent sans culture) puisse comprendre ou ne puisse dire qu'il ne comprend pas, ce qui n'est pas sans jeter un léger froid sur celui qui interroge.

32. Restent ces pratiques, qui sont tout à fait malhonnêtes et qui consistent à suborner un témoin et à le faire asseoir sur le banc de l'adversaire, afin que, lorsqu'on l'appellera, il nuise davantage, soit en parlant contre l'accusé, auprès duquel il est assis, soit en feignant de l'aider de son témoignage, et en faisant ensuite délibérément, sans réserve et sans mesure, tout ce qui peut détruire l'autorité de ses propres paroles, et

(1) Cf. *Notes complémentaires.*
(2) Cf. *Notes complémentaires.*

se parum consentiat, a teste dicatur, interim, quod saepius euenit, ut testis diuersa dicat. Acuta autem interrogatio ad hoc, quod casu fieri solet, etiam ratione perducet.

30. Extra causam quoque multa, quae prosint, rogari solent, de uita testium aliorum, de sua quisque, si turpitudo, si humilitas, si amicitia accusatoris, si inimicitiae cum reo, in quibus aut dicant aliquid, quod prosit, aut in mendacio uel cupiditate laedendi deprendantur. **31.** Sed in primis interrogatio cum debet esse circumspecta, quia multa contra patronos uenuste testes saepe respondent eique praecipue rei uulgo fauetur, tum uerbis quam maxime ex medio sumptis, ut, qui rogatur (is autem saepius est imperitus) intellegat, aut ne intellegere se neget, quod interrogantis non leue frigus est.

32. Illae uero pessimae artes, testem subornatum in subsellia aduersarii mittere, ut inde excitatus plus noceat uel dicendo contra reum, cum quo sederit, uel, cum adiuuisse testimonio uidebitur, faciendo ex industria multa inmodeste atque intemperanter, per quae non a se tantum dictis

29. quod *BH* : quo* *a* qo *A* || parum *BH* : pars *A* || a teste *B* : an testes *AH* || diuersa *ABH* : -si *a* || ad hoc *ABH* : adhuc *a* || casu *B* : ea *AH* || perducet *B* : -cat *AbH*

30. humilitas *BH* : militas *A* militia *a* || deprendantur *B* : praed- *A* perduc- *aH*

31. cum *A* : *om.* *BH* || contra *B* : circum *AH* || testes *AH* : -tis *B* || respondent *AH* : -det *B* || rei A : *om.* *aBH* || saepius est *AbH* : est saepius et *B* || ne *om.* *A* || intellegere se *aBH* : -lege si *A* || interrogantis *B* : -gatum *AH* || leue *BH* : leui *A*

32. aduersarii *AB* : aduersa *H* || mittere *AB* : remittere *H* || excitatus *BH* : et citatus *A* || uidebitur *BH* : -batur *A* || per *B* : *om.* *AH*

enlever aussi toute utilité aux dépositions favorables des autres[1] ; si j'ai fait mention de ces pratiques, c'est pour en détourner, non pour les conseiller.

Il y a souvent contradiction entre les témoignages écrits et les témoignages oraux. Il y a le pour et le contre : pour défendre les témoignages oraux, on invoque le serment ; pour les témoignages écrits, l'unanimité des signataires. **33.** Souvent, aussi, il y a conflit entre les témoins et les arguments ; d'un côté, on dit que chez les témoins il y a la connaissance du fait et la religion du serment, tandis que les arguments, c'est affaire d'ingéniosité ; d'autre part, sur le témoin agissent les influences, la crainte, l'argent, la colère, la haine, l'amitié, la brigue ; les arguments, eux, se tirent de la nature des choses ; en donnant son assentiment aux arguments, le juge a foi en lui-même ; en écoutant les premiers, il ajoute foi à d'autres. **34.** Ces problèmes, communs à plus d'une cause, ont été souvent et seront toujours débattus.

Parfois, il y a témoins de part et d'autre et il en résulte qu'il faut examiner, par rapport aux témoins mêmes, lesquels sont les plus respectables ; par rapport aux causes, lesquels ont fait la déposition la plus plausible ; par rapport aux parties, celle dont le crédit est prépondérant.

35. Si l'on veut faire intervenir, en outre, ce que l'on nomme les témoignages surnaturels, tirés des prédictions, des oracles, des présages, qu'on sache qu'il y a deux façons d'en parler ; l'une est générale, et c'est un point perpétuellement débattu entre les stoïciens et la secte d'Épicure, savoir si le monde est gouverné par une Providence[2] ; l'autre est spéciale et concerne les variétés de divination, selon celle qui est en question.

(1) D'après Turnèbe, les juges siégeaient *in tribunalibus*, les *patroni in subselliis*, les accusés avec leurs *patroni* et leurs *aduocati* occupaient les *subsellia* de droite, les accusateurs ceux de gauche. J'ignore la source de son information.

(2) Cf. *Notes complémentaires.*

detrahat fidem, sed ceteris quoque, qui profuerant, auferat utilitatem ; quorum mentionem habui, non ut fierent, sed ut uitarentur.

Saepe inter se collidi solent inde testatio, hinc testes. Locus utrimque : haec enim se pars iure iurando, illa consensu signantium tuetur. **33.** Saepe inter testes et argumenta quaesitum est. Inde scientiam in testibus et religionem, ingenia esse in argumentis dicitur ; hinc testem gratia, metu, pecunia, ira, odio, amicitia, ambitu fieri, argumenta ex natura duci ; in his iudicem sibi, in illis alii credere. **34.** Communia haec pluribus causis, multumque iactata sunt, semper tamen iactabuntur.

Aliquando utrimque sunt testes, et quaestio sequitur ex ipsis, utri meliores uiri, ex causis, utri magis credibilia dixerint, ex litigatoribus, utri gratia magis ualuerint.

35. His adicere si qui uolet ea, quae diuina testimonia uocant, ex responsis, oraculis, ominibus, duplicem sciat esse eorum tractatum : generalem alterum, in quo inter Stoicos et Epicuri sectam secutos pugna perpetua est, regaturne prouidentia mundus, specialem alterum *circa* partis diuinationum, ut quaeque in quaestionem cadet.

32. auferat *BH* : adf- *A* aff- *a* || utilitatem *B* : uilitatem *AH*
33. TEST. : 33-37, Victor, *R.L.M.*, 406, 26 - 407, 7.
33. scientiam in *B (partim confirmante Victore)* : scientia id *AH* || fieri *ABH* : deprauari *Victor* ferri *Campanus*
34. semper *BH* : et semper *A* || et *B* : sed *AH* || utri *AB* : utrum *H*
35. ominibus *a* : omni- *ABH* || circa *Spalding* : contra *ABH Victor* || diuinationum *D* : -onem *ABH* -onis *Victor* || cadet *a Victor* : -dit *BH* caedes *A*

36. Différents en effet sont les moyens d'établir ou de récuser l'autorité des oracles ou celle des haruspices, des augures, des devins, des astrologues, puisque les deux classes mêmes diffèrent entièrement de méthodes. Il y a aussi dans le même genre des instruments de preuve, où la parole joue un grand rôle pour confirmer ou réfuter, par exemple, les propos tenus en état d'ivresse, de sommeil, de folie, ou les indices recueillis de la bouche des petits enfants, qui, selon les uns, sont incapables de rien inventer, selon les autres, de rien discerner[1].

37. Le genre de questions suivant peut être employé avec succès, mais même quand on n'y recourt pas, il peut être requis : « Tu as donné de l'argent ; qui l'a compté ? où ? d'où venait-il ? » — « Tu m'accuses d'empoisonnement : où ai-je acheté le poison ? A qui ? Combien ? Par qui l'ai-je fait administrer ? Qui a été mon complice ? », circonstances presque toutes examinées par Cicéron, plaidant pour Cluentius accusé d'empoisonnement[2].

Voilà, aussi brièvement que possible, ce qui concerne les preuves extra-techniques.

VIII

[Des preuves techniques.]

1. Le second genre de preuves, qui ressortit tout entier à la technique et consiste dans l'emploi de moyens propres à convaincre, est généralement ou négligé dans son ensemble, ou traité fort légèrement par ceux qui évitent ces arguments comme hérissés d'épines et d'écueils pour des domaines plus agréables ;

(1) Cf. *Notes complémentaires.*

(2) L'allusion au *Pro Clu.*, se rapporte au § 167, mais les questions qui précèdent font penser au *Pro Caelio*, dont elles ne reproduisent pas cependant le texte ; le questionnaire reprend en fait les interdictions de la *lex Cornelia de sicariis et ueneficiis.*

36. Aliter enim oraculorum, aliter haruspicum, augurum, coniectorum, mathematicorum fides confirmari aut refelli potest, cum sit rerum ipsarum ratio diuersa. Circa eius modi quoque instrumenta firmanda uel destruenda multum habet operis oratio, si quae sunt uoces per uinum, somnum, dementiam emissae, uel excepta paruolorum indicia, quos pars altera nihil fingere, altera nihil iudicare dictura est.

37. Nec tantum praestar*i* hoc potenter, sed etiam, ubi non est, desiderari solet : « Pecuniam dedisti : quis numerauit ? ubi ? unde ? » « Venenum arguis : ubi emi ? a quo ? quanti ? per quem dedi ? quo conscio ? » quae fere omnia pro Cluentio Cicero in crimine ueneficii excutit.

Haec de inartificialibus quam breuissime potui.

VIII

[De probatione artificiali]

1. Pars altera probationum, quae est tota in arte constatque rebus ad faciendam fidem adpositis, plerumque aut omnino neglegitur aut leuissime attingitur ab iis, qui argumenta uelut horrida et confragosa uitantes amoenioribus locis desident,

36. rerum *AB* : reum *H* || ipsarum *AbH* : earum *B* || eius modi *B* : odi *A* odii *aH* || somnum *ABn* : -nium *BgH* || excepta *aBH* : -pecta *A* || indicia *b* : -dicta *ABgH* || quos *AbH* : quod *B* || fingere altera nihil *Ab* : altera nihil fingere *H om. B*
37. praestari *Campanus* : -tare *ABH* || de *a* : *om. ABH*
VIII. *Titulus* : artificiali *A in indice* : -ficali *ABH*
1. neglegitur *BH* : -getur *A* negligitur *a*

à l'exemple de ceux qui, d'après les récits des poètes, ont été ensorcelés chez les Lotophages par la saveur d'une certaine herbe, ou chez les Sirènes par leur chant, et qui ont préféré la volupté à leur salut, ils poursuivent une vaine apparence de gloire, et se laissent frustrer de la victoire même, qui est l'objectif de l'orateur[1].

2. Or, les autres formes d'éloquence, qui se développent davantage avec le cours continu de la plaidoirie, sont faites pour aider et orner les arguments ; elles revêtent ces nerfs, qui soutiennent ensemble la cause, d'une sorte d'enveloppe corporelle brillante ; par exemple, si l'on attribue telle action à la colère, ou à la crainte ou au désir, on peut s'étendre un peu longuement sur la nature de chacun de ces états d'âme. C'est en usant de cette méthode que nous louons, nous accusons, nous amplifions, nous atténuons, nous décrivons, nous détournons, nous plaignons, nous consolons, nous exhortons. **3.** Mais tout cela peut s'appliquer à des faits certains, ou dont nous parlons comme s'ils étaient certains. Et je ne saurais nier qu'il y ait avantage à plaire, mais surtout à émouvoir ; mais ces moyens mêmes agissent avec plus de force, quand le juge se croit informé, ce qui n'est possible qu'en recourant à l'argumentation et à tous les autres moyens de prouver les faits.

4. Avant de distinguer les diverses espèces de preuves, il faut faire remarquer qu'en chaque genre, il y a des éléments communs. En effet, il n'y a pas de question, qui ne concerne une chose ou une personne, et il ne peut y avoir une base pour les arguments qu'en liaison

(1) Cf. *Notes complémentaires.*

neque aliter quam ii, qui traduntur a poetis gustu cuiusdam apud Lotophagos graminis et Sirenum cantu deleniti uoluptatem saluti praetulisse, dum laudis falsam imaginem persecuntur, ipsa, propter quam dicitur, uictoria cedunt.

2. Atqui cetera, quae continuo magis orationis tractu decurrunt, in auxilium atque ornamentum argumentorum comparantur, neruisque illis, quibus causa continetur, adiciunt inducti super corporis speciem, ut, si forte quid factum ira uel metu uel cupiditate dicatur, latius quae cuiusque adfectus natura sit prosequamur. Isdem laudamus, incusamus, augemus, minuimus, describimus, deterremus, querimur, consolamur, hortamur. **3.** Sed horum esse opera in rebus aut certis, aut de quibus tamquam certis loquimur, potest. Nec abnuerim esse aliquid in delectatione, multum uero in commouendis adfectibus ; sed haec ipsa plus ualent, cum se didicisse iudex putat, quod consequi nisi argumentatione aliaque omni fide rerum non possumus.

4. Quorum priusquam partior species, indicandum est esse quaedam in omni probationum genere communia. Nam neque ulla quaestio est quae non sit aut in re aut in persona, neque esse argumentorum loci possunt, nisi in iis, quae rebus aut

1. ii qui *B* : qi *A* qui *abH* || et sirenum B : sed sirenarum A *om. H* || deleniti *AB* : delin- *bH*

2. quae *A* : qui *BH* || argumentorum *om. H* || inducti *A* : -tis *BH* || isdem *BH* : his- *A* || minuimus *BH* : innui- *A* || consolamur *BH* : -lamus *A*

3. didicisse *B* : dedisse *AH* || putat *AB* : -tatur *aH* || aliaque omni *B* : aliaqua ue *Ab* aliaque *H*

4. partior *N* : partiamur *AbH* patior *B* || est esse *A* : esse *BH* esse reor *b* || loci *E* : -co *ABH* || iis *B* : his *AH*

avec ce qui concerne les choses ou les personnes, **5.** et, à leur tour, ces arguments peuvent être considérés en eux-mêmes ou par référence à d'autres ; ensuite, il ne peut y avoir de preuve, qui ne se tire des conséquences ou des contraires[1], et nécessairement on la cherche dans le passé, dans le présent ou dans le futur ; de plus, aucune chose ne peut être prouvée que par référence à une autre, laquelle est plus grande, ou égale ou moins grande. **6.** Pour ce qui concerne les arguments, ils peuvent être fournis, soit par les questions, car elles peuvent être considérées en elles-mêmes, même à part des personnes ou des choses, soit par la cause elle-même, lorsqu'on y trouve un élément, qui ne s'explique pas par des considérations de portée générale, mais qui est particulier au procès dont le juge connaît. De plus, parmi les preuves, les unes sont nécessaires, les autres plausibles, les autres non contraires. **7.** Et encore, elles se réduisent à quatre formes de raisonnement, telle chose est, donc l'autre n'est pas, par exemple : « Il fait jour ; donc, il ne fait pas nuit » ; telle chose est, donc telle chose est : « Le soleil brille sur la terre ; donc il fait jour » ; telle chose n'est pas, donc telle chose est : « Il ne fait pas nuit ; donc il fait jour »[2] ; telle chose n'est pas, et telle autre n'est pas non plus : « Il n'est pas doué de raison ; et ce n'est pas un être humain. »

Ces remarques générales ayant été faites en introduction, je vais passer aux détails.

(1) Même distinction chez Aristote, *Analyt. prior.*, I, ch. XXVII : Δεῖ δὲ τὰς προτάσεις περὶ ἕκαστον οὕτως ἐκλαμβάνειν ὑποτιθέμενον... ὅσα ἕπεται τῷ πράγματι, καὶ πάλιν οἷς τὸ πρᾶγμα ἀκολουθεῖ, καὶ ὅσα μὴ ἐνδέχεται αὐτῷ ὑπάρχειν. Pour sa part, Cicéron parle de *consequentia* et de *consentanea*, auxquels s'opposent les *praecurrentia* et les *repugnantia* (*De orat.*, II, 166) ou d'*antecedentia*, de *consequentia* et de *repugnantia* (*Top.*, 19 et 53).

(2) Cf. *Notes complémentaires.*

personis accidunt, **5.** eaque aut per se inspici solent aut ad aliud referri, neque ulla confirmatio, nisi aut ex consequentibus aut ex pugnantibus, et haec necesse est aut ex praeterito tempore aut ex coniuncto aut ex *in*sequenti petere, nec ulla res probari nisi ex alia potest eaque sit oportet aut maior aut par aut minor. **6.** Argumenta uero reperiuntur aut in quaestionibus, quae etiam separatae a complexu rerum personarumque spectari per se possint, aut in ipsa causa, cum inuenitur aliquid in ea non ex communi ratione ductum, sed eius iudicii, de quo cognoscitur, proprium. Probationum praeterea omnium aliae sunt necessariae, aliae credibiles, aliae non repugnantes. **7.** Et adhuc omnium probationum quadruplex ratio est, ut uel quia est aliquid, aliud non sit, ut : « Dies est, nox non est », uel quia est aliquid, et aliud sit : « Sol est super terram, dies est », uel quia aliquid non est, aliud sit : « Non est nox, dies est », uel quia aliquid non est, nec aliud sit : « Non est rationalis, nec homo est ». His in uniuersum praedictis, partes subiciam.

5. ulla *BH* : illa *A* || confirmatio *B* : -mari *AH* || pugnantibus *B* : repug- *AbH* || insequenti *Halm* : consequentibus *ABH* || alia *B* : illa *AH*

6. reperiuntur *B* : -felluntur *A* -pelluntur *H* || in *B* : etiam in *AH* || etiam *B* : etiam sunt *AH* || personarumque *BH* : -narum quoque *A* || in ipsa *AB* : ipsa *H* || non ex *AbH* : *om.* *B* || credibiles alia *ABgH* : *om.* *Bn*

7. sit sol *aBH* : si sol *A* || super *BH* : supra *A* || aliquid *p* : aliud *ABH* || aliud *B* : aliquid *AbH* || homo est *BH* : homo *A*

IX

[Des indices.]

1. Toute preuve technique consiste donc dans les indices ou les arguments ou les exemples. Et je n'ignore pas que, généralement[1], on regarde les indices comme une partie des arguments. Si j'en ai fait un groupe séparé, c'est d'abord qu'ils appartiennent presque aux preuves extra-techniques (en effet, un vêtement ensanglanté, un cri, un teint livide[2], et d'autres éléments analogues sont des instruments de même nature que les documents écrits, les bruits publics, les témoins et ne sont pas inventés par l'orateur, mais lui sont fournis avec la cause même) ; **2.** c'est d'autre part que, si les indices ne soulèvent pas de doute, ils ne sont pas, là où ils sont, des preuves de raisonnement, puisqu'ils ne font pas question, et qu'il ne peut y avoir lieu à preuves de raisonnement que là où il y a des points controversés ; s'ils soulèvent un doute, ils ne sont pas des preuves de raisonnement, mais ils en ont besoin eux-mêmes[3].

3. On divise les indices en ces deux classes, car, ainsi que je viens de le dire, les uns impliquent une conclusion nécessaire, <les autres non> ; les premiers sont ceux qui ne peuvent être autrement et que les Grecs appellent tecmeria. Ce sont des alyta semia[4] ; aussi me paraissent-ils n'avoir presque aucun rapport avec les préceptes de l'art, car, là où un indice est irréfutable, il n'y a pas non plus de contestation. **4.** C'est ce qui arrive, lorsqu'il y a nécessité qu'une

(1) Cicéron, *Top.*, ch. IV et XII procède ainsi. Sur le *signum* (σημεῖον), cf. *Rhet. ad Alex.*, 1430 b 30 ; Aristote, *Rhét.*, 1357 b 1 ; *Rhét. à Hér.*, II, 6 ; Cicéron, *De inu.*, I, 48.

(2) Cf. *Notes complémentaires.*

(3) Cf. Cicéron, *De inu.*, I, 44 ; *Top.*, 8.

(4) Nous avons respecté la graphie des mss dits de base ; en fait, il faudrait écrire τεκμήρια et ἄλυτα σημεῖα, termes que

IX

[De signis]

1. Omnis igitur probatio artificialis constat aut signis aut argumentis aut exemplis. Nec ignoro plerisque uideri signa partem argumentorum. Quae mihi separandi ratio haec fuit prima, quod sunt paene ex illis inartificialibus (cruenta enim uestis et clamor et liuor et talia sunt instrumenta, qualia tabulae, rumores, testes, nec inueniuntur ab oratore, sed ad eum, cum ipsa causa deferuntur), **2.** altera, quod signa, siue indubitata sunt, non sunt argumenta, quia, ubi illa sunt, quaestio non est, argumento autem nisi in re controuersa locus esse non potest, siue dubia, non sunt argumenta, sed ipsa argumentis egent.

3. Diuiduntur autem in has primas duas species, quod eorum alia sunt, ut dixi, quae necessaria <sunt, alia quae non necessaria>. Priora illa sunt quae aliter habere se non possunt, quae Graeci tecmeria uocant. Quae sunt al*y*ta semia ; quae mihi uix pertinere ad praecepta artis uidentur ; nam ubi est signum insolubile, ibi ne lis quidem est. **4.** Id autem accidit cum quid aut

IX, 1. separandi *AB* : seper- *H* parandi *b*

2. altera *B* : alia *A* -iae *H* || siue dubia *B* : sine dubio *A* si indubitata *H*

3. sunt alia quae non necessaria *add. Regius* || sunt quae *B* : sunt quaeque *A om. H* || quae sunt *A* : *om. BH del. a* || alita semia *AB* : alia similia *H* similia semia *b* || insolubile *B* : inuol- *A* inuiol- *abH* || ne lis quidem *E* : ne is quidem *B* necessitas quaedam *AbH*

chose soit ou ait été faite, ou lorsqu'il est absolument impossible qu'elle soit ou qu'elle ait été faite ; quand cela se présente dans une cause, il ne peut y avoir contestation sur le fait. Ce genre de preuves peut être pris en considération à toutes les phases du temps : **5.** en effet, si une femme a mis un enfant au monde, elle a nécessairement eu des relations avec un homme[1] ; c'est du passé ; lorsqu'un vent violent s'est abattu sur la mer, il y a de la houle : c'est du présent ; quand un homme est blessé au cœur, il est inéluctable qu'il meure : cela se rapporte au futur. Et il est impossible qu'il y ait une moisson, là où il n'y a pas eu de semailles ; qu'on soit à Rome, si l'on est à Athènes, et qu'on ait été blessé avec une épée sans garder de cicatrice. **6.** Mais certains indices sont aussi réversibles : si un homme qui respire vit, un homme qui vit respire ; d'autres inversement ne sont pas réciproques : si, en effet, marcher, c'est se mouvoir, il ne s'ensuit pas que se mouvoir, ce soit marcher. **7.** C'est pourquoi une femme peut avoir eu des relations avec un homme et n'avoir pas eu d'enfant ; il peut y avoir des vagues sans qu'il y ait eu du vent, et on peut mourir sans avoir été nécessairement blessé au cœur. Et, semblablement, on peut avoir semé et n'avoir point de récolte, ne pas avoir été à Rome, sans avoir été à Athènes, et avoir une cicatrice, sans avoir été blessé par une arme.

8. Il y a d'autres indices, qui ne s'imposent pas et que les Grecs appellent εἰκότα[2]. Même si, à eux seuls,

l'on trouve chez Aristote, *Rhét.*, 1357 a 28 et *Analyt. pr.*, I, 8 et 13-14. Le τεκμήριον est un signe, le σημεῖον une probabilité. La distinction en trois périodes ou phases de l'*argumentum* remonte à la rhétorique pré-aristotélicienne ((*Rhét. à Alex.*, 1430 b 30 sq.), comme l'a démontré H. Caplan, éd. de la *Rhét. à Hér.*, Loeb Class. Library, p. 70 sq. ; cette distinction en *praeteritum, instans, consequens* du τεκμήριον se rencontre aussi dans le système hermagoréen : πρὸ τοῦ πράγματος, ἅμα τῷ πράγματι, μετὰ τὸ πρᾶγμα ; cf. D. Matthes, *Hermagoras von Temnos*, Lustrum, 1958/1959, p. 142.

(1) Cf. *Notes complémentaires.*

(2) Cf. *Notes complémentaires.*

necesse est fieri factumue esse, aut omnino non potest fieri uel esse factum ; quo in causis posito non est lis [nisi] facti. Hoc genus per omnia tempora perpendi solet : **5.** nam et coisse eam cum uiro, quae peperit, quod est praeteriti, et fluctus esse, cum magna uis uenti in mare incubuit, quod coniuncti, et eum mori, cuius cor est uulneratum, quod futuri, necesse est. Nec fieri potest ut ibi messis sit ubi satum non est, ut quis Romae sit, cum est Athenis, ut sit ferro uulneratus, qui sine cicatrice est. **6.** Sed quaedam et retrorsum idem ualent, ut uiuere hominem qui spirat, et spirare qui uiuit ; quaedam in contrarium non recurrunt ; nec enim, quia mouetur qui ingreditur, etiam ingreditur qui mouetur. **7.** Quare potest et coisse cum uiro, quae non peperit, et non esse uentus in mari, cum est fluctus, neque utique cor eius uulneratum esse, qui perit. Ac similiter satum fuisse potest, ubi non fuit messis, nec fuisse Romae, qui non fuit Athenis, nec fuisse ferro uulneratus, qui habet cicatricem.

8. Alia sunt signa non necessaria, quae εἰκότα Graeci uocant ; quae etiam si ad tollendam dubita-

4. quo *B* : quod *AbH* || posito *B* : -itum *AbH* || lis *Ps-Turnèbe* : dis *B* aliis *AbH* || facti *Ps-Turnèbe* : nisi facti *ABH* || perpendi *BH* : reprendi *A*

5. incubuit *AB* : concubuit *H* || ibi *b* : ubi *ABH* || sit ferro *BH* : si ferro *A* || qui *BH* : quis *A* || sine *aBH* : ne *A*

6. sed *BH* : et *A* || retrorsum *BH* : retro sunt *Ab* || ualent *BH* : -let *Ab* || etiam *B* : idcirco *abH* || ingreditur qui mouetur *A* : qui mouetur ingreditur *abH*

7. est *aH* : esset *AB* || cor eius *B* : eum *aH* ***eius *A* || non *om.* *B* || fuit athenis *BH* : fuisset *Ab*

8. εἰκότα *ed. Asc. 1531* : ЄΙΚΟΙa *ABH*

ils ne suffisent pas à lever les doutes, ils ont néanmoins beaucoup de force, quand ils sont soutenus par les autres. **9.** Comme je l'ai dit, ce qui correspond au grec σημεῖον, c'est *signum* (quoique l'on trouve aussi *indicium* (indice) et parfois *uestigium* (trace), ce qui permet d'inférer que quelque chose a eu lieu : du sang, par exemple, fait penser à un meurtre. Mais, du sang sur un vêtement peut provenir des éclaboussures d'une victime expiatoire ou d'un saignement de nez ; donc, un homme qui porte un vêtement ensanglanté n'a pas forcément commis un homicide. **10.** Mais si le signe ne suffit pas, il fournit en revanche un témoignage, quand il s'ajoute aux autres éléments, par exemple, si l'on est un ennemi personnel du mort, si on lui a fait antérieurement des menaces, si l'on s'est trouvé au même endroit que lui ; à ces circonstances, lorsque s'ajoute l'indice en question, ce qui était soupçon devient certitude. **11.** D'ailleurs, il y a des indices, qui peuvent être invoqués également par les deux parties, par exemple, les taches livides, l'enflure ; ils peuvent en effet être tenus pour des symptômes, soit d'empoisonnement, soit d'indigestion ; et une blessure à la poitrine peut être présentée comme un indice de suicide tout comme un indice d'assassinat[1]. De tels indices sont solides et ils reçoivent un soutien de l'extérieur.

12. Parmi les éléments qui constituent sans doute des indices, mais des indices qui ne s'imposent pas nécessairement, Hermagoras range le type suivant : « Atalante n'est pas vierge, parce qu'elle court les bois avec des jeunes gens »[2]. Si nous admettions ce point de vue, je crains que nous ne regardions comme indices tout ce qu'on infère d'un fait. Et, d'ailleurs, l'orateur les traite de la même manière. **13.** Et lorsque les juges de l'Aréopage condamnèrent un enfant qui

(1) Cf. *Notes complémentaires.*
(2) Pour les notes des §§ 12 à 15, cf. *Notes complémentaires.*

tionem sola non sufficiunt, tamen adiuta ceteris plurimum ualent. **9.** Signum uocatur, ut dixi, σημεῖον (quamquam id quidam indicium, quidam uestigium nominauerunt), per quod alia res intellegitur, ut per sanguinem caedes. At sanguis uel ex hostia respersisse uestem potest uel e naribus profluxisse ; non utique, qui uestem cruentam habuerit, homicidium fecerit. **10.** Sed ut per se non sufficit, ita ceteris adiunctum testimonii loco ducitur, si inimicus, si minatus ante, si eodem in loco fuit ; quibus signum cum accessit, efficit ut quae suspecta erant certa uideantur. **11.** Alioqui sunt quaedam signa utrique parti communia, ut liuores, tumores ; nam uideri possunt et ueneficii et cruditatis ; et uulnus in pectore sua manu et aliena perisse dicentibus in aequo est. Haec proinde firma habentur atque extrinsecus adiuuantur.

12. Eorum autem, quae signa sunt quidem, sed non necessaria, genus Hermagoras putat non esse uirginem Atalanten, quia cum iuuenibus per siluas uagetur. Quod si receperimus, uereor ne omnia quae ex facto ducuntur, signa faciamus. Eadem tamen ratione qua signa tractantur. **13.** Nec mihi uidentur Ariopagitae, cum damnauerint puerum

8. non *BH* : *om. A transp. ante* sola *a*
9. indicium (iud- *bH*) quidam *AbH* : *om. B* || at *a* : ac *ABH* || non *B* : hanc *A* ac non *abH*
10. si *ante* inimicus *AbH* : *om. B* || in loco *A* : loco *BH*
11. alioqui *AB* : -quin *H* || in pectore *B* : ans pectore *A* an spectore *H* || aequo *A* : quo *BH*
12. sed non *B* : non sint *AbH* || quod *BH* : quo *A* || receperimus *BH* : recip- *A* || uereor *BH* : uero *A* || ex *BH* : et *A*
13. TEST. : ariopagitae — adoleuisset Cassiodorus, *R.L.M.*, 502, 1-3.
13. ariopagitae *A Cass.* : areop- *BH*

arrachait les yeux à des cailles, ils semblent n'avoir vu dans cet acte que l'indice d'une mentalité tout à fait pervertie, qui, avec l'âge, deviendrait funeste pour beaucoup de gens[1]. C'est ainsi que la popularité de Sp. Maelius et de M. Manlius fut regardée comme un indice de leur aspiration à la royauté[1]. **14.** Mais je crains que cette voie ne nous mène trop loin, car, si, pour une femme, c'est un indice d'adultère que de se baigner avec des hommes, cela en sera un aussi que de banqueter avec des jeunes gens et même d'avoir des relations familières d'amitié avec quelqu'un[1] : peut-être pourra-t-on dire qu'un corps épilé, une démarche chaloupée, un costume efféminé sont les indices d'un caractère mou et peu viril, s'il est vrai (car l'indice est proprement ce qui, à l'occasion de ce dont il s'agit, vient naturellement à notre regard) que ce comportement découle d'une dépravation, comme le sang découle lui-même d'un meurtre.

15. Les phénomènes, qui ont été observés fréquemment, passent généralement pour des indices, par exemple, les pronostics du temps[1] :

« C'est le vent qui rougit Phoebé au disque d'or »

ou « Croassant à grands cris, la corneille néfaste
Appelle la pluie... »

Si ces phénomènes sont provoqués par l'état du ciel, on a raison de les appeler des indices. **16.** Car si c'est le vent qui rougit la lune, la rougeur est le signe du vent, et si, comme le suppose le même poète, la condensation et la raréfaction de l'air produisent ce « concert des oiseaux » dont il parle, nous penserons de même que ce sont des signes. Or, des faits même insignifiants sont souvent les indices de grandes choses : comme précisément cette corneille ; et l'on ne s'étonne pas que de grandes choses soient les indices de petites.

(1) Cf. *Notes complémentaires.*

coturnicum oculos eruentem, aliud iudicasse quam id signum esse perniciosissimae mentis multisque malo futurae, si adoleuisset. Vnde Spuri Maeli Marcique Manli popularitas signum adfectati regni est existimatum. **14.** Sed uereor ne longe nimium nos ducat haec uia. Nam si est signum adulterae lauari cum uiris, erit et conuiuere cum adulescentibus, deinde etiam familiariter alicuius amicitia uti : fortasse corpus uulsum, fractum incessum, uestem muliebrem dixerit mollis et parum uiri signa, si cui (cum signum id proprie sit, quod ex eo, de quo quaeritur, natum sub oculos uenit) ut sanguis e caede, ita illa ex inpudicitia fluere uideantur.

15. Ea quoque quae, quia plerumque obseruata sunt, uulgo signa creduntur, ut prognostica :

Vento rubet aurea Phoebe

et Cornix plena pluuiam uocat improba uoce,

Si causas ex qualitate caeli trahunt, sane ita appellentur. **16.** Nam si uento rubet luna, signum uenti est rubor ; et si, ut idem poeta colligit, densatus et laxatus aer facit, ut sit inde « ille auium concentus », idem sentiemus. Sunt autem signa etiam parua magnorum, ut uel haec ipsa cornix ; nam maiora minorum esse nemo miratur.

13. eruentem *B* : fruentem *AH* || aliud iudicasse *B* : adiudicasse *AH* || quam *BH* : qua *A* || regni *B* : -num *AH*

14. lauari *aBH* : lauri *A* || uti *B* : aut *AH* || muliebrem *aBH* : mulierem *A* || uti *BH* : aut *A* || et *B* : et aut *bH* aut *A* || natum *post* oculos *repetit A* || e caede ita *B* : caedita *A* caedis ita *a* caedis lita *bH* || fluere *aBH* : fluxere *A*

16. et si ut *BnA* : et sicut *BgH* || sit inde *BH* : inde sit *A* || ut uel *BH* : et uel *A*

X

Des arguments.

1. Passons maintenant aux arguments : c'est en effet sous ce nom que nous embrassons tout ce que les Grecs appellent *enthymemata*, *epichiremata*, *apodixis*, termes qui, en dépit de certaines différences de nomenclature, tendent chez eux à peu près vers le même sens[1].

En effet, le mot *enthymême* (en latin, nous disons, au vrai, *commentum* ou *commentatio*[2], parce que nous ne pouvons dire autrement, et il aurait mieux valu nous servir du mot grec) comporte trois acceptions, l'une désigne tout ce qui est conçu dans l'esprit (ce n'est pas de cela que nous parlons ici), **2.** l'autre, une proposition fondée en raison, la troisième, la conclusion d'un raisonnement tiré de conséquences nécessaires ou d'incompatibles. D'ailleurs, sur ce dernier point, il n'y a guère accord. Car des théoriciens appellent *épichérême* la première des deux conclusions, tandis que la majorité ne veut reconnaître dans l'enthymème que la conclusion tirée des incompatibles[3] ; aussi Cornificius l'appelle-t-il *contrarium*[4]. **3.** D'autres l'ont appelé *syllogisme rhétorique*, d'autres *syllogisme imparfait*[5], parce que ses parties ne sont pas aussi clairement distinctes, ni aussi nombreuses que celles du syllogisme régulier, précision qui, certes, n'est pas spécialement requise par l'orateur.

(1) Cf. la mise au point de J. Martin, *Antike Rhetorik, Technik und Methode*, München, Beck, 1974, 420 p. (p. 101 sq.).

(2) Cf. *Notes complémentaires.*

(3) Parmi la « majorité », il y a Cicéron, *Top.*, 55.

(4 et 5) Cf. *Notes complémentaires.*

X

[De argumentis]

1. Nunc de argumentis : hoc enim nomine complectimur omnia, quae Graeci enthymemata, epichiremata, apodixis uocant, quamquam apud illos est aliqua horum nominum differentia, etiam si uis eodem fere tendit.

Nam enthymema (quod nos commentum sane aut commentationem interpretemur, quia aliter non possumus, Graeco melius usuri) unum intellectum habet, quo omnia mente concepta significat (sed nunc non de eo loquimur), **2.** alterum, quo sententiam cum ratione, tertium, quo certam quandam argumenti conclusionem uel ex consequentibus uel ex repugnantibus. Quamquam de hoc parum conuenit. Sunt enim qui illud prius epichirema dicant, pluresque inuenias in ea opinione, ut id demum, quod pugna constat, enthymema accipi uelint ; et ideo illud Cornificius contrarium appellat. **3.** Hunc alii rhetoricum syllogismum, alii inperfectum syllogismum uocauerunt, quia nec distinctis nec totidem partibus concluderetur, quod sane non utique ab oratore desideratur.

X, 1. complectimur *ABnbH* : -tamur *Bg* || apodixis *Ab* : -dexis *Bg* -doxis *BnH* || commentationem *aBH* : -tatio *A* || quia *BH* : qui *A* || usuri *B* : uti *AbH*

2. quo *A* : quod *BH* || quo *A* : quod *BH* || prius *B* : quidem *AbH* || dicant *B* : adiciant *AH* addi- *b* || inuenias *AB* : -nies *H* || ut id *B* : ut *AH* || quod *Vat. 1766* quo *ABH* || ideo illud *B* : et idem illi ut *A* et idem illud ut *H*

3. nec *p ante* distinctis || distinctis *aBH* : inst- *A*

4. Valgius[1] traduit *epicherêma* par *adgressio* (attaque), mais, à mon avis, il serait plus exact de réserver le nom d'épichérème, non à notre façon de traiter un point, mais au point lui-même, auquel nous nous attaquons, c'est-à-dire, à l'argument par lequel nous allons prouver quelque chose, même s'il n'est pas encore exprimé par des mots, mais déjà conçu cependant par l'esprit. **5.** Pour d'autres, reçoit le nom d'enthymême une preuve, qui n'est pas projetée mentalement, ou ébauchée, mais achevée sous une forme définitive de preuve[1] ; par suite, conformément à son appellation propre et le plus généralement reçue, est désignée par ce nom une forme spéciale de compréhension conceptuelle, où la pensée est exprimée au moins en trois parties[2]. **6.** Certains ont appelé l'épichérème *ratio*, Cicéron *ratiocinatio*, qui vaut mieux, bien que, lui aussi, en employant ce mot, il semble avoir songé plutôt au syllogisme[3] ; car il appelle l'état syllogistique état ratiocinatif, et il se sert d'exemples empruntés aux philosophes. D'ailleurs, comme il y a quelque affinité entre le syllogisme et l'épichérème, on peut admettre qu'il n'a pas usé à tort de ce dernier terme.

7. Par ἀπόδειξις (démonstration), on entend une preuve évidente ; de là, chez les géomètres, l'emploi de l'expression γραμμικαὶ ἀποδείξεις (preuves linéaires). Selon Caecilius[4], cette preuve diffère de l'épichérème par la seule manière de conclure ; l'*apodixis* serait un épichérème imparfait par la même raison que nous

(1) Cf. *Notes complémentaires.*

(2) Cf. *Notes complémentaires.*

(3) *De inu.*, I, 51 : *Omnis argumentatio aut per inductionem tractanda est aut per ratiocinationem;* ibid., 57 : *ratiocinatio est oratio ex ipsa re probabile aliquid eliciens, quod expositum et per se cognitum sua se ui et ratione confirmet.* Voir également *Inst. orat.*, III, 6, 15.

(4) Caecilius de Calê-Actê en Sicile ; cf. *Inst. orat.*, III, 1, 16 et Brzoska, *R.E.*, III, 1899, 1174-1188. Quintilien le cite souvent à propos des figures.

4. Epichirema Valgius adgressionem uocat; uerius autem iudico non nostram administrationem, sed ipsam rem quam adgredimur, id est argumentum, quo aliquid probaturi sumus, etiam si nondum uerbis explanatum, iam tamen mente conceptum, epichirema dici. **5.** Aliis uidetur non destinata uel inchoata, sed perfecta probatio hoc nomen accipere ultima specie, ideoque propria eius appellatione et maxime in usu posita significatur certa quaedam sententiae comprensio, quae ex tribus minime partibus constat. **6.** Quidam epichirema rationem appellarunt, Cicero melius ratiocinationem, quamquam et ille nomen hoc duxisse magis a syllogismo uidetur : nam et statum syllogisticum ratiocinatiuum appellat exemplisque utitur philosophorum. Et quoniam est quaedam inter syllogismum et epichirema uicinitas, potest uideri hoc nomine recte abusus.

7. Ἀπόδειξις est euidens probatio, ideoque apud geometras γραμμικαὶ ἀποδείξεις dicuntur. Hanc et ab epichiremate Caecilius putat differre solo genere conclusionis et esse apodixin inperfectum

4. uerius *B* : celsus *AbH* || iudico *B* : -cat *AbH* || rem *AbH* : *om. B* || quo *AB* : quod *bH* || sumus *A* : simus *BH*

5. destinata *ABH* : -tam *a* || inchoata *ABH* : -tam *a* || perfecta *ABH* : -tam *a* || probatio *A* : -tionem *a* -tione *H* oratio *B* || ultima *B* : -mam *AbH* || specie *B* : -ciem *AbH* || appellatione *Halm* : -atio *ABH (unde post* posita *add.* qua *abH)* || usu *B* : usu est *AH* || comprensio *Halm* : -prehensio *A* -pressio *BH* || minime *AbH* : *om. B* || partibus *AB* : in partibus *bH*

6. ratiocinationem *Philander* : -cinatiuum *ABH* || duxisse *AB* : dix- *H* || statum *BH* : -tim *A* || ratiocinatiuum — syllogismum et *om. A* || exemplisque *A* : -que *om. BH* || uicinitas — hoc *om. A*

7. est *BH* : *om. A* || γραμμικαί *p* : ΓΡaMMaTIKaI *BH* ΠΡaΓMaTIKaI *A* || dicuntur hanc *B* : dicunt haec *AH* || conclusionis *abH* : -sione *AB* || apodixin *AB* : -dexin *H*

avons dit que l'enthymême diffère du syllogisme ; car l'enthymême aussi est une partie du syllogisme. Quelques auteurs croient que l'*apodixis* rentre dans l'*épichérème*, et qu'elle est la partie de l'épichérème, qui apporte la confirmation. **8.** Des auteurs, qui s'opposent pourtant sur d'autres points, s'accordent pour définir l'un et l'autre de la même manière « le moyen de prouver des choses douteuses par des choses certaines », ce qui est le propre de tous les arguments, car on ne peut prouver le certain par l'incertain[1]. Tous ces arguments, les Grecs les appellent du nom général de *pistis*, dont la traduction littérale peut être *fides*, mais *probatio* est cependant plus clair.

9. Le mot *argumentum* a aussi plusieurs significations. Car si l'on appelle *argumentum* le sujet des pièces composées pour la scène, Pedianus[2], exposant le thème, pour ainsi dire, des discours de Cicéron, dit : « Le sujet *(argumentum)* est le suivant... » et Cicéron lui-même écrit à Brutus : « Dans la crainte que, d'aventure, nous n'en fassions quelque application à notre cher Caton, bien que l'argument soit tout à fait différent. » Donc, il apparaît qu'on entend par ce mot toute matière sur laquelle on doit écrire. **10.** Et ce n'est pas étonnant,

(1) Cf. Cicéron, *Acad.*, II, 8 : Ἀπόδειξις *ita definitur : ratio, quae ex rebus perceptis ad id, quod non percipiebatur, adducit.*

(2) Asconius Pedianus, le commentateur de Salluste, Cicéron et Virgile ; le texte cité par Quintilien ne se trouve pas parmi les fragments conservés ; la citation de Cicéron est recueillie dans les *frg. epist.*, VII, 7 ; celle de Virgile est dans l'*Énéide*, VII, 791.

epichirema eadem causa, qua diximus enthymema a syllogismo distare ; nam et *enthymem*a syllogismi pars est. Quidam inesse epichiremati apodixin putant et esse partem eius confirmantem. **8.** Vtrumque autem quamquam diuersi auctores eodem modo finiunt, ut sit « ratio per ea, quae certa sunt, fidem dubiis adferens », quae natura est omnium argumentorum, neque enim certa incertis declarantur. Haec omnia generaliter pistis appellant, quod etiam si propria interpretatione dicere fidem possumus, apertius tamen probationem interpretabimur.

9. Sed argumentum quoque plura significat. Nam et fabulae ad actum scaenarum compositae argumenta dicuntur, et orationum Ciceronis uelut thema [ipse] expon*ens* Pedianus : « Argumentum, inquit, tale est », et ipse Cicero ad Brutum ita scribit : « Veritus fortasse ne nos in Catonem nostrum transferremus illim aliquid, etsi argumentum simile non erat ». Quo apparet omnem ad scribendum destinatam materiam ita appellari.

7. a *BH* : *om. AH* || et epichiremati *(mediis omissis) A* || enthymema *ed. Vasc. 1538* || epichirema *AB* : -remati *H* || et *BH* : om. *A*

8. quamquam *abH* : quam *AB* || finiunt *abH* : fiunt *AB* || ut sit ratio — fidem dubiis adferens *B* : si ratio — fidem dubiam *A* scilicet rationem — incertis fidem non dubiam afferentem *abH* || certa *B* : incerta *AbH* || incertis *AB* : in cunctis *bH* || etiam si *A* : etiam sit *H* enim sit *B* etiam quod (quod *alia manu*) *b* || interpretatione *aBH* : -pellatione *A* || fidem *P* : quidem *ABH* || probationem *AbH* : interpretationem *B* || interpretabimur *aBH* : -bimus *A*

9. argumentum quoque — argumentum simile *om. A* || ipse *del. Spalding* || exponens *ed. Ald.* : -nit *ABH* || inquit *post* argumentum *transp. Regius fortasse recte* : inquit argumentum *ABH del. Radermacher* || illim aliquid *A* : illi mali quid *BH* || quo *b* : quod *ABH* || apparet *B* : -reret *AH*

puisque le terme est aussi répandu chez les auteurs ; aussi trouve-t-on chez Virgile *argumentum ingens*, et un ouvrage, qui aborde un assez grand nombre de thèmes, est appelé généralement *argumentosum*[1]. Mais, maintenant, l'argument dont nous devons parler est celui qui fournit la preuve. <...> pour désigner la même chose, emploie *probatio*, *indicium*, *fides*, *adgressio*, mais, selon moi, il ne distingue pas assez les nuances. **11.** Car la démonstration et la conviction s'établissent non seulement par ces moyens de raisonnement, mais aussi par des moyens extra-techniques. Quant à l'indice *(signum)*, qu'il appelle *indicium*, je l'ai déjà distingué des arguments[2].

Donc, puisqu'un argument est un raisonnement fournissant une démonstration, qui permet d'inférer une chose d'une autre, et confirme ce qui est douteux par ce qui n'est pas douteux, il doit nécessairement y avoir quelque point dans une cause, qui n'ait pas besoin de démonstration. **12.** Autrement, il n'y aura rien sur quoi l'on puisse fonder une preuve, s'il n'y a pas quelque chose de vrai ou qui paraisse tel, et qui rende plausible ce qui est douteux. Or, nous tenons pour certain d'abord ce que perçoivent les sens, par exemple, ce que nous voyons, ce que nous entendons, tels les indices ; puis, les points sur lesquels l'opinion commune est d'accord, par exemple, qu'il y a des dieux, que nous devons honorer nos parents[1] ; **13.** en outre, ce qui est établi par les lois, ce qui par la persuasion est passé dans l'usage, sinon de tous les hommes, du moins de l'État ou de la nation où le procès a lieu, car pour la majeure part, le droit repose sur

(1) Cf. *Notes complémentaires.*
(2) *Inst. orat.*, V, 9, 2.

10. Nec mirum, cum id inter opifices quoque sit uulgatum, unde Vergili « argumentum ingens », uulgoque paulo numerosius opus dicitur « argumentosum ». Sed nunc de eo dicendum argumento est quod ad <...> probationem, indicium, fidem, adgressionem, eiusdem rei nomina facit, parum distincte, ut arbitror. **11.** Nam probatio et fides efficitur non tantum per haec, quae sunt rationis, sed etiam per inartificialia. Signum autem, quod ille indicium uocat, ab argumentis iam separaui.

Ergo, cum sit argumentum ratio probationem praestans, qua colligitur aliud per aliud, et quae quod est dubium per id, quod dubium non est, confirmat, necesse est esse aliquid in causa, quod probatione non egeat. **12.** Alioqui nihil erit quo probemus, nisi fuerit quod aut sit uerum aut uideatur, ex quo dubiis fides fiat. Pro certis autem habemus primum quae sensibus percipiuntur, ut quae uidemus, audimus, qualia sunt signa ; deinde ea <in> quae communi opinione consensum est, deos esse, praestandam pietatem parentibus, **13.** praeterea quae legibus cauta sunt, quae persuasione etiam si non omnium hominum, eius tamen ciuitatis aut gentis, in qua res agitur, in mores recepta sunt, ut pleraque in iure non

10. uergili *AB* : -lius *abH* || argumentosum *BH* : -tum *A* || quod ad *A* : quod *BH* || *post haec uerba lacunam suspicari debemus, quam ut explerent multi frustra temptauerunt* || indicium *AbH* : iud. *B*

11. efficitur *Hp* : -fici *AB* || sunt *B* : sint *AH* || colligitur *A* : colleg- *BH*

12. quo *Regius* : quod *ABH* || fuerit *ABH* : -rat *a* || quod aut *AbH* : aut *B* || quae sensibus *aBH* : sensibusq. *A* || in quae *Regius* : quae *ABH* || consensum *AB* : -fessum *H*

13. legibus *B* : -mus *AH*

l'usage, non sur les lois ; enfin, ce dont les deux parties conviennent, ce qui a été déjà établi, ce que l'adversaire ne conteste à personne. **14.** Voici donc la forme que prendra l'argument : « Puisque le monde est régi par une Providence, il faut que l'État soit administré ; s'il est évident que le monde est régi par une Providence, <il s'ensuit que l'État doit être administré »>.

15. Pour se servir correctement des arguments, il faut connaître la valeur et la nature de chaque chose et ses effets ordinaires : de là naît ce que les Grecs appellent εἰκότα (la vraisemblance). **16.** Dans les choses vraisemblables, il y a trois degrés : tout d'abord, le plus assuré, parce que se produisant presque toujours, par exemple : « Les enfants sont aimés de leurs père et mère » ; le second, qui penche un peu pour ainsi dire vers l'incertain : « Qui se porte bien aujourd'hui ira jusqu'à demain » ; le troisième enfin où l'on se borne à ne pas rejeter absolument une assertion : « Un vol commis dans une maison a été commis par l'occupant ». **17.** Voilà pourquoi Aristote, au livre II de sa *Rhétorique*[1], a examiné avec le plus grand soin ce qui affecte ordinairement chaque chose et chaque personne, et quelles sont les affinités ou les répugnances naturelles des choses ou des personnes entre elles, par exemple, les conséquences de la richesse, de l'ambition ou de la superstition, ce qu'approuvent les gens honnêtes, ce que recherchent les gens malhonnêtes, les soldats, les paysans, comment se manifeste d'ordinaire la

(1) Cf. *Notes complémentaires.*

legibus, sed moribus constant ; si quid inter utramque partem conuenit, si quid probatum est, denique cuicumque aduersarius non contradicit. **14.** Sic enim fiet argumentum : « Cum prouidentia mundus regatur, administranda res publica <est : sequitur ut administranda res publica> sit, si liquebit mundum prouidentia regi ».

15. Debet etiam nota esse recte argumenta tractaturo uis et natura omnium rerum, et quid quaeque earum plerumque efficiat : *hinc* enim sunt quae icota dicuntur. **16.** Credibilium autem genera sunt tria : unum firmissimum, quia fere accidit, ut « Liberos a parentibus amari », alterum uelut propensius : « Eum qui recte ualeat in crastinum peruenturum », tertium tantum non repugnans : « In domo furtum factum ab eo qui domi fuit ». **17.** Ideoque Aristoteles in secundo de arte rhetorica libro diligentissime est executus quid cuique rei et quid cuique homini sol*er*et accidere, et quas res quosque homines quibus rebus aut hominibus uel conciliasset uel alienasset ipsa natura, ut diuitias quid sequatur aut ambitum aut superstitionem, quid boni probent, quid mali petant, quid milites, quid rustici, quo quaeque modo res uitari uel

13. inter *BH* : in *A* || utramque *AB* : utrumque *bH* || cuicumque *B* : qui- *AbH* quae- *aH*
14. fiet *BH* : fiat *A* || est — respublica *suppl. Halm ex Regii coniectura emendata* || liquebit *aB* : lice- *A* libe- *H*
15. plerumque *om. A* || hinc *Regius* : nihil *ABH* || quae icota *ABnH* : qua (quae *b*) ei contra *Bg* quae εἰκότα *Halm*
16. TEST. : credibilium — fuit Cassiodorus, *R.L.M.*, 503, 4-7.
16. amari *B Cass.* : amare *AH* || qui domi *bH* : qui domui *A Cass.* quod omni *Bn (in Bg uetus lectio erasa)*
17. soleret *Spalding* : -let *ABH* || quid *ante* sequatur *a* : quis *A* qui *BH*

répugnance ou l'attirance pour une chose. **18.** Pour ma part, je laisse de côté l'examen de cette question : ce serait long et même impossible et plutôt infini ; en outre, c'est à la portée de toutes les intelligences. Si pourtant on désire l'examiner, j'ai indiqué où il faut s'adresser.

19. Toutes ces vraisemblances, sur quoi se fonde la plus grande partie de l'argumentation, découlent de sources comme les suivantes : est-il croyable qu'un fils ait tué son père ? Qu'un père ait commis un inceste avec sa fille ? ou, en sens inverse, qu'une marâtre soit une empoisonneuse, un débauché adultère ? Ou encore, qu'on ait commis un crime sans se cacher, qu'on ait fait un faux pour une somme modique ? Car chacun de ces crimes a pour ainsi dire son caractère, constant en général, mais non toujours ; autrement, ce seraient des choses indubitables, non des arguments.

20. Examinons maintenant les lieux qui fournissent des arguments[1]. Certains auteurs regardent comme tels les topiques dont j'ai parlé plus haut. Je ne donne pas, personnellement, au mot *loci* le sens, communément admis aujourd'hui, de « lieux communs », tels que ceux qui ont pour thèmes le luxe, l'adultère, etc. ; pour moi, ce sont des bases, où se cachent les arguments et d'où il faut les tirer. **21.** En effet, toutes les terres ne produisent pas toutes choses, et l'on ne peut trouver un oiseau ou une bête sauvage, sans savoir où chaque espèce naît ou séjourne habituellement ; de même, parmi les poissons, les uns aiment les fonds plats, les autres, les fonds rocheux ; ils diffèrent selon les régions mêmes et les rivages, si bien qu'on ne saurait

(1) L'expression *sedes argumentorum* est déjà dans Cicéron, *Top.*, 8 *(argumenti sedem)* et transposée en *regiones* dans le *De orat.*, II, 147 ; Aristote, *Rhét.*, 1396 b 22. parle de τόπος ἐνθυμήματος.

adpeti soleat. **18.** Verum hoc exequi mitto : non enim longum tantum, sed etiam inpossibile ac potius infinitum est, praeterea positum in communi omnium intellectu. Si quis tamen desiderauerit, a quo peteret ostendi.

19. Omnia autem credibilia, in quibus pars maxima consistit argumentationis, ex huius modi fontibus fluunt : an credibile sit a filio patrem occisum, incestum cum filia commissum, et contra ueneficium in nouerca, adulterium in luxurioso ; illa quoque, an scelus palam factum, an falsum propter exiguam summam, quia suos quidque horum uelut mores habet, plerumque tamen, non semper, alioqui iudubitata essent, non argumenta.

20. Excutiamus nunc argumentorum locos ; quamquam quibusdam hi quoque, de quibus supra dixi, uidentur. Locos appello non, ut uulgo nunc intelleguntur, *in* luxuriem et adulterium et similia, sed sedes argumentorum, in quibus latent, ex quibus sunt petenda. **21.** Nam ut in terra non omni generantur omnia, nec auem aut feram reperias, ubi quaeque nasci aut morari soleat ignarus, et piscium quoque genera alia planis gaudent, alia saxosis, regionibus etiam litoribusque

17. soleat *aBn* : -let *A* -lent *BgH*
18. ac *ABH* : aut *P* || communi *BH* : -ne *A*
19. fluunt *Campanus* : fiunt *ABH* || illa quoque *AB* : quoque illa *H* || falsum *BH* : -sus *A* || quia *AB* : qui *H* || quidque *b* : quis- *ABH* || indubitata *aB* : -dubita *AH*
20. dixi *B* : dixi ut *AH* || in *Regius* : ut *ABH* || adulterium *aB* : -ter *AH* || sed *aBH* : et *A* || latent *BH* : latent et *A* || petenda *a* : -ndi *ABH*
21. auem aut feram *aBH* : auī auferam *A* || ubi quaeque *A* : ubique *BH* || morari *aBH* : -rare *A* || saxosis *B* : saxis *AbH*

pêcher dans notre mer ni esturgeon, ni scare[1] ; de même, n'importe quel argument ne peut être tiré de n'importe où et il ne faut pas en chercher sans discrimination. **22.** Autrement, on erre beaucoup ; après s'être épuisé à travailler, faute de méthode de recherche, on ne pourra trouver que par hasard. Mais si nous savons d'où vient chacun des arguments, une fois que l'on sera parvenu à un « lieu » particulier, on verra bien ce qu'il contient.

23. Donc, en premier lieu, les arguments doivent être tirés de la personne, puisque tous, comme je l'ai dit[2], se répartissent en deux classes, ceux qui concernent les choses et ceux qui concernent les personnes, étant donné que la cause, le temps, le lieu, l'occasion, l'instrument, la manière, etc., sont des accidents des choses. Pour les personnes, je n'ai pas à examiner tous les accidents, comme on le fait généralement, mais à voir d'où peuvent se tirer les arguments. **24.** Ce sont donc la famille (car on croit généralement que les fils ressemblent à leurs père et mère et à leurs ancêtres, et cette ressemblance est parfois la cause de leur comportement, honnête ou honteux) ; la nation (car chacune a ses mœurs propres, et la même chose n'est pas reçue chez un barbare, un Romain, un Grec) ; **25.** la patrie (parce que les lois, les institutions, les opinions des cités diffèrent aussi), le sexe (étant donné qu'on croit

(1) Cf. *Notes complémentaires.*
(2) *Inst. orat.*, V, 8, 4.

discreta sunt, nec helopem nostro mari aut scarum ducas, ita non omne argumentum undique uenit ideoque non passim quaerendum est. **22.** Multus alioqui error est : exhausto labore, quod non ratione scrutabimur, non poterimus inuenire nisi casu. At si scierimus ubi quodque nascatur, cum ad locum uentum erit, facile quod in eo est peruidebimus.

23. In primis igitur argumenta saepe a persona ducenda sunt, cum sit, ut dixi, diuisio, ut omnia in haec duo partiamur, res atque personas : ut causa, tempus, locus, occasio, instrumentum, modus et cetera rerum sint accidentia. Personis autem non quidquid accidit exequendum mihi est, ut plerique fecerunt, sed unde argumenta sumi possunt. **24.** Ea porro sunt : genus (nam similes parentibus ac maioribus suis plerumque filii creduntur, et nonnumquam ad honeste turpiterque uiuendum inde causae fluunt) ; natio (nam et gentibus proprii mores sunt nec idem in barbaro, Romano, Graeco probabile est) ; **25.** patria, (quia similiter etiam ciuitatium leges, instituta, opiniones habent differentiam) ; sexus, (ut latrocinium facilius

21. scarum *P* : scaur- *BH* car- *A* || undique *AB* : -deque *H*

22. exhausto *aBH* : -sto est *A* || at *BH* : ad *A* || quodque *B* : quoque *AH* || nascatur *AB* : -cantur *aH*

23. igitur *AbH* : igitur saepe *B* || sit ut dixi *BH* : dixi ut sit *A* || partiamur *B* : -timur *AH* || res *om. H* || modus *aBH* : *om. A* || cetera rerum *B* : ceterarum rerum *AbH* || sint *BH* : sit *A* || ut *om. A*

24. filii *habet post* plerumque *t, post* suis *p* || nonnumquam ad *B* : numquam ad (ab *A*) *AH* || honeste *B* : -to *AH* || fluunt *B* : sunt *AbH* || natio nam et *B* : nationum et *AbH* || idem *B* : idem qui sunt *AH*

25. differentiam *bH* : -tia *AB*

plus aisément à un vol de la part d'un homme, à un empoisonnement de la part d'une femme), l'âge (car les tendances varient avec les âges), l'éducation et la formation (car il importe de savoir par qui et comment l'accusé a été élevé), **26.** l'état physique (car l'on invoque souvent comme argument pour la débauche la beauté, pour l'agressivité la force, et inversement), la fortune (car on ne peut s'attendre aux mêmes actes de la part d'un riche ou d'un pauvre, d'un homme qui a nombre de proches, d'amis, de clients ou d'un homme qui n'en a pas) ; il y a aussi la différence de la condition (entre un homme célèbre ou un homme obscur, un magistrat ou un simple particulier, un père ou un fils, un citoyen ou un étranger, un homme libre ou un esclave, un homme marié ou un célibataire, un père de famille ou un homme sans enfants, il y a grande distance) ; **27.** il y a les dispositions caractérielles : car l'avarice, l'irascibilité, la pitié, la cruauté, la sévérité, et autres traits semblables, portent souvent à croire ou à ne pas croire à un acte donné ; on examine de même si le genre de vie est fastueux ou frugal ou sordide ; les occupations aussi (car l'activité diffère s'il s'agit d'un paysan, d'un homme de loi, d'un homme d'affaires, d'un soldat, d'un marin, d'un médecin)[1].

28. Il faut également considérer les prétentions des individus à paraître riches ou éloquents, justes ou influents. On examine les activités et les paroles antérieures, car le passé permet d'ordinaire de juger le présent. A cela, l'on ajoute parfois les troubles de l'âme, car on y voit un ébranlement passager, comme

(1) Tous ces arguments peuvent être illustrés par des exemples tirés de Cicéron : ainsi, pour *genus*, *In Verr.*, V, ch. 12 et 52 ; *Pro Sest.*, ch. 3 ; *Pro Mur.*, ch. 31 ; pour *natio* et *patria*, *Pro Clu.*, Ch. 26 ; *In Verr.*, V, ch. 64 ; *Pro Arch.*, ch. 3 ; *Pro Flacco*, ch. 4-8 ; pour *sexus*, *Pro Sest.*, ch. 21 ; pour *aetas*, *Pro Rosc. Am.*, ch. 14 et *Pro lege Man.*, ch. 21 ; pour *educatio*, *Pro Quinct.*, ch. 11, etc.

in uiro, ueneficium in femina credas); aetas, (quia aliud aliis annis magis conuenit); educatio et disciplina, (quoniam refert a quibus et quo quisque modo sit institutus); **26.** habitus corporis, (ducitur enim frequenter in argumentum species libidinis, robur petulantiae, his contraria in diuersum); fortuna (neque enim idem credibile est in diuite ac paupere, propinquis, amicis, clientibus abundante et his omnibus destituto); condicionis etiam distantia (nam clarus an obscurus, magistratus an priuatus, pater an filius, ciuis an peregrinus, liber an seruus, maritus an caelebs, parens liberorum an orbus sit, plurimum distat); **27.** animi natura : etenim auaritia, iracundia, misericordia, crudelitas, seueritas aliaque his similia adferunt fidem frequenter aut detrahunt, sicut uictus luxuriosus an frugi an sordidus quaeritur; studia quoque (nam rusticus, forensis, negotiator, miles, nauigator, medicus aliud atque aliud efficiunt).

28. Intuendum etiam quid adfectet quisque, locuples uideri an disertus, iustus an potens. Spectantur ante acta dictaque; ex praeteritis enim aestimari solent praesentia. His adiciunt quidam commotionem, hanc accipi uolunt temporarium animi motum, sicut iram, pauorem;

25. a *BH* : *om.* *A* || modo *om.* *AH*

26. frequenter *BH* : *om.* *A* || libidinis *B* : -dini A -dis *H* || idem credibile *B* : incredibile *AH* || distantia *A* : -tia est *BH* -tiam esse *a* || maritus *AbH* : mer- *B* || plurimum distat *B* : sic plurimum (-i *a*) distant *AbH*

27. luxuriosus *ABH* : -sus sit *a*

28. etiam *A* : et *BH* || quid *B* : quis *AH* || adfectet *B* : affectus sit *AbH* || quisque *BH* : cuique *A* || disertus *BH* : des- *A* || commotionem *BH* : -mutationem *A* || hanc *abH* : *om.* *AB* eum *coni.* *Halm* || uolunt *AbH* : uolent *B*

la colère, l'épouvante ; **29.** puis, les desseins se rapportant au présent, au passé, à l'avenir, quoique ces desseins, même s'ils concernent des personnes, doivent, considérés en eux-mêmes, être rangés, semble-t-il, parmi les arguments que nous tirons des causes ; de même, un certain état d'esprit, par exemple, lorsque l'on cherche si telle personne est amie ou ennemie.

30. A propos de la personne, il y a aussi le nom, qui est nécessairement, à vrai dire, un accident de la personne, mais il joue rarement comme argument, à moins qu'il n'ait été donné pour une raison spéciale, comme *Sapiens* (le sage), *Magnus* (le grand), *Pius* (le pieux), ou qu'il ait, à lui seul, inspiré quelque pensée, comme ce fut le cas pour Lentulus, qui eut l'idée de conspirer, parce que les livres sibyllins et les réponses des haruspices promettaient le pouvoir à trois Cornélius, et qu'il se considérait comme le troisième après Sulla et Cinna, étant lui-même un Cornélius. **31.** On voit aussi chez Euripide — et c'est un argument bien froid —, que le frère de Polynice lui reproche de porter un nom qui est une preuve de son caractère. Il y a là cependant matière fréquente à plaisanteries, et Cicéron en a usé plus d'une fois contre Verrès[1].

Voilà à peu près les considérations ou ce qui leur ressemble qui concernent les personnes. Nous ne pouvons embrasser, en effet, l'ensemble des cas, ici ou ailleurs ; je me contente d'indiquer la méthode à ceux qui veulent pousser la recherche plus avant.

32. Je passe maintenant aux choses, et, comme les actions sont le plus étroitement liées avec les personnes, il faut en traiter d'abord. Au regard donc

(1) Cf. nos *Études sur Quintilien*, I, p. 283. Sur Verrès, cf. *In Verr.*, I, 17 ; *Diu. in Caec.*, I, 10, 46 ; II, 6, 7, 21, 78 ; III, 9 ; IV, 24 ; 25, 43. *Verres* signifiant aussi « verrat », le jeu de mots était aisé ; l'adj. *uerrinum*, les verbes *uerrere* et *euerrere*, le substantif *euerriculum* permettaient toutes sortes de sarcasmes accusateurs. Cf. A. Haury, *Ironie et humour chez Cicéron*, Leiden, Brill, 1955, 328 p. et *Ius uerrinum*, Bull. Ass. G. Budé, XVII, 1958, 85-92. Cf. *Notes complémentaires*.

29. consilia autem et praeteriti et praesentis et futuri temporis ; quae mihi, etiam si personis accidunt, referenda tamen ad illam partem argumentorum uidentur quam ex causis ducimus, sicut habitus quidam animi, quo tractatur amicus <an> inimicus.

30. Ponunt in persona et nomen, quod quidem accidere ei necesse est, sed in argumentum raro cadit, nisi cum aut ex causa datum est, ut Sapiens, Magnus, Pius, aut et ipsum alicuius cogitationis attulit causam, ut Lentulo coniurationis, quod libris Sibyllinis haruspicumque responsis dominatio dari tribus Corneliis dicebatur, seque eum tertium esse credebat post Sullam Cinnamque, quia et ipse Cornelius erat. **31.** Nam et illud apud Euripiden frigidum sane, quod nomen Polynicis ut argumentum morum frater incessit. Iocorum tamen ex eo frequens materia, qua Cicero in Verrem non semel usus est.

Haec fere circa personas sunt aut his similia ; neque enim complecti omnia uel hac in parte uel in ceteris possumus, contenti rationem plura quaesituris ostendere.

32. Nunc ad res transeo, in quibus maxime sunt personis iuncta quae agimus, ideoque prima tractanda. In omnibus porro, quae fiunt, quaeritur

29. praeteriti et praesentis *A* : praesentis et praeteriti *BH* || referenda *B* : per se ferenda (referenda *ab*) *AabH* || amicus *A* : animus *aBH* || an *add. Regius* || inimicus *B* : -mici *A* amici *AbH*
30. quod *BH* : *om. H* || ei *B* : *om. AbH* || pius *Zumpt* : plenus *ABH* || attulit causam *iter. A post* coniurationis || -que *post* haruspicum *om. A* || credebat *B* : dice- *AbH*
31. iocorum *A* : loc- *B* iloc- *H* || qua *ab* : quae *ABH* || enim *BH* : autem *A* || plura *B* : *om. AbH* || quaesituris *aBH* : -turi *A*

de toute action, la question se pose de savoir pourquoi, où, quand, comment et par quoi elle a été accomplie. **33.** Les arguments se tirent donc des motifs des actes passés ou futurs ; la matière de ces motifs, appelée tantôt ὕλη, tantôt δύναμις, se divise en deux genres, dont chacun comporte quatre espèces[1]. Car, presque tout notre comportement tourne autour du moyen d'acquérir, d'augmenter, de conserver, d'utiliser les choses qui sont bonnes, ou d'éviter les mauvaises, de s'en délivrer, de les diminuer, de les supporter[2] ; ce sont là des considérations, qui ont beaucoup de poids aussi dans les délibérations. **34.** Mais si les actions droites ont ces motifs-là, les actions mauvaises s'inspirent d'opinions fausses. Car leur origine est dans l'idée que l'on se fait de ce qui est bon ou mauvais : de là, les erreurs, et les pires passions, parmi lesquelles la colère, la haine, l'envie, la cupidité, l'attente, l'ambition, l'esprit d'aventure, la crainte, et autres dispositions du même genre[3]. Il s'y ajoute parfois des circonstances fortuites, comme l'ébriété, l'ignorance, qui fournissent parfois une excuse, parfois la preuve d'un crime, par exemple, si l'on dit de quelqu'un qu'en tendant une embuscade à une personne, il en a tué une autre. **35.** Si l'on a coutume d'examiner les motifs, ce n'est pas seulement pour convaincre un prévenu de la faute qui lui est reprochée, mais aussi pour le défendre, s'il soutient que son acte était régulier, c'est-à-dire inspiré par un motif honorable ; thème dont il a été parlé plus longuement au livre III[3]. **36.** C'est aussi des motifs que dépend parfois la solution

(1) Cf. *Notes complémentaires.*

(2) Le vocabulaire latin, qui ne passe pas directement en français, appartient sans aucun doute à la langue technique des rhéteurs : *euitatio* est même un mot récent.

(3) Pour les notes des §§ 34-37, cf. *Notes complémentaires.*

aut quare aut ubi aut quando aut quo modo aut per quae facta sunt. **33.** Ducuntur igitur argumenta ex causis factorum uel futurorum ; quarum materiam, quam quidam ὕλην, alii δύναμιν nominauerunt, in duo genera, sed quaternas utriusque diuidunt species. Nam fere uersatur ratio faciendi circa bonorum adeptionem, incrementum, conseruationem, usum, aut malorum euitationem, liberationem, inminutionem, tolerantiam ; quae et in deliberando plurimum ualent. **34.** Sed has causas habent recta, praua contra ex falsis opinionibus ueniunt. Nam est his initium ex iis, quae credunt bona aut mala ; inde errores existunt et pessimi adfectus, in quibus sunt ira, odium, inuidia, cupiditas, spes, ambitus, audacia, metus, cetera generis eiusdem. Accedunt aliquando fortuita, ebrietas, ignorantia, quae interim ad ueniam ualent, interim ad probationem criminis, ut si quis, dum alii insidiatur, alium dicitur interemisse. **35.** Causae porro non ad conuincendum modo quod obicitur, sed ad defendendum quoque excuti solent, cum quis se recte fecisse, id est honesta causa, contendit ; qua de re latius in tertio libro dictum est. **36.** Finitionis quoque quaestiones ex

32. quare *B* : qua de re *AbH*
33. quam quidam ΥΛΗΝ alii ΔΙΝaΜΙΝ *A* : quam ylen alij dinamyS ali *B* tamquam ylen alydina misali *H* || nominauerunt *AB* : nomina uerrunt *H* || uersatur *B* : -titur *A* -setur *H* || tolerantiam *D'Orv. 13* : toleratiam *a* tulerat *ABH* || quae *D'Orv. 13* : quaeque *a* aeque *A* namque *B* neque *H* || plurimum *aH* : -ma *AB*
34. has *B* : haec *AH* || recta *ABH* : -tum *a* || praua *B* : prauum *AH* || est *BH* : esse *A* || dicitur *ABH* : -catur *ed. Vasc. 1542* || interemisse *BH* : intermisse *A*
35. id est *A* : idem *BH*
36. finitionis *AbH* : -nes *B* || quoque *AH* : *om.* *B*

des questions de définition : un homme est-il un tyrannicide, s'il a tué un tyran qui l'a surpris en flagrant délit d'adultère ou un sacrilège, si, pour repousser les ennemis de la ville, il a pris des armes suspendues aux murs d'un temple[1].

37. Les arguments sont tirés aussi de la considération du lieu. Pour donner créance à la preuve, on examine s'il est montueux ou plat, au bord de la mer ou au milieu des terres, planté ou inculte, peuplé ou désert, proche ou éloigné, favorable ou contraire à un projet donné ; Cicéron, nous pouvons le voir, a traité ce type d'argument avec beaucoup de vigueur dans le *Pro Milone*[1]. **38.** Ces considérations-là et d'autres semblables se réfèrent plus souvent à vrai dire à la conjecture, mais, parfois, aussi aux questions de droit : le lieu est-il privé ou public, sacré ou profane, à nous ou à autrui ; de même, à propos des personnes, on examine s'il s'agit d'un magistrat, d'un père, d'un étranger. **39.** De là, en effet, naissent les questions suivantes : « C'est l'argent d'un particulier que tu as soustrait, mais, comme il était dans un temple, ce n'est pas un vol : c'est un sacrilège » — « Tu as tué le couple adultère, et la loi le permet, mais comme tu l'as fait dans un mauvais lieu, c'est un meurtre » — « Tu as commis un outrage, mais comme c'est envers la personne d'un magistrat, il y a lèse-majesté »[1]. **40.** Ou, inversement : « Je le pouvais, étant père, étant magistrat. » — Mais ces considérations fournissent les arguments, quand il y a controverse sur un fait ; dans une controverse juridique, elles fournissent la matière des questions. Pour la qualification aussi, le lieu a souvent grande importance : en effet, la même action n'est pas licite ou bienséante partout ; bien plus, la ville où l'affaire se juge a son intérêt, étant donné qu'il y a entre les villes de grandes différences de mœurs et de lois. **41.** Le lieu sert aussi pour faire valoir ou faire détester

(1) Cf. *Notes complémentaires.*

causis interim pendent : an tyrannicida, qui tyrannum, a quo deprensus in adulterio fuerat, occidit, an sacrilegus, qui, ut hostes urbe expelleret, arma templo adfixa detraxit.

37. Ducuntur argumenta et ex loco. Spectatur enim ad fidem probationis montanus an planus, maritimus an mediterraneus, consitus an incultus, frequens an desertus, propincus an remotus, oportunus consiliis an aduersus ; quam partem uidemus uehementissime pro Milone tractasse Ciceronem. **38.** Et haec quidem ac similia ad coniecturam frequentius pertinent, sed interim ad ius quoque : priuatus an publicus, sacer an profanus, noster an alienus, ut in persona magistratus, pater, peregrinus. **39.** Hinc enim quaestiones oriuntur : « Priuatam pecuniam sustulisti, uerum, quia de templo, non furtum, sed sacrilegium est ». « Occidisti adulteros, quod lex permittit, sed quia in lupanari, caedes est ». « Iniuriam fecisti, sed quia magistratui, maiestatis actio est ». **40.** Vel contra : « Licuit, quia pater eram, quia magistratus ». Sed circa facti controuersiam argumenta praestant, circa iuris lites materiam quaestionum. Ad qualitatem quoque frequenter pertinet locus ; neque enim ubique idem aut licet aut decorum est ; quin etiam in qua quidque ciuitate quaeratur interest ; moribus enim et legibus distant. **41.** Ad commendationem quoque et inuidiam ualet. Nam

36. an *B* : in *AH* || detraxit *BH* : -trahit *A*
37. spectatur *AbH* : expec- *B*
38. ad ius *P* : aditus *B* adiutus *A* an locus *bH* ad locos *a*.
39. adulteros *B* : -rum *AbH* || lupanari *B* : -nar *AH* || magistratui *AB* : magistri tui *H* || maiestatis *N* : -gestatis *B* -gistratus *AH*

un prévenu. Dans Ovide[1], par exemple, Ajax s'écrie : « C'est devant les vaisseaux que nous plaidons la cause, Et l'on m'oppose Ulysse ! » et, entre autres griefs, on a reproché à Milon d'avoir tué Clodius parmi les tombeaux de ses ancêtres[2]. **42.** Ces arguments ont aussi leur poids pour incliner à la persuasion, comme ceux qui sont tirés du temps, dont je vais parler maintenant.

Comme je l'ai dit ailleurs déjà, le mot « temps » a deux acceptions, l'une générale, l'autre spéciale[3]. La première, quand on dit : « maintenant », « autrefois », « sous le règne d'Alexandre », « quand on combattait devant Ilion »[4], bref, lorsque nous parlons du passé, du présent, du futur. La deuxième concerne les distinctions permanentes : « en été », « en hiver », « de nuit », « de jour », et fortuites : « en temps de peste », « en temps de guerre », « lors d'un banquet ». **43.** Quelques auteurs latins ont cru faire une distinction suffisante en parlant pour l'une de temps en général *(tempus)*, pour l'autre, spécialement, de conjonctures *(tempora)*. En ces deux sens, la considération du temps joue un rôle dans les délibérations et dans le genre démonstratif, mais on y recourt très souvent devant les tribunaux. **44.** Car elle soulève les questions de droit, détermine la qualification et apporte beaucoup à la conjecture ; ainsi, elle fournit parfois des preuves irréfragables, comme lorsqu'on dit, selon l'exemple que j'ai cité plus haut[5], que le signataire d'un écrit était mort avant la date de la signature, ou qu'au moment où l'acte a été commis, le prévenu était encore un bébé, ou même qu'il n'était pas né[6] ; **45.** en outre, toutes les sortes d'arguments se tirent facilement des circonstances qui

(1) Ovide, *Mét.*, XIII, 5.
(2) Cicéron, *Pro Mil.*, 17.
(3) *Inst. orat.*, III, 6, 25 et 26.
(4) Cf. *Notes complémentaires.*
(5) *Inst orat.*, V, 5, 2.
(6) Cf. *Notes complémentaires.*

et Aiax apud Ouidium : « Ante rates, inquit, agimus causam. Et mecum confertur Vlixes ! » et Miloni inter cetera obiectum est, quod Clodius in monumentis ab eo maiorum suorum esset occisus. **42.** Ad suadendi momenta idem ualet, sicut tempus, cuius tractatum subiungam.

Eius autem, ut alio loco iam dixi, duplex significatio est : generaliter enim et specialiter accipitur. Prius illud est : « nunc », « olim », « sub Alexandro », « cum apud Ilium pugnatum est », denique praeteritum, instans, futurum. Hoc sequens habet et constituta discrimina : « aestate », « hieme », « noctu », « interdiu », et fortuita, « in pestilentia », « in bello », « in conuiuio ». **43.** Latinorum quidam satis significari putauerunt, si illud generale « tempus », hoc speciale « tempora » uocarent. Quorum utrorumque ratio et in consiliis quidem et in illo demonstratiuo genere uersatur, sed in iudiciis frequentissima est. **44.** Nam et iuris quaestiones facit et qualitatem distinguit et ad coniecturam plurimum confert, ut cum interim probationes inexpugnabiles adferat, quales sunt si dicatur, ut supra posui, signator, qui ante diem tabularum decessit, aut commisisse aliquid uel cum infans esset uel cum omnino natus non esset ; **45.** praeter id, quod omnia facile argumenta aut ex iis, quae

41. maiorum *AbH* : -ior *B*

42. sicut *om. AH* || tempus cuius *AB* : *om. H* || alio *B* : in eo *AH* || duplex *AbH* : simplex *B* || ilium *t* : illum *ABH* || pugnatum *BH* : pugnam *A* || est *ABH* : est etiam *a*

43. speciale *A* : -ciali *BH* || et (*post* ratio) *ABH* : etiam *a* || genere *AH* : *om. B*

44. aut *p* : an *ABH* || omnino natus *B* : adhuc natus (tactus *bH*) omnino *AbH*

45. facile *BH* : facti *A*

ont ou précédé, ou accompagné, ou suivi un acte donné. Circonstances qui ont précédé : « Tu as proféré des menaces de mort ; tu es sorti la nuit ; tu as devancé son départ ». Les motifs des actions peuvent aussi appartenir au passé. **46.** Pour la seconde catégorie du temps, certains auteurs l'ont divisée avec plus de subtilité qu'il n'était nécessaire ; ainsi, « on a entendu un bruit » est une circonstance de temps conjoint, « un cri a été poussé » un exemple de circonstance immédiate. Comme circonstances subséquentes, on peut citer un exemple comme : « tu t'es caché », « tu t'es enfui », « le corps est devenu livide et enflé ». Les mêmes divisions de temps serviront au défenseur pour discréditer les charges qui pèsent sur le prévenu.

47. C'est autour de ces considérations que tourne l'explication logique de nos dires et de nos actes, mais sous un double aspect. Car, dans certains cas, elles sont inspirées par ce qui suivra, dans d'autres par ce qui a précédé : ainsi, un homme, marié avec une jolie femme, est prévenu de proxénétisme pour l'avoir achetée, alors qu'elle avait été condamnée naguère pour adultère[1], ou un débauché est prévenu de parricide, parce qu'il a dit à son père : « Tu ne me feras plus de reproches ». En effet, dans le premier cas, l'homme n'est pas un proxénète parce qu'il a acheté la femme, mais c'est parce qu'il est un proxénète qu'il l'a achetée, et dans l'autre, l'homme n'a pas tué son père, parce qu'il a tenu le propos en cause, mais il a tenu le propos, parce qu'il avait l'intention de le tuer.

48. Les circonstances accidentelles, d'autre part, qui, elles aussi, fournissent une base d'arguments, se rattachent sans aucun doute à la catégorie du temps

(1) Thème obscur : peut-être faut-il comprendre que la femme, qui a été convaincue d'adultère et répudiée, est devenue esclave par un « accident » non relaté dans notre texte ? Mais les adultères n'avaient pas le droit de se remarier. Faut-il faire de l'*emptio*

ante rem facta sunt, aut ex coniunctis rei aut insequentibus ducuntur. Ex antecedentibus : « Mortem minatus es, noctu existi, proficiscentem antecessisti ». Causae quoque factorum praeteriti sunt temporis. **46.** Secundum tempus subtilius quidam quam necesse erat diuiserunt, ut esset iuncti « sonus auditus est », adhaerentis « clamor sublatus est ». Insequentis sunt illa : « latuisti », « profugisti », « liuores et tumores apparuerunt ». Isdem temporum gradibus defensor utetur ad detrahendam ei, quod obicitur, fidem.

47. In his omnis factorum dictorumque ratio uersatur, sed dupliciter. Nam fiunt quaedam, quia aliud postea futurum est, quaedam, quia aliud antea factum est ; ut cum obicitur reo lenocinii, speciosae marito, quod adulter*i* damnatam quandam emerit, aut parricidii reo luxurioso, quod dixerit patri : « Non amplius me obiurgabis ». Nam et ille non quia emit, leno est, sed quia leno erat, emit, nec hic quia sic erat locutus, occidit, sed quia erat occisurus, sic locutus est.

48. Casus autem, qui et ipse praestat argumentis locum, sine dubio est ex insequentibus, sed quadam

45. coniunctis *aBH* : cuncti *A* || ex *ante* insequentibus *a* || es *a* : est *ABH*

46. subtilius *BH* : -lis *A* || quidam *ABH* : quae- *a* || quam *aBH* : qua *A* || erat *B* : erit *AH* || diuiserunt *B* : *om. AH* || ut esset *BH* : ut ex *b* esse ut *A* || iuncti *D* : -tis *B* -tus *A* coniunctis *b* || est *BH* : at *A* et *b* || insequentis *H* : -enti *AB*

47. uersatur *AB* : -saretur *H* || est *om. A* || quia *aH* : qui *AB* || antea *B* : ante *AbH* || speciosae marito quod adulteri *B* : speciosam ******** adult**** *A* quod speciosam adulterio *abH*

48. casus *abH* : is *B*

subséquent, mais s'en distinguent par quelque particularité, par exemple : « Scipion est meilleur général qu'Hannibal : il a vaincu Hannibal ». — « C'est un bon pilote : il n'a jamais fait naufrage ». — « C'est un bon cultivateur : il a toujours fait de bonnes récoltes ». Et inversement : « Il a été dépensier : il a dissipé son patrimoine ». « Il a mené une vie honteuse ; il est mal vu de tout le monde. »

49. Il faut considérer aussi les possibilités, surtout dans les questions de conjecture ; il est plus vraisemblable en effet que les moins nombreux ont été tués par les plus nombreux, les plus faibles par les plus forts, les gens endormis par les gens qui veillent, les gens sans méfiance par ceux qui se sont préparés, et inversement. **50.** Ces considérations, nous les invoquons dans les délibérations et au tribunal, et nous les ramenons ordinairement à deux questions : « si l'on a voulu », « si l'on a pu agir » ; car c'est l'espoir qui détermine la volonté. De là, chez Cicéron[1], la célèbre conjecture : « L'embuscade a été tendue par Clodius à Milon, non par Milon à Clodius ; le premier était accompagné d'esclaves robustes, le second d'une escorte de femmes ; le premier était à cheval, le second en chariot ; le premier libre de ses mouvements, le second empêtré dans son manteau de voyage. » **51.** A la possibilité, on peut joindre l'instrument, puisque les moyens en font partie. Mais l'instrument fournit aussi des indices, par exemple, un javelot trouvé dans un cadavre.

52. On ajoute aussi la manière, en grec τρόπος, où l'on cherche comment une chose a eu lieu. La

à laquelle on se réfère l'équivalent de *coemptio* ? Solution douteuse. On ne pouvait accuser de *lenocinium* un homme qui faisait « travailler » une femme qui n'était plus *materfamilias*, puisque, condamnée pour adultère, elle avait perdu l'*honestas*, etc. En fait, il convient sans doute de considérer ce thème comme un thème d'école, qui a été composé pour exercer la subtilité des étudiants par les impossibilités qu'il comporte.

(1) Cicéron, *Pro Mil.*, 28 ; mais la citation n'est pas littérale.

proprietate distinguitur, ut si dicam : « melior dux Scipio quam Hannibal : uicit Hannibalem » ; « Bonus gubernator : nunquam fecit naufragium » ; « Bonus agricola : magnos sustulit fructus ». Et contra : « Sumptuosus fuit : patrimonium exhausit » ; « Turpiter uixit : [uel] omnibus inuisus est ».

49. Intuendae sunt praecipueque in coniecturis et facultates ; credibilius est enim occisos a pluribus pauciores, a firmioribus inbecilliores, a uigilantibus dormientis, a praeparatis inopinatos ; quorum contraria in diuersum ualent. **50.** Haec et in deliberando intuemur et in iudiciis ad duas res solemus referre, « an uoluerit quis », « an potuerit » ; nam et uoluntatem spes facit. Hinc illa apud Ciceronem coniectura : « Insidiatus est Clodius Miloni, non Milo Clodio ; ille cum seruis robustis, hic cum mulierum comitatu ; ille equis, hic in raeda ; ille expeditus, hic paenula inretitus ». **51.** Facultati autem licet instrumentum coniungere ; sunt enim in parte facultatis et copiae. Sed ex instrumento aliquando etiam signa nascuntur, ut spiculum in corpore inuentum.

52. His adicitur modus, quem τρόπον dicunt, quo quaeritur quem ad modum quid sit factum.

49. a firmioribus imbecilliores *AH* : *om.* *B* || praeparatis *BH* : -rantis *Ab* || inopinatos *B* : -nantes *AbH*
50. equis *AB* : in equis *A* aequis *H*
51. licet *AH* : *om.* *B* || copiae *B* : copia *AH* || sed ex *B* : ex *AH* || signa *B* : sic *AbH*
52. τρόπον *Bg* : ΤΡΠΟΝ *A* ΤΡωΠΟΝ *a* troponi *Bn* tropon *H*

manière concerne parfois la qualification et la lettre de la loi, comme lorsque l'on dit qu'il était illicite de faire mourir un adultère par le poison, tantôt également la conjecture, comme si je disais qu'une action a été accomplie en toute innocence, et, par suite, ouvertement, ou, dans une mauvaise intention, donc par traîtrise, de nuit, dans un endroit désert.

53. Dans toutes les choses, dont on cherche la portée et la nature, et que nous pouvons examiner en elles-mêmes, en dehors de toute implication de personnes et de tous autres éléments qui engendrent la cause, il y a encore, sans aucun doute, trois questions à considérer : si la chose est, ce qu'elle est, quelle elle est. Mais, comme certains lieux d'arguments sont communs à ces trois questions, cette triple division est impossible, et, pour cette raison, il vaut mieux les faire rentrer dans les lieux, à mesure qu'ils se présenteront.

54. Donc, on tire des arguments de la définition appelée *finitio* ou *finis* ; car on trouve l'un ou l'autre terme. On procède de deux manières : ou bien, en effet, la définition posée au préalable, on cherche si telle qualité est une vertu, ou l'on examine simplement ce qu'est la vertu. La définition s'établit en termes généraux : « La rhétorique est la science de bien dire »[1], ou, en distinguant les parties : « La rhétorique est la science de bien trouver les arguments, de bien les disposer, de bien les exposer, avec une mémoire sûre et de la

(1) Cf. II, 15, 34.

Idque tum ad qualitatem scriptumque pertinet, ut si negemus adulterum ueneno licuisse occidere, tum ad coniecturas quoque, ut si dicam bona mente factum, ideo palam, mala, ideo ex insidiis, nocte, in solitudine.

53. In rebus autem omnibus, de quarum ui ac natura quaeritur quasque etiam citra complexum personarum ceterorumque, ex quibus fit causa, per se intueri possumus, tria sine dubio rursus spectanda sunt : an sit, quid sit, quale sit. Sed quia sunt quidam loci argumentorum omnibus communes, diuidi haec tria genera non possunt, ideoque locis potius, ut in quosque incurrent, subicienda sunt.

54. Ducuntur ergo argumenta ex finitione seu fine ; nam utroque modo traditur. Eius duplex ratio est : aut enim praecedente finitione quaeritur sitne hoc uirtus, aut simpliciter quid sit uirtus. Id aut uniuersum uerbis complectimur, ut « Rhetorice est bene dicendi scientia », aut per partes, ut « Rhetorice est inueniendi recte et disponendi et eloquendi cum firma memoria et cum dignitate

52. idque *BH* : idem qualiter idque *A* || tum *AbH* : *om.* *B* || scriptumque *B* : scripti *AbH* || ueneno *BH* : cum ueneno *A* || licuisse *BH* : -set *A* || occidere *AH* : occidere sed uel oportuisse *B* (ex quo orta est interpolatio ferro occidisse *A in marg.*) || tum ad *om.* *B* || ideo *A* : ideoque *BH*

53. ac *A* : aut *BH* || citra *H* : circa *AB* || ceterorumque *BH* : -rarumque *A* || possumus *a* : -simus *ABH* || omnibus *B* : his omnibus *AbH* || in *A* : *om.* *BH* || quosque *B* : quos *AH*

54. TEST. : 54-58, 60 Victor, *R.L.M.*, 398, 4-9 — 399, 1.

54. ex *BH* : et *A* et a *a* || eius *BH Victor* : *om.* *A* || praecedente finitione — simpliciter *Radermacher* : simpliciter — praecedente (cedente *B*) finitione *AH Victor* || id — complectimur *B Victor* : ita ut uniuersam uim uerbi complectamur *AbH*

dignité dans l'action. » **55.** En outre, on définit un mot ou par sa portée, comme dans l'exemple cité plus haut, ou par l'étymologie, comme lorsqu'on dit qu'*assiduus* vient de *aes* et de *do*, *locuples* de l'abondance de terres *(locorum copia)*, *pecuniosus* de l'abondance de bétail *(pecorum copia)*[1].

A la définition semblent appartenir particulièrement le genre, l'espèce, la différence, le caractère propre[2] : éléments qui fournissent tous des arguments. **56.** Le genre sert fort peu pour prouver l'espèce, mais beaucoup pour l'éliminer. Ainsi, un arbre n'est pas nécessairement un platane, mais ce qui n'est pas un arbre n'est certainement pas, de toute façon, un platane ; une vertu n'est pas forcément la justice, mais ce qui n'est pas une vertu ne peut certainement pas être la justice. Aussi devons-nous aller du genre à l'espèce ultime, par exemple, « l'homme est un animal » ne suffit pas, car « animal » donne seulement le genre ; « mortel », même si c'est une espèce, est cependant une définition commune à d'autres catégories ; « raisonnable » ne donnera rien de plus pour rendre clair notre point de vue. **57.** Au contraire, l'espèce fournit un moyen puissant pour prouver le genre, mais faible pour l'écarter : ce qui est justice est toujours vertu ; mais ce qui n'est pas justice peut être vertu, comme le courage, la constance, la maîtrise de soi. Aussi, le genre ne sera-t-il jamais éliminé au moyen de l'espèce, à moins que l'on n'écarte toutes les espèces incluses dans un genre ; de cette manière,

(1) Cf. *Notes complémentaires.*

(2) Le genre, l'espèce, la différence, le caractère propre sont éléments de définition pour Cicéron déjà (*Top.*, 8, 10, 13, 14, 16, 28, 29, 31, 71).

actionis scientia ». **55.** Praeterea finimus aut ui, sicut superiora, aut ἐτυμολογίᾳ, ut si assiduum ab aere dando et locupletem a locorum, pecuniosum a pecorum copia.

Finitioni subiecta maxime uidentur genus, species, differens, proprium : ex iis omnibus argumenta ducuntur. **56.** Genus ad probandam speciem minimum ualet, plurimum ad refellendam. Itaque non, quia est arbor, platanus est, at quod non est arbor, utique platanus non est ; nec quod uirtus est, utique iustitia est, at quod non est uirtus, utique non potest esse iustitia. Itaque <a> genere perueniendum est ad ultimam speciem, ut « homo est animal » non est satis, id enim genus est : « mortale » — etiam si est species, cum aliis tamen communis finitio : « rationale » — nihil supererit ad demonstrandum quod uelis. **57.** Contra species firmam probationem habet generis, infirmam refutationem : nam quod iustitia est, utique uirtus est ; quod non est iustitia, potest esse uirtus, si est fortitudo, constantia, continentia. Numquam itaque tolletur a specie genus, nisi ut omnes species, quae sunt generi subiectae, remoueantur, hoc

55. ut si *AbH* : ut *B* || aere *ABH* : asse *Regius* || uidentur *AB* : diuid- *H*

56. quia est *BH* : quę *A* quae est *Victor* || uirtus — iustitia *Victor* (utique *ante* potest *omisso*) : uirtus — at *om. B* iustitia est — utique *om. A* uirtus est utique non potest esse iniusticia *H* || itaque — uelis *non habet Victor, del. Radermacher* || a *Badius* : *om. ABH* || est *ante* ad *om. A* || communis *BH* : -ne *A* || quod *B* : id quod *AbH*

57. a *BH* : ab *A* per *Victor* || remoueantur *B Victor* : praem- *AH*

« ce qui n'est ni doué de raison ni mortel ni être animé n'est pas un être humain ».

58. On ajoute les caractères propres et les caractères différents. Les premiers confirment la définition, les seconds la détruisent. Le caractère propre est ou bien ce qui appartient à un seul être, par exemple, à l'homme la parole articulée, le rire, ou bien ce qui appartient surtout, mais non en propre à un seul être, par exemple, pour le feu, la puissance calorique. La même chose peut avoir plusieurs caractères propres, le feu précisément peut briller, chauffer. Par suite, l'absence d'un caractère propre quelconque détruira la définition, mais un caractère propre quelconque ne la confirmera pas en toutes occasions. **59.** Or, très souvent, on cherche quel est le caractère propre d'un objet donné : si, par exemple, en se fondant sur l'étymologie, on dit que « le caractère propre d'un tyrannicide est de tuer un tyran », nous le nierons ; car un bourreau, à qui l'on aurait livré un tyran et qui le tuerait, ne saurait être appelé tyrannicide. De même, celui qui l'aurait tué par mégarde ou involontairement. **60.** Tout ce qui n'est pas caractère propre sera caractère différent ; par exemple, ce n'est pas la même chose que d'être esclave et d'être dans l'état de servitude, distinction qui se pose souvent pour ceux qui sont *addicti* (assujettis à servir leurs créanciers) : « un esclave, une fois qu'il a recouvré la liberté, est un affranchi ; il n'en est pas de même de l'*addictus* » et il y a plusieurs autres cas, dont je parle ailleurs[1]. **61.** On appelle aussi caractère différent ce qui, le genre une fois divisé en espèces, distingue l'espèce

(1) Cf. III, 6, 25 et VII, 3, 26. — Voir G. A. Leist, *R.E.*, I, 1894, 352 sq. *(addictus)*.

modo : « quod neque *ration*ale est neque mortale <neque> animal <homo> non est ».

58. His adiciunt propria et differentia. Propriis confirmatur finitio, differentibus soluitur. Proprium autem est aut quod soli accidit, ut homini sermo, risus, aut quidquid utique accidit, sed non soli, ut igni calfacere. Et sunt eiusdem rei plura propria, ut ipsius ignis lucere, calere. Ita quodcumque proprium deerit soluet finitionem, non utique quodcumque erit confirmabit. **59.** Saepissime autem quid sit proprium cuiusque quaeretur, ut, si per ἐτυμολογίαν dicatur : « tyrannicidae proprium est tyrannum occidere », negemus : non enim si traditum sibi eum carnifex occiderit, tyrannicida dicatur ; nec si inprudens uel inuitus. **60.** Quod autem proprium non erit, differens erit, ut aliud est seruum esse, aliud seruire, qualis esse in addictis quaestio solet : « Qui seruus est, si manu mittatur, fit libertinus, non i*t*em addictus », et plura, de quibus alio loco. **61.** Illud quoque differens uocant, cum, genere in speciem deducto, species

57. rationale *Meister* : immortale *BH Victor* mortale *A* || est neque mortale (immortale *A*) *ABH* : neque mortale est *Victor* || mortale *BH* : im- *A* || animal *AB* : -lem *H* || neque *add. Meister* || homo *add. Meister*

58. adiciunt *B Victor* : -citur *AH* || propria et differentia *B Victor* : propriae (et *omisso* A) et differentiae *AH* || propriis *AH* : a propriis *B* || soluitur *om. A* || quidquid *AH* : quod *B* || calfacere *B* : calef- *AbH* || ita *A* : itaque *BH* || soluet *B Victor* : -uit *AbH* || confirmabit *b* : -mabat *aBH* -mat *A*

59. cuiusque *B* : huiusce *AH* || quaeretur *ABgH* : -ritur *Bn* || tyrannicidae *aBH* : -nice *A*

60. qui *B Victor* : si *AH* || item *Francius* : idem *ABH Victor* || addictus *BH Victor* : dicitur *A* || alio — illud *B* : aliud — aliud *AH*

61. in *BH* : *om. A* || deducto *B* : diductos *A* deducta *H*

même. « Être animé » est le genre, « mortel » est l'espèce, « terrestre » ou « bipède » le caractère différent ; ce n'est pas encore en effet le caractère propre, mais il y a déjà une différence avec « marin » ou « quadrupède ». Au surplus, cette distinction concerne moins les arguments que la compréhension exacte de la définition.

62. Cicéron sépare de la définition le genre et l'espèce, qu'il appelle aussi « forme », et il les subordonne à la relation. Par exemple, si un homme a reçu en legs tout l'argent d'un donateur et que le légataire réclame aussi l'argent monnayé[1], il se fonde sur le genre ; mais, en revanche, quand un legs a été fait par un mari à une femme qui était dans la position de *mater familias* par rapport à lui, et qu'on nie qu'il soit dû à une femme qui n'était pas constituée en sa puissance légale, on se fonde sur l'espèce, puisqu'il y a deux formes de mariage.

63. Cicéron enseigne, d'autre part, que la division aide à définir, et il la distingue de la partition, en ce que celle-ci divise le tout en parties, l'autre le genre en formes[2]. Or, le nombre des parties est indéterminé, car on ne peut dire de combien se compose un État, celui des espèces d'État est déterminé, car nous savons qu'il y en a trois, suivant que l'État est régi par le peuple, par quelques hommes, par un seul. **64.** Ce ne sont

(1) Exemples tirés de Cicéron, *Top.*, 13 et adaptés. Le problème naît du fait qu'*argentum* désigne le métal, l'objet d'argent ou l'argenterie et l'argent monnayé. Le deuxième problème (*Top.*, 14) est plus complexe : « si une somme a été léguée à Fabia par son mari sous la condition que, par rapport à son mari, elle ait le titre de *materfamilias*, mais que la femme n'ait pas été constituée en la puissance légale *(manus)* de son mari, rien ne lui est dû ; le « genre » en effet est épouse légitime *(uxor)* et il y en a deux sortes, l'une, celle des mères de famille, l'autre celle des épouses légitimes. » Quintilien a simplifié ici le vocabulaire.

(2) Cf. Cicéron, *Top.*, ch. V et suiv. Ce texte permet de préciser la distinction faite entre « division » et « partition » par les rhéteurs : *Top.* 26. *Definitio est oratio quae id quod definitur explicat quid sit...;* 28 : *atque etiam definitiones aliae sunt partitionum, aliae diuisionum ; partitionum, cum res ea quae proposita*

ipsa discernitur. « Animal » genus, « mortale » species, « terrenum » uel « bipes » differens ; nondum enim proprium est, sed iam differt a « marino » uel « quadrupede » : quod non tam ad argumentum pertinet quam ad diligentem finitionis comprensionem.

62. Cicero genus et speciem, quam eandem formam uocat, a finitione diducit, et iis, quae ad aliquid sunt, subicit : ut, si is, cui argentum omne legatum est, petat signatum quoque, utatur genere : at si quis, cum legatum sit ei, quae uiro mater familias esset, neget deberi ei, quae in manum non conuenerit, specie, quoniam duae formae sint matrimoniorum.

63. Diuisione autem adiuuari finitionem docet, eamque differre a partitione quod haec si totius in partis, illa generis in formas. Partis incertas esse, ut quibus constet res publica, formas certas, ut quot sint species rerum publicarum, quas tris accepimus : quae populi, quae paucorum, quae unius potestate regerentur. **64.** Et ille quidem non

61. differt *A* : -feret *BH* || quadrupede *bH* : -dripede *A* -dripe *B*
62. diducit *J* : ded- *ABH* || deberi *AbH* : -re *B* || specie *B* : -cies *AH*
63. diuisione *Bn* : -nem *ABgH* || autem *D* : aut *BH om. A* || adiuuari finitionem *om. A* || ut quibus *B* : in quibus *AH* || quot *BH* : quod *A* || accepimus *BH* : accip- *A* || populi *B* : -lo *AH*
64. TEST. : 64, Victor, *R.L.M.*, 399, 2-5.
64. non *B* : non in *AH*

pas, à vrai dire, les exemples dont il se sert, parce que, s'adressant à Trébatius, il a préféré les tirer du droit ; personnellement, j'en ai présenté de plus clairs[1].

Les caractères propres ont aussi un rapport avec la conjecture : comme ce qui est le propre de l'homme de bien est d'agir honnêtement, le propre de l'homme irascible <de mal agir en paroles ou en gestes, il est des actions> auxquelles tel caractère fera croire, et inversement. En effet, certaines personnes possèdent toujours certaines qualités, <mais d'autres ne les possèdent pas du tout> et la méthode, quoique partant de prémisses inversées, est la même.

D'une manière analogue, la division sert à prouver et à réfuter[2]. **65.** Parfois, il suffit, pour prouver, de s'attacher à un seul point : « Pour être citoyen, il faut être né tel ou l'être devenu » ; mais, pour réfuter, il faut réfuter les deux points : « Il n'est pas né citoyen et il ne l'est pas devenu ». **66.** Ce procédé peut recevoir aussi des formes multiples, et constitue un genre d'argumentation par élimination[3], grâce auquel on démontre ou bien que tout est faux, ou bien que ce qui reste est exact. Tout est faux. Exemple : « Tu dis que tu as prêté de l'argent ; cet argent, tu le possédais toi-même ou tu l'as reçu de quelqu'un, ou tu l'as trouvé ou tu l'as dérobé. Si tu ne l'avais pas chez toi, si tu ne l'as pas reçu de quelqu'un, etc., tu ne l'as pas prêté. » **67.** Il reste un seul point qui est exact : « Cet esclave, que tu revendiques, ou bien est né chez toi, ou il a été acheté par toi, ou bien il t'a été donné, ou bien il t'a été laissé par testament, ou il a été pris

est quasi in membra discerpitur... ; diuisionum autem definitio formas omnes complectitur, quae sub eo genere sunt quod definitur. Il y a donc « définition par énumération » et « division par analyse ».

(1) Cf. *Inst. orat.*, III, 11, 28.

(2) Cf. *Notes complémentaires.*

(3) Cf. *Notes complémentaires.*

iis exemplis utitur, quia scribens ad Trebatium ex iure ducere ea maluit : ego apertiora posui.

Propria uero ad coniecturae quoque pertinent partem, ut, quia proprium est boni recte facere, iracundi uerbis <aut manu male facere, facta haec ab ipsis> esse credantur, aut contra. Nam ut quaedam in quibusdam utique <sunt, ita quaedam in quibusdam utique> non sunt, et ratio, quamuis [ita] <sit> ex diuerso, eadem est.

Diuisio et ad probandum simili uia ualet et ad refellendum. **65.** Probationi interim satis est unum habere, hoc modo, ut « sit ciuis, aut natus sit oportet aut factus » ; utrumque tollendum est : « nec natus nec factus est ». **66.** Fit hoc et multiplex, idque est argumentorum genus ex remotione, quo modo efficitur totum falsum, modo id, quod relinquitur, uerum. Totum falsum est hoc modo : « Pecuniam credidisse te dicis : aut habuisti ipse aut ab aliquo accepisti aut inuenisti aut surripuisti. Si neque domi habuisti neque ab aliquo accepisti et cetera, non credidisti ». **67.** Relicum fit uerum sic : « Hic seruus, quem tibi uindicas, aut uerna tuus est aut emptus aut donatus aut testamento

64. quia *BH* : qui *A* || scribens *BH* : -bendas *A* || ex iure *BH* : *om. A* || ea *B* : eam *A* || posui *AB* : *om. H* || recte facere *AB* : facere recte *H* || aut — ipsis *Halm ex Victoris uerbis partim corruptis* || nam ut *AbH Victor* : *om. B* || quaedam *B Victor* : qui- *AH* || sunt — utique *suppl. Kayser ex Victore* || ita *ABH* : *del. Regius* || sit *add. Halm* || *alt.* et ad *BH* : ad *A* || refellendum *B* : repel- *AbH*

65. ciuis *AB* : quis *bH* || utrumque *BH* : utrumcumque *A* || tollendum *B* : -dus *AH* || hoc *B* : hac *AH*

66. remotione *a* : -tiore *ABH* || uerum *B* : hoc uerum *AH* || credidisse *B* : -set enim *AH* || surripuisti *B* : erip- *AH* || si *om. AH* || et *B* : nec *AbH*

67. sic *p.* : si *ABH* || aut uerna *BH* : ut uerna *A*

à l'ennemi, ou il appartient à un autre. » Ainsi, après avoir éliminé les premières hypothèses, restera qu'il appartient à un autre.

Ce genre d'arguments est risqué[1] et doit être examiné avec précaution, car si, dans les hypothèses mises en avant, nous en omettons une, toute l'affaire aussi s'écroule dans un éclat de rire. **68.** Il est plus sûr de procéder comme Cicéron dans le *Pro Caecina*[2], et de demander « si le point à discuter n'est pas tel qu'il est » ? En effet, on élimine du coup toutes les hypothèses, ou bien l'on avancera deux propositions contraires entre elles, dont il suffira que l'une des deux tienne, comme dans le passage suivant de Cicéron[2] : « Il y a un point au moins que nul, si hostile soit-il à Cluentius, ne refusera de m'accorder, s'il est constant que ce tribunal a été corrompu, il l'a été par Habitus ou par Oppianicus ; si je montre que ce n'est pas par Habitus, j'établis victorieusement que c'est par Oppianicus ; si je fais voir que c'est par Oppianicus, je lave Habitus. » **69.** On peut même poser une alternative, dont l'un des termes doit nécessairement être exact, et permettre à l'adversaire de choisir, en faisant en sorte que son choix se retourne contre lui. C'est ce qu'a fait Cicéron parlant pour Oppius[2] : « Est-ce parce qu'il avait attaqué Cotta ou qu'il voulait se tuer qu'on lui a arraché l'arme des mains » ? et pour Varenus[2] : « Vous pouvez choisir, et décider que Varenus a pris ce chemin par hasard, ou qu'il a été engagé et poussé par cet homme. » Ensuite, il tourne les deux termes de l'alternative contre l'accusateur. **70.** Parfois, on présente deux propositions, telles qu'elles aboutissent à la même conséquence, quelle que soit celle qui a été choisie : « Il faut raisonner en philosophe, < même s'il n'y a pas lieu de philosopher »[2],

(1) Cf. *Notes complémentaires.*
(2) Pour les §§ 68-71, cf. *Notes complémentaires.*

relictus aut ex hoste captus aut alienus » : deinde remotis prioribus supererit « alienus ».

Periculosum et cum cura intuendum genus, quia, si in proponendo unum quodlibet omiserimus, cum risu quoque tota res soluitur. **68.** Tutius, quod Cicero pro Caecina facit, cum interrogat, « si haec actio non sit, quae sit ». Simul enim remouentur omnia : uel cum duo ponentur inter se contraria, quorum tenuisse utrumlibet sufficiet, quale Ciceronis est : « Vnum quidem certe nemo erit tam inimicus Cluentio qui mihi non concedat, si constet corruptum illud esse iudicium, aut ab Habito aut ab Oppianico esse corruptum ; si doceo non ab Habito, uinco ab Oppianico, si ostendo ab Oppianico, purgo Habitum ». **69.** Fit etiam ex duobus, quorum necesse est <esse> alterum uerum, eligendi aduersario potestas, efficiturque ut utrum elegerit noceat. Facit hoc Cicero pro Oppio : « Vtrum cum Cottam adpetisset, an cum ipse se conaretur occidere, telum e manibus ereptum est ? » et pro Vareno : « Optio uobis datur, utrum uelitis casu illo itinere Varenum usum esse an huius persuasu et inductu » : deinde utraque facit accusatori contraria. **70.** Interim duo ita proponuntur, ut utrumlibet electum idem efficiat, quale est : « Philosophandum <est, etiam si non est

68. ponentur *AB* : -erentur *bH* || tenuisse *AB* : -issime *H* || est *BH* : *om. A* || unum — nemo erit *B Cicero* : utrum — mouerit *AH* || illud *BH* : illum *A* || habito *ABn* : abitu *BgH* abito *b* || *prius* oppianico *A* : opia- *B* oppinia- *H* || si *ante* doceo *om. AH* || habito *B* : abito *AH* || si ostendo — oppianico *om. A*

69. esse *add. Halm* || -que ut *B* : qui et *AH* || pro Oppio *BH* : Oppio *A* || an *P* : at *A* aut *BH* || se *A* : sese *BH* || ereptum *A* : erup- *BH* || datur *B* : dabitur *AbH* || esse *om. A*

70. est — philosophandum *suppl. p.*

et cette autre bien connue : « A quoi bon parler par figure, si l'on est compris ? A quoi bon, si l'on n'est pas compris ? » et : « Au milieu des tortures, mentira qui peut supporter la douleur ; mentira aussi qui ne peut la supporter. »

71. Si, d'autre part, il y a dans le temps trois moments, dans l'ordre des faits, il y a trois stades solidaires : tous, en effet, ont un commencement, un développement, un aboutissement, comme, par exemple, querelle, <rixe, puis,> meurtre. Il y a donc, là aussi, une source d'arguments qui se confirment réciproquement ; en effet, la conclusion est inférée à partir des commencements, par exemple : « Je ne peux espérer la toge prétexte, puisque je vois ourdir une chaîne sombre »[1], et inversement : « Ce n'est pas pour dominer ses concitoyens que Sulla a pris les armes ; la preuve est qu'il s'est démis de la dictature». **72.** De même, du développement d'une situation, on peut inférer soit son commencement, soit sa fin, non seulement dans la conjecture, mais aussi dans ce qui se rapporte à l'équité : par exemple, la fin doit-elle se référer au commencement, c'est-à-dire le meurtre doit-il être imputé à celui qui a suscité la querelle ?

73. Une autre source d'arguments, ce sont les similitudes : si la maîtrise de soi est une vertu, de toutes façons, l'abstinence en est une aussi ; si un tuteur doit observer la bonne foi, le représentant en justice doit en faire autant[2]. Ce genre d'arguments, que les Grecs appellent ἐπαγωγή, est appelé « induction » par Cicéron[3]. Une autre source, ce sont les dissem-

(1) Cf. *Notes complémentaires.*
(2) Cicéron, *Top.*, 42.
(3) Cf. *Notes complémentaires.*

philosophandum »>, et illud uulgatum : « Quo schema, si intellegitur ? quo, si non intellegitur ? » et « Mentietur in tormentis qui dolorem pati potest, mentietur qui non potest ».

71. Vt sunt autem tria tempora, ita ordo rerum tribus momentis consertus est : habent enim omnia initium, incrementum, summam, ut iurgium, deinde <rixa, tum> caedes. Est ergo hic argumentorum quoque locus inuicem probantium ; nam et ex initiis summa colligitur, quale est : « Non possum togam praetextam sperare, cum exordium pullum uideam », et contra : « Non dominationis causa Sullam arma sumpsisse, argumentum est dictatura deposita ». **72.** Similiter ex incremento in utramque partem ducitur ratio cum in coniectura, tum etiam in tractatu aequitatis, an ad initium summa referenda sit, id est, an ei caedes inputanda sit, a quo iurgium coepit.

73. Est argumentorum locus ex similibus : si continentia uirtus, utique et abstinentia ; si fidem debet tutor, et procurator. Hoc est ex eo genere, quod ἐπαγωγήν Graeci uocant, Cicero inductionem.

70. et mentietur *aBH* : ement- *A*

71. initium *p* : exordium *add. s. l. a* || summam *BH* : -um *A* || iurgium *AB* : uirginum *H* || rixa tum *add. Winterbottom* : pugna tum *Halm* rixa *post* iurgium *transt. Radermacher* || caedes est ergo (ergo ar *A*) *AB* : caedes et strages (ergo *omisso*) *abH* || hic *B* : hinc *AbH* ||

72. in utramque partem *om. A* || ratio *B* : re (rei *abH*) ratio *AbH* || tractatu *BH* : -atum *A* || ei *B* : *om. AH*

73. uirtus utique *B* : uirtusque *H* utrius *A* utriusque *TF* || abstinentia *aBH* : absentia *A* || tutor *B* : -orum *AH* || procurator *B* : -orum *AH* || ЄΠaΓѠΓΗΝ *B* : ЄΠaΡΟΓΙΚΗΝ *A* ЄΠaΓѠΓΙΚΗΝ *H*

blances : « Si l'allégresse est un bien, il ne s'ensuit pas qu'il en soit de même du plaisir » — « Ce qui convient à une femme ne convient pas à un pupille. » Les contraires : « La frugalité est un bien, car le luxe est un mal » ; — « Si la guerre entraîne des malheurs, la paix en est le remède » ; — « Si l'on mérite l'indulgence, quand on a causé du tort involontairement, on ne mérite pas de récompense, si l'on a fait du bien involontairement. » **74.** Les contradictoires : « Celui qui est sage n'est pas sot. » Les conséquences nécessaires ou accessoires : « Si la justice est un bien, il faut juger correctement » — « Si la perfidie est un mal, il ne faut pas tromper » ; et inversement. Ne sont pas différents les arguments suivants, qui doivent par conséquent se ranger ici, parce qu'il y a aussi congruence naturelle avec les précédents : « Ce que l'on n'a pas détenu, on ne l'a pas perdu »[1] — « On ne blesse pas sciemment une personne aimée » — « Pour celui dont on a voulu faire son héritier, on a eu, on a, on aura de l'affection. » Mais, comme ces arguments ne soulèvent pas de doute, ils ont presque la force des indices immuables. **75.** Mais ces derniers arguments, je les appelle « consécutions » ou ἀκόλουθα (en effet, la bonté est la conséquence de la sagesse), les autres, je les nomme « suites », en grec, παρεπόμενα, j'entends ce qui est venu ensuite ou ce qui viendra plus tard[2]. Je ne m'inquiète pas en fait de la terminologie ; on peut les appeler comme on voudra, pourvu que le fond même des choses soit évident et qu'apparaisse, ici, ce qui dépend du temps, là ce qui dépend de la nature du fait. **76.** Aussi, n'hésitè-je pas à appeler « consécutions » cette forme d'arguments aussi, bien que ce qui précède donne des arguments pour ce qui suit où certains ont tenu à distinguer deux espèces, l'une qui concerne

(1) Cf. *Notes complémentaires.*
(2) Cf. *Notes complémentaires.*

Ex dissimilibus : « Non, si laetitia bonum, et uoluptas » ; « Non quod mulieri, idem pupillo ». Ex contrariis : « Frugalitas bonum, luxuria enim malum » ; « Si malorum causa bellum est, erit emendatio pax » ; « Si ueniam meretur qui inprudens nocuit, non meretur praemium qui inprudens profuit ». **74.** Ex pugnantibus : « Qui est sapiens, stultus non est ». Ex consequentibus siue adiunctis : « Si est bonum iustitia, recte iudicandum ». « Si malum perfidia, non est fallendum » ; idem retro. Nec sunt his dissimilia ideoque huic loco subicienda, cum et ipsa naturaliter congruant : « Quod quis non habuit, non perdidit ». Quem quis amat, sciens non laedit ; quem quis heredem suum esse uoluit, carum habuit, habet, habebit ». Sed cum sint indubitata, uim habent paene signorum *inmuta*bilium. **75.** Sed haec « consequentia » dico, acolutha (est enim consequens sapientiae bonitas), illa « insequentia », pare*p*omena, quae postea facta sunt aut futura. Nec sum de nominibus anxius ; uocet enim ut uoluerit quisque, dum uis rerum ipsa manifesta sit appareatque hoc temporis, illud esse naturae. **76.** Itaque non dubito haec quoque <uocare> « consequentia », quamuis ex prioribus dent argumentum ad ea, quae secuntur, quorum duas quidam species esse uoluerunt, actionis ut

73. dissimilibus *BH* : desim- *A* || uoluptas *ABH* : uoluntas *a* || pupillo *p* : popilio *ABH*

74. pugnantibus *ABH* : repug- *b* || est bonum iustitia *B* : bonum iustitia est *AH* || retro *B* : recte *AbH* || dissimilia *A* : similia *BH* || indubitata *B* : dub- *AH* || immutabilium *ed. Ald.* : innumera- *ABH*

75. consequens *BH* : -quendi *A* || insequentia *A* : se- *BH* || parepomena *P Victorius ad Arist. Rhet. 1362 b sq.* : paregomena *ABH* || aut *BH* : ac *A*

76. uocare *add. Spalding* || quidam *BH* : -dem *A*

l'action, comme dans le *Pro Oppio*[1] : « Ceux qu'il n'a pu faire venir malgré eux dans la province, comment a-t-il pu les y retenir malgré eux ? » l'autre qui concerne le temps, comme dans les *Verrines*[2]. « Si l'édit du préteur cesse d'avoir force de loi aux calendes de janvier, pourquoi ne commencerait-il pas d'en avoir aussi aux calendes de janvier ?. » **77.** Ces deux exemples sont tels que le même argument peut se prendre en sens inverse et conserver sa valeur ; c'est, en effet, une conséquence naturelle que ceux qui n'ont pas pu être amenés malgré eux, ne peuvent y être retenus malgré eux.

78. Il y a aussi une autre forme d'arguments, tirés de propositions qui se confirment mutuellement ; (certains auteurs veulent y voir un genre à part et les appellent ἐκ τῶν πρὸς ἄλληλα ; Cicéron[3], lui, les nomme arguments tirés de propositions fondées sur le même raisonnement) ; je les rangerais volontiers dans les consécutions : « Si les Rhodiens peuvent honnêtement affermer leurs droits portuaires, Hermocréon peut honnêtement aussi s'en rendre fermier », et, « Ce qu'il est honorable d'apprendre, il l'est aussi de l'enseigner ». **79.** C'est là ce qui fait la beauté du trait de Domitius Afer, qui a le même effet, quoique présenté d'une autre façon : « Moi, j'ai accusé ; vous, vous avez condamné »[3]. Impliquent aussi une consécution réciproque les arguments qui conduisent au même résultat en partant de points opposés ; par exemple : « Celui qui dit que le monde naît signifie par là même aussi qu'il a une fin, parce que tout ce qui naît a une fin »[4].

80. Tout à fait semblable est l'argumentation, qui consiste d'ordinaire à inférer des effets à partir de leur cause efficiente ou inversement, ce que l'on appelle

(1) Cicéron, *Frgm. orat.*, III, 2.
(2) Cicéron, *In Verr.*, I, 109.
(3) Cf. *Notes complémentaires.*
(4) Minucius Felix, *Oct.*, XXXIV, reprendra l'idée et la discussion dans une autre perspective.

pro Oppio : « Quos educere inuitos in prouinciam non potuit, eos inuitos retinere qui potuit ? », temporis, in Verrem : « Si finem praetoris edicto adferunt Kalendae Ian., cur non initium quoque edicti nascatur a Kalendis Ian. ? » **77.** Quod utrumque exemplum tale est, ut idem in diuersum, si retro agas, ualeat ; consequens enim est eos, qui inuiti duci non potuerint, inuitos non potuisse retineri.

78. Illa quoque quae ex rebus mutuam confirmationem praestantibus ducuntur (quae proprii generis uideri quidam uolunt et uocant ἐκ τῶν πρὸς ἄλληλα, Cicero ex rebus sub eandem rationem uenientibus), fortiter consequentibus iunxerim : « Si portorium Rhodiis locare honestum est, et Hermocreonti conducere », et : « quod discere honestum, et docere ». **79.** Vnde illa non hac ratione dicta, sed efficiens idem Domiti Afri sententia est pulchra : « Ego accusaui, uos damnastis ». Est inuicem consequens et quod ex diuersis idem ostendit, ut, « Qui mundum nasci dicit, per hoc ipsum et deficere significet, quia deficit omne quod nascitur ».

80. Simillima est his argumentatio, qua colligi solent ex iis, quae faciunt, ea quae efficiuntur, aut

76. nascatur *AB* : -cuntur *H* -citur *Cicero* || a *BH* : *om.* *A*
77. retineri *B* : -nere *AH*
78. quae *B* : quia *AbH* || ἄλληλα : aΛΛΗΛaC *Bn* aaaHaaC *BgH* aMNaaC *A* || rhodiis *t* : rhodis *abH* hod* is *AB* || locare *B Cicero* : locare homines *AH* || hermocreonti *BgH* : -magoreonti *A* hac oratione *Bn*
79. damnastis *aB* : dampn- *H* danm- *A*
80. qua *AB* : quia *H*

genre d'arguments tiré des causes[1] ; mais la conclusion s'impose tantôt nécessairement, tantôt le plus fréquemment, mais non nécessairement. Ainsi, un corps, interposé dans la lumière, fait de l'ombre, et l'ombre, où qu'elle soit, implique un corps[2]. **81.** Il y a d'autres conclusions, comme je l'ai dit, qui ne s'imposent pas nécessairement, soit par rapport à la cause ou à l'effet, soit par rapport à l'un des deux : « Le soleil bronze, mais celui qui est bronzé ne l'est pas nécessairement par le soleil. » « Le voyage couvre de poussière, mais tout voyage ne soulève pas de poussière, et tous ceux qui sont couverts de poussière ne rentrent pas de voyage. » **82.** Comme exemples de conclusions nécessaires, on peut citer : « Si la sagesse fait l'homme de bien, l'homme de bien est nécessairement sage », et, par la même raison : « Se conduire bien est d'un honnête homme, mal d'un malhonnête homme » et « On répute bons ceux qui vivent honnêtement, mauvais ceux qui vivent mal » : conclusion correcte. « L'exercice rend généralement le corps robuste ; mais tous ceux dont le corps est robuste n'ont pas fait d'exercice et tous ceux qui ont fait de l'exercice ne sont pas robustes » ; de même : « Si le courage nous amène à ne pas craindre la mort, il ne s'ensuit pas que tous ceux qui ne craignent pas la mort doivent être considérés comme courageux », et « Si le soleil donne des maux de tête, dira-t-on qu'il est nuisible à l'homme ? »

83. Les arguments suivants conviennent particulièrement au genre de l'exhortation : « La vertu donne la gloire ; il faut donc s'y attacher ; au contraire, la recherche du plaisir donne une mauvaise réputation ; il faut donc le fuir. » Mais on recommande avec raison de ne pas remonter nécessairement à la cause la plus éloignée, comme dans *Médée*[3] :

« Plût aux dieux que jamais les bois du Pélion... »

(1) Cf. *Notes complémentaires.*
(2) Cf. *Notes complémentaires.*
(3) Cf. *Notes complémentaires.*

contra, quod genus a causis uocant : haec interim necessario fiunt, interim plerumque, sed non necessario. Nam corpus in lumine utique umbram facit, et umbra, ubicumque est, ibi esse corpus ostendit. **81.** Alia sunt, ut dixi, non necessaria, uel utrimque uel ex altera parte : « Sol colorat : non utique qui est coloratus a sole est ». « Iter puluerulentum facit, sed neque omne iter puluerem mouet, nec quisquis est puluerulentus ex itinere est ». **82.** Quae utique fiunt, talia sunt : « Si sapientia bonum uirum facit, bonus uir est utique sapiens », *item*que : « Boni est honeste facere, mali turpiter, et qui honeste faciunt, boni, qui turpiter, mali iudicantur : recte. At « exercitatio plerumque robustum corpus facit, sed non quisquis est robustus, exercitatus, nec quisquis exercitatus, robustus est » nec, quia fortitudo praestat ne mortem timeamus, quisquis mortem non timuerit uir fortis erit existimandus ; nec, si capitis dolorem facit, inutilis hominibus sol est.

83. Haec ad exhortatiuum maxime genus pertinent : « Virtus facit laudem, sequenda igitur ; at uoluptas infamiam ; fugienda igitur ». Recte autem monemur causas non utique ab ultimo esse repetendas, **84.** ut Medea :

« utinam ne in nemore Pelio »,

81. utrimque *B* : utrumque *AH* || est *ante* quae *om. A*

82. talia *aB* : et alia *Ab* et talia *H* || facit *AbH* : fec- *B* || itemque *Gesner* : ideoque *ABH* || iudicantur recte *BH* : recte iudicantur *A* || exercitatio — est *secl. Winterbottom* || est *ante* nec *om. A* || est haec *A* : et haec *BH*

83. exhortatiuum *A* : hort- *B* ort- *H* || repetendas *P* : retin- *ANH*

84. comme si son malheur ou sa culpabilité venaient de ce que là-bas : « Des poutres de sapin avaient jonché la terre » ; de même, on peut citer les mots de Philoctète à Pâris[1] :

« Si tu avais été inégal à toi-même, je n'aurais pas été misérable aujourd'hui. »

En remontant ainsi de cause en cause, on peut arriver là où l'on veut.

85. Si ce procédé n'avait pas été utilisé par Cicéron, il me semblerait ridicule d'ajouter à ces arguments ceux que l'on appelle « conjugués », comme ici : « Ceux qui accomplissent une action juste, agissent en justes », ce qui certes n'a pas besoin de preuves, ou, « Sur un pâturage banal, le pacage est permis[2] ».

86. Certains appellent les arguments, dont nous venons de parler, et qui sont tirés des motifs ou des causes efficientes, d'un mot d'emprunt : ἐκϐάσεις, c'est-à-dire : « résultantes », car, ici encore, le seul point que l'on considère, c'est ce qui résulte de chaque chose.

87. On appelle arguments de voisinage ou de comparaison[3] ceux qui vont du plus grand au plus petit, du plus petit au plus grand, du même au même. L'état de conjecture se confirme par ce qui est plus grand : « Qui commet un sacrilège, commettra aussi un vol » ; moins grand : « Qui ment facilement et publiquement, se parjurera » ; du même au même : « Qui a reçu de l'argent pour juger, en recevra aussi pour faire un faux témoignage ». **88.** Les points de droit se confirment par ce qui est plus grand : « S'il est permis de tuer un

(1) Cf. Accius, *Philoct. frg.* XVIII Klotz.

(2) Cicéron, *Top.*, 12, avec le même exemple de pâturage commun, ou banal. C'est l'argument ἀπὸ τῆς συζυγίας (Fortunatianus, *R.L.M.*, 116, 8) et l'argument suivant : ἀπὸ τῆς ἐκϐάσεως (Iulius Victor, *R.L.M.*, 402, 8) est l'argument *post rem* de Fortunatianus, *R.L.M.*, 116, 3 devenu *locus ab euentu*.

(3) Cicéron, *Top.*, 23 et 68-69, parle de *comparatio, Top.*, 23 et 68-69, de même que *De orat.*, II, 172 ; *adpositum* est employé

quasi uero id eam fecerit miseram aut nocentem, quod illic ceciderint abiegnae ad terram trabes ; et Philocteta Paridi :

« si inpar esses tibi, ego nunc non essem miser ».
Quo modo peruenire quolibet retro causas legentibus licet.

85. Illud his adicere ridiculum putarem, nisi eo Cicero uteretur, quod coniugatum uocant, ut « Eos, qui rem iustam faciunt, iuste facere », quod certe non eget probatione, « Quod compascuum est, compascere licere ».

86. Quidam haec, quae uel ex causis uel ex efficientibus diximus, alieno nomine uocant ecbasis, id est exitus ; nam nec hic aliud tractatur, quam quid ex quoque eueniat.

87. Adposita uel comparatiua dicuntur, quae minora ex maioribus, maiora ex minoribus, paria ex paribus probant. Confirmatur coniectura ex maiore : « Si quis sacrilegium facit, faciet et furtum » ; ex minore : « Qui facile ac palam mentitur, peierabit » ; ex pari : « Qui ob rem iudicandam pecuniam accepit, et ob dicendum falsum testimonium accipiet ». **88.** Iuris confirmatio est eius modi ; ex maiore : « Si adulterum occidere

84. eam *BH* : medaeam *a in ras.* || nocentem *AH* : innoc- *H* || paridi si *B* : paridis *AH* || inpar *AH* : par *B*
85. iustam *AbH* : istam *B*
86. alieno *aBH* : alio *A* || ecbasis *ABn* : hec basis *BgH* || nec *BH* : *om.* *Ab*
87. uel *BH* : uel ex *A* || maiora ex minoribus *AbH* : *om.* *B* || probant *AbH* : *om.* *B* || confirmatur *AbH* : -mantur *B*
88. est eius modi *BH* : huius modi est *A*

adultère, il est permis aussi de lui donner les étrivières » ; plus petit : « S'il est permis de tuer un voleur de nuit, que sera-ce pour un bandit de grand chemin » ; pareil : « Le juste châtiment ordonné contre celui qui a tué son père est juste aussi contre celui qui a tué sa mère. » Tous ces arguments se traitent par syllogisme.

89. Voici des formes d'arguments qui servent davantage dans les questions de définition ou de qualification : « Si la force est un bien pour les corps, la santé ne l'est pas moins » — « Si le vol est un crime, à plus forte raison le sacrilège » — « Si l'abstinence est une vertu, de même la continence » — « Si le monde est régi par une providence, un État exige un gouvernement » — « Si une maison ne peut être construite sans un plan, qu'en est-il <...> ? » — « S'il faut s'occuper des chantiers navals, il faut aussi s'occuper des armes »[1]. **90.** Et il me suffirait, à vrai dire, de parler de ce type d'arguments comme d'un genre, mais on le décompose en espèces. On conclut, en effet, de l'unité à la pluralité et de la pluralité à l'unité (d'où la forme d'argument : « Ce que vous avez fait une fois, vous pouvez le faire aussi plus souvent »), et de la partie au tout, et du genre à l'espèce, et du contenant au contenu, ou du plus difficile au plus facile, et de l'éloigné au plus proche, et ainsi pour tout, inversement, par la même méthode[2]. **91.** Il s'agit en effet de choses plus grandes, et plus petites ou qui ont au moins une importance égale. Si nous poursuivions ces distinctions, les divisions n'auraient aucune limite, car la comparaison entre les choses est infinie : elles peuvent être plus agréables, plus sérieuses, plus nécessaires, plus honorables, plus utiles : **92.** mais n'insistons pas, pour ne pas tomber dans le bavardage même que je veux éviter.

dans le *De inu.*, II, 165 en liaison avec *propinquum: fidentiae contrarium est diffidentia et ea re uitium est; audacia non contrarium, sed appositum est ac propinquum et tamen uitium est.*

(1) Cf. *Notes complémentaires.*

(2) Cf. *Notes complémentaires.*

licet, et loris caedere » ; ex minore : « Si furem nocturnum occidere licet, quid latronem ? » ; ex pari : « Quae poena aduersus interfectorem patris iusta est, eadem aduersus matris » ; quorum omnium tractatus uersatur in syllogismis.

89. Illa magis finitionibus aut qualitatibus prosunt : « Si robur corporibus bonum non est minus sanitas » ; « Si furtum scelus, magis sacrilegium » ; « Si abstinentia uirtus, et continentia » ; « Si mundus prouidentia regitur, administranda res publica » ; « Si domus aedificari sine ratione non potest, quid * » ; « † agenda si† naualium cura, et armorum ». **90.** Ac mihi quidem sufficeret hoc genus, sed in species secatur. Nam et ex pluribus ad unum et ex uno ad plura (unde est « quod semel, et saepius ») et ex parte ad totum et ex genere ad speciem et ex eo quod continet ad id quod continetur, aut ex difficilioribus ad faciliora et ex longe positis ad propiora, et ad omnia, quae contra haec sunt, eadem ratione argumenta ducuntur. **91.** Sunt enim et haec maiora et minora aut certe uim similem optinent. Quae si persequamur, nullus erit ea concidendi modus : infinita est enim rerum comparatio — iucundiora, grauiora, magis necessaria, honestiora, utiliora : **92.** sed mittamus plura, ne in eam ipsam, quam uito, loquacitatem incidam.

88. latronem *BH* : -num *A* || ex pari *B* : parique *AH* || interfectorem — aduersus *om. A* || in *om. B*

89. bonum, non est *Halm* : bonum non est *ABH* || quid agenda si *BnH* : agendas *A* -dum *Bg*

90. in species *BH* : specie *A* || ad *BH* : ac *A* || et ex genere *BgH* : et *om. ABn* || et *ante* ex eo *D'Orv. 13* : *om. ABH* || quod *A* : *om. BH* || aut *AbH* : ut *B* || ratione *AbH* : orat- *B*

91. concidendi *B* : conced- *AH*

Les exemples à l'appui sont, eux aussi, en nombre infini : je ne toucherai qu'à quelques-uns. Ainsi, en partant du plus grand, dans le *Pro Caecina* : « Ce qui trouble des armées sous les armes, ne semblera pas avoir troublé une compagnie de gens <en toge> ? »[1]. En partant du plus facile, dans le discours contre Clodius et Curion : « Vois si toi, tu aurais pu facilement obtenir <la préture> puisque celui devant qui tu t'es retiré ne l'a pas obtenue ? » **93.** En partant du plus difficile : « Vois, je te prie, Tubéron, si, n'hésitant pas à parler de ce que j'ai fait, je n'oserais pas parler de ce qu'a fait Ligarius. » Et dans le même discours : « Ligarius n'a-t-il pas des raisons d'espérer, quand il y a pour moi possibilité d'intervenir auprès de toi même pour un autre ? » En partant du moins important, dans le *Pro Caecina* : « Ainsi donc ? Pour prouver qu'il y a eu violence, ne suffit-il pas de savoir qu'il y avait là des hommes armés, mais tomber entre leurs mains ne suffit pas ? »

94. Ainsi, pour résumer, des arguments sont fournis par les personnes, les motifs, les lieux, le temps (où nous avons reconnu trois parties : ce qui précède, ce qui accompagne, ce qui suit), les moyens (où nous avons rangé l'instrument), la manière (c'est-à-dire les modalités particulières d'une action), la définition, le genre, l'espèce, les différences, les propriétés, l'élimination, la division, l'origine, les accroissements, la conclusion, les similitudes, les dissemblances, les contraires, les conséquences, les causes efficientes, les effets, les résultats, la comparaison, qui est subdivisée en plusieurs espèces[2].

(1) Cicéron, *Pro Caec.*, X, 92. La citation de Quintilien est incomplète, puisqu'il faut lire : *quod exercitus armatos mouet, id aduocationem togatorum non uidebitur mouisse?* — La citation de l'*In Clodium et Curionem* constitue aujourd'hui le *Frg. orat.*, XIV, 7 ; pour Tubêron, cf. *Pro Lig.*, 8 ; pour Ligarius, *ibid.*, 31 ; pour la citation du *Pro Caecina*, cf. ce discours au § 45. Mais le texte du *Pro Lig.*, 8 est différent de celui que cite Quintilien : *Vide, quaeso, Tubero, ut qui de meo facto non dubitem dicere, de Ligarii non audeam confiteri* ; de même pour le *Pro Caecina*, 45, Quintilien a omis *uero* après *itane* et écrit *sat* au lieu de *satis*.

(2) Cf. *Notes complémentaires*.

Exemplorum quoque ad haec infinitus est numerus, sed paucissima attingam. Ex maiore pro Caecina : « Quod exercitus armatos mouet, id aduocationem <togatorum> non uidebitur mouisse ? » Ex faciliore in Clodium et Curionem : « Ac uide an facile fieri tu potueris, cum is factus non sit cui tu concessisti ». Ex difficiliore : **93.** « Vide quaeso, Tubero, ut qui de meo facto non dubitem de Ligari audeam dicere » ; et *al*ibi : « An sperandi Ligario causa non sit cum mihi apud te locus sit etiam pro altero deprecandi ? » Ex minore pro Caecina : « Itane ? Scire esse armatos sat est ut uim factam probes, in manus eorum incidere non est satis ? »

94. Ergo, ut breuiter contraham summam, ducuntur argumenta a personis, causis, locis, tempore (cuius tres partes diximus : praecedens, coniunctum, insequens), facultatibus (quibus instrumentum subiecimus), modo (id est, ut quidque sit factum), finitione, genere, specie, differentibus, propriis, remotione, diuisione, initio, incremento, summa, similibus, dissimilibus, pugnantibus, consequentibus, efficientibus, effectis, euentis, iugatis, comparatione (quae in pluris diducitur species).

92. maiore *A* : -ra *BH* -ri *b* || togatorum *add. Jenson ex Cicerone* || cui tu non *AH* : cui non *B*

93. ligari *BH* : -ri* *A* -rio *b* || alibi *Winterbottom* : ibi *B* tibi A *om. H* || an *om. A* || sperandi *AB* : super- *abH* || itane scire *AB* : ita nescire *H* itane uero *Cicero*

94. TEST. : Ducuntur — insequens Cassiodorus, *R.L.M.*, 503, 8-9.

94. causis *B Cass.* : *om. AH* || coniunctum *BH* : iunctum *A* || quidque *A* : quique *BH* || sit factum — genere *om. B* || incremento *A* : -tis *BH* || dissimilibus *B* : *om. AH* || iugatis *P* : fug- *AH om. B* || diducitur *J* : ded- *ABH*

95. Il faut ajouter, semble-t-il, que des arguments sont tirés, non seulement des faits reconnus, mais aussi de faits fictifs — en grec καθ' ὑπόθεσιν — et, à vrai dire, ce dernier type d'arguments sera tiré à son tour de toutes les sources de développement dont j'ai parlé plus haut, puisqu'il peut y avoir autant d'espèces d'arguments fondés sur l'hypothèse que d'arguments fondés sur la réalité[1]. **96.** Car, ici, l'hypothèse consiste à mettre en avant une chose, qui, si elle était exacte, résoudrait la question, ou contribuerait à la résoudre, puis, à établir la correspondance entre l'hypothèse et le point en question. Pour me faire mieux comprendre des jeunes gens qui n'ont pas encore quitté l'école, je prendrai tout d'abord des exemples qui sont plus familiers à leur âge. **97.** Loi : « Qui aura refusé la prestation alimentaire à ses père et mère sera mis aux fers »[2]. Un homme refuse la prestation, et soutient néanmoins qu'il ne doit pas être mis aux fers. Il a recours à l'hypothèse : « <Serait-il coupable>, s'il était soldat, s'il était en bas âge, s'il était absent pour cause de service public ». Et l'hypothèse suivante, contre le droit accordé aux héros de choisir leur récompense : « Si tu demandais à être tyran, à renverser les temples... »[3]. **98.** L'hypothèse a beaucoup de force contre la lettre de la loi. Cicéron y recourt dans le *Pro Caecina* : <L'interdit contient les mots> : « D'où toi, ou tes esclaves, ou ton représentant m'auriez chassé. Si ton seul intendant m'avait chassé... Mais si tu n'a pas même d'autre esclave que celui qui m'a chassé... », et il y a bien d'autres hypothèses dans ce même plaidoyer[4]. **99.** L'hypothèse rend aussi un grand service dans la qualification : « Si Catilina,

(1) Cf. *Notes complémentaires.*

(2) Cf. *Notes complémentaires.*

(3) Les dispositions concernant les récompenses et les héros sont très fréquemment traitées dans les déclamations : cf. les listes établies par J. Sprenger, *Quaestiones in rhetorum Romanorum declamationes*, Diss. Halle, 1911, 176-177 et F. Lanfranchi, *Il diritto nei retori romani*, Milano, Giuffrè, 1938, 388 sq.

(4) Cf. *Notes complémentaires.*

95. Illud adiciendum uidetur, duci argumenta non a confessis tantum, sed etiam a fictione, quod Graeci καθ' ὑπόθεσιν uocant, et quidem ex omnibus isdem locis, quibus superiora, quia totidem species esse possunt fictae quot uerae. **96.** Nam fingere hoc loco est proponere aliquid, quod, si uerum sit, aut soluat quaestionem aut adiuuet, deinde id, de quo quaeritur, facere illi simile. Id quo facilius accipiant iuuenes nondum scholam egressi, primo familiaribus magis *ei* aetati exemplis ostendam. **97.** Lex : « Qui parentes non aluerit, uinciatur ». Non alit quis, et uincula nihilo minus recusat. Vtitur fictione : si miles, si infans sit, si rei publicae causa absit. Et illa contra optionem fortium : « Si tyrannidem petas, si templorum euersionem ». **98.** Plurimum ea res uirium habet contra scriptum. Vtitur his Cicero pro Caecina : « Vnde tu aut familia aut procurator tuus. Si me uilicus tuus solus deiecisset <...> si uero ne habeas quidem seruum praeter eum, qui me deiecerit », et alia in eodem libro plurima. **99.** Verum eadem fictio ualet et ad qualitates : « Si L. Catilina cum suo

95-99. TEST. : Victor, *R.L.M.*, 403, 11-27.

95. non a *AB* : non *BH* || καθ' ὑπόθεσιν : cathypoesin *A* -pothesin *Bn* chathypotesin *Bg* charthupotesyn *H* || isdem *aBH* : idem *A* hisdem *b* || quibus *BH Victor* : quae *A*

96. est *J Victor* : hoc est *B* id est *AH* || deinde *B Victor* : et deinde *AH* || de quo *B* : quo *AH* || facere *B* : -cile *AH* || quo *B* : quod *AH Victor* || ei *Burman* : et *AH* eique *B* || aetati *AH* : usitatis *B*

97. quis *B* : aquis *A* aliquis *aH Victor* || si miles si *Regius* : simile si *BH* similius *A* si filius *Victor* || infans *BH* : -fantis *A* || optionem *BH* : opiniones *A* || templorum *t Victor* : -porum *ABH*

98. plurimum *AbH* : -mumque *B* || uirium *aBH* : -rum *A* || aut *ante* familia *B Cicero* : autem *AH* || deiecerit *aBH* : -cierit *A*

99. L *ante* Catilina *A* : *om. BH*

avec son conseil de scélérats, qu'il a emmenés avec lui, pouvait juger de cette affaire, il condamnerait L. Murena », ou pour amplifier : « Si cela t'était arrivé à table, au cours de tes immondes beuveries », et encore : « Si la République pouvait parler... »[1].

100. Telles sont à peu près en général les bases usuelles des preuves ; il ne suffit pas de les indiquer genre par genre, car chacune d'elles peut fournir un lot d'innombrables arguments, et la nature des choses ne permet pas d'examiner avec attention toutes les espèces individuellement ; ceux qui l'ont tenté se sont exposés au double inconvénient d'en dire trop et cependant de ne pas dire tout. **101.** Aussi, une fois tombés dans ces filets inextricables, de très nombreux étudiants, comme entravés dans les chaînes inflexibles des lois, ont échoué dans tous leurs efforts, même ceux qu'ils auraient pu faire grâce à leur propre talent ; et, les yeux fixés sur leur maître, ils ont cessé de prendre la nature pour guide. **102.** En effet, il ne suffira pas en soi de savoir que toutes les preuves se tirent ou des personnes ou des choses, parce que les unes et les autres se répartissent en plusieurs subdivisions ; de même, quand on aura appris que les arguments doivent se tirer de ce qui précède, de ce qui accompagne, et de ce qui suit, sera-t-on armé d'emblée pour voir ce qui, dans chaque cause, devra être tiré de ces sources ?

(1) Cf. *Notes complémentaires.*

consilio nefariorum hominum, quos secum eduxit, hac de re posset iudicare, condemnaret L. Murenam » ; et ad amplificationem : « Si hoc tibi inter cenam et in illis inmanibus poculis tuis accidisset ». Sic et : « Si res publica uocem haberet ».

100. Has fere sedes accepimus probationum in uniuersum, quas neque generatim tradere sat est, cum ex qualibet earum innumerabilis argumentotum copia oriatur, neque per singulas species exequi patitur natura rerum ; quod qui sunt facere conati, duo pariter subierunt incommoda, ut et nimium dicerent nec tamen totum. **101.** Vnde plurimi, cum in hos inexplicabiles laqueos inciderunt, omnem, etiam quem ex ingenio suo potuerant habere, conatum, uelut adstricti certis legum uinculis, perdiderunt, et magistrum respicientes naturam ducem sequi desierunt. **102.** Nam ut per se non sufficiet scire omnes probationes aut a personis aut a rebus peti, quia utrumque in plura diuiditur, ita ex antecedentibus et iunctis et insequentibus trahenda esse argumenta qui acceperit, num protinus in hoc sit instructus, ut, quid in quaque causa ducendum sit ex his, sciat ?

99. condemnaret *B Cicero Victor* : commode maneret *AH* || ad *b* : *om. ABH* || amplificationem *BH* : -tione *A* || et in illis *Laur., XLVI, 9* : illis *AH Victor* in illis in illis *B* || sic *ABH* : *om. Victor* || si *BH Victor* : *om. A*

100. earum *BH* : et earum *A* || innumerabilis *BH* : -les *A* || patitur *B* : -tiatur *AbH*

101. unde *B* : inde *AbH* || in *om. B* || potuerant *ABH* : -terant *T* || magistrum *B* : -tratum *AbH*

102. sufficiet *ABH* : -cit *B* || a rebus *A* : rebus *BH* || antecedentibus *ABn* : acceden- *BgH* || num *Obrecht* : unum *AbH om. B* || ducendum *A* : ducenda *BH* dicenda *b*

103. D'autant que la plupart des preuves sont à trouver dans l'implication même des causes et ne présentent rien de commun avec aucune autre contestation, et que ce sont les plus efficaces, en même temps que les moins obvies, parce que celles qui sont communes s'inspirent de préceptes, celles qui sont spéciales doivent être trouvées.

104. Ce type d'arguments, nous l'appellerions volontiers « arguments de circonstance », car on ne peut rendre autrement le grec περίστασις, ou « de ce qui est propre à chaque cause[1] » : par exemple, dans l'affaire de ce prêtre adultère, qui, s'appuyant sur la loi qui lui permettait de sauver la vie d'un coupable, voulait sauver la sienne, l'argument approprié, c'est de dire : « Ce n'est pas un seul coupable que tu sauvais, puisque, toi mis hors de cause, il était impossible de punir de mort ta complice »[2]. Cet argument est fourni en effet par la loi qui interdit d'exécuter la femme adultère sans son complice. **105.** De même, d'après la loi qui autorise les banquiers à ne payer que la moitié de ce qu'ils doivent, et à recouvrer la totalité de leur créance, un banquier réclame à un autre banquier le solde de son compte. L'argument approprié que le sujet fournit au créancier, c'est précisément la clause annexée à la loi stipulant qu'un banquier peut exiger le recouvrement intégral de sa créance ; en effet, à l'égard des autres, il n'y aurait pas eu besoin d'une telle loi, puisque tout

(1) Cf. *Notes complémentaires.*

(2) Cf. Ps. Quint., *Decl. min.*, 284, qui expose un thème à peu près identique : *Sacerdos unius supplicio liberandi habeat potestatem. Adulteros liceat occidere. Quidam sacerdotem deprehendit in adulterio, et eum sibi ex lege impunitatem petentem occidit. Reus est caedis.* Le problème naît de la contradiction des lois et de l'impossibilité de respecter l'une sans transgresser l'autre. La loi qui impose de tuer les complices figure dans Sénèque, *Contr.*, I, 4 ; IX, 1 ; Ps. Quintilien, *Decl. min.*, 244, 284, 347, etc., mais il est précisé que le droit de tuer *in flagranti delicto* appartient au mari ; Caton (Aulu-Gelle, X, 23, 5) citait déjà le texte : *In adulterio uxorem si prehendisses, sine iudicio impune necares,* en le considérant comme une survivance d'une forme primitive

103. Praesertim cum plurimae probationes in ipso causarum complexu reperiantur, ita ut sint cum alia lite nulla communes, eaeque sint et potentissimae et minime obuiae, quia communia ex praeceptis accepimus, propria inuenienda sunt.

104. Hoc genus argumentorum sane dicamus ex circumstantia, quia περίστασιν dicere aliter non possumus, uel ex *iis*, quae cuiusque causae propria sunt ; ut in illo adultero sacerdote, qui lege, qua unius seruandi potestatem habebat, se ipse seruare uoluit, proprium controuersiae est dicere : « Non unum nocentem seruabas, quia te dimisso adulteram occidere non licebat ». Hoc enim argumentum lex facit, quae prohibet adulteram sine adultero occidere. **105.** Et illa, in qua lex est ut argentarii dimidium ex eo quod debebant soluerent, creditum suum totum exigerent. Argentarius ab argentario solidum petit. Proprium ex materia est argumentum creditoris, idcirco adiectum esse in lege ut argentarius totum exigeret ; aduersus alios enim

103. plurimae *BH* : -ma et *A* || in ipso *B* : initio *A* -a *H* || reperiantur — lite *B* : repleantur ita cum sint alii ali *AH* || eaeque sint *B* : eaque sunt *AH* || potentissimae *BH* : port- *A* || obuiae *b* : ouuiae *B* oliuae *AH* || communia *A* : -nibus *BH*

104. quia *BH* : qui *A* || his *ABH* || habebat *ABgH* : -beat *Bn* || seruabas *B* : -bat *AH* || te *AbH* : ante *B* || dimisso *B* : dem- *AH*

105. in qua *B* : inquam lata *AbH* || argentarii *AB* : argumen- *HF* || debebant *B* : -unt *AH* || argentarius *om.* *B* || petit *a* : peti *ABH* || esse — ut *B* : esse ut in lege ut *AH* || lege *BH* : legem *A*

le monde était en droit d'exiger le solde total, sauf des banquiers[1].

106. Il y a ainsi bien des considérations nouvelles qui se présentent dans tous les genres d'affaires, mais surtout dans les questions qui reposent sur la lettre d'un texte, parce qu'il y a souvent ambiguïté dans les mots pris isolément, et, plus souvent encore, dans le contexte d'une phrase. **107.** Et ces considérations elles-mêmes doivent varier dans le cas complexe d'une pluralité de lois ou de textes, qui s'accordent ou se contredisent, lorsqu'un fait devient, pour ainsi dire, l'indice d'un fait ou un point de droit l'indice d'un autre point de droit. « Je ne t'ai pas dû d'argent ; tu ne m'as jamais cité en justice ; tu n'as jamais perçu d'intérêt ; c'était un emprunt de gré à gré »[1]. Soit la loi : « Quiconque n'aura pas assisté son père accusé de trahison sera déshérité. » Un fils nie qu'il soit passible de cette sanction, à moins que son père n'ait été acquitté. La preuve ? Une autre loi : « Tout homme condamné pour trahison sera exilé, ainsi que son défenseur. » **108.** « Cicéron, dans le *Pro Cluentio*, dit que P. Popilius et Tiberius Gutta ont été condamnés non pour s'être laissés corrompre comme juges, mais pour brigue ». La preuve ? Que leurs accusateurs eux-mêmes, qui avaient été condamnés pour brigue, furent réhabilités, conformément à la loi, après avoir eu gain de cause[1].

109. On ne doit pas avoir moins de soin dans le choix des arguments à présenter que dans la manière de les présenter ; c'est même là que réside la force d'invention, sinon la plus importante, du moins la première. En effet, si des traits sont superflus pour qui ne sait quoi viser, les arguments sont inutiles, si l'on ne voit à l'avance où les appliquer. **110.** C'est ce que

de vengeance. La disposition a subsisté jusqu'aux derniers temps de la République ; cf. Horace, *Sat.*, I, 2, 41 sq. et II, 7, 6. La *lex Iulia de adulteriis* (*ca.* 17 av. J.-C.) a supprimé le *ius necandi* pour le mari à l'égard de la femme, mais non du complice, s'il était *infamis* ou *inhonestus*.

(1) Pour les §§ 105-108, cf. *Notes complémentaires*.

non opus fuisse lege, cum omnes praeterquam ab argentariis totum exigendi ius haberent.

106. Cum multa autem nouantur in omni genere materiae, tum praecipue in iis quaestionibus, quae scripto constant, quia uocum et in singulis ambiguitas frequens et adhuc in coniunctis magis. **107.** Et haec ipsa plurium legum aliorumue scriptorum uel congruentium uel repugnantium complexu uarientur necesse est, cum res rei aut ius iuris quasi signum est. « Non debui tibi pecuniam : numquam me appellasti, usuram non accepisti, ultro a me mutuatus es ». Lex est : « Qui patri proditionis reo non adfuerit, exheres sit. Negat fi*lius*, nisi si pater absolutus sit ». Quid signi ? Lex altera : « Proditionis damnatus cum aduocato exulet ». **108.** « Cicero pro Cluentio P. Popilium et Tiberium Guttam dicit non iudicii corrupti, sed ambitus esse damnatos ». Quid signi ? Quod accusatores eorum, qui erant ipsi ambitus damnati, e lege sint post hanc uictoriam restituti.

109. Nec minus in hoc curae debet adhiberi, quid proponendum, quam quo modo sit quod proposueris probandum ; hic immo uis inuentionis maior, certe prior. Nam ut tela superuacua sunt nescienti quid petat, sic argumenta, nisi prouideris cui rei adhibenda sint. **110.** Hoc est quod comprendi

106. et *ante* adhuc *om. BH*

107. aliorumue *BH* : aliorum uel *A* || es *BH* : est *A* || filius *Spalding* : fit *ABH*

108. post *B* : in *AbH*

109. -eris *BH* proposuerimus *A* || immo *AB* : omnino *abH* || maior *AB* : et sint maior *abH* || sunt *t* : sint *ABH* || petat sic *BH* : -tet ita *A*

la rhétorique ne saurait embrasser dans des règles techniques, et c'est pour cette raison que plusieurs orateurs, ayant reçu la même formation, se serviront d'arguments de même type, mais l'un en trouvera plus qu'un autre à utiliser. Soit, par exemple, la controverse suivante, qui pose des problèmes qui n'ont rien de commun avec les autres cas : **111.** « Lorsqu'Alexandre eut détruit Thèbes, il trouva des tablettes attestant que les Thébains avaient fait un prêt de consommation de cent talents aux Thessaliens. Comme les Thessaliens avaient fait campagne avec lui, il leur fit spontanément remise de la dette ; dans la suite, leur cité relevée par Cassandre, les Thébains réclament la somme aux Thessaliens. La cause est portée devant les Amphictyons. Il est constant que les Thébains ont prêté cent talents et n'ont pas été remboursés »[1]. **112.** Tout le procès porte sur l'allégation qu'Alexandre a fait une remise d'argent aux Thessaliens. Il est admis aussi que les Thessaliens n'ont pas reçu d'argent d'Alexandre ; la question est donc de savoir si ce qui a été donné équivaut à une remise du prêt. **113.** A quoi serviront ici les topiques d'arguments, si je ne vois pas d'abord que la remise faite par Alexandre est nulle, qu'il n'avait pas le pouvoir de la faire, et qu'il ne l'a pas faite ?

L'ouverture de la discussion, à vrai dire, est facile et propre à gagner la faveur des juges, puisqu'il s'agit de recouvrer par le droit ce qui a été arraché par la force. Mais surgit alors une question rude et passionnée sur le droit de la guerre, car les Thessaliens soutiennent qu'il régit les royaumes, les peuples, les frontières des nations et des villes. **114.** Pour réfuter, il faut trouver en quoi le cas présent diffère de celui des autres biens tombés aux mains d'un vainqueur ; la difficulté est moins inhérente à la preuve qu'à la façon

(1) L'histoire est contée par Diodore de Sicile, *Bibl.*, XVII, 8-14 ; XIX, 53-54.

arte non possit, ideoque, cum plures eadem didicerint, generibus argumentorum similibus utentur : alius alio plura, quibus utatur, inueniet. Sit exempli gratia proposita controuersia, quae minime communes cum aliis quaestiones habet : **111.** « Cum Thebas euertisset Alexander, inuenit tabulas quibus centum talenta mutua Thessalis dedisse Thebanos continebatur. Has, quia erat usus commilitio Thessalorum, donauit his ultro ; postea restituti a Cassandro Thebani reposcunt Thessalos. Apud Amphictyonas agitur. Centum talenta et credidisse eos constat et non recepisse. » **112.** Lis omnis ex eo, quod Alexander ea Thessalis donasse dicitur, pendet. Constat illud quoque, non esse iis ab Alexandro pecuniam datam ; quaeritur ergo, an proinde sit quod datum est ac si pecuniam dederit. **113.** Quid proderunt argumentorum loci, nisi haec prius uidero, nihil eum egisse donando, non potuisse donare, non donasse ?

Et prima quidem actio facilis ac fauorabilis repetentium iure quod ui sit ablatum. Sed hinc aspera et uehemens quaestio exoritur de iure belli, dicentibus Thessalis hoc regna, populos, fines gentium atque urbium contineri. **114.** Inueniendum contra est, quo distet haec causa a ceteris, quae in potestatem uictoris uenirent, nec circa probationem

110. possit *B* : -set *AbH* || quibus *BH* : in quibus *A*
111. euertisset *BH* : uertisse *A* -set *a* || mutua *BH* : -tue *A* || apud *om. A*
112. lis *B* : alis *A* ea lis *abH* || donasse *B* : se donasse *AbH* || proinde sit *B* : -derit *AH*
113. sed *AbH* : quod *B* || uehemens quaestio *BH* : quaestio uehemens *A*
114. quo *B* : quod *AH* quid *a*

dont elle est présentée. Disons tout d'abord : dans ce qui peut être porté devant des juges, le droit de la guerre ne peut être valablement évoqué et ce qui a été enlevé par les armes ne peut être retenu que par les armes. Aussi, là où les armes dominent, n'y a-t-il pas de juge ; où le juge intervient, elles n'ont aucune valeur. **115.** Voilà ce qu'il faut trouver pour mettre en jeu l'argument suivant : à savoir que les prisonniers de guerre, une fois rentrés dans leurs foyers, sont libres, parce que ce qui a été acquis par la guerre ne peut être détenu que par la force. La cause présente encore ceci de particulier, qu'elle a pour juges les Amphictyons ; or, la procédure n'est pas la même devant les centumvirs, ni devant un arbitre, même s'il s'agit de cas de nature identique.

116. En second lieu, nous dirons que le vainqueur n'a pu donner un droit, parce qu'un droit n'appartient qu'à celui qui le détient, et que le droit, étant incorporel, ne peut être saisi par une main. Découvrir ce principe est plus difficile que de le soutenir, une fois trouvé, par des arguments, comme de dire que la condition de l'héritier est différente de celle du vainqueur, parce que le droit passe à l'un et la chose à l'autre. **117.** Ensuite la considération propre au sujet, c'est qu'un droit sur une créance publique n'a pu passer au vainqueur, parce que ce qu'un peuple a prêté est dû à l'ensemble des citoyens, et qu'aussi longtemps qu'il en survivra un, il est créancier de la somme entière ; or, les Thébains n'ont pas tous été au pouvoir d'Alexandre. **118.** C'est un point qui n'a pas besoin d'être soutenu par des preuves extrinsèques, étant donnée la force de l'argument, qui vaut par lui-même.

Pour la troisième partie, le premier point, à savoir que le droit au recouvrement n'est pas fondé sur les tablettes, est plus banal ; aussi, peut-il être défendu par de nombreux arguments. On doit mettre en doute

res haeret, sed circa propositionem. Dicamus in primis : in eo, quod in iudicium deduci potest, nihil ualere ius belli, nec armis erepta nisi armis posse retineri. Itaque, ubi illa ualeant, non esse iudicem ; ubi iudex sit, illa nihil ualere. **115.** Hoc inueniendum est, ut adhiberi possit argumentum ; ideo captiuos, si in patriam suam redierint, liberos esse, quia bello parta non nisi eadem ui possideantur. Proprium et illud causa, quod Amphictyones iudicant, ut alia apud centumuiros, alia apud priuatum iudicem in isdem quaestionibus ratio.

116. Tum secundo gradu, non potuisse donari a uictore ius, quia id demum sit eius quod teneat ; ius, quod sit incorporale, adprendi manu non posse. Hoc reperire est difficilius quam, cum inueneris, argumentis adiuuare, ut alia sit condicio heredis, alia uictoris, quia ad illum ius, ad hunc res transeat. **117.** Proprium deinde materiae, ius publici crediti transire ad uictorem non potuisse, quia quod populus crediderit, omnibus debeatur, et, quamdiu quilibet unus superfuerit, esse eum totius summae creditorem ; Thebanos autem non omnis in Alexandri manu fuisse. **118.** Hoc non extrinsecus probatur, quae uis est argumenti, sed ipsum per se ualet.

Tertii loci pars prior magis uulgaris, non in tabulis esse ius, itaque multis argumentis defendi

114. deduci *ABH* : did- *a*

115. inueniendum *B* : -niundum *AH* || et *B* : est *Ab* est et *H* || ratio tum *B* : -onum *AH* -io sit *b*

116. a uictore ius *B* : auctor eius *A* auctorem ius *aH* || eius *A* : ei *BH* || quod *BH* : quid *A* qui id *a* || adprendi *B* : rep- *AbH* || est *A* : *om.* *BH* || manu *AB* : -nus *H*

118. argumenti sed *A* : -tis et *BH*

aussi l'intention d'Alexandre : a-t-il voulu honorer les Thébains ou les jouer? En revanche, voici qui est particulier au sujet et qui, en quelque sorte, introduit un nouveau débat : même en supposant que les Thébains eussent perdu leur droit, la restauration de leur ville le leur a-t-elle fait recouvrer? Ici, l'on se demande aussi ce que veut Cassandre. Mais, devant les Amphictyons, les développements fondés sur l'équité sont les plus puissants[1].

119. Je ne dis pas cela, parce que je juge inutile la connaissance des lieux d'où l'on tire les arguments (autrement, je n'en aurais pas parlé) ; mais, je souhaite que ceux qui connaissent ces règles, à supposer qu'ils négligent les autres considérations, ne se croient pas d'emblée des orateurs parfaits et consommés et qu'ils comprennent que, à moins d'avoir travaillé les autres parties de l'art, dont je dois parler bientôt, ils n'ont atteint qu'à une science, pour ainsi dire, muette. **120.** En effet, ce n'est pas la publication de traités de rhétorique qui a fait trouver les arguments, mais ces arguments ont tous été employés, avant que les préceptes ne fussent énoncés ; c'est seulement ensuite que les théoriciens ont rassemblé et publié leurs observations. La preuve en est qu'ils se servent d'exemples bien antérieurs à eux, qu'ils les tirent des orateurs, tandis qu'eux-mêmes, ils ne découvrent rien de neuf et qui n'ait été dit. **121.** Donc, les créateurs de l'art, ce sont les orateurs. Mais on doit aussi de la reconnaissance à ceux qui nous ont épargné du travail. Car ces procédés que, grâce à leur talent, les anciens ont trouvés un à un, nous n'avons pas besoin de les chercher, et tout a été déjà noté.

(1) Sur le recours à Alexandre comme thème de rhétorique, cf. Th. Sh. Duncan, *The Alexander theme in rhetoric,* Washington Univ. Studies, IX, 1921, 315-335.

potest. Mens quoque Alexandri duci debet in dubium, honorarit eos an deceperit. Illud iam rursus proprium materiae et uelut nouae controuersiae, quod restitutione recepisse ius, etiam si quod amiserint, Thebani uidentur. Hic et quid Cassander uelit quaeritur. Sed uel potentissima apud Amphictyonas aequi tractatio est.

119. Haec non idcirco dico, quod inutilem horum locorum, ex quibus argumenta ducuntur, cognitionem putem, (alioqui nec tradidissem); sed ne si, qui cognouerint ista, si cetera neglegant, perfectos se protinus atque consummatos putent, et, nisi in ceteris, quae mox praecipienda sunt, elaborauerint, mutam quandam scientiam consecutos intellegant. **120.** Neque enim artibus editis factum est ut argumenta inueniremus, sed dicta sunt omnia, antequam praeciperentur ; mox ea scriptores obseruata et collecta ediderunt. Cuius rei probatio est, quod exemplis eorum ueteribus utuntur et ab oratoribus illa repetunt, ipsi nullum nouum et quod dictum non sit inueniunt. **121.** Artifices ergo illi qui dixerunt. Sed habenda his quoque gratia est, per quos labor nobis detractus est. Nam quae priores beneficio ingenii singula inuenerunt, nobis et non sunt requirenda et notata omnia.

118 quod *B* : quia *AbH* || restitutione *ABH* : -nem *a* || recepisse *ABH* : -sent *a* || aequi *BH* : eque *A* || tractatio *Ab* : tractio *BH*

119. nec tradidissem *B* : inter adidissem *A* inter cetera non addidissem *aH* || si *B* : se *AbH* || se *B* : *om. AH*

120. dictum non sit *AB* : non sit dictum *H*

121. nobis *B* : non *AH* || detractus est *B* : est detractus est (etsi *a*) *AH* || et *ABH* : at *a* || notata *Harl. 2662* : notat *BH* -tant *A* -tanda *a* nota sunt *b*

Mais cela n'est pas plus suffisant qu'il suffit d'avoir appris <la gymnastique à> la palestre, si ce n'est qu'il faut aussi, pour aider le corps, l'exercice, la continence, un régime alimentaire[1], et surtout des aptitudes physiques ; inversement, ces conditions mêmes ne seraient pas suffisantes sans le secours de l'art.

122. Les jeunes gens qui étudient l'art oratoire doivent aussi penser qu'ils ne peuvent trouver dans toutes les causes tous les types d'arguments que nous avons indiqués, et que, lorsqu'ils auront un sujet à traiter oralement, il ne leur faudra pas les examiner chacun un à un, et, pour ainsi dire, aller frapper de porte en porte, pour voir s'ils répondraient éventuellement à la preuve que nous voulons fournir, sauf quand ils sont étudiants et qu'ils manquent encore de pratique. **123.** En ce cas, la lenteur de la parole serait, en effet, infinie, s'il fallait toujours essayer tous les arguments un à un, et apprendre ainsi par des essais ce qui sied et convient ; peut-être même y aurait-il là un obstacle, à moins que des dons naturels et la rapidité acquise par l'étude ne nous conduisent tout droit aux arguments qui conviennent à notre cause. **124.** Si la mélodie de la voix gagne beaucoup à être accompagnée par des instruments à corde, mais si, trop lente, la main de l'exécutant doit hésiter, après avoir examiné et mesuré toutes les cordes une à une pour trouver celles auxquelles s'ajustera chaque modulation de la voix, il vaudra mieux se contenter de ce que le chant seul donne naturellement ; il en est de même pour les préceptes de l'éloquence, auxquels doit s'accorder, et, comme cela se passe aussi pour la cithare, s'ajuster la théorie de

(1) C'est ce que Celse appelle (IV, 6) *athleticus uictus*. Juvénal, II, 63, parle de *colyphia*, sortes de boulettes de pâte farcie de viande, qu'évoque aussi Martial, VII, 67, 12; dans Plaute, *Persa*, 92, les *colyphia* semblent devoir gaver le parasite Saturion et ne pas être destinées à faire de lui un athlète : sur le mot, cf. W. Heraeus, *Die Sprache des Petronius und die Glossen*, Progr. Offenbach, 1899, 50 p., repris dans *Kleine Schriften*, Heidelberg, Winter, 1937, 52-151. J. André, *Rev. de philol.*, XL, 1966, p. 48-49, pense, pour sa part, que *colyphium* signifie « jambon ».

Sed non magis hoc sat est, quam palaestram didicisse, nisi corpus exercitatione, continentia, cibis, ante omnia natura iuuatur, sicut contra ne illa quidem satis sine arte profuerint.

122. Illud quoque studiosi eloquentiae cogitent, neque omnibus in causis ea, quae demonstrauimus, cuncta posse reperiri, neque, cum proposita fuerit materia dicendi, scrutanda singula et uelut ostiatim pulsanda, ut sciant, an ad probandum id, quod intendimus, forte respondeant, nisi cum discunt et adhuc usu carent. **123.** Infinitam enim faciat ista res dicendi tarditatem, si semper necesse sit ut, temptantes unum quodque eorum, quod sit aptum atque conueniens, experiendo noscamus ; nescio an etiam impedimento futura sit, nisi et animi quaedam ingenita natura et studio exercitata uelocitas recta nos ad ea, quae conueniant causae, ferant. **124.** Nam ut cantus uocis plurimum iuuat sociata neruorum concordia, si tamen tardior manus, nisi inspectis dimensisque singulis, quibus quaeque uox fidibus iungenda sit, dubitet, potius fuerit esse contentum eo quo simplex canendi natura tulerit ; ita huius modi praeceptis debet quidem aptata esse et citharae modo intenta ratio

121. magis hoc *BH* : magnos haec *A* || nisi *BH* : ni *A* || profuerint *aH* : -rit *AB*

122. TEST. : Victor, *R.L.M.*, 407, 10-21.

122. ea quae *AB* : ea *om.* *bH* || neque *AB* : si neque *bH* || cum *A* : tum *BgH* || proposita *AH* : prae- *B* || nisi cum *BH* : ni dum *A* nedum *a*

123. infinitam *aBH* : -ta *A* || enim *om.* *aBH* || ista *Victor* : ipsa *ABH* || dicendi *A* : disc- *BH* || sit *AH* : sint *B* || recta *AB* : -tae *aH*

124. dimensisque *A* : dem- *BH* || quo *BH* : quod *Ab*

l'éloquence ; **125.** mais il faut un long exercice pour atteindre à l'habileté des grands artistes, dont les mains, même s'ils ne regardent pas l'instrument, se portent par la seule force de l'habitude sur le grave, l'aigu, le medium[1] ; de même, la pensée de l'orateur ne doit pas être retardée par la variété et l'abondance des arguments, qui devront, pour ainsi dire, s'offrir et se présenter à lui, et comme les lettres et les syllabes, lorsque nous écrivons, n'exigent pas de réflexion, les arguments doivent, pour ainsi dire, spontanément, suivre le fil du discours.

XI

[Des exemples.]

1. Le troisième genre de preuves, qui est tiré de source extrinsèque au bénéfice de la cause, est appelé par les Grecs παράδειγμα, terme qu'ils appliquent en général à toute mise en regard de similitudes et spécialement à celles qui reposent sur l'autorité de faits historiques. Nos Latins ont presque tous préféré le terme *similitudo*, qui est dit en grec παραβολή, tandis qu'ils rendent παράδειγμα par *exemplum*, bien que le premier terme implique comparaison, et le dernier exemple. **2.** Quant à nous, pour nous faire mieux comprendre, pensons que les deux mots équivalent à παράδειγμα, et usons personnellement du mot *exemplum*. Et je ne crains pas d'avoir l'air de contredire Cicéron, quoiqu'il distingue la *conlatio* (comparaison) de l'exemple[2]. Il répartit en effet

(1) L'instrument à cordes, la lyre, ne comptant que sept cordes, c'est-à-dire sept notes, l'échelle diatonique comportait comme sons aigus, nète et paranète, comme sons médians, mèse, paramèse et lichanon, comme sons graves, hypate et parhypate ; quand on ajouta une huitième corde, il fallut séparer les deux tétracordes par un ton disjonctif et insérer entre paramèse et paranète la tritê.

(2) Cf. *Notes complémentaires*.

doctrinae ; **125.** sed hoc exercitatione multa consequendum, ut, quem ad modum illorum artificum, etiam si alio spectant, manus tamen ipsa consuetudine ad grauis, acutos, mediosque horum sonos fertur, sic oratoris cogitationem nihil moretur haec uarietas argumentorum et copia, sed quasi offerat se et occurrat, et, ut litterae syllabaeque scribentium cogitationem non exigunt, sic orationem sponte quadam sequantur.

XI

[De exemplis]

1. Tertium genus, ex *i*is quae extrinsecus adducuntur in causam, Graeci uocant παράδειγμα, quo nomine et generaliter usi sunt in omni similium adpositione et specialiter in iis, quae rerum gestarum auctoritate nituntur. Nostri fere similitudinem uocare maluerunt, quod ab illis parabole dicitur, hoc alterum exemplum, quamquam et hoc simile est, illud exemplum. **2.** Nos, quo facilius propositum explicemus, utrumque παράδειγμα esse credamus et ipsi appellemus exemplum. Nec uereor ne uidear repugnare Ciceroni, quamquam conlationem separat ab exemplo. Nam idem omnem argumen-

125. spectant *A* : -tent *BH* || oratoris *AbH* : -tionis *B* || sed quasi *B* : quae se *AbH* || se et *BH* : et *A* || orationem *a* : -ne *A* rationem *BH*

XI, 1. genus *AbH* : est genus *B* || iis : his *ABH* || adducuntur *AbH* : -cenda *B* || παράδειγμα : ΠaPaΔIΓMa *ABH itemque* § *2* || usi — specialiter *om. A* || uocare *B* : -ri *AH* || maluerunt *B* : uolu- *AH* || hoc *ante* alterum *om. AbH* || hoc *BH* : huic *A*

2. quo *A* : quoque *BH*

les argumentations en deux classes, le raisonnement inductif et le raisonnement déductif, comme les Grecs en παραδείγματα et ἐπιχείρηματα, interprétant παράδειγμα comme étant une ῥητορικὴ ἐπαγωγή (induction rhétorique).

3. Car la méthode, dont s'est servi le plus souvent Socrate, consistait à questionner son interlocuteur sur plusieurs points, dont il devait nécessairement convenir, et, finalement, à inférer de son analogie avec ce qui avait été antérieurement admis la conclusion du problème débattu. [C'est là l'induction]. Bien qu'on n'y puisse recourir dans un discours suivi, il est usuel de s'en servir dans une intervention qui prend la forme d'un interrogatoire. **4.** Soit donc la question suivante : « Quel est le plus noble des fruits ? N'est-ce pas le meilleur ? » On l'accordera. « Et le plus noble cheval ? N'est-ce pas le meilleur ? » Et, ainsi de suite, plusieurs questions allant dans le même sens. « Et chez les hommes, le plus noble n'est-il pas le meilleur ? » Il faudra bien le reconnaître. **5.** Un tel procédé a une très grande force, quand on interroge des témoins ; dans le discours suivi, il s'emploie différemment : en effet, ou bien l'orateur se répond à lui-même, ou bien, ce qui, dans l'interrogatoire, prend la forme d'une question, reçoit ici en général celle d'une conclusion : « Quel est le plus noble des fruits ? » — « Le meilleur, je pense » — « Et des chevaux ? » — « Le plus rapide. Ainsi parmi les hommes, celui qui ne se distinguera pas, par l'éclat de la naissance, mais par le mérite »[1].

Donc, tous les arguments tirés de ce genre de preuves doivent porter sur des choses semblables ou dissemblables ou opposées. On emploie parfois aussi la simili-

(1) Ce sont des lieux communs et des comparaisons banales dont on retrouve un écho dans Juvénal, VIII, 56 : *Dic mihi, Teucrorum proles, animalia muta/quis generosa putet nisi fortia? Nempe uolucrem/sic laudamus equum, facili cui plurima palma/feruet et exultat rauco uictoria circo*, etc.

tationem diuidit in duas partes, inductionem et ratiocinationem, ut plerique Graecorum in παραδείγματα et ἐπιχειρήματα, dixeruntque παράδειγμα ῥητορικὴν ἐπαγωγήν.

3. Nam illa, qua plurimum est Socrates usus, hanc habuit uiam, <ut>, cum plura interrogasset, quae fateri aduersario necesse esset, nouissime id, de quo quaerebatur, inferret ut simile concessis. [Id est inductio.] Hoc in oratione fieri non potest, sed quod illic interrogatur, hic fere sumitur. **4.** Sit igitur illa interrogatio talis : « Quod est pomum generosissimum ? Nonne quod optimum ? » Concedetur. « Quid ? equus qui generosissimus ? Nonne qui optimus ? » Et plura in eundem modum. Deinde, cuius rei gratia rogatum est : « Quid ? homo nonne is generosissimus, qui optimus ? » Fatendum erit. **5.** Hoc in testium interrogatione ualet plurimum, in oratione perpetua dissimile est : aut enim sibi ipse respondet orator : « Quod pomum generosissimum ? Puto quod optimum. Et equus ? Qui uelocissimus. Ita hominum non qui claritate nascendi, sed qui uirtute maxime excellet. »

Omnia igitur ex hoc genere sumpta necesse est aut similia esse aut dissimilia aut contraria.

2. ratiocinationem *Laur. XLVI, 9* : rationem *ABH* || dixeruntque *BH* : -que *om. A* || ῥητορικὴν ἐπαγωγήν : PHTOPIKЄHN ЄNaΓωΓHN *BH* PЄTOPIKON HΠaΠOTHN *A*

3. qua *BH* : quam *A* || ut *suppl. Badius* || nouissime *B* : uerissime *AH* -ma *a* || inferret *B* : -rebat *AbH* || concessis *Törnebladh* : -cessisse *ABH* -cessisset *b* || id — inductio *del. recte ut glossema Spalding* || oratione *B* : ratione *AH*

4. sit igitur *B* : *om. AH* || concedetur *Spalding* : -deretur *ABH* || et *BH* : est *A*

5. *post* excellet *uerisimile est quaedam deesse*

tude pour orner le discours. Mais j'en parlerai au moment voulu[1] ; ici, je passerai en revue ce qui concerne la preuve.

6. Parmi les arguments de ce genre, le plus efficace est celui que nous appelons proprement exemple, c'est-à-dire le rappel d'un fait historique ou présumé tel, qui sert à persuader l'auditeur de l'exactitude de ce que l'on a en vue. Il faut donc examiner si la similitude est totale ou partielle, afin de l'appliquer dans sa totalité ou seulement pour la part qui sera utile. **7.** Similitude : « Le meurtre de Saturninus a été juste, comme celui des Gracques. » Différence : « Brutus a fait périr ses enfants, qui se préparaient à trahir ; mais Manlius, c'est pour son courage qu'il a puni de mort son fils »[2]. Opposition : « Marcellus restitua aux Syracusains, qui étaient nos ennemis, leurs œuvres d'art ; Verrès en a dépouillé nos alliés. » Les mêmes distinctions servent pour confirmer au moyen de ces arguments ce qu'on doit louer ou accuser. **8.** Pour ce qui se rapportera à l'avenir, il est utile aussi de citer des exemples parallèles ; lorsqu'on dit que Denys demande des gardes du corps, afin de s'emparer de la tyrannie grâce à leurs armes, on pourra citer l'exemple de Pisistrate qui, par le même moyen, est parvenu au pouvoir absolu.

9. Mais il y a parfois des exemples en tous points similaires, comme le dernier, mais parfois l'on argumente du plus au moins ou du moins au plus. « Des villes ont été ruinées par suite d'une violation des droits

(1) Cf. VIII, 3, 72 sq.

(2) Cf. II, 16, 5. — Quintilien ne fait pas ici de citations topiques, mais résume. Pour Brutus et Manlius, cf. Tite Live, II, ch. V et VIII, ch. VII ; pour Marcellus et Verrès, Cicéron, *In Verr.*, IV, 120-122 ; pour Denys et Pisistrate, Aristote, *Rhét.*, 1357 b 31 sq. On trouvera dans nos *Études...*, p. 293 sq. un relevé des noms cités usuellement en exemple.

Similitudo adsumitur interim et ad orationis ornatum ; sed illa cum res exiget ; nunc ea quae ad probationem pertinent, exequar.

6. Potentissimum autem est inter ea, quae sunt huius generis, quod proprie uocamus exemplum, id est rei gestae aut ut gestae utilis ad persuadendum id, quod intenderis, commemoratio. Intuendum igitur est, totum simile sit an ex parte, ut aut omnia ex eo sumamus aut quae utilia erunt. Simile est : « Iure occisus est Saturninus sicut Gracchi ». **7.** Dissimile : « Brutus occidit liberos proditionem molientis, Manlius uirtutem filii morte multauit ». Contrarium : « Marcellus ornamenta Syracusanis hostibus restituit, Verres eadem sociis abstulit ». Et probandorum et culpandorum ex his confirmatio eosdem gradus habet. **8.** Etiam in iis quae futura dicemus, utilis similium admonitio est, ut si quis dicens Dionysium idcirco petere custodes salutis suae ut eorum adiutus armis tyrannidem occupet, hoc referat exemplum, eadem ratione Pisistratum ad dominationem peruenisse.

9. Sed ut sunt exempla interim tota similia, ut hoc proximum, sic interim ex maioribus ad minora, ex minoribus ad maiora ducuntur. « Si propter matrimonia uiolata urbes euersae sunt, quid fieri

5. similitudo *Regius* : dissim- *ABH*

6. persuadendum *AbH* : suad- *B* || sit *BH* : est *A* || ut aut *P* : aut ut *BH* aut *A* || sumamus *aBH* : summus *A* || erunt *BH* : sunt *A*

7. multauit *aBH* : mut- *A* || eadem *B* : eisdem *AbH* || eosdem *aBH* : eodem *A*

9. ex minoribus — maiora *om.* *B* || propter matrimonia uiolata urbes *B* : urbes uiolatas propter matrimonia *AbH*

du mariage ; quel châtiment l'adultère ne mérite-t-il pas? »[1] — « Des joueurs de flûte, qui avaient quitté la ville, y furent rappelés au nom de l'État ; à plus forte raison, des citoyens, qui sont les premiers de la cité et qui ont bien mérité de la république, doivent-ils être rappelés, quand la malveillance les a envoyés en exil! »[2]. Pour exhorter, les exemples tirés des inégalités ont une force particulière. **10.** Le courage est plus admirable chez la femme que chez l'homme. Par conséquent, s'il fallait enflammer l'ardeur de quelqu'un en vue d'un acte héroïque, l'exemple d'Horace et de Torquatus serait moins déterminant que celui de la femme qui tua Pyrrhus de sa main, et, pour inciter quelqu'un à mourir, celui de Caton et de Scipion le serait moins que celui de Lucrèce : c'est là précisément un argument du plus au moins.

11. Prenons maintenant des exemples de ces trois genres d'arguments dans Cicéron (où trouver mieux?)[3]. Ressemblance, dans le *Pro Murena* : « En effet, il m'est arrivé à moi-même qu'ayant comme concurrents deux patriciens, l'un, le pire des aigrefins <et des aventuriers>, l'autre, le plus réservé et le meilleur des hommes, je ne l'ai pas moins emporté sur Catilina par la dignité, sur Galba par le crédit. » **12.** Argument du plus au moins, dans le *Pro Milone* : « Ils disent qu'on n'a pas le droit de voir la lumière du jour, quand on se reconnaît l'auteur d'un meurtre. Mais dans quelle ville enfin, les gens sont-ils assez imbéciles pour soutenir cette thèse? Eh bien! dans la ville qui a vu le premier procès comportant une peine capitale, celui de M. Hora-

(1) Allusion évidente au rapt d'Hélène.

(2) Rappel du fait rapporté par Tite Live, IX, ch. XXX, dont les amis de Cicéron — et Cicéron lui-même — ont tiré parti en vue de son retour. — Au § 10, de quel Horace s'agit-il? Du vainqueur des Curiaces (Tite Live, I, ch. XXIV sq.) ou d'Horatius Cocles (Tite Live, II, ch. X) ; pour la femme qui tua Pyrrhus à Argos, cf. Plutarque, *Pyrrh.*, I, 405 d-e et Cornélius Népos, XXI, ch. II; Caton est Caton d'Utique, Scipion, Q. Caecilius Metellus Scipion ; pour Lucrèce, cf. Tite Live, I, ch. LVIII.

(3) Cicéron, *Pro Mur.*, 17 ; *Pro Mil.*, 7.

adultero par est ? » « Tibicines, cum ab urbe discessissent, publice reuocati sunt : quanto magis principes ciuitatis uiri et bene de re publica meriti, cum inuidiae cesserint, ab exilio reducendi ! ». Ad exhortationem uero praecipue ualent inparia. **10.** Admirabilior in femina quam in uiro uirtus. Quare, si ad fortiter faciendum accendatur aliquis, non tantum adferent momenti Horatius et Torquatus quantum illa mulier cuius manu Pyrrhus est interfectus, et ad moriendum non tam Cato et Scipio quam Lucretia ; quod ipsum est ex maioribus ad minora.

11. Singula igitur horum generum ex Cicerone (nam unde potius ?) exempla ponamus. Simile est hoc pro Murena : « Etenim mihi ipsi accidit ut cum duobus patriciis, altero improbissimo <atque audacissimo>, altero modestissimo atque optimo uiro, peterem : superaui tamen dignitate Catilinam, gratia Galbam ». **12.** Maius minoris pro Milone : « Negant intueri lucem esse fas ei qui a se hominem occisum esse fateatur. In qua tandem urbe hoc homines stultissimi disputant ? Nempe in ea quae primum iudicium de capite uidit M. Horati, fortissimi uiri,

9. reuocati *BH* : -tae *A*
10. admirabilior *B* : laudab- *AH* || accendatur *B* : accend** *A* -dantur *H* -dendum est *a* || ex *B* : ea *A* et a *a*
11. generum *BH* : -ra *A* || cum *BH Cicero* : in *A* || atque audacissimo *add. Philander ex Cicerone* || atque optimo uiro *B Cicero* : atquiro puto *AH* || superaui *AB* : -uit *bH*
12. minoris *BH* : milonis *A* || qui *aA* : quia *aBH* || de *bH* : dein *B om. A*

tius, qui était un homme du plus haut courage, et qui, la cité n'ayant pas encore adopté la liberté, fut néanmoins acquitté par les comices du peuple Romain, bien qu'il avouât avoir tué sa sœur de sa propre main ? » Du moins au plus[1] : « J'ai tué, oui, j'ai tué, non pas Sp. Maelius, qui, en raison de l'abaissement du taux de l'annone et du sacrifice de sa fortune personnelle, fut soupçonné de viser à la royauté, parce qu'il semblait trop vouloir s'attacher la plèbe », et la suite ; puis : « Mais lui (en fait, il oserait le dire, ayant délivré sa patrie du danger), qui commit un abominable adultère sur les coussins réservés aux images des Dieux », etc., et tout le développement contre Clodius.

13. Les arguments tirés de la dissemblance présentent plusieurs types : ils se tirent en effet du genre, de la manière, du temps, du lieu, etc., moyens que Cicéron a presque tous employés pour ruiner l'autorité de jugements antérieurs, qui semblaient s'appliquer au cas de Cluentius ; c'est par un exemple contraire qu'il ruina le blâme des censeurs : il loua Scipion l'Africain, qui, en qualité de censeur, avait publiquement reproché à un chevalier de s'être parjuré de propos délibéré et avait même promis de témoigner contre lui, si le fait était contesté ; personne ne l'accusant, il lui permit de passer avec son cheval[2]. Comme il est trop long, je n'ai pas reproduit son texte intégralement. **14.** En revanche, chez Virgile[3], on trouve un exemple bref de contraire, à propos d'Achille :

> Le héros, dont tu dis faussement être issu
> Ne traita pas ainsi son ennemi Priam.

(1) *Ibid.*, 72.

(2) Cicéron, *Pro Clu.*, 88 sq. (et 134, à propos de P. Scipion Emilien et de sa censure de 142) : *traducere equum* équivaut, lors de cette revue, à un « certificat de bonne conduite ». Cf. Valère Maxime, IV, 1, 10.

(3) Virgile, *En.*, II, 540-541.

qui, nondum libera ciuitate, tamen populi Romani comitiis liberatus est, cum sua manu sororem esse interfectam fateretur ». Minus maioris : « Occidi, occidi, non Spurium Maelium, qui annona leuanda iacturisque rei familiaris, quia nimis amplecti plebem uidebatur, in suspicionem incidit regni adpetendi » et cetera, deinde : « Sed eum (auderet enim dicere, cum patriam periculo liberasset), cuius nefandum adulterium in puluinaribus », et totus in Clodium locus.

13. Dissimile pluris casus habet. Fit enim genere, modo, tempore, loco, ceteris, per quae fere omnia Cicero praeiudicia, quae de Cluentio uidebantur facta, subuertit ; contrario uero exemplo censoriam notam, laudando censorem Africanum, qui eum, quem peierasse conceptis uerbis palam dixisset, testimonium etiam pollicitus, si quis contra diceret, nullo accusante, traducere equum passus esset. Quae, quia erant longiora, non suis uerbis exposui. **14.** Breue autem apud Vergilium contrarii exemplum est :

« at non ille, satum quo te mentiris, Achilles
talis in hoste fuit Priamo. »

12. comitiis *aBH* : -mitis *A* || fateretur *BH* : -teatur *A* || occidi occidi *A* : occidi *BH* || maelium *AB* : aelium *bH* || qui annona leuanda *BH* : qua non adleuanda *Ab* || iacturisque *BH* : -ris quae *A* || adpetendi *B Cicero* : affectandi *AbH* || eum *B Cicero* : cum *AbH* || auderet *aBH* : audi- *A*

13. casus *B* : ex casus *A* ex se casus *abH* || ceteris *ABH* : -risque *b* || notam *BH* : non tam *A* || peierasse *B* : petier- *A* petieras sed *abH*

15. Mais, des exemples historiques pourront être rapportés dans leur ensemble, comme l'a fait Cicéron dans le *Pro Milone* : « Un tribun militaire de l'armée de C. Marius et proche parent de ce général, avait voulu attenter à la pudeur d'un soldat et il fut tué par celui à qui il s'attaquait ; ce garçon honnête aima mieux en effet risquer sa vie que de subir un acte déshonorant. Et l'homme éminent dont je viens de parler le reconnut innocent et le renvoya des fins de la poursuite »[1]. **16.** Dans certains cas, il suffira d'une allusion, comme l'a fait encore Cicéron, défendant le même prévenu[2] : « En effet, il serait impossible de ne pas tenir pour criminels le fameux Servilius Ahala ou P. Nasica ou L. Opimius ou le sénat durant mon consulat, si c'était une abomination que de mettre à mort des criminels. » De tels parallèles seront proportionnés à la notoriété des faits, ou aux intérêts de la cause, ou aux exigences de l'ornement.

17. Il faut user d'une semblable méthode pour ce qui est tiré des légendes poétiques, quoiqu'elles aient moins de force probatoire ; quel usage on en doit faire, c'est ce qu'a montré encore le meilleur des garants et des maîtres en matière d'éloquence. **18.** En effet, dans le même discours, on trouvera également un exemple de ce genre de rapprochements[3] : « Aussi, juges, n'est-ce pas sans raison que les hommes les plus doctes nous ont appris, même par des récits légendaires, que l'homme qui, pour venger son père, avait tué sa mère, ne fut pas seulement, en dépit des opinions divisées sur son compte, absous par la sentence d'une divinité, mais par la sentence de la plus sage déesse. » **19.** Les fables également, connues sous le nom de fables ésopiques, quoiqu'Esope n'en soit pas l'auteur, (car il semble

(1) Cicéron, *Pro Mil.*, 9.

(2) *Ibid.*, 8. La citation est d'ailleurs inexacte : *Neque enim posset aut Ahala ille Seruilius aut P. Nasica aut L. Opimius aut C. Marius aut me consule senatus non nefarius haberi, si sceleratos ciuis interfici nefas esset.*

(3) *Ibid.*, 8. Le ms. T a mis *etiam* devant *sapientissimae.*

15. Quaedam autem ex iis, quae gesta sunt, tota narrabimus, ut Cicero pro Milone : « Pudicitiam cum eriperet militi tribunus militaris in exercitu C. Mari, propincus eius imperatoris, interfectus ab eo est cui uim adferebat ; facere enim probus adulescens periculose quam perpeti turpiter maluit. Atque hunc ille summus uir scelere solutum periculo liberauit » ; **16.** Quaedam significare satis erit, ut idem ac pro eodem : « Neque enim posset Ahala ille Seruilius aut P. Nasica aut L. Opimius aut me consule senatus non nefarius haberi, si sceleratos interfici nefas esset ». Haec ita dicentur prout nota erunt uel utilitas causae aut decor postulabit.

17. Eadem ratio est eorum, quae ex poeticis fabulis ducuntur, nisi quod iis minus adfirmationis adhibetur ; cuius usus qualis esse deberet, idem optimus auctor ac magister eloquentiae ostendit. **18.** Nam huius quoque generis eadem in oratione reperietur exemplum : « Itaque hoc, iudices, non sine causa etiam fictis fabulis doctissimi homines memoriae prodiderunt, eum, qui patris ulciscendi causa matrem necauisset, uariatis hominum sententiis, non solum diuina, sed sapientissimae deae sententia liberatum ». **19.** Illae quoque fabellae quae, etiam si originem non ab Aesopo acceperunt

15. periculose *BH Cicero* : periculo suo *A*
16. opimius *BH* : oppius *A*
18. eadem in *BH* : in eadem *A* || hoc *B Cicero* : ob hoc *AH* || fictis *BH* : -tas *A* || fabulis *BH* : -las *A* || diuina *BH* : -nae *A* || sapientissimae *BH* : patienti- *A*
19. quoque fabellae *AH* : *om. B*

qu'il faille en attribuer la paternité à Hésiode), exercent ordinairement de l'influence sur les esprits frustes et incultes, lesquels écoutent les fables avec plus de naïveté, et, séduits par le plaisir qu'ils éprouvent, croient aisément ce qui les charme[1]. Ainsi, Menenius Agrippa, selon la tradition, n'a-t-il pas réconcilié la plèbe avec le sénat, en racontant la vieille fable bien connue des membres de l'homme brouillés avec l'estomac ?[2]. **20.** Horace non plus n'a pas dédaigné d'employer ce genre dans un poème, évoquant en vers

« ce qu'un renard madré dit au lion malade... »

Les Grecs appellent ces fables αἶνοι et αἰσωπεῖοι λόγοι « discours ésopiques », comme je l'ai dit, et λιβυκοί « lybiens » ; chez nous, on dit *apologatio*, mot qui d'ailleurs n'est pas passé dans l'usage[3]. **21.** Voisin de ce genre est celui du proverbe (παροιμία), sorte de fable plus brève et présentée sous forme d'allégorie : « Ce n'est pas notre rôle de porter, dit-il ; au bœuf les paniers »[4].

22. Ce qui se rapproche le plus de l'exemple pour l'effet produit, c'est la ressemblance, surtout celle qui, sans mélange de métaphores, est tirée de choses à peu près identiques : « Ceux qui ont pour habitude d'accepter

(1) Il y avait en effet discussion sur l'origine des fables : Plutarque, *Conuiuium*, 158 b représente la tendance pro-ésopique ; Théon, *Progymn.*, XXII la tendance favorable à Homère, Hésiode et Archiloque.

(2) Pour Menenius Agrippa, cf. Tite Live, II, ch. 32 et Münzer, *R.E.*, XV, 1932, 840-843 (Agrippa Menenius Lanatus) ; pour Horace, *Ep.*, I, 1, 73.

(3) Les termes grecs sont dans Aristote, *Rhét.*, 1393 b 9. L'usage des fables devant les tribunaux était courant en Grèce : cf. Aristophane, *Guêpes*, 566 ; Lycurgue, *C. Léocrate*, 95. — *Apologatio* paraît ici pour la première fois.

(4) Cf. *Notes complémentaires.*

(nam uidetur earum primus auctor Hesiodus), nomine tamen Aesopi maxime celebrantur, ducere animos solent praecipue rusticorum et imperitorum, qui et simplicius quae ficta sunt audiunt, et capti uoluptate facile iis, quibus delectantur, consentiunt, si quidem et Menenius Agrippa plebem cum patribus in gratiam traditur reduxisse nota illa de membris humanis aduersus uentrem discordantibus fabula, **20.** et Horatius ne in poemate quidem humilem generis huius usum putauit in illis uersibus :

« quod dixit uulpes aegroto cauta leoni. »

Αἶνον Graeci uocant et αἰσωπείους, ut dixi, λόγους et λιβυκούς, nostrorum quidam, non sane recepto in usum nomine, apologationem. **21.** Cui confine est παροιμίας genus illud, quod est uelut fabella breuior et per allegorian accipitur : « Non nostrum, inquit, onus : *b*os clitellas ».

22. Proximas exempl*o* uires habet similitudo, praecipueque illa quae ducitur citra ullam tralationum mixturam ex rebus paene paribus : « Vt

19. ficta *AbH* : fac- *B* || patribus *B* : ex patribus *AbH*
20. et horatius *AB* : horatius et *H* || dixit *AB* : dic- *H* || uulpes *AH* : *om.* *B* || cauta *Ab* : catta *B* || αἶνον : ΔΙΝΟΝ *BH* ΜΙΤΟϹ *a in ras.* || αἰσωπείους : aesopius *AH* aΙϹΟΠΙΟΤaΙ *B* || λόγους : ΛΟΓΟϹ *A* ΛΟΓΟΙϹ *BH* || λιβυκούς *H* : aΙΒΥΚΟΥϹ *B* ΛΥΒΚΟΙϹ *A* || quidam *BH* : -dem *A*
21. παροιμίας *ed. Ven. 1493* : ΠaΡΟΙΜΙa *A* ΠaΡΟΙΜΛΙ *BH* || inquit *B* : in quod *A* in quo *bH* || onus *AB* : domus *bH* || bos *ed. Asc. 1531* : uos *ABH*
22. exemplo *Regius* : -pli *ABH* -plis *Spalding* || praecipueque *B* : -pue *AbH* || quae *A* : qua *BH* || ullam *B* : illam *ABH* || tralationum *B* : translat- *AbH* || mixturam *abH* : -ra *AB*

de l'argent au Champ de Mars sont d'ordinaire les adversaires les plus déterminés des candidats qu'ils soupçonnent d'avoir gardé leur argent ; de même, dans le présent procès, les juges de cette sorte sont venus au tribunal avec un préjugé hostile à l'accusé »[1]. **23.** En effet, la parabolê, que Cicéron appelle *collatio*, reprend ordinairement de plus loin les choses à comparer. Et l'on ne se borne pas à comparer les actes semblables de deux personnes, comme le fait Cicéron, dans le *Pro Murena*[2] : « Si des marins, venant du large, entrent au port, s'empressent ordinairement de donner à ceux qui quittent le port des conseils contre les risques des tempêtes, des pirates, des lieux, parce qu'une inclination naturelle nous porte à nous intéresser à ceux qui vont affronter les dangers que nous avons courus, moi, qui sors à peine d'une grande tourmente, et qui suis presque déjà en vue de la terre, quel sentiment dois-je éprouver enfin envers mon client qui, je le vois, va subir les plus terribles tempêtes ? » Mais, de telles similitudes se tirent aussi parfois des animaux et même des choses inanimées.

24. Et puisque les similitudes varient d'aspect avec le contexte, il faut avertir que, dans le discours, le genre nommé εἰκών par les Grecs et qui dépeint l'apparence des choses ou des personnes, — ainsi dans Cassius[3] :

« Quel est ce vieux podagre aux pieds bandés de laine,
qui crispe son visage ?... »

est plus rarement employé que les comparaisons qui aident à prouver ce que l'on avance[4]. Par exemple,

(1) Cicéron, *Pro Clu.*, 75. Pour *collatio*, cf. Cicéron, *De inu.*, I, 49 : *Collatio est oratio rem cum re ex similitudine conferens.*

(2) Cicéron, *Pro Mur.*, 4.

(3) Cf. *Notes complémentaires.*

(4) Cf. la discussion de tout ce développement dans Marsh H. McCall. Jr., *Ancient Rhetorical theories of simile and comparison*, Harvard Univ. Pr., 1964, 272 p. (notamment p. 178-210).

qui accipere in campo consuerunt, iis candidatis, quorum nummos suppressos esse putant, inimicissimi solent esse, sic eius modi iudices infesti tum reo uenerant. » **23.** Nam parabole, quam Cicero conlationem uocat, longius res quae comparentur repetere solet. Neque hominum modo inter se, opera similia spectantur, ut Cicero pro Murena facit : « Quod si e portu soluentibus, qui iam in portum ex alto inuehuntur, praecipere summo studio solent et tempestatum rationem et praedonum et locorum, quod natura adfert ut iis faueamus, qui eadem pericula, quibus nos perfuncti sumus, ingrediantur, quo tandem me animo esse oportet, prope iam ex magna iactatione terram uidentem, in hunc, cui uideo maximas tempestates esse subeundas ? » Sed et a mutis atque etiam inanimis interim <simile> huius modi ducitur.

24. Et quoniam similium alia facies in alia ratione, admonendum est rarius esse in oratione illud genus, quod εἰκόνα Graeci uocant, quo exprimitur rerum aut personarum imago, ut Cassius :

« quis istam faciem lanipedis senis torquens ? »

quam id, quo probabilius fit quod intendimus ; ut, si animum dicas excolendum, similitudine

22. iis *om. B* || candidatis *B* : gaud- *BH* || uenerant *om. B, sed in marg. Bn* nueuerant, *in marg. Bg* uenerante

23. comparentur *ed. Vasc. 1542* : parentur *ABH* || neque *BH* : enim nec *A* || portum *BH* : portu *A* || praecipere *B* : -dicere *AbH* || perfuncti *BH* : -fructi *A* || sumus *A* : sim- *BH* || oportet *BH* : -teret *A* || sed et *B* : sed *aH* set *A* || *ante* huius modi, *cum lacuna manifesta esse uideretur,* simile *add. Halm*

24. in alia *Spalding* : in talia *AH* in tali *Bn* tal *Bg* || lanipedis *AH* : lanipendi *B* planipedis *Regius*

si l'on dit qu'il faut cultiver l'esprit, on prendra comme point de comparaison la terre, qui, négligée, donne des ronces et des épines, cultivée, des fruits ; ou, pour exhorter à l'action politique, on peut montrer que même les abeilles et les fourmis, qui sont des êtres dénués de parole et qui sont même de petits animaux, n'en travaillent pas moins pour la communauté. **25.** Cicéron se sert d'une comparaison de ce genre, quand il écrit : « Si nos corps ne peuvent rien sans l'intelligence, un État sans loi ne peut rien faire de ses composantes, qui sont comme les nerfs, le sang et les membres »[1]. Mais, comme il tire ici, dans le *Pro Cluentio*, une comparaison d'une analogie avec le corps humain, il en tire des chevaux dans le *Pro Cornelio*[2], et des rochers dans le *Pro Archia*[3]. **26.** En voici qui sont plus à notre portée, comme je l'ai déjà dit : « Comme des rameurs ne peuvent rien sans pilote, il en est de même d'une armée sans général. »

Souvent, cependant, les similitudes trompent par leurs apparences ; aussi, faut-il les employer avec discernement. En effet, si un navire neuf rend plus de services qu'un vieux, il n'en est pas de même pour l'amitié, et si la femme qui se montre libérale avec son argent mérite des éloges, il n'en est pas de même de celle qui se montre libérale avec sa beauté. Dans ces exemples, il y a similitude entre les mots « vieux » et « libéral », mais leur valeur est bien différente, quand ils s'appliquent à l'argent et à la pudeur, à un navire et à l'amitié[4] ; **27.** Aussi, est-il important en ce genre surtout d'examiner si ce qui est inféré est semblable. Même, dans les interrogations socratiques, dont j'ai parlé un peu plus haut[5], il faut prendre garde à ne pas répondre à l'étourdie, comme l'a fait, d'après Eschine le Socratique, la femme de Xénophon à Aspasie, ce

(1) Cf. Cicéron, *Pro Clu.*, 146.

(2) Id. *Frg. orat.*, VIII, inc. 2.

(3) Id. *Pro Arch.*, 19.

(4) Lacune probable : Gesner a suggéré, dans son édition de 1738, d'ajouter *nauis et amicitiae*, qui reprend le thème du début du § 26.

(5) Au § 3.

utaris terrae, quae neglecta sentes ac dumos, culta fructus creat ; aut, si ad curam rei publicae horteris, ostendas apes etiam formicasque, non modo muta, sed etiam parua animalia, in commune tamen laborare. **25.** Ex hoc genere dictum illud est Ciceronis : « Vt corpora nostra sine mente, ita ciuitas sine lege suis partibus, ut neruis ac sanguine et membris, uti non potest ». Sed ut hac corporis humani pro Cluentio, ita pro Cornelio equorum, pro Archia saxorum quoque usus est similitudine. **26.** Illa, ut dixi, propiora : « Vt remiges sine gubernatore, sic milites sine imperatore nihil ualere ».

Solent tamen fallere similitudinum species ; ideoque adhibendum est eis iudicium. Neque enim ut nauis utilior noua quam uetus, sic amicitia, uel, ut laudanda quae pecuniam suam pluribus largitur, ita quae formam. Verba sunt in his similia uetustatis et largitionis, uis quidem longe diuersa pecuniae et pudicitiae <nauis et amicitiae.> **27.** Itaque in hoc genere maxime quaeritur an simile sit quod infertur. Etiam in illis interrogationibus socrat*ic*is, quarum paulo ante feci mentionem, cauendum ne incaute respondeas, ut apud Aeschinen Socraticum male respondit Aspasiae Xenophontis uxor, quod Cicero his uerbis transfert :

24. neglecta *AB* : -tae *H* || sentes *B* : spinas *AH*
25. hac *B* : hoc *AH*
26. propiora *Harl. 2662* : -priora *BH* -piore *A* || eis *A* : iis *B* his *H* || pecuniae (puc- *A*) et pudicitiae (amici- *A*) *ABH* || nauis et amicitiae *add. Spalding post* pudicitiae
27. quaeritur *BH* : -retur *A* || Socraticis *ed. Vasc. 1542* : -tis *ABH* || quarum *A* : quo- *BH* || aspasiae *P* : -sia *B* sias *A* aspha- *bH* || transfert *AB* : -feret *H*

que Cicéron traduit ainsi[1] : **28.** « Dis-moi, je te prie, toi qui es l'épouse de Xénophon, si ta voisine avait de l'or plus fin que le tien, préférerais-tu le sien ou le tien ? » — « Le sien » dit-elle. — « Et si ses vêtements et le reste de ses parures féminines étaient d'un plus grand prix que les tiens, préférerais-tu les tiens ou les siens ? » — « Les siens, certainement », répondit-elle. — « Alors, voyons, dit Aspasie, si elle avait un mari meilleur que le tien, préférerais-tu ton mari ou le sien ? » — **29.** A cette question, la femme rougit, non sans raison ; elle avait eu tort en effet de répondre qu'elle aimait mieux l'or d'autrui que le sien, ce qui est mal. Mais, si elle avait répondu qu'elle aimerait mieux que son or fût comme celui de sa voisine, elle aurait pu répondre pudiquement qu'elle aimerait mieux que son mari ressemblât à celui qui est meilleur que lui. »

30. Je sais que certains théoriciens avec un zèle inutile ont subdivisé ce sujet en parties très menues, et qu'il y a pour eux un « moins semblable », comme le singe par rapport à l'homme ou la première ébauche d'une statue par rapport à l'original, un « plus semblable », comme dans la locution connue : « un œuf ne ressemble pas plus à un autre œuf » ; d'autre part, dans les choses dissemblables, il y a quelque chose de semblable : par exemple, la fourmi et l'éléphant appartiennent au même genre, étant tous deux des êtres animés, et dans les choses semblables, il y a quelque chose de dissemblable, par exemple, « les chiots par rapport aux chiens, les chevreaux par rapport à leurs mères »[2] : ils diffèrent en effet par l'âge. **31.** Ces rhéteurs distinguent aussi entre les contraires,

(1) Cf. *Notes complémentaires.*
(2) Virgile, *Ecl.*, I, 22.

28. « Dic mihi, quaeso, Xenophontis uxor, si uicina tua melius habeat aurum quam tu habes, utrumne illud an tuum malis ? — Illud, inquit — Quid ? si uestem et ceterum ornatum muliebrem pretii maioris habeat quam tu, tuumne an illius malis ? Respondit : illius uero. Age sis, inquit, si uirum illa meliorem habeat quam tu habes, utrumne tuum uirum malis an illius ? » **29.** Hic mulier erubuit, merito : male enim responderat, se malle alienum aurum quam suum ; nam est id improbum. At si respondisset malle se aurum suum tale esse quale illud esset, potuisset pudice respondere malle se uirum suum talem esse qualis melior esset. »

30. Scio quosdam inani diligentia per minutissimas ista partis secuisse, et esse aliquid minus simile, ut simia homini et [ut] marmora deformata prima manu, aliquid plus, ut illud, « non ouum tam simile ouo », et dissimilibus inesse simile, ut formicae et elephanto genus, quia sunt animalia ; et similibus dissimile, ut « canibus catulos et matribus haedos » : differunt enim aetate. **31.** Contrariorum quoque aliter accipi opposita, ut noctem luci,

28. TEST. : Victor, *R.L.M.*, 408, 21-26.

28. an tuum malis illud *Halm ex Cicerone* : tuum an illius malis illius *HJ om. AB* || quid *BH Cicero Victor* : malis *a in ras.* || tu *AB* : tu habes *HJ Cicero* || malis — illius *P Cicero Victor* : *om. ABH* || uero age sis *B Cicero* : uelis accedo *A* accedeisi *bH* uero quid *Victor*

29. id *a* : id hoc *ABH*

30. simia *Ab* : similia *BH* || ut *del. Regius* || non ouum *ab* : nouum *A* noum *B* noumiam *H* || tam *A* : iam *BH* || haedos *B* : aed- *A*

les termes contradictoires, comme la nuit et le jour, les éléments nuisibles, comme l'eau froide en état de fièvre[1], les incompatibles, comme le vrai et le faux[2] ; les antithétiques, comme ce qui est dur et ce qui n'est pas dur. Mais quelle est l'importance de ces distinctions pour le sujet présent, je n'arrive pas à la discerner.

32. Il faut plutôt noter que, dans les questions de droit, des arguments sont tirés de situations juridiquement analogues, comme par exemple, dans les *Topiques* de Cicéron[3] : « Celui à qui une maison a été laissée en usufruit, n'est pas plus tenu de la représenter à l'héritier, si elle s'est écroulée, que de représenter un esclave, si cet esclave est mort. » Ils sont tirés du contraire[4] : « Rien ne s'oppose à ce qu'un mariage soit valide, s'il y a accord entre les contractants, même s'il n'y avait pas de contrat dûment scellé ; il ne servirait de rien en effet de l'avoir scellé, si l'intention de contracter n'était pas établie ». **33.** Ils sont tirés du dissemblable, par exemple, par Cicéron, dans le *Pro Caecina* : « Si quelqu'un me forçait par les armes à sortir de chez moi, j'aurais une base d'action contre lui ; s'il m'empêchait d'y rentrer, en serais-je privé ? » Les arguments sont tirés du dissemblable, par exemple, ainsi : « Si un homme qui a légué tout l'argent qui lui appartenait peut paraître avoir légué aussi la monnaie d'argent, il ne s'ensuit pas qu'on doive penser qu'il a voulu donner aussi ce qui figure dans ses créances »[5].

(1) Telle est en effet l'opinion de Celse, I, 5 : ... *ne ex hac quidem causa sudanti frigidam bibendum esse.*

(2) Cf. Cicéron, *De inu.*, I, 42 : *Disparatum autem est id, quod ab aliqua re praepositione negationis separatur, hoc modo : sapere et non sapere.*

(3) Cf. *Notes complémentaires.*

(4) Cicéron, *Pro Caec.*, 34, dont le texte diffère un peu de celui de Quintilien.

(5) Ce texte est une contamination de deux passages des *Topiques* de Cicéron (§§ 13 et 16) et il pose deux problèmes, l'un qui naît de l'ambiguïté du mot *argentum* (argent monnayé et argenterie), l'autre qui concerne les créances et l'usufruit

aliter noxia, ut aquam frigidam febri, aliter repugnantia, ut uerum falso, aliter separata, ut dura non duris. Sed quid haec ad praesens propositum magnopere pertineant, non reperio.

32. Illud est adnotandum magis, argumenta duci ex iure simili, ut Cicero in Topicis : « Eum, cui domus usus fructus relictus sit, non restituturum heredi, si corruerit, quia non restituat seruum, si is decesserit ». Ex contrario : « Nihil obstat quo minus iustum matrimonium sit mente coeuntium, etiam si tabulae signatae non fuerint : nihil enim proderit signasse tabulas, si mentem matrimonii non fuisse constabit ». **33.** Ex dissimili, quale est Ciceronis pro Caecina : « Vt si qui me exire domo coegisset armis, haberem actionem, si qui introire prohibuisset, non haberem ? » Dissimilia sic deprenduntur : « Non si, qui argentum omne legauit, uideri potest signatam quoque pecuniam reliquisse, ideo etiam quod est in nominibus dari uoluisse creditur ».

31. noxia *BH* : non *Ab* || aquam *AbH* : *om. B* || frigidam *AbH* : -da in *B* || aliter — falso *om. A* || disparata *B* : sep- *AH*
32. ad notandum *ABH* : uidendum *a in ras.* || eum — heredi *ABH* : ei — heredem *Regius* || fructus *om. A* || restituturum *B* : -tituat *AbH* || decesserit *BH* : disc- *A* || ex *BH* : et *A*
33. dissimili *B* : -le *AH* || quale est *B* : -le sit *A* -les *H* || domo *BH Cicero* : de domo *A* || coegisset *Ab* : cog- *BH* || si *BH* : is *A* || quoque *abH* : *om. AB*

34. Certains rhéteurs font une distinction entre l'analogie et la similitude ; selon nous, la première rentre dans le genre de la seconde. Car « dix est à cent comme un est à dix », est, à coup sûr, un rapport de similitude, de même que : « un mauvais citoyen est comparable à un ennemi public ». Pourtant, en général, on pousse aussi plus loin les arguments de cette sorte : « S'il est honteux pour une maîtresse de maison d'avoir une liaison avec son esclave, il est aussi honteux pour le maître d'en avoir une avec sa servante » ; « Si le plaisir est une fin pour les animaux, elle en est une aussi pour l'homme. » **35.** Ces arguments peuvent être combattus très facilement par une argumentation tirée des dissemblances : « Ce n'est pas la même chose pour un maître d'avoir sa servante comme maîtresse que pour la maîtresse d'avoir son esclave comme amant » — « Si, pour les animaux, qui sont dénués de la parole, la fin est le plaisir, il n'en est pas de même pour des êtres raisonnables. » Bien plus, par les contraires : « Pour les animaux ; donc pas pour les êtres raisonnables. »

36. Comme preuves extrinsèques, employées en vue de soutenir la cause, il y a aussi l'autorité. Ceux qui suivent les Grecs, qui nomment ces preuves κρίσεις[1], les appellent *iudicia* ou *iudicationes* ; par là, on n'entend pas les points sur lesquels il y a décision judiciaire après cause jugée (elles rentrent, en effet, dans la catégorie des exemples), mais ce qui a été regardé comme exprimant l'opinion des nations, des peuples, des sages, des citoyens distingués, des poètes illustres. **37.** Même les maximes courantes et les idées reçues par la croyance populaire ne seront pas sans utilité[1]. Ce sont, en effet, pour ainsi dire, des témoignages peut-être encore plus déterminants, parce qu'ils ne sont

des créances : à la fin du Ier s. avant J.-C., toutes les *res* et les droits patrimoniaux peuvent faire l'objet d'un usufruit.

(1) Cf. Hermogène, *Progymn.*, VIII, 7, Rabe.

(2) Cf. *Notes complémentaires.*

34. Ἀναλογίαν quidam a simili separauerunt, nos eam subiectam huic generi putamus. Nam ut unum ad decem, et decem ad centum simile certe est, et, ut hostis, sic malus ciuis. Quamquam haec ulterius quoque procedere solent : « Si turpis dominae consuetudo cum seruo, turpis domino cum ancilla ; si mutis animalibus finis uoluptas, idem homini ». **35.** Cui rei facillime occurrit ex dissimilibus argumentatio : « Non idem est dominum cum ancilla coisse, quod dominam cum seruo, nec, si mutis finis uoluptas, rationalibus quoque » ; immo ex contrario : « quia mutis, ideo non rationalibus ».

36. Adhibetur extrinsecus in causam et auctoritas. Haec secuti Graecos, a quibus κρίσεις dicuntur, iudicia aut iudicationes uocant, <non> de quibus ex causa dicta sententia est (nam ea quidem in exemplorum locum cedunt), sed si quid ita uisum gentibus, populis, sapientibus uiris, claris ciuibus, inlustribus poetis referri potest. **37.** Ne haec quidem uulgo dicta et recepta persuasione populari sine usu fuerint. Testimonia sunt enim quodam modo uel potentiora etiam, quod non causis

34. ἀναλογίαν *ed. Ven. 1493* : aΠOaΠIaN *BH* apologiam *b in marg. om. A* ‖ a *abH* : *om. AB* ‖ decem ad *a in ras.* : ad decem *ABH* ‖ certe *AB* : -tum *abH* -ti *B* ‖ malus *AbH* : -los *B* ‖ mutis *B* : multis *AbH*

35. ex *BH* : a *a* ea *A* ‖ finis *BH* : *om. A* ‖ immo *ABH* : quin immo *T* ‖ contrario — rationalibus *B* : contrario in rationalibus *AH*

36. a quibus *om. A* ‖ non *add. Regius* ‖ locum *ABH* : loco *a* ‖ si quid *B* : quid *AH*

pas accommodés en vue de la cause, mais parce qu'ils ont été formulés et pratiqués par des esprits dégagés de toute haine et de toute influence, uniquement en raison de leur haute valeur de moralité ou de vérité.

38. Si je traite des misères de cette vie, ne pourrai-je pas me fonder sur l'opinion des peuples, qui accompagnent de pleurs la naissance des enfants, de joie leur mort ?[1]. Ou si je recommande au juge la miséricorde, ne pourrai-je pas tirer parti du fait que la cité des Athéniens, qui est si prudente, ne la tenait pas pour un sentiment, mais pour une divinité[2] ? **39.** Et les préceptes des sept sages, ne les considérons-nous pas comme de véritables règles de vie ? Qu'une femme adultère soit accusée d'empoisonnement, ne semble-t-il pas qu'elle doive être condamnée par le jugement de M. Caton, lequel disait qu'il n'y avait pas de femme adultère qui ne fût en même temps une empoisonneuse[3] ?

Quant aux réflexions tirées des poètes, elles ne remplissent pas seulement les discours, mais les livres même des philosophes, qui ont beau juger tout au-dessous de leurs préceptes et de leurs écrits, mais n'ont pas dédaigné pour autant de citer comme garants de très nombreux vers[4]. **40.** D'autre part, c'est un exemple qui n'est pas sans valeur que celui des Mégariens, qui disputant aux Athéniens la possession de Salamine, furent vaincus grâce à un vers d'Homère, lequel d'ailleurs ne se trouve pas dans toutes les éditions, et témoigne qu'Ajax unit ses vaisseaux à ceux des Athéniens[5]. **41.** Il y a aussi les adages populaires,

(1) Cf. *Notes complémentaires.*
(2) Cf. *Notes complémentaires.*
(3) Cf. *Notes complémentaires.*
(4) Sur ces pointes contre les philosophes, cf. I, *pr.* 10.
(5) Cf. *Notes complémentaires.*

adcommodata sunt, sed liberis odio et gratia mentibus ideo tantum dicta factaque, quia aut honestissima aut uerissima uidebantur.

38. An uero me de incommodis uitae disserentem non adiuuabit earum persuasio nationum, quae fletibus natos, laetitia defunctos prosecuntur ? Aut si misericordiam commendabo iudici, nihil proderit, quod prudentissima ciuitas Atheniensium non eam pro adfectu, sed pro numine accepit ? **39.** Iam illa septem praecepta sapientium nonne quasdam uitae leges existimamus ? Si causam ueneficii dicat adultera, non M. Catonis iudicio damnanda uideatur, qui nullam adulteram non eandem esse ueneficam dixit ?

Nam sententiis quidem poetarum non orationes modo sunt refertae, sed libri etiam philosophorum, qui, quamquam inferiora omnia praeceptis suis ac litteris credunt, repetere tamen auctoritatem a plurimis uersibus non fastidierunt. **40.** Neque est ignobile exemplum, Megarios ab Atheniensibus, cum de Salamine contenderent, uictos Homeri uersu, qui tamen ipse non in omni editione reperitur, significans Aiacem naues suas Atheniensibus iunxisse. **41.** Ea quoque, quae uulgo recepta sunt,

37. adcommodata *B* : -datis *AbH* || sunt *A* : *om. BH* || quia *A* : qui *BH*

38. nationum *A* : rat- *BH* || natos *aBH* : not -*A* || numine *a* : nom- *A* animo *BH*

39. uenefici *BH* : ben- *A* || dicat *H* : -cam *AB* || adulteram *AB* : in adulteram *abH* || non *om. H* || damnanda *A* : -nata *BH* || uideatur *AbH* : uidetur *B* || nam *AH* : iam *B*

40. megarios *t* : -rius *ABH* || contenderent *t* : -ret *ABH* || uictos *AbH* : -tus *B* || uersu *B* : -sus *AbH* || ipse *ABH* : ipsi *a* || reperitur *AH* : -titur *B*

qui, précisément parce que l'auteur est incertain, sont, pour ainsi dire, la propriété de tout le monde, par exemple : « Là où sont les amis, là sont les richesses »[1] et « La conscience vaut mille témoins », et, chez Cicéron : « Suivant le vieux proverbe : qui se ressemble s'assemble »[2] ; de telles maximes n'auraient pas conquis l'immortalité, si elles n'avaient donné à tout le monde l'impression de la vérité.

42. Quelques-uns placent dans ce groupe, et même au premier plan, l'autorité des dieux, qui se manifeste par les réponses des oracles, assurant, par exemple, que « Socrate est le plus sage des hommes ». Le cas est rare, mais non sans application. Cicéron[3] l'invoque dans son discours sur les réponses des haruspices, et dans un discours contre Catilina, lorsqu'il montre au peuple la statue de Jupiter placée au sommet d'une colonne, et dans le *Pro Ligario*, où il reconnaît la supériorité de la cause de César, parce que les dieux ont décidé en sa faveur. Si de tels éléments tiennent au fond de la cause, on les appelle témoignages divins ; quand ils sont pris en dehors, on les appelle arguments.

43. Il arrive parfois que l'on s'approprie aussi un mot ou un acte du juge, de la partie adverse ou de son défenseur pour donner de la consistance au point de vue que l'on soutient. C'est pour cette raison que certains rhéteurs ont été amenés à classer les exemples et les autorités dont je viens de parler parmi les preuves indépendantes de la rhétorique, sous prétexte que l'orateur ne les inventait pas, mais les recevait. **44.** C'est

(1) Plaute, *Truc.*, 885, où, d'ailleurs, les mss BCD du xe-xie s. donnent *opus*.

(2) L'origine de *conscientia mille testes* m'est inconnue ; le proverbe cité par Cicéron est transcrit dans le *De senect.*, 7, sous une forme un peu différente : *Pares... cum paribus facillime congregantur* ; et l'idée était déjà formulée par l'*Odyssée*, XVII, 218 et Platon, *Symp.*, 195 b, *Phaidr.*, 240 c, *Rep.*, I, 329 a.

(3) *De harusp. resp.*, *passim* ; *In Cat.*, III, 21 ; *Pro Lig.*, 19.

hoc ipso, quod incertum auctorem habent, uelut omnium fiunt, quale est : « Vbi amici, ibi opes », et « Conscientia mille testes », et apud Ciceronem : « Pares autem, ut est in uetere prouerbio, cum paribus maxime congregantur » ; neque enim durassent haec in aeternum, nisi uera omnibus uiderentur.

42. Ponitur a quibusdam, et quidem in parte prima, deorum auctoritas, quae est ex responsis, ut Socraten esse sapientissimum. Id rarum est, non sine usu tamen. Vtitur eo Cicero in libro de haruspicum responsis et in contione contra Catilinam, cum signum Iouis columnae inpositum populo ostendit, et pro Ligario, cum causam C. Caesaris meliorem, quia hoc di iudicauerint, confitetur. Quae cum propria causae sunt, diuina testimonia uocantur, cum aliunde arcessuntur, argumenta.

43. Nonnumquam contingit iudicis quoque aut aduersarii aut eius, qui ex diuerso agit, dictum aliquod aut factum adsumere ad eorum, quae intendimus, fidem. Propter quod fuerunt qui exempla et has auctoritates inartificialium probationum esse arbitrarentur, quod ea non inueniret orator, sed acciperet. **44.** Plurimum autem refert ;

41. quale *AB* : equale *H* || ibi *BH* : ubi *A*
42. id rarum — usu *om. B* || rarum *Vindob. 3135* : earum *AH* et rarum *t* || causam *P* : *om. ABH* || caesaris *BH* : -sar *A* -sarem *a*
43. iudicis P : iud. *B* ut iudices *AH* || aduersarii *B* : diuersari *AH* || eius *BH* : eo *A* || aliquod *BH* : -quid *Ab* || probationum *AbH* : orationum *B* || inueniret *B* : -nerit *AbH*

là un point de la plus haute importance ; les témoins, en effet, la question et les autres moyens analogues décident du fait même soumis à la justice ; au contraire, les éléments tirés de l'extérieur n'ont par eux-mêmes aucune valeur, si l'orateur n'a pas le talent de les faire servir en quelque manière au soutien du procès en cours.

XII

[De l'usage des arguments.]

1. Voilà, sur la preuve, presque tout ce que, jusqu'à maintenant, les autres m'ont appris ou que l'expérience m'a fait connaître. Et je n'ai pas la prétention de soutenir que là se borne tout ce qu'il y a à dire ; au contraire, j'invite à chercher et je reconnais qu'on peut trouver ; mais ce qu'on ajoutera ne différera guère de ce que j'ai dit ici. Maintenant, je vais poursuivre en exposant brièvement comment on doit faire usage des arguments.

2. Il a été admis à peu près généralement qu'un argument doit avoir une certitude reconnue ; comment en effet des choses douteuses pourraient-elles prouver des choses douteuses ? Cependant, pour prouver un fait, nous présentons parfois des assertions, qui ont, elles-mêmes, besoin de preuves : « Tu as tué ton mari ; tu étais en effet adultère. » Il faut en effet au préalable, convaincre la prévenue d'adultère, pour que cette allégation, une fois tenue pour assurée, devienne la preuve d'un autre point qui était incertain. « C'est ton javelot qui a été trouvé dans le corps de l'homme assassiné. » L'accusé nie ; pour que cette assertion serve à la preuve, il faut prouver. **3.** Ici, il est nécessaire, entre autres, d'avertir que les preuves les plus solides sont celles qui changent en certitude ce qui était douteux. « Le meurtre a été commis par toi : tes vêtements étaient tachés de sang. » L'argument a moins

nam testis et quaestio et his similia de ipsa re, quae in iudicio est, pronuntiant ; extra petita, nisi ad aliquam praesentis disceptationis utilitatem ingenio adplicantur, nihil per se ualent.

XII

[De usu argumentorum]

1. Haec fere de probatione uel ab aliis tradita uel usu percepta in hoc tempus sciebam. Neque mihi fiducia est ut ea sola esse contendam ; quin immo hortor ad quaerendum et inueniri posse fateor ; quae tamen adiecta fuerint non multum ab his abhorrebunt. Nunc breuiter quem ad modum sit utendum eis subiungam.

2. Traditum fere est argumentum oportere esse confessum ; dubiis enim probari dubia qui possunt ? Quaedam tamen, quae in alterius rei probationem ducimus, ipsa probanda sunt. « Occidisti uirum ; eras enim adultera ». Prius de adulterio conuincendum est, ut, cum id coeperit esse pro certo, fiat incerti argumentum. « Spiculum tuum in corpore occisi inuentum est ». Negat suum ; ut probationi prosit, probandum est. **3.** Illud hoc loco monere inter necessaria est nulla esse firmiora quam quae ex dubiis facta sunt certa. « Caedes a te commissa est : cruentam uestem habuisti. »

44. de *B* : ex *A* et *H* || pronuntiant *AbH* : ren- *B*
XII, 1. abhorrebunt *B* : horre- *AbH*
3. caedes *AH* : -dis *B* || cruentam *A* : -tem *BH*

de poids, si l'accusé avoue, que si on le convainc de mensonge. Car s'il avoue, bien des raisons encore auraient pu expliquer la présence de sang sur les vêtements ; s'il nie, il en fait le pivot du procès, et, une fois battu là-dessus, tout le reste aussi s'écroule. Il semble, en effet, qu'il n'aurait pas menti en niant, s'il n'avait désespéré de pouvoir se défendre en reconnaissant le fait.

4. Il faut insister sur les arguments les plus sûrs, en les présentant un à un ; les moins sûrs doivent être groupés, car il faut éviter que les premiers, qui sont puissants par eux-mêmes, ne soient obscurcis par leur contexte et ne paraissent pas tels qu'ils sont ; les autres, qui sont faibles, se prêtent naturellement un mutuel appui[1]. **5.** Donc, ceux qui ne peuvent être efficaces par leur importance, le seront par leur nombre, surtout ceux qui visent tous à prouver la même chose[2]. Par exemple, un homme est accusé d'avoir tué un autre homme pour recueillir son héritage : « Tu comptais sur un héritage, et un riche héritage ; tu étais pauvre, et, à ce moment-là, précisément, tu étais harcelé par tes créanciers ; tu avais offensé celui dont tu étais l'héritier, et tu savais qu'il allait modifier son testament. » Ces allégations, prises une à une, sont légères et banales ; mais, groupées, elles font du tort, non comme un coup de foudre, du moins comme la grêle.

6. Il y a certains arguments qu'il ne suffit pas d'énoncer ; il faut les consolider. Si l'on impute un crime à la cupidité, il faut montrer la force de la cupidité ; si c'est à la colère, les effets d'une telle passion sur l'esprit des hommes. Ainsi, nos arguments seront plus forts par eux-mêmes, et ils auront plus d'agrément,

(1) C'est une des formes de l'*expolitio*, dont parle aussi la *Rhét. à Hér.*, IV, 54, et qui consiste à dire une chose, à la répéter sous une autre forme en apportant des raisons : *sine rationibus pronuntiare/cum rationibus pronuntiare*.

(2) La leçon de *A* : *utique uero* ne donne pas un sens acceptable ; celle de *B* : *quae* paraît préférable, mais, de toutes façons, il doit manquer ici un élément de phrase.

Non est tam graue argumentum, si fatetur, quam si conuincitur. Nam si fatetur, multis ex causis potuit cruenta esse uestis ; si negat, hic causae cardinem ponit, in quo si uictus fuerit, etiam in sequentibus ruit. Non enim uidetur in negando mentiturus fuisse, nisi desperasset id posse defendi, si confiteretur.

4. Firmissimis argumentorum singulis instandum, infirmiora congreganda sunt, quia illa per se fortia non oportet circumstantibus obscurare, ut qualia sunt appareant, haec inbecilla natura mutuo auxilio sustinentur. **5.** Ita qu*a*e non possunt ualere quia magna sunt, ualebunt quia multa sunt, utique uero ad eiusdem rei probationem omnia spectant. Vt, si quis hereditatis gratia hominem occidisse dicatur : « Hereditatem sperabas et magnam hereditatem, et pauper eras, et tum maxime a creditoribus appellabaris, et offenderas eum, cuius heres eras, et mutaturum tabulas sciebas ». Singula leuia sunt et communia ; uniuersa uero nocent, etiam si non ut fulmine, tamen ut grandine.

6. Quaedam argumenta ponere satis non est ; adiuuanda sunt ; ut cupiditas causa sceleris fuit, quae sit uis eius ; ira, quantum efficiat in animis hominum talis adfectio. Ita et firmiora erunt ipsa

3. quam si *A* : quasi *BH*

4. inbecilla *BH* : -cillia *A*

5. ita quae : itaque *ABH* itaque si *ab* || sunt *t* : sint *ABH* || sunt *t* : sint *AH om. B* || utique uero *AH* : quae *B* || spectant *B* : expectant *AH* || appellabaris *aB* : appellaris *AH* || et offenderas *B* : offend- *om. AH* || nocent *B* : uacent *A* ualent *aH* || tamen ut *BH* : tantum *A*

6. ut *om. AbH* || ira *B* : iura *AH* || animis *AbH* : -mus *B* || adfectio *B* : -tatio *AbH*

ne montrant pas des membres nus et, pour ainsi dire, décharnés. **7.** Si nous donnons comme mobile la haine, il importe beaucoup aussi d'établir si elle est imputable à l'envie, à une offense, ou à l'ambition, si elle est ancienne ou nouvelle, si elle est tournée contre un inférieur, un égal, un supérieur, un étranger, un proche. Chacun de ces arguments doit se traiter d'une façon spéciale et en liaison avec les intérêts de la partie que nous défendons. **8.** Toutefois, il ne faut pas toujours accabler le juge par tous les arguments que nous aurons trouvés, parce qu'ils lassent et qu'ils ruinent la confiance. Le juge ne peut croire en effet que sont suffisamment valables les preuves que nous-mêmes, qui parlons, nous ne jugeons pas suffisantes. Mais, quand il s'agit d'évidence, apporter des arguments serait aussi absurde que d'apporter la lumière précaire d'une lampe en face du soleil le plus éclatant.

9. A ces preuves, certains rhéteurs ajoutent celles qu'ils appellent παθητικαί (pathétiques), et qui sont tirées des passions. Et Aristote estime même que l'argument le plus solide est fourni par l'orateur, s'il est un honnête homme[1] ; c'est à coup sûr le meilleur ; donner l'apparence d'un honnête homme vaut aussi, mais à la vérité loin derrière. **10.** De là en effet la noble défense de Scaurus : « Q. Varius de Sucron dit qu'Aemilius Scaurus a trahi les intérêts publics du peuple romain ; Aemilius Scaurus le nie. » Iphicrate tint, dit-on, un semblable langage : accusé d'un crime analogue par Aristophon, il lui avait demandé s'il trahirait l'État pour de l'argent, et, sur sa réponse négative : « Alors, dit-il, ce que tu n'aurais pas fait,

(1) Pour les §§ 9-13, cf. *Notes complémentaires.*

et plus habebunt decoris, si non nudos et uelut carne spoliatos artus ostenderint. **7.** Multum etiam refert, si argumento nitemur odii, utrum hoc ex inuidia sit an ex iniuria an ex ambitu, uetus an nouum, aduersus inferiorem, parem, superiorem, alienum, propincum. Suos habent omnia ista tractatus, et ad utilitatem partis eius, quam tuemur, referenda sunt. **8.** Nec tamen omnibus semper, quae inuenerimus, argumentis onerandus est iudex, quia et taedium adferunt et fidem detrahunt. Neque enim potest iudex credere satis esse ea potentia, quae non putamus ipsi sufficere, qui diximus. In rebus uero apertis argumentari tam sit stultum quam in clarissimum solem mortale lumen inferre.

9. His quidam probationes adiciunt, quas παθητικάς uocant, ductas ex adfectibus. Atque Aristoteles quidem potentissimum putat ex eo qui dicit, si sit uir bonus ; quod ut optimum est, ita longe quidem, sed sequitur tamen uideri. **10.** Inde enim illa nobilis Scauri defensio : « Q. Varius Sucronensis ait Aemilium Scaurum rem publicam populi Romani prodidisse ; Aemilius Scaurus negat ». Cui simile quiddam fecisse Iphicrates dicitur, qui, cum Aristophontem, quo accusante similis criminis reus erat, interrogasset an is accepta pecunia rem publicam proditurus esset, isque id negasset :

7. odii *BH* : di *A* diu *a* || sit *B* : sint *AH*
8. quia *b* : quam *BH om. A* || qui *B* : quae *AbH* || rebus *B* : uerbis *AH*
9. dicit *BH* : didicit *A* || bonus *AbH* : optimus *B*
10. aemilium *b* : aemel- *A om. BH* || scaurum — prodidisse *AbH* : *om. B* || aristophontem *t* : arisphonte *ABH*

moi, je l'ai donc fait ? » **11.** Il faut d'autre part prendre en considération le caractère de celui devant qui l'on parle et chercher ce qui semble devoir être le plus plausible à ses yeux ; c'est un point dont nous avons parlé, quand nous avons donné des conseils sur l'exorde et sur la suasoire.

12. Il y a une autre façon de prouver, qui est d'affirmer : « J'ai fait ceci » ; ou « Tu as dit cela » ; et : « O crime indigne », etc. Ces affirmations ne doivent pas être absentes d'un plaidoyer, et leur absence est très nuisible ; toutefois, on ne doit pas les ranger parmi les recours importants, puisque, dans la même cause, les deux parties peuvent s'en servir également. **13.** Les preuves tirées du caractère des différentes personnes et qui s'appuient sur une raison plausible sont plus solides ; par exemple, un homme qui a été blessé ou qui a perdu son fils n'irait pas en accuser un autre que le coupable, puisque, s'il mettait en difficulté un innocent, il soustrairait à la peine l'auteur du méfait. C'est en s'autorisant de tels arguments que des pères plaident contre leurs enfants, ou toute autre personne contre ses parents.

14. On a posé aussi la question de savoir si les arguments les plus puissants doivent être placés au commencement, pour prendre possession des esprits, ou, à la fin, pour les laisser aller avec cette impression, ou partie au commencement, partie à la fin, en adoptant le dispositif d'Homère, chez qui les éléments faibles sont placés au centre pour tirer de leur entourage un surcroît de courage[1]. On suivra l'ordre méthodique qu'exige l'intérêt de chaque cause, sauf qu'il ne faut pas,

(1) Allusion probable à *Iliade,* IV, 299 : κακοὺς δ' ἐς μέσσον ἔλασσεν ; mais Cicéron, *De orat.*, II, 314, exprime la même idée : *si qua erunt mediocria (nam uitiosis nusquam esse oportet locum) in mediam turbam atque in gregem coiciantur.*

11. « Quod igitur, inquit, tu non fecisses, ego feci ? » Intuendum autem et qui sit, apud quem dicimus, et id, quod illi maxime probabile uideatur, requirendum ; qua de re locuti sumus <in> prohoemii et suasoriae praeceptis.

12. Altera ex adfirmatione probatio est : « Ego hoc feci ! » ; « Tu mihi hoc dixisti ! » et « O facinus indignum ! », similia ; quae non debent quidem deesse orationi, et si desunt, multum nocent ; non tamen habenda sunt inter magna praesidia, cum hoc in eadem causa fieri ex utraque parte similiter possit. **13.** Illae firmiores ex sua cuique persona probationes, quae credibilem rationem subiectam habent, ut uulneratus aut filio orbatus non fuerit alium accusaturus quam nocentem, quando, si negotium innocenti facit, liberet eum noxa, qui admiserit. Hinc et patres aduersus liberos et aduersus suos quisque necessarios auctoritatem petunt.

14. Quaesitum etiam, potentissima argumenta primone ponenda sint loco, ut occupent animos, an summo, ut inde dimittant, an partita primo summoque, ut Homerica dispositione in medio sint infirma ut animis crescant. Quae prout ratio causae cuiusque postulabit ordinabuntur, uno, ut

11. igitur *B* : dicis *AH* || tu *B* : te *AH* || fecisses *BH* : -cisse *A* || qui *A* : quis *BH* || et id *B* : sed *AbH* || in *Regius* : et *ABH*
12. altera *B* : altera lipa *AbH* || probatio *B* : *om.* *AbH* || quae *BH* : aeque *A*
13. cuique *ABH* : cuiusque *P* || habent *BH* : habeat *A* habeant *ab* || patres *AH* : patres et *B*
14. summo — primo *om.* *A* || -que ut *B* : quod *A* quidquid *H* || ut animis *ego* : aut animis *AB* aut a minimis *abH*

à mon sens, une progression descendante allant des arguments les plus forts aux arguments les plus faibles.

15. Je me suis contenté pour ma part de donner ici de brèves indications sur ces points-là, et de montrer le plus clairement possible les sources mêmes et les catégories d'arguments. D'autres ont traité le sujet avec quelque longueur, et ils ont préféré exposer, une fois les développements généraux présentés, comment chaque topique pouvait être traitée ; mais cela me paraissait superflu.

16. Car, presque toujours, on voit ce qu'il faut dire contre l'injustice, contre l'avarice, contre un témoin hostile, contre des amis influents et tout ce que l'on peut exposer sur tous ces points est infini, aussi infini certes que si, pour toutes les controverses présentes et futures, je voulais indiquer les questions de droit, les arguments, les traits. **17.** Quant à ce que j'appellerai en quelque sorte les fondements des arguments, si je ne les ai pas signalés tous, j'ai confiance d'en avoir signalé le plus grand nombre.

J'ai dû y mettre d'autant plus de soin que les déclamations, qui sont des sortes d'armes mouchetées avec lesquelles nous avions coutume de nous entraîner au combat du forum, ont cessé depuis longtemps déjà d'offrir une image exacte des plaidoiries ; uniquement faites pour le plaisir, elles manquent de nerf et, ma foi, nos déclamateurs ont la même perversion que les marchands d'esclaves qui mutilent la virilité des jeunes garçons pour les rendre plus beaux. **18.** En effet, la force physique, la musculature, et surtout

ego censeo, excepto, ne a potentissimis ad leuissima decrescat oratio.

15. Ego haec breuiter demonstrasse contentus ita posui, ut locos ipsos et genera quam possem apertissime ostenderem. Quidam executi sunt uerbosius, quibus placuit, proposita locorum communium materia, quo quaeque res modo dici posset, ostendere ; sed mihi superuacuum uidebatur.

16. Nam et fere apparet quid in iniuriam, quid in auaritiam, quid in testem inimicum, quid in potentes amicos dicendum sit, et de omnibus his omnia dicere infinitum est, tam hercule quam si controuersiarum, quae sunt quaeque futurae sunt, quaestiones, argumenta, sententias tradere uelim. **17.** Ipsas autem argumentorum uelut sedes non me quidem omnis ostendisse confido, plurimas tamen.

Quod eo diligentius faciendum fuit, quia declamationes, quibus ad pugnam forensem uelut praepilatis exerceri solebamus, olim iam ab illa uera imagine orandi recesserunt ; atque ad solam compositae uoluptatem neruis carent, non alio medius fidius uitio dicentium, quam quo mancipiorum negotiatores formae puerorum uirilitate excisa lenocinantur. **18.** Nam ut illi robur ac lacertos barbamque ante omnia et alia, quae

15. possem *B* : -sim *AbH*

16. in *ante* potentes *A* : *om.* *BH* || potentes *B* : -te *bH* pro testes *A* || amicos *B* : -co *AH* || omnia *BH* : et omnia *A* || futurae sunt *J* : -rae sint *ABH*

17. praepilatis *B* : praecipi- *AH* || dicentium *B* : -dum *AH* || puerorum *BH* : puerum *A*

18. alia *B* : aliqua *A*

la barbe[1], ainsi que les autres avantages naturels proprement masculins, ils les regardent comme trop dépourvus de beauté, et ce qui serait vigoureux, si on laissait faire la nature, ils le considèrent comme rude et ils l'amollissent ; ainsi, la mâle tenue de l'éloquence même, cette vigueur de parole, serrée et robuste, nous la voilons en quelque sorte sous l'enveloppe délicate de l'expression et, lorsque nos paroles ont du poli et du brillant, nous estimons que le fond n'a aucune importance. **19.** Mais, à mes yeux, à moi qui considère la nature, il n'y aura pas d'homme qui ne soit plus beau qu'un eunuque, et jamais je ne croirai la Providence assez hostile à son œuvre propre pour avoir inventé la débilité et en faire une perfection, et je ne considérerai pas qu'un bistouri puisse faire quelque chose de beau d'un être qui, né dans cet état, serait un monstre. Qu'une apparence efféminée donne le change sur le sexe et puisse exciter à elle seule la sensualité, les mauvaises mœurs cependant ne régneront jamais assez pour faire estimer bien ce qu'elles ont fait mettre à haut prix.

20. Aussi, bien que l'éloquence dévergondée d'aujourd'hui — je tiens à dire en effet ce que je pense — soit appréciée dans les salles de cours pour son charme alangui, je ne la regarderai pas du tout comme de l'éloquence, car elle ne comporte même pas le moindre indice qui révèle un homme mâle et sain, pour ne pas dire, grave et vertueux. **21.** Lorsqu'en sculptant ou en peignant, les statuaires et les peintres les plus célèbres voulaient représenter des corps aussi beaux que possible, ils ne sont jamais tombés dans l'erreur de prendre comme modèles un Bagoas ou un Méga-

(1) Le port de la barbe a varié à Rome au cours des âges ; à l'époque de Quintilien, les hommes se rasaient entièrement vers la quarantaine : cf. Juvénal, III, 186 ; IV, 103 ; VI, 105 et 215 ; la mode primitive était de porter la barbe ; Varron, *R.R.*, II, 11, 10 date de 300 env. la venue à Rome des premiers barbiers professionnels siciliens ; d'après Pline, *N.H.*, VII, 211, Scipion l'Africain le jeune fut le premier Romain à se raser

natura proprie maribus dedit, parum existimant decora, quaeque fortia, si liceret, forent, ut dura molliunt, ita nos habitum ipsum orationis uirilem et illam uim stricte robusteque dicendi tenera quadam elocutionis cute operimus et, dum leuia sint ac nitida, quantum ualeant nihil interesse arbitramur. **19.** Sed mihi naturam intuenti nemo non uir spadone formosior erit, nec tam auersa umquam uidebitur ab opere suo prouidentia, ut debilitas inter optima inuenta sit, nec id ferro speciosum fieri putabo, quod, si nasceretur, monstrum erat. Libidinem iuuet ipsum effeminati sexus mendacium, numquam tamen hoc continget malis moribus regnum, ut, si qua pretiosa fecit, fecerit et bona.

20. Quapropter eloquentiam, licet hanc (ut sentio enim, dicam) libidinosam resupina uoluptate auditoria probent, nullam esse existimabo, quae ne minimum quidem in se indicium masculi et incorrupti, ne dicam grauis et sancti, uiri ostentet. **21.** An uero statuarum artifices pictoresque clarissimi, cum corpora quam speciosissima fingendo pingendoue efficere cuperent, numquam in hunc ciderunt errorem, ut Bagoam aut Megabuxum

18. cute operimus *BH* : cui coeperimus *A* || sint *p* : sunt *AB*
19. erit *om. A* || speciosum *B* : -sissimum *AbH* || putabo *om. A* || continget *BH* : -geret *Ab* || qua *ABH* : quae *a*
20. resupina *Badius* : -nam *ABH* || in se *BH* : ne *A* || masculi *abH* : -lini *B* maculi *A* || ostentet *AbH* : -tendet *B*
21. fingendo *om. A* || pingendoue *B* : -do uel *bH* -do uelut *A* || bagoam *B* : bachiam *bH* bacchi* *A* || megabuxum *ABH* : -byzum *ed. Ald.*

buxus[1] ; mais ils ont estimé avec raison que le célèbre Doryphore[2], également apte à la guerre et aux exercices de la palestre ou que d'autres jeunes hommes, combattants et athlètes, présentaient le type véritable de la beauté physique ; et nous, qui nous efforçons de modeler un orateur parfait, nous ne donnerions pas à l'éloquence des armes, mais des tambourins ?[3]

22. Donc, d'une part, le jeune homme que nous formons, doit, autant que possible, se mettre en mesure d'imiter la vérité, et, puisqu'il devra souvent prendre part aux combats du forum, il visera déjà, dès l'école, à la victoire, et il saura frapper chez les autres et protéger chez lui les organes vitaux ; et, d'autre part, c'est le point sur lequel le maître montrera le plus d'exigence et louera particulièrement ses élèves d'en avoir découvert les moyens. Car, si la louange conduit les jeunes gens au pire, elle les maintient aussi dans le bien. **23.** Le malheur est qu'aujourd'hui l'on passe généralement sous silence ce qui est nécessaire, et, parmi les qualités de l'éloquence, l'utilité ne paraît guère trouver place. Mais ces considérations, je les ai développées dans un autre ouvrage[4] et j'aurai souvent à les reprendre ici. Maintenant, je reviens à mon plan.

chaque jour. Cf. T. Frank, *Amer. Journ. of Philol.*, XL, 1914, 396 sq. Les rapports de la barbe et des philosophes sont un autre sujet. Voir également *R.E.*, III, 1899, 30-34 (Mau) avec références aux *barbati* et aux *intonsi*.

(1) Bagoas et Mégabuxus sont des eunuques, dont les noms sont devenus proverbiaux ; cf. pour Bagoas, *R.-E.*, II, 1896, 2771-2772 ; pour Megabuxum, *ibid.*, XV, 1932, 122.

(2) Statue due à Polyclète de Sicyone qui le représenta *uiriliter puerum* selon Pline, *N.H.*, XXXIV, 55, ce qui ne s'accorde pas absolument avec la description de Quintilien : *Doryphoron illum aptum uel militiae uel palestrae*, quoique l'opposition *militia/palestra* soit transposée en quelque sorte par l'opposition *uiriliter/puerum*. Voir les textes laudatifs de Cicéron, *Orat.*, 5 et *Br.*, 296, évocateurs du canon polyclétéen.

(3) Instruments de musique des prêtres de Cybèle ; mais les Parthes, selon Justin, XLI, 8, les ont utilisés comme signal de bataille.

(4) Sans doute, l'ouvrage perdu *De causis corruptae eloquentiae* (?).

aliquem in exemplum operis sumerent sibi ; sed Doryphoron illum aptum uel militiae uel palestrae, aliorum quoque iuuenum bellicorum et athletarum corpora decora uere existimarunt ; nos, qui oratorem studemus effingere, non arma, sed tympana eloquentiae demus ?

22. Igitur et ille, quem instituimus, adulescens, quam maxime potest, componat se ad imitationem ueritatis, initurusque frequenter forensium certaminum pugnam iam in schola uictoriam spectet, et ferire uitalia ac tueri sciat, et praeceptor id maxime exigat, inuentum praecipue probet. Nam ut ad peiora iuuenes laude ducuntur, ita lauda*ti* in bonis ma*n*ent. **23.** Nunc illud mali est, quod necessaria plerumque silentio transeunt, nec in dicendo uidetur inter bona utilitas. Sed haec et in alio nobis tractata sunt opere et in hoc saepe repetenda. Nunc ad ordinem inceptum.

21. sumerent *a* : -mere *ABH* || aptum *B* : act- *AH* || bellicorum *BH* : -osorum *A* || decora uere *ABnbH* : decor habere *Bg* || existimarunt *D* : -arint *ABH*

22. spectet *BH* : expectet *A* || exigat *AbH* : *om.* *B* || inuentum *ABH* : -tumque *b* || laudati — manent *Kiderlin 1889-1892* : laudari — mallent *ABH* || inceptum *ABH* : inceptum reuertamur *b*

XIII

[De la réfutation.]

1. *Refutatio* peut s'entendre de deux façons[1] : en effet, une partie de la défense consiste tout entière dans la réfutation, et, d'autre part, ce qui a été exposé par l'adversaire doit être détruit, que l'on défende ou que l'on attaque. C'est proprement dans ce sens que la réfutation reçoit dans les plaidoiries la quatrième place, mais, dans les deux cas, les conditions sont les mêmes. Dans la réfutation, le système d'arguments ne peut se tirer d'autres sources que dans la confirmation, et, pour les développements généraux ou les traits ou les mots et les figures, les conditions ne sont pas autres. **2.** Toutefois, en général, dans cette partie du plaidoyer, l'appel au pathétique est plus atténué.

Cependant, ce n'est pas sans raison que l'on a toujours cru, comme Cicéron l'atteste souvent[2], qu'il est plus difficile de défendre que d'accuser. D'abord, l'accusation est chose plus simple : il y a en effet une seule façon de la présenter ; il y en a beaucoup de la détruire ; il suffit en général à l'accusateur que les charges soient vraies, tandis que le défenseur, lui, nie, justifie, conteste la compétence, excuse, demande l'indulgence, adoucit, atténue, détourne, discrédite, ridiculise. Aussi, du côté de l'accusation, l'action oratoire est-elle, en quelque sorte, directe, et, si j'ose dire, criarde ; de l'autre, il faut mille détours et mille artifices. **3.** De plus, l'accusateur apporte de chez lui la plupart de ses moyens, déjà prêts ; le défenseur doit souvent même riposter à des allégations imprévues. L'accusateur

(1) Cf. *Notes complémentaires.*
(2) Cf. *Notes complémentaires.*

XIII

[De refutatione]

1. Refutatio dupliciter accipi potest : nam et pars defensoris tota est posita in refutatione, et quae dicta sunt ex diuerso, debent utrimque dissolui. Et hoc est proprie, cui in causis quartus adsignatur locus, sed utriusque similis condicio est. Neque uero ex aliis locis ratio argumentorum in hac parte peti potest quam in confirmatione, nec locorum aut sententiarum aut uerborum et figurarum alia condicio est. **2.** Adfectus plerumque haec pars mitiores habet.

Non sine causa tamen difficilius semper est creditum, quod Cicero saepe testatur, defendere quam accusare. Primum quod est res illa simplicior : proponitur enim uno modo ; dissoluitur uarie, cum accusatori satis sit plerumque uerum esse id, quod obiecerit, patronus neget, defendat, transferat, excuset, deprecetur, molliat, minuat, auertat, despiciat, derideat. Quare inde recta fere atque, ut sic dixerim, clamosa est actio ; hinc mille flexus et artes desiderantur. **3.** Tum accusator praemeditata pleraque domo adfert, patronus etiam inopinatis frequenter occurrit. Accusator dat testem, patronus ex re ipsa refellit. Accusator <a>

XIII, 1. et pars *B* : pars *om. AH*
2. mitiores *B* : min- *AH* || semper est *AB* : est semper *H* || enim *BH* : *om. A* || dissoluitur *B* : haec dissoluitur *AbH* || molliat *ABn* : -iet *BgH* || auertat *BH* : uertat *A*
3. tum *AbH* : *om. B* || praemeditata *A* : -tate *BH* || re ipsa *abH* : ipsa *AB* || a *add. Gesner*

produit un témoin ; le défenseur réfute à partir de la cause elle-même. L'accusateur trouve la matière de son intervention dans l'odieux des imputations, fussent-elles fausses, parricide, sacrilège, lèse-majesté ; le défenseur est réduit à nier. Aussi, pour soutenir des accusations, suffit-il ordinairement d'orateurs même moyens[1] ; mais personne ne peut être bon défenseur s'il n'est très éloquent.

En effet, pour dire en un mot ma pensée, accuser est plus facile que défendre, comme il est plus facile de blesser que de guérir.

4. Il y a aussi une très grande différence, suivant la nature des arguments de l'adversaire, et la façon dont il les a présentés. Il faut donc examiner en premier lieu si les arguments, auxquels nous allons répondre, sont propres à ce procès ou empruntés ailleurs en vue de la cause. Car si les arguments sont propres au procès, il faut ou nier ou justifier les faits, ou soulever une question de compétence ; devant le tribunal, il n'y a presque aucune autre méthode. **5.** Demander grâce, ce qui, sous quelque aspect que ce soit, ne constitue pas une défense, est une démarche vraiment rare, qui se fait seulement devant des juges qui ne sont pas tenus par un formalisme de procédure. Pourtant, même les plaidoyers prononcés devant C. César et les triumvirs pour le compte de gens du parti opposé, même s'ils recourent à des prières, comportent cependant les méthodes ordinaires de défense, à moins qu'on ne reconnaisse pas une défense très ferme dans les mots suivants. « Quel a été notre objectif, Tubéron, sinon de détenir le pouvoir que César détient aujourd'hui ? »[2].

6. S'il nous arrive d'avoir à parler devant l'empereur ou devant tel autre personnage qui n'écoute que sa volonté, il faudra dire que notre client mérite sans doute la mort, mais qu'un homme clément doit épargner

(1) Cf. *Notes complémentaires.*
(2) Cicéron, *Pro Lig.*, 10.

criminum inuidia, etsi falsa sit, materiam dicendi trahit, de parricidio, sacrilegio, maiestate ; quae patrono tantum neganda sunt. Ideoque accusationibus etiam mediocres in dicendo suffecerunt, bonus defensor nemo nisi qui eloquentissimus fuit. Nam ut, quod sentio semel finiam, tanto est accusare quam defendere, quanto facere quam sanare uulnera facilius.

4. Plurimum autem refert, et quid protulerit aduersarius et quo modo. Primum igitur intuendum est id, cui responsuri sumus, proprium sit eius iudicii an ad causam extra arcessitum. Nam si est proprium, aut negandum aut defendendum aut transferendum ; extra haec in iudiciis fere nihil est. **5.** Deprecatio quidem, quae est sine ulla specie defensionis, rara admodum et apud eos solos iudices, qui nulla certa pronuntiandi forma tenentur. Quamquam illae quoque apud C. Caesarem et triumuiros pro diuersarum partium hominibus actiones, etiam si precibus utuntur, adhibent tamen patrocinia, nisi hoc non fortissime defendentis est, dicere : « Quid aliud egimus, Tubero, nisi ut quod hic potest nos possemus ? »

6. Quod si quando apud principem aliumue, cui utrum uelit liceat, dicendum erit, dignum quidem morte eum, pro quo loquemur, clementi tamen

3. inuidia *ABH* -diam *a* || etsi *B* : uel *AH* || materiam *BH* : -ria *A* || nam *B* : quam *A* quamquam *abH* || ut *AbH* : *om. B* || tanto *B* : -tum *A* || facilius *BH* : felicius *A*

4. quid *A* : qui *BH* || protulerit *P* : -fuerit *ABH* || aut negandum *BH* : *om. A*

5. ulla *B* : illa *AH* || tamen *AH* : -ment *B* || nisi *om.* A || nos *AB* : nos non *bH* || possemus *B* : -umus *AbH*

même un tel coupable ; tout d'abord, nous aurons affaire, non pas à un adversaire, mais au juge ; ensuite, nous emploierons la forme du genre délibératif plutôt que celle du genre judiciaire. Car nous conseillerons au juge de viser à la gloire d'être humain plus qu'au plaisir de la vengeance. **7.** A vrai dire, quand on plaide devant les juges qui doivent rendre une sentence conforme à la loi, il est ridicule de donner des orientations à propos de faits qui sont avoués.

Donc, lorsqu'il est impossible de nier les faits ou de soulever la question de compétence, il faut, en toute cause, prendre la position de défense, quelle qu'elle soit, ou renoncer au procès. Pour nier, il y a deux moyens, comme nous l'avons montré : soutenir que le fait n'existe pas ou qu'il n'est pas tel qu'on le dit. Quand on ne peut plaider la justification, ni soulever l'incompétence, en tout état de cause, il faut nier, et cela, non seulement quand la définition du cas est en notre faveur, mais même quand on est réduit à une dénégation toute nue. **8.** S'il y a production de témoins, on peut dire beaucoup de choses pour les discréditer ; s'il y a pièce chirographaire, il faut discuter de la similitude des écritures ; de toute façon, il n'y aura rien de pire qu'un aveu. L'ultime recours, quand la justification ou la dénégation sont impossibles, c'est de contester l'action intentée. **9.** Or, il y a des cas où l'on ne peut opposer ni défense ni dénégation ni incompétence : « Une femme est accusée d'adultère, parce qu'elle accouche après un an de veuvage »[1]. En ce cas, le procès ne tient pas. Aussi est-il tout à fait absurde, lorsque la justification d'un fait est impossible, de recommander de le passer sous silence, du moins si c'est celui sur lequel le juge doit prononcer. **10.** Mais s'il s'agit d'un fait qui est en dehors de la cause et qui est seulement un accessoire, j'aimerais mieux dire

(1) Cf. *Notes complémentaires.*

seruandum esse uel talem ; primum omnium non erit res nobis cum aduersario, sed cum iudice ; deinde forma deliberatiuae magis materiae quam iudicialis utemur. Suadebimus enim ut laudem humanitatis potius quam uoluptatem ultionis concupiscat. **7.** Apud iudices quidem secundum legem dicturos sententiam de confessis praecipere ridiculum est.

Ergo quae neque negari neque transferri possunt, utique defendenda sunt, qualiacumque sunt, aut causa cedendum. Negandi duplicem ostendimus formam, aut non esse factum aut non hoc esse, quod factum sit. Quae neque defendi neque transferri possunt, utique neganda, nec solum si finitio potest esse pro nobis, sed etiam si nuda infitiatio superest. **8.** Testes erunt : multa in eos dicere licet ; chirographum : de similitudine litterarum disserendum ; utique nihil erit peius quam confessio. Vltima est actionis controuersia, cum defendendi negandiue non est locus [id est relatio]. **9.** Atqui quaedam sunt, quae neque negari neque defendi neque transferri possint. Adulterii rea est quae cum anno uidua fuisset enixa est : lis non erit. Quare illud stultissime praecipitur, quod defendi non possit, silentio dissimulandum, si quidem est id de quo iudex pronuntiaturus est. **10.** At si extra causam sit adductum et tantum coniunctum, malim quidem dicere nihil id ad

7. cedendum *ABH* : cad- *ed. Ald.* || si *AbH* : *om. B*

8. chirographum *AB* : cirog- *H* || disserendum *B* : -remus *AbH* || id est relatio *ABH* : *secl. Spalding*

9. atqui *B* : -que *Ab* || sunt *BH* : sint *A* || possint A : -sunt BH

10. sit *B* : sit et *AH* || coniunctum *A* : -uictum *BH* || malim *t* : mallim *ABH* || quidem dicere *BH* : qui deducere *A* quid deducere *a*

qu'il n'importe pas à la question, qu'il n'y a pas lieu de s'y attarder, et qu'il est moins important que ne le prétend l'adversaire. Cependant, je pardonnerai cette sorte d'oubli simulé ; en effet, le bon avocat ne doit pas se prendre à craindre, si cette négligence doit sauver le prévenu, d'encourir à cet égard un reproche momentané.

11. Il faut aussi examiner si nous devons attaquer plusieurs arguments de l'adversaire à la fois ou les réfuter un à un. Nous en prenons plusieurs à la fois, s'ils sont assez faibles pour être ébranlés simultanément, ou assez embarrassants pour qu'il n'y ait pas avantage à lutter pied à pied avec eux isolément, car il faut alors s'y appliquer avec toutes nos forces, et mener l'attaque, pour ainsi dire, tête baissée. **12.** Cependant, s'il est trop difficile de réduire ce qu'a dit la partie adverse, nous comparerons nos arguments et les siens, du moins s'il est possible de faire apparaître la supériorité des nôtres[1]. D'un autre côté, ceux qui vaudront par le nombre doivent être analysés à part, comme dans l'exemple donné plus haut : « Tu étais son héritier ; tu étais pauvre ; tu étais sommé par des créanciers pour une forte somme ; tu avais blessé le testateur et tu savais qu'il allait modifier ses dispositions testamentaires. » **13.** Groupées, ces circonstances accablent ; mais réfutées une à une, il en sera comme d'un feu, qui avait tiré sa force d'une grande accumulation de combustible, et qui tombera une fois écarté ce qui l'alimentait; de même, si de très grands fleuves se ramifient en ruisseaux, ils deviennent guéables où l'on veut. Donc, la présentation de la réfutation sera réglée selon les exigences du moment ; nous devrons tantôt avancer des arguments isolément, tantôt les grouper

(1) C'est ce que les rhéteurs appellent en effet *resoluere*, d'où *resolutio per compensationem* ou *comparationem* (cf. Fortunatianus, *R.L.M.*, 93, 5, 20 ; Marius Victorinus, *ibid.*, 281, 34 ; Sulp. Victor, *ibid.*, 318, 5 ; 336, 16 ; 345, 17) que Victorinus, *R.L.M.*, 272, 35 appelle *compensatiua constitutio*.

quaestionem nec esse in iis morandum et minus esse quam aduersarius dicat, tamen huic uelut simulationi obliuionis ignoscam ; debet enim bonus aduocatus pro rei salute breuem neglegentiae reprensionem non pertimescere.

11. Videndum etiam, simul nobis plura adgredienda sint an amolienda singula. Plura simul inuadimus, si aut tam infirma sunt ut pariter inpelli possint, aut tam molesta, ut pedem conferre cum singulis non expediat ; tum enim toto corpore obnitendum, et, ut sic dixerim, derecta fronte pugnandum est. **12.** Interim, si resoluere ex parte diuersa dicta difficilius erit, nostra argumenta cum aduersariorum argumentis conferemus, si modo haec ut ualentiora uideantur effici poterit. Quae uero turba ualebunt diducenda erunt, ut, quod paulo ante dixi : « Heres eras et pauper et magna pecunia appellabaris a creditoribus et offenderas et mutaturum tabulas testamenti sciebas ». **13.** Vrgent uniuersa ; at singula quaeque dissolueris, iam illa flamma, quae magna congerie conualuerat, diductis quibus alebatur concidet, ut, si uel maxima flumina in riuos diducantur, qualibet transitum praebent. Itaque propositio quoque secundum hanc utilitatem accommodabitur, ut ea nunc singula ostendamus, nunc complectamur

10. esse *om.* *B* || dicat *A* : dicit *BH* || huic uelut *N* : uelut huic *ABH*

11. obnitendum *AbH* : enit- *B* || derecta *B* : dir- *AbH*

12. potuit *BH* : poterint *A*

13. urgent *B* : ungunt *A* iuugunt *abH* || concidet *BH* : -tinet *A* -tietur *a* || diducantur *p* : *om.* *ABH* || qualibet *aH* : quod- *b* quo- *Bg* quam- *A* || ut *bH* : uter *A* ut ea *B*

tous ensemble. **14.** Car, parfois, il suffit de concentrer en une seule proposition ce que l'adversaire a tiré de plusieurs sources ; par exemple, si l'accusateur dit que le prévenu a eu beaucoup de raisons de commettre l'acte incriminé, nous devrons, sans reprendre par le détail tous les points, nier le tout en bloc, parce qu'avoir eu des raisons de commettre un crime n'implique pas qu'on l'a commis. **15.** Plus souvent, cependant, il y aura intérêt pour l'accusateur à accumuler les arguments, pour l'accusé à les exposer en détail.

Il y a lieu d'autre part d'examiner comment réfuter les assertions de l'adversaire. Car, si leur fausseté est évidente, il suffit de les nier ; ainsi, dans le *Pro Cluentio*[1], l'accusateur ayant prétendu qu'un homme, après avoir vidé une coupe, était tombé mort, Cicéron nie qu'il soit mort le même jour. **16.** De même, il n'y a aucun art à rejeter ce qui est évidemment contradictoire, superflu et absurde ; aussi, n'est-il nécessaire d'indiquer sur ce point ni méthode, ni exemples. De même, le type d'accusation (qu'on appelle «obscur»), à savoir ce qui concerne des faits qui se sont passés, dit-on, secrètement, sans témoins ni indices probants, est par nature assez faible : il suffit en effet que l'adversaire ne puisse fournir de preuve. Il en est de même pour ce qui est sans rapport avec la cause. **17.** Cependant, parfois, l'orateur doit réussir à faire apparaître que certaines allégations sont contradictoires ou étrangères à la cause, ou incroyables ou superflues ou plutôt favorables à son client. On reproche à Oppius d'avoir fait des prélèvements sur les rations des soldats[2] ; accusation grave, mais Cicéron montre qu'on se heurte à une contradiction, puisque les mêmes accusateurs lui ont reproché d'avoir voulu corrompre l'armée par des largesses. **18.** L'accusateur de Cornelius promet

(1) Cicéro, *Pro Clu.*, 168.
(2) Cicéron, *Frg. orat.*, III, 7 a.

uniuersa. **14.** Nam interim quod pluribus collegit aduersarius, sat est semel proponere, ut, si multas causas faciendi, quod arguit, reo dicet accusator fuisse, nos, non enumeratis singulis, semel hoc in t*ot*um negemus, quia non quisquis causam faciendi sceleris habuit et fecerit. **15.** Saepius tamen accusatori congerere argumenta, reo dissoluere expediet.

Id autem quod erit ab aduersario dictum, quo modo refutari debeat, intuendum est. Nam si erit palam falsum, negare satis est, ut pro Cluentio Cicero eum, quem dixerat accusator epoto poculo concidisse, negat eodem die mortuum. **16.** Palam etiam contraria et superuacua et stulta reprendere nullius est artis, ideoque nec rationem eorum nec exempla tradere necesse est. Id quoque (obscurum uocant), quod secreto et sine teste aut argumento dicitur factum, satis natura sua infirmum est : sufficit enim, quod aduersarius non probat. Item si ad causam non pertinet. **17.** Sed tamen interim oratoris est efficere ut quid aut contrarium esse aut a causa diuersum aut incredibile aut superuacuum aut nostrae potius causae uideatur esse coniunctum. Obicitur Oppio quod de militum cibariis detraxerit ; asperum crimen, sed id contrarium ostendit Cicero, quia idem accusatores obiecerint Oppio quod is uoluerit exercitum largiendo corrumpere. **18.** Testes in Cornelium

14. quod *BH* : quibus *A* || reo *BH* : reum *Ab* || enumeratis *a* : -ti *A* numeratis *BH* || in totum *Becher 1891* : intuendum *ABH*

16. et stulta *BH* : ex ulta *a* ex una *b* || rationem *A* : -ne *BH* || quoque *ABH* : quoque quod *a*

17. sed — est *BH* : est tamen est interim oratoris *A* || a *om.* *AH* || detraxerit *BH* : cont- *A*

de produire des témoins pour attester qu'étant tribun, Cornélius[1] a donné lecture du texte d'une loi ; Cicéron rend superflue cette procédure, puisque son client, dit-il, reconnaît le fait. Q. Caecilius demande à soutenir l'accusation contre Verrès, parce qu'il avait été son questeur ; Cicéron réussit à retourner l'argument à son avantage[2].

19. Pour toutes les autres charges, on dispose des mêmes lieux communs. En effet, on les examine par conjecture (sont-elles exactes ?), par définition (sont-elles propres au sujet ?), par qualification (sont-elles peu honorables, iniques, malhonnêtes, inhumaines, cruelles, et autres problèmes, qui ressortissent à ce genre ?). **20.** Il faut d'ailleurs considérer ces questions, non seulement en liaison avec les charges ou les raisons, mais aussi par référence à la cause dans son ensemble. Est-elle, par exemple, cruelle, comme dans le cas de Labiénus poursuivant Rabirius pour haute trahison[3] ? Inhumaine comme dans celui de Tubéron accusant Ligarius exilé et visant à empêcher César de lui pardonner ?[4] Prétentieuse, comme dans le cas d'Oppius accusé à la suite d'un message de Cotta ?[5] On découvre aussi des exemples d'accusations hâtives ou insidieuses ou incontrôlées ; **21.** mais, ce qu'il faut contre-attaquer avec le plus de force, c'est ce qui est dangereux pour tous, comme Cicéron disant dans le *Pro Tullio*[6] : « Qui a jamais établi ou à qui peut-on concéder sans un extrême danger pour tous qu'un homme ait le droit de tuer celui dont il dit avoir redouté pour plus tard un coup mortel ? », soit pour les juges eux-mêmes ; c'est ainsi que, dans le *Pro Oppio*[7], Cicéron les avertit assez longuement de ne pas admettre qu'on dirige

(1) Cicéron, *Frg. orat.*, VII, 6.
(2) Cicéron, *Diuin. in Q. Caecil.*, ch. II, VI, XI notamment.
(3) Cf. *Notes complémentaires.*
(4) Cf. *Notes complémentaires.*
(5) Cf. *Notes complémentaires.*
(6) Cicéron, *Pro Tullio,* 56.
(7) Cf. *Notes complémentaires.*

accusator lecti a tribuno codicis pollicetur ; facit hoc Cicero superuacuum, quia ipse fateatur. Petit accusationem in Verrem Q. Caecilius, quod fuerat quaestor eius ; ipsum Cicero ut pro se uideretur effecit.

19. Cetera quae proponuntur communis locos habent. Aut enim coniectura excutiuntur, an uera sint, aut finitione, an propria, aut qualitate, an inhonesta, iniqua, improba, inhumana, crudelia et cetera, quae ei generi accidunt. **20.** Eaque non modo in propositionibus aut rationibus, sed in toto genere actionis intuenda ; an sit crudelis, ut Labieni in Rabirium lege perduellionis, inhumana, ut Tuberonis Ligarium exulem accusantis atque id agentis ne ei Caesar ignoscat, superba, ut in Oppium ex epistula Cottae reum factum. P*e*rinde praecipites, insidiosae, inpotentes deprehenduntur ; **21.** ex quibus tamen fortissime inuaseris quod est aut omnibus periculosum, ut dicit Cicero pro Tullio : « Quis hoc statuit umquam, aut cui concedi sine summo omnium periculo potest, ut eum iure potuerit occidere a quo metuisse se dicat ne ipse posterius occideretur ? », aut ipsis iudicibus, ut pro Oppio monet pluribus ne illud actionis genus

18. q. *P* : L. *ABH*

19. proponuntur *BH* : prae- *A* || locos *a* : -cus *A om. BH* || habent *a* : -bet *ABH* || ei *om. A* || accidunt *H* : acced- *AB* succed- *a*

20. modo *om. A* || in *ante* rabirium *om. B* || rabirium *B* : papirium *A* -lium *bH* || perinde *Gesner* : proinde *ABH*

21. dicit *AbH* : dicitur *B* || ut *om. A* || oppio *B* : positum *AH*

un tel genre d'action judiciaire contre l'ordre équestre. **22.** Parfois, cependant, on méprise avec raison certains arguments comme inconsistants ou comme étrangers à la cause. C'est ce que fait en maints endroits Cicéron. Et cette affectation de mépris va parfois même jusqu'à nous faire fouler aux pieds comme avec dégoût des arguments que nous ne pourrions réfuter si nous en parlions.

23. Mais comme une très grande part de ces arguments est fondée sur des similitudes, il faut distinguer très attentivement s'il n'y a pas manque de similitude dans chaque terme de comparaison. Pour le droit, c'est aisé à saisir, car, dans sa forme écrite, il s'applique à des cas nécessairement différents[1], et la différence de fond même entre un cas et un autre est d'autant plus manifeste. Quant aux similitudes, tirées, soit d'animaux, soit d'objets inanimés, il est aisé de les éluder. **24.** Les exemples tirés des faits doivent être traités de manières différentes, s'ils nous nuisent : sont-ils anciens? nous pourrons les qualifier de légendaires; indubitables? du moins, de tout à fait dissemblables ; aussi bien, ne peuvent-ils être en effet égaux en tous points ; par exemple, si, à propos du meurtre de Ti. Gracchus, on justifiait Nasica par l'exemple d'Ahala, qui a tué Maelius, on répondrait que Maelius aspirait à la royauté, tandis que Gracchus s'était borné à proposer des lois démocratiques, qu'Ahala était maître de la cavalerie, Nasica simple particulier[2]. Si tous ces moyens font défaut, il faudra voir si l'on peut parvenir à montrer que le fait en question n'est pas même justifiable.

(1) Cf. *Notes complémentaires.*
(2) Ces exemples ont été allégués déjà en III, 7, 21 et V, 9, 13.

in equestrem ordinem admittant. **22.** Nonnumquam tamen quaedam bene et contemnuntur uel tamquam leuia uel tamquam ad causam nihil pertinentia. Multis hoc locis facit Cicero. Et haec simulatio interim huc usque procedit ut, quae dicendo refutare non possumus, quasi fastidiendo calcemus.

23. Quoniam uero maxima pars eorum similibus constat, rimandum erit diligentissime quid sit in quoque, quod adsumitur, dissimile. In iure facile deprenditur : est enim scriptum de rebus utique diuersis, tantoque magis ipsarum rerum differentia potest esse manifesta. Illas uero similitudines, quae ducuntur ex mutis animalibus aut inanimis, facile est eludere. **24.** Exempla rerum uarie tractanda sunt, si nocebunt : quae si uetera erunt, fabulosa dicere licebit, si indubia, maxime quidem dissimilia ; neque enim fieri potest ut paria sint omnia, ut, si Nasica post occisum T*i*. Gracchum defendatur exemplo Ahalae, a quo Maelius est interfectus, Maelium regni adfectatorem fuisse, a Graccho leges modo latas esse popularis, Ahalam magistrum equitum fuisse, Nasicam priuatum esse dicatur. Si defecerint omnia, tum uidendum erit an optineri possit ne illud quidem recte factum.

22. uel tamquam leuia *om.* *A* || ad causam nihil *BH* : nihil ad causam *A* || facit *B* : fecit *AbH* || et *A* : sed *BH* || calcemus *B* : -camus *AbH*

23. quoniam *B* : quoniam in has erit *AbH* || dissimile *AH* : -li *B*

24. uetera *B* : ultera *AbH* || dicere *BH* : adic- *A* || indubia *BH* : -biam *A* || fieri *B* : esse a *H* ē *A* || ut paria (raria *A*) sint omnia *AbH* : utra ita sit optima *B* || Ti. *Halm* : T. *A* *om.* *BH* || ahalae *B* : athal- *A* athaleam *bH* || melius *BH* m. aelius *A* alius *b* || ahalam *aBH* : ahaiam *A* || tum *om.* *A* || optineri *B* : -nere *AbH*

Ce que je dis des exemples, il faut l'observer aussi à propos des précédents judiciaires.

25. J'ai dit d'autre part qu'il est important d'étudier la manière dont chaque point a été traité par l'accusateur : j'ai voulu dire que, s'il s'est exprimé en termes peu efficaces, on reprendra ses propres paroles ; s'il a exposé l'affaire en termes vifs et violents, exposons la même affaire à notre façon, en termes plus atténués, **26.** comme l'a fait Cicéron parlant pour Cornelius[1] : « Il a touché à la tablette », et, d'emblée, nous ménageons une sorte de justification de notre client ; ainsi, plaidant pour un débauché, il faut dire : « On lui a reproché une vie un peu trop libre... » De même, on pourra présenter un homme avare comme économe, un homme médisant comme un homme au franc parler[2]. **27.** Dans tous les cas, il ne faut jamais se hasarder à mettre les dires de l'adversaire en relation avec leurs preuves, ou même l'aider par quelque développement suivi, à moins que ce ne soit pour les éluder, comme dans le passage suivant : « D'après ce que l'on nous dit, tu as été à l'armée ; durant tant d'années, tu n'as pas mis le pied au forum ; tu as été absent si longtemps, et quand tu reviens après un si long intervalle, tu disputes une dignité à ceux qui ont constamment fréquenté le forum ?[3] »

28. En outre, dans les répliques, on expose parfois l'ensemble de l'accusation, comme le fait Cicéron dans le *Pro Scauro*, à propos de Bostar, en parodiant, pour ainsi dire, le langage de la partie adverse[4] ; ou bien encore, on groupe plusieurs points mis en avant dans

(1) Cf. *Notes complémentaires.*
(2) Cf. *Notes complémentaires.*
(3) Cicéron, *Pro Mur.*, 21.
(4) Le *Pro Scauro* ne nous est parvenu, on le sait, que de façon fragmentaire, et il est, par suite, difficile de préciser l'allusion de Quintilien, mais les frg. qui subsistent permettent de voir que la tactique de Cicéron a été d'affaiblir l'autorité des témoins et de faire rire les Romains aux dépens des Sardes.

Quod de exemplis, idem etiam de iudicatis obseruandum.

25. Quod autem posui, referre quo quidque accusator modo dixerit, huc pertinet ut, si est minus efficaciter elocutus, ipsa eius uerba ponantur ; si acri et uehementi fuerit usus oratione, eandem rem nostris uerbis mitioribus proferamus, **26.** ut Cicero de Cornelio : « Codicem attigit », et protinus cum quadam defensione, ut, si pro luxurioso dicendum sit : « Obiecta est paulo liberalior uita ». Sic et pro sordido parcum, pro maledico liberum dicere licebit. **27.** Vtique numquam committendum est ut aduersariorum dicta cum sua confirmatione referamus, aut etiam loci alicuius executione adiuue*mus*, nisi cum eludenda erunt : « Apud exercitum mihi fueris, inquit, tot annis forum non attigeris ; afueris tam diu, et, cum tam longo interuallo ueneris, cum his, qui in foro habitarunt, de dignitate contendas ? »

28. Praeterea in contradictionibus interim totum crimen exponitur, ut Cicero pro Scauro circa Bostarem facit, ueluti orationem diuersae partis imitatus, aut pluribus propositionibus iunctis, ut

24. de *om.* *AB* || exemplis *AbH* : -pli *B*

25. rem *om.* *A* || proferamus *AH* : perf- *B*

26. attigit *aBH* : -get *A* || et *om.* *AbH* || dicendum *BH* : dicit dicendum *A*

27. committendum *BH* : incom- *A* || loci *A* : ioci *BH*] alicuius *BH* : cuius *A* || executione *BH* : exse- *A* || adiuuemus *ed. Gryph. 1536* : adiuues *ABH* || erunt *om.* *B* || tot *B* : quot *A* quod *H* || forum *B* : eorum *AbH*

28. in *AH* : de *B* || contradictionibus *B* : -nis *A* -nes *H* || ut Cicero *BH* : *om.* *A* || ueluti *a* : uelut in *ABH* || orationem *A* : rationem *aBH* || propositionibus *Vindob. 3135* : praepo- *ABH*

l'accusation, comme dans le *Pro Vareno*[1] : « Voyageant avec Pompulénus par les champs et les lieux isolés, ils tombèrent, dit-on, sur les esclaves d'Ancharius ; puis, Pompulenus fut tué ; immédiatement, Varénus fut ligoté et gardé à vue, en attendant que mon client eût montré ce qu'il voulait faire de lui. » Ce procédé rend service, si la suite des faits n'est pas croyable, et que leur réexposition doive leur faire perdre toute créance. Parfois, on réfute par parties ce qui serait nuisible en restant lié, et c'est ordinairement le procédé le plus sûr. Certaines parties de nos répliques sont, par nature, indépendantes les unes des autres : il n'est pas besoin d'apporter sur ce point des exemples.

29. Les arguments communs aux deux parties sont aisément attaquables, non seulement parce qu'ils sont communs aux deux parties, mais parce qu'ils servent mieux celui qui réplique. Je n'aurai pas scrupule en effet à répéter l'avertissement que j'ai souvent donné : celui qui emploie le premier un argument commun aux deux parties le tourne contre lui-même ; **30.** est en effet tourné contre nos intérêts, ce dont l'adversaire peut tirer profit : « Mais, dira-t-on, il n'est pas vraisemblable que M. Cotta ait conçu le projet d'un crime aussi monstrueux. Alors, est-il vraisemblable qu'Oppius ait tenté un crime aussi monstrueux ? »[2]

Un vrai technicien, d'autre part, doit découvrir dans l'intervention de son adversaire des assertions qui sont ou qui semblent contradictoires ; quelquefois, la contradiction ressort des faits eux-mêmes, par exemple, dans l'affaire Caelius, Clodia prétend avoir prêté de l'argent à Caelius, ce qui est le signe d'une grande intimité, et, d'autre part, que Caelius a voulu

(1) Cicéron, *Pro Vareno* (*Frg. orat.*, II, 5-6). L. Varenus avait été accusé du meurtre de C. Varenus ; il essaya de faire retomber le crime sur les esclaves de C. Ancharius Rufus. Cf. Quintilien, IV, 1, 74 ; V, 10, 69 ; V, 13, 28 ; VI, 1, 49 ; VII, 1, 9 ; VII, 1, 12 ; VII, 2, 10, 22 et 36 ; VIII, 3, 22 ; IX, 2, 56. Par Pline, *Ep.*, I, 20, 7, on apprend que Cicéron a remanié son texte et ne l'a pas intégralement publié.

(2) Cicéron, *Frg. orat.*, III, 3.

pro Vareno : « Cum iter per agros et loca sola faceret cum Pompulenio, in familiam Ancharianam incidisse dixerunt, deinde Pompulenium occisum esse, ilico Varenum uinctum adseruatum, dum hic ostenderet quid de eo fieri uellet. » Quod est uti*l*e, si erit incredibilis rei ordo et ipsa expositione fidem perditurus. Interim per partes dissoluitur quod contextu nocet, et plerumque id est tutius. Quaedam contradictiones natura sunt singulae ; id exemplis non eget.

29. Communia bene adprenduntur, non tantum quia utriusque sunt partis, sed quia plus prosunt respondenti. Neque enim pigebit, quod saepe monui, referre : commune qui prior dicit, contrarium facit ; **30.** est enim contrarium quo aduersarius bene uti potest : « At enim non ueri simile est tantum scelus M. Cottam esse commentum. Quid ? hoc ueri simile est, tantum scelus Oppium esse conatum ? »

Artificis autem est inuenire in actione aduersarii quae inter semet ipsa pugnent aut pugnare uideantur ; quae aliquando ex rebus ipsis manifesta sunt, ut in causa Caeliana Clodia aurum se Caelio commodasse dicit, quod signum magnae familia-

29. pompulenio *BH* : pop- *A* || ancharianam *B* : anca- *A* mancha- *bH* || pompulenium *BH* : pop- *Ab* || ilico *aB* : ill- *AH* || utile *Badius* : utileque *ABH* || erit *BH* : ierit *A* || et *BH* : *om.* *Ab*

29. sunt *BH* : sint *A* || monui *B* : in* nui *A* inminui *H*

30. facit — contrarium *B* : *om.* *AH* || quo *B* : quod *A* quid *H* || commentum *BH* : contentum *A* || inter *B* : contra *AbH* || quae *B* : quale *A* quae de *bH* || ex *AB* : et *bH* || caeliana *B* : iuliana *AbH* || clodia *AB* : claud- *bH* || caelio *B* : caeli *AH* || signum *B* : etiam *Ab* etiam signum *H*

l'empoisonner, ce qui est la preuve d'une haine profonde[1]. **31.** Tubéron accuse Ligarius d'avoir été en Afrique, et il se plaint que Ligarius lui ait interdit à lui-même l'accès en Afrique[2]. Parfois, cependant, une assertion inconsidérée de notre adversaire nous fournit l'occasion de relever une contradiction ; cela se produit surtout chez les orateurs qui aiment les traits, car, entraînés par l'occasion de parler de cette façon, ses avocats ne font pas attention à ce qu'ils ont déjà dit, parce qu'ils pensent à ce qu'ils développent dans l'immédiat, non à l'ensemble de la cause. **32.** Qu'est-ce qui peut paraître aussi contraire à Cluentius que le blâme du censeur ? Aussi contraire que l'acte d'Egnatius, déshéritant son fils, accusé de corruption de juges dans un procès où Cluentius avait accablé Oppianicus ? **33.** Cependant, Cicéron montre qu'il y a là contradiction[3] : « Mais, toi, Attius, je suis d'avis que tu dois considérer avec soin si tu veux donner du poids au jugement des censeurs ou à celui d'Egnatius. Celui d'Egnatius ? Les notations des censeurs sur d'autres ne pèsent pas lourd ; en effet, Cn. Egnatius lui-même, dont l'autorité a du poids à tes yeux, a été exclu par eux du sénat. Celui des censeurs ? Mais cet Egnatius, que son père a déshérité par une notation analogue à celle des censeurs, a été maintenu, lui, dans le sénat par les censeurs, alors qu'ils avaient exclu le père. »

34. Les erreurs qui suivent, il faut plus de maladresse pour les commettre que de pénétration pour les relever : présenter un argument douteux comme indiscutable, controversé comme admis, commun à plusieurs causes comme propre à l'une d'elles, user d'un argument banal,

(1) Cicéron, *Pro Cael.*, 31. Citation faite de mémoire ; Cicéron dit en réalité : *signum egregiae familiaritatis*, et, *magnum rursus odium uideo... extitisse.*

(2) Cicéron, *Pro Lig.*, 9.

(3) Cicéron, *Pro Clu.*, 135.

ritatis est, uenenum sibi paratum, quod summi odii argumentum est. **31.** Tubero Ligarium accusat quod is in Africa fuerit, et queritur quod ab eo ipse in Africam non sit admissus. Aliquando uero praebet eius rei occasionem minus considerata ex aduerso dicentis oratio ; quod accidit praecipue cupidis sententiarum, ut ducti occasione dicendi non respiciant quid dixerint, dum locum praesentem, non totam causam intuentur. **32.** Quid tam uideri potest contra Cluentium quam censoria nota ? Quid tam contra eundem, quam filium ab Egnatio corrupti iudicii, quo Cluentius Oppianicum circumuenisset, crimine exheredatum ? **33.** At haec Cicero pugnare inuicem ostendit : « Sed tu, Atti, consideres, censeo, diligenter utrum censorium iudicium graue uelis esse an Egnati. Si Egnati, leue est quod censores de ceteris subscripserunt ; ipsum enim Cn. Egnatium, quem tu grauem esse uis, ex senatu eiecerunt. Sin autem censorum, hunc Egnatium, quem pater censoria subscriptione exheredauit, censores in senatu, cum patrem eiecissent, retinuerunt ».

34. Illa magis uitiose dicuntur qu*am* acute reprenduntur : argumentum dubium pro necessario, controuersum pro confesso, commune pluribus pro proprio, uulgare, superuacuum, constitutum

31. uero *om. A* || occasionem *BH* : accusationem *A* || ducti *B* : dicti *H* data *Ab*

32. quo *AB* : quod *bH* || exheredatum *BH* : -ditatum *A*

33. si egnati *B* : *om. AH* || enim *om. H* || Cn. *Philander ex Cicerone* : *non habet B* genus *AbH* || quem — egnatium *B* : *om. AbH*

34. quam *Regius* : quod *ABH* || reprenduntur *AH* : -prendunt *B* || controuersum *BH* : -uersiam *A* || pluribus *om. B* || uulgare *B* : legare uulgare *AbH* || constitutum *B* : seruum *Ab* seruum constitutum *H*

superflu, invraisemblable. Car, il arrive à des avocats trop peu circonspects d'exagérer le crime qu'il y a lieu de prouver, de discuter sur le fait, alors qu'on en cherche l'auteur, de tenter l'impossible, d'abandonner comme achevé un développement qui est à peine commencé, de mieux aimer parler de la personne que de la cause, **35.** d'attribuer aux choses les défauts des personnes, comme si un orateur accusait le décemvirat, non Appius, de contredire l'évidence, de parler un langage équivoque, de perdre de vue le point essentiel, de ne pas répondre aux arguments avancés, procédé qui peut être occasionnellement admis, lorsqu'il faut remédier à la faiblesse d'une cause par des arguments extrinsèques, par exemple à propos de Verrès, accusé de péculat, on dit qu'il a été courageux et énergique pour défendre la Sicile contre les pirates[1].

36. Les mêmes règles s'appliquent aux objections qui peuvent nous être opposées, et j'insiste d'autant plus qu'à cet égard beaucoup d'orateurs souffrent de deux défauts opposés. Certains, même au forum, escamotent ces objections comme choses pénibles et désagréables, et ils se contentent généralement, en effet, de ce qu'ils ont apporté tout prêt de leur cabinet et ils parlent comme si l'adversaire n'existait pas ; naturellement, la faute est beaucoup plus commune dans les écoles, où l'on ne tient aucun compte des objections, et même où les thèmes de travail eux-mêmes sont composés généralement de telle manière que l'on ne peut rien dire en faveur de la partie adverse. **37.** D'autres, par excès de zèle, croient nécessaire de répondre à chaque mot et à chaque pensée, même la plus insignifiante, ce qui est à la fois interminable et superflu ; en effet, ce n'est plus la cause que l'on attaque, mais l'orateur ;

(1) Évocation de l'*In Verr.*, V, 1.

contra fidem. Nam et illa accidunt parum cautis, ut crimen augeant quod probandum est, de facto disputent, cum de auctore quaeratur, inpossibilia adgrediantur, pro effectis relinquant uixdum inchoata, de homine dicere quam de causa malint, **35.** hominum uitia rebus adsignent, ut si quis decemuiratum accuset, non Appium, manifestis repugnent, dicant quod aliter accipi possit, summam quaestionis non intueantur, non ad proposita respondeant ; quod unum aliquando recipi potest, cum mala causa adhibitis extrinsecus remediis tuenda est, ut cum peculatus reus Verres fortiter et industrie tuitus contra piratas Siciliam dicitur.

36. Eadem aduersus contradictiones nobis oppositas praecepta sunt, hoc tamen amplius, quod circa eas multi duobus uitiis diuersis laborant. Nam quidam etiam <in> foro tamquam rem molestam et odiosam praetereunt, et *i*is plerumque quae composita domo attulerunt contenti sine aduersario dicunt, et scilicet multo magis in scholis, in quibus non solum contradictiones omittuntur, uerum etiam materiae ipsae sic plerumque finguntur, ut nihil dici pro parte altera possit. **37.** Alii diligentia lapsi, uerbis etiam uel sententiolis omnibus respondendum putant, quod est et infinitum et superuacuum ; non enim causa

35. adsignent *ABn* : -nant *BgH* || decemuiratum *AH* : decim- *B* || accuset *AB* : -sat *H* || non appium *ABH* : appium non *b* || possit *BH* : -sint *A* || cum *B* : tum *AbH* || tuenda *B* : utenda *AH*

36. eadem *A* : eand- *BH* || in *add. Regius* || iis *edd.* : his *AbH* etenim *B* || contenti *A* : -tinenti *BH* || non *a* : *om. ABH* || ipsae *A* : ipse *BH*

37. lapsi *BH* : ipsi *A* ipsis *a* || est et *BH* : est *a in ras.*

et j'aimerais toujours mieux qu'il ait l'air disert, afin que, s'il avance des arguments qui servent la cause, on en rapporte l'honneur à son talent, non à la cause, mais que, si d'aventure, il nuit à la cause, on impute la faute à la cause, non à son talent.

38. Aussi, les reproches, tels que celui qui est adressé à Rullus pour l'obscurité de son langage, à Pison pour son incapacité à s'exprimer, à Antonius pour son ignorance des choses et des mots, et même son manque de goût — ces reproches, dis-je, s'expliquent par la passion et par de justes ressentiments et ils sont utiles pour jeter la haine sur ceux que l'on veut faire mal voir[1]. **39.** La méthode n'est pas la même pour répliquer aux avocats : on peut attaquer avec raison leur manière de parler, ou même leur vie, finalement leur visage, leur démarche, leur attitude ; c'est ainsi que, parlant contre Quintius, Cicéron s'en prend non seulement à cela, mais à sa toge, qui traîne sur ses talons ; Quintius avait en effet accablé Cluentius dans des harangues violentes[2]. **40.** Quelquefois, pour diminuer l'odieux de certains traits trop âpres, on les tourne en plaisanterie, comme l'a fait Cicéron à propos de Triarius[3]. Ce dernier disant que les colonnes <destinées à la maison> de Scaurus avaient été transportées sur des chariots à travers la ville ; « Moi, c'est mieux, dit-il, j'ai des colonnes d'Albe, mais je les ai apportées dans des paniers. » Une telle tactique est mieux admise contre les accusateurs que, par loyauté, la défense est

(1) Allusions à Cicéron, *Pro lege agr.*, II, 13 : *Vnum erat quod mihi uitiosum uidebatur, quod tanta ex frequentia inueniri nemo potuit qui intellegere posset quid diceret* ; à l'*In Pisonem*, 73-74, etc., aux *Philippiques*, notamment XIII, ch. XIX, mais aussi à plusieurs paragraphes de chacune d'elles, comme III, 22.

(2) Cicéron, *Pro Clu.*, 111.

(3) Cf. *Notes complémentaires.*

reprenditur, sed actor, quem ego semper uideri malim disertum, ut, si dixerit quod rei prosit, ingenii credatur laus esse, non causae, si forte <quod> laedat, causae, non ingeni culpa. **38.** Itaque illae reprensiones, ut obscuritatis, qualis in Rullum est, infantiae in dicendo, qualis in Pisonem, inscitiae rerum uerborumque et insulsitatis etiam, qualis in Antonium est, animo dantur et iustis odiis, suntque utiles ad conciliandum iis, quos inuisos facere uolueris, odium. **39.** Alia respondendi patronis ratio est, aliquando tamen eorum non oratio modo, sed uita etiam, uultus denique incessus, habitus recte incusari solet, ut aduersus Quintium Cicero non haec solum, sed ipsam etiam praetextam demissam ad talos *in*sectatus est; presserat enim turbulentis contionibus Cluentium Quintius. **40.** Nonnumquam eleuandae inuidiae gratia quae asperius dicta sunt eluduntur, ut a Cicerone Triarius. Nam cum Scauri columnas per urbem plaustris uectas esse dixi*sse*t : « Ego porro, inquit, qui Albanas habeo columnas, clitellis eas adportaui ». Et magis hoc in accusatores concessum est, quibus conuiciari aliquando patrocinii fides

37. reprenditur *BH* : depend- *A* || uideri malim *BH* : uiderīallim *A* uiderī alii *a* || si *a* : se *AH om. B.* || rei prosit B : re promisit *AbH* || quod *ed. Vasc. 1542* : non *ABH*

38. reprensiones *B* : respons- *AH* || ut *A* : aut *BH* || rullum *B* : rutilium *AbH* || uerborumque *BH* : -borum *A* || et *ante* iustis *A* : ut *BH* || odiis *BH* : odii *A*

39. alia *BH* : *alia *A* est alia *a* || est *Halm* : et *ABH* || insectatus *ed. Jenson* : sectatus *BH* spec- *A*

40. nam *AbH* : *om.* B || plaustris *BH* : -tiris *A* || uectas *BH* : uecta *A* || dixisset *Pithou* : dixit *ABH* || inquit *Vindob. 3135* : -is *ABH* || qui *BH* : quia *A* || habeo *BH* : abeo *A* || clitellis *B* : dipellis *H* -las *A* || eas *B* : easdem *AbH* || adportaui *B* : port- *AbH* || conuiciari *BH* : uitiari *A*

contrainte parfois de prendre à partie. **41.** D'un autre côté, à l'encontre de tous les avocats, il est admis, et ce n'est pas discourtois, qu'on leur reproche d'avoir artificieusement passé sous silence, abrégé, obscurci, différé quelque point. **42.** Dans la défense, ce que l'on censure souvent aussi, c'est le changement de tactique, comme l'a fait Attius contre Cluentius, et Eschine contre Ctésiphon, le premier se plaignant que Cicéron allait se borner à la lettre de la loi, le second que Démosthène n'allait guère parler de la loi[1].

Il faut aviser surtout les déclamateurs de ne pas présenter des objections, auxquelles il soit très facile de répondre, et de ne pas s'imaginer que leur adversaire est un sot. Or, c'est ce que nous faisons, (parce que, surtout ici, nous viennent à l'esprit de riches développements et des traits qui ont la vogue, et que nous traitons la matière à notre gré) ; aussi, ne serait-il pas inutile de nous rappeler ce vers[2] :

« A question mal posée, on ne répond pas mal. »

43. Une telle pratique sera décevante au forum, où il faudra répondre à notre adversaire, non pas à nous-même. Comme on demandait à Accius, dit-on, pourquoi il ne plaidait pas, alors que, dans ses tragédies, il y avait tant de vigueur, il donna la raison suivante : au théâtre, les personnages disaient ce qu'il voulait, au forum, ses adversaires diraient ce qu'il ne voudrait pas. **44.** Il est donc ridicule dans des exercices qui préparent au forum, de réfléchir à la réponse possible avant de songer à ce qui peut être dit par la partie adverse,

(1) Cicéron, *Pro Clu.*, 143 ; Eschine, *Contre Ctésiphon*, 206.
(2) Auteur inconnu.

cogit. **41.** Illa uero aduersus omnis et recepta et non inhumana conquestio, si callide quid tacuisse, breuiasse, obscurasse, distulisse dicuntur. **42.** Defensionis quoque permutatio reprenditur saepe, ut Attius aduersus Cluentium, Aeschines aduersus Ctesiphontem facit, cum ille Ciceronem lege usurum modo, hic minime de lege dicturum Demosthenen queritur.

Declamatores uero in primis sunt admonendi ne contradictiones eas ponant quibus facillime responderi possit, neu sibi stultum aduersarium fingant. Facimus autem (quod maxime uberes loci popularesque sententiae nascuntur materiam dicendi nobis, quod uolumus, ducentibus), ut non sit ille inutilis uersus :

« non male respondit, male enim prior ille rogarat ».

43. Fallet haec nos in foro consuetudo, ubi aduersario, non ipsi nobis respondebimus. Aiunt Accium interrogatum cur causas non ageret, cum apud eum in tragoediis tanta uis esset, hanc reddidisse rationem, quod illic ea dicerentur, quae ipse uellet, in foro dicturi aduersarii essent, quae minime uellet. **44.** Ridiculum est ergo in exercitationibus, quae foro praeparant, prius cogitare quid responderi quam quid ex diuerso dici possit, et

40. cogit *B* : -gitatio *AH*
41. illa uero *AB* : uero illa *bH* || tacuisse *a* : acuisse *AB* accuisse *H*
42. attius *B* : appius *AbH* || fingant *aBH* : -gunt *A*
43. accium *A* : act- *BH* || esset *B* : esset optime respondi (-dendi *b*) *AbH* || quae *BH* : qua et *A* || uellet *ABH* : uellent *H*
44. est ergo *BH* : q** (que *a*) sui ergo *A* || praeparant *A* : -rantur *aBH*

et un bon maître ne doit pas moins féliciter son disciple de son acuité d'esprit pour imaginer des arguments pour l'adversaire autant que pour lui-même.

45. Il y a en retour une autre pratique qu'on doit toujours permettre à l'école, rarement au forum. Quand nous parlons en effet les premiers comme demandeurs dans un vrai procès, comment faire des objections, si notre adversaire n'a encore rien dit? **46.** Cependant, la plupart des avocats tombent dans ce défaut, soit par habitude de la déclamation, soit même par passion de la parole, et ils donnent à ceux qui leur répondent l'occasion de se jouer d'eux fort spirituellement : leurs adversaires déclarent en plaisantant, tantôt qu'ils n'ont rien dit et qu'ils n'auraient pas dit de telles sottises, tantôt qu'ils viennent de recevoir de leur adversaire une utile orientation, et ils le remercient de leur aide ; le plus fréquemment — et cette observation est très forte — ils ajoutent que jamais leur adversaire n'aurait répondu à des objections qui n'avaient pas été faites, s'il n'avait su qu'elles étaient justifiées, et s'il n'avait été poussé à un aveu par sa conscience. **47.** C'est ce qu'a fait Cicéron dans le *Pro Cluentio*[1] : « Tu as dit et répété qu'on t'annonçait mon intention de défendre cette cause sous le couvert de la loi. Est-ce possible ? Apparemment, sans le savoir, nous sommes trahis par nos amis, et parmi ces hommes que nous tenons pour des amis, il y en a un — je ne sais lequel — qui est capable de rapporter mon plan à mon adversaire. Mais qui donc t'a donné cette information? Qui a été assez malhonnête? Et moi, à qui en ai-je fait part? Personne, à ce que je crois, n'est coupable. C'est assurément la loi elle-même qui t'a annoncé ce que tu rapportes. »

(1) Cicéron, *Pro Clu.*, 143. Le texte de Quintilien est légèrement différent : *aduersarium* au lieu d'*aduersarios*, notamment, qui est plus précis et percutant.

bonus praeceptor non minus laudare discipulum debet, si quid pro diuersa quam si quid pro sua parte acriter excogitauit.

45. Rursus est aliud in scholis permittendum semper, in foro rarum. Nam loco a petitore primo contradictione uti qui possumus, ubi uera res agitur, cum aduersarius adhuc nihil dixerit ? **46.** Incidunt tamen plerique in hoc uitium uel consuetudine declamatoria uel etiam cupiditate dicendi, dantque de se respondentibus uenustissimos lusus, cum modo se uero nihil dixisse neque tam stulte dicturos, modo bene admonitos ab aduersario et agere gratias quod adiuti sint iocantur, frequentissime uero, id quod firmissimum est, numquam iis responsurum aduersarium fuisse quae proposita non essent, nisi illa sciret uera esse et ad fatendum conscientia esset inpulsus, **47.** ut pro Cluentio Cicero : « Nam hoc persaepe dixi*sti*, tibi sic renuntiari me habere in animo causam hanc praesidio legis defendere. Itane est ? Ab amicis inprudentes uidelicet prodimur, et est nescio quis de *i*is, quos amicos nobis arbitramur, qui nostra consilia ad aduersarium deferat. Quisnam hoc tibi renuntiauit ? Quis tam improbus fuit ? Cui ego autem narraui ? Nemo, ut opinor, in culpa est : nimirum tibi istud lex ipsa renuntiauit ».

45. est *om.* *BH* || a petitore *BH* : appet- *A* || qui *om.* *AbH* || possumus *BH* : -simus *A*

46. cum modo *BH* : commodo *A* || modo bene *BH* : bene modo *A* || sint *BH* : sinit *A* || ut *t* : in A *om.* *B* || cicero *AB* : -nem *H*

47. dixisti *Regius* : dixi *ABH* || et est *B Cicero* : et iste *AbH* || is *AB* : his *aH* || aduersarium *ABH* : -rios *Cicero* || quis *BH Cicero* : ut (aut *a*) quis *AbH* || lex *B Cicero* : res *AbH*

48. Mais quelques orateurs, qui ne se contentent pas de soulever la contradiction, la développent même entièrement : ils savent que les adversaires auraient parlé ainsi et traité le sujet de telle et telle manière. C'est ce procédé qu'a raillé joliment, de notre temps, Vibius Crispus, un homme qui avait de la grâce et de l'élégance dans l'esprit : « Pour moi, dit-il, je ne dis rien sur ce point : à quoi bon le traiter deux fois ? »[1]

49. Cependant, on peut faire parfois un semblant d'objection, si quelque point inclus par notre adversaire dans les témoignages qu'il produit a été agité déjà dans des consultations d'avocats (car alors nous répondrons à des paroles réellement dites par eux, et non imaginées par nous), ou bien encore si le genre de la cause est tel que nous puissions avancer des données sûres, en dehors desquelles on ne puisse rien dire d'autre : par exemple, un objet dérobé est trouvé dans une maison ; le prévenu doit dire nécessairement ou que l'objet y a été apporté à son insu ou qu'il a été mis en dépôt auprès de lui, ou qu'on lui en a fait don ; à toutes ces assertions, même si elles n'ont pas été produites, on peut donner une réplique. **50.** Mais, dans les écoles, nous pourrons valablement aller au-devant des exposés et des contradictions pour nous habituer à la fois à tenir l'un et l'autre rôle, à parler le premier et à parler le second. Autrement, l'on n'aura jamais à faire de contradiction, car l'on n'aura jamais à qui répondre.

51. Il y a encore un autre travers, c'est de se montrer trop inquiet et de chercher à débattre tous les points de la cause : ce moyen la rend en effet suspecte au juge,

(1) Vibius Crispus, né vers l'an 10 ap. J.-C., était un orateur célèbre et un délateur redoutable ; cf. ce qu'en dit encore Quintilien, X, 1, 119 : *Vibius Crispus compositus et iucundus et delectationi natus, priuatis tamen causis quam publicis melior* ; il faut avoir l'art d'atténuer !

48. At quidam, contradictione non contenti, totos etiam locos explicant : scire se hoc dicturos aduersarios et ita prosecuturos. Quod factum uenuste nostris temporibus elusit Vibius Crispus, uir ingenii iucundi et elegantis : « Ego uero, inquit, ista non dico ; quid enim attinet illa bis dici ? »

49. Nonnumquam tamen aliquid simile contradictioni poni potest, si quid ab aduersario testationibus comprensum in aduocationibus iactatum <est> (respondebimus enim rei ab illis dictae, non a nobis excogitatae), aut, si id genus erit causae ut proponere possimus certa, extra quae dici nihil possit, ut, cum res furtiua in domo deprensa sit, dicat necesse est reus aut se ignorante inlatam aut depositam apud se aut donatam sibi ; quibus omnibus, etiam si proposita non sunt, responderi potest. **50.** At in scholis recte et nar*ration*ibus et contradictionibus occurremus, ut in utrumque locum, id est primum et secundum, simul exerceamur. Quod nisi fecerimus, numquam utemur contradictione ; non enim erit cui respondeamus.

51. Est et illud uitium nimium solliciti et circa omnia momenta luctantis ; suspectam enim facit

48. totos *AB* : *om. H* || prosecuturos *ABH* : pers- *TF* || uibius *B* : -uius *AbH*

49. contradictioni *BH* : -ne *A* || est *add. Halm* || sit *ABH* : est *Halm* || quibus *AB* : quis *bH* || proposita *BH* : -sitę *A*

50. at *B* : id *AH* || narrationibus *ego* : et et *Bg*; *in Bn spatium VIII litterarum relictum est, unde* enaribus *A* plenaribus *abH, quod spatium suppl. Badius addito uerbo* propositionibus, *Burman* probationibus, *Winterbottom* narrabimus *alii alia* || simul *BH* : primum *A* plurimum *abH* || exerceamur *ABH* : -mus *b* || non *om. A*

51. nimium *B* : maum *A* magnum *abH* || solliciti *B* : -citae *A* -cite *aH*

et, souvent, des arguments, qui, sitôt énoncés, auraient supprimé chez lui toute hésitation, perdent, si on les diffère, tout leur crédit en raison des préparations mêmes, parce qu'on peut croire que l'avocat a pensé qu'il en fallait d'autres aussi. Que l'orateur montre donc de l'assurance et qu'il parle toujours comme s'il avait très bonne opinion de sa cause. Qualité qui, comme toutes les autres, est particulièrement évidente chez Cicéron[1]. **52.** Car, chez lui, le très grand soin qu'il prend donne l'apparence de la sécurité, et l'autorité de son langage est si grande qu'elle tient lieu de preuve, parce que nous n'osons pas douter. Il y a plus : quand on saura quels sont les points les plus forts pour la partie adverse et pour la nôtre, on verra facilement quels sont ceux qu'on devra combattre par avance et ceux sur lesquels on devra insister.

53. Quant à l'ordre à suivre, nulle part il n'impose moins de travail. Si nous parlons comme demandeurs, nous devons tout d'abord établir solidement nos preuves, réfuter ensuite les arguments contraires ; si nous répondons, nous devons commencer par la réfutation. **54.** Des réponses que nous opposons aux objections naissent d'autres objections, et cela se prolonge parfois assez longtemps ; de même, pour les attaques des gladiateurs, celles qui sont dites de seconde, deviennent les troisièmes aussi, si la première n'avait été portée qu'en vue de provoquer le coup de l'adversaire, et les quatrièmes, s'il y a eu double feinte, si bien qu'il a fallu deux fois se mettre en garde et deux fois faire l'assaut[2]. C'est un système qui va encore plus loin. **55.** Mais la preuve même, qui est simple, comme

(1) On a pensé, par ex., à certains arguments du *Pro Roscio Amerino*, 76 : *multa sunt falsa, iudices, quae tamen argui suspiciose possunt. In his rebus si suspicio reperta erit, culpam inesse concedam.*

(2) On ne peut pas comparer avec ces mouvements ceux de l'escrime dans une comparaison absolue, et voir, dans les termes de « première », « seconde », « troisième », « quatrième » que nous employons des synonymes des noms des parades en

iudici causam, et frequenter, quae statim dicta omnem dubitationem sustulissent, dilata ipsis praeparationibus fidem perdunt, quia patronus et aliis crediderit opus fuisse. Fiduciam igitur orator prae se ferat, semperque ita dicat, tamquam de causa optime sentiat. Quod sicut omnia in Cicerone praecipuum est. **52.** Nam illa summa cura securitatis est similis, tantaque in oratione auctoritas, ut probationis locum optineat, dubitare nobis non audentibus. Porro, qui scierit quid pars aduersa, quid nostra habeat ualentissimum, facile iudicabit quibus maxime rebus uel occurrendum sit uel instandum.

53. Ordo quidem in parte nulla minus adfert laboris. Nam si agimus, nostra confirmanda sunt primum, tum quae nostris opponuntur, refutanda ; si respondemus, prius incipiendum a refutatione. **54.** Nascuntur autem ex iis, quae contradictioni opposuimus, aliae contradictiones, euntque interim longius ; ut gladiatorum manus, quae secundae uocantur, fiunt et tertiae, si prima ad *e*uocandum aduersarii ictum prolata erat, et quartae, si geminata captatio est, ut bis cauere, bis repetere oportuerit. Quae ratio et ultra ducit. **55.** Sed illam

51. et frequenter quae *BH* : frequenterque *A* || quia *BH* : qua *A*

52. est *BH* : et *A* || audentibus *Bn* : -dientibus *ABgH*

53. TEST. : Cassiodorus, *R.L.M.*, 503, 9-11.

53. primum tum *AB* : tum primum *H* || prius *E* : plus *ABH* saepius *Cass.*

54. iis *B* : his *AH* || quae *ABH* : quoque *a* || contradictioni — aliae *om.* *A* || si *B* : isti *AbH* ista *a* || euocandum *Regius* : uocandum *ABH* || ut bis *BH* : ubis *A* ubi si *a* || et *B* : ex *AH* || ducit *B* : -tis *AH*

je l'ai montré, et fondée sur un appel à l'émotion et une seule affirmation, est admise aussi dans la réfutation, telle celle de Scaurus, citée plus haut[1] ; peut-être même est-elle employée plus fréquemment, lorsqu'il s'agit de nier. Les deux parties doivent voir surtout où est le point essentiel de l'affaire ; car, dans des procès, il arrive généralement qu'on traite beaucoup de points, mais que le jugement porte sur un petit nombre.

56. C'est en cela que consiste la méthode pour prouver et pour réfuter, mais il faut y ajouter la force et la parure de l'éloquence. Si bien adaptée, en effet, que soit notre argumentation à enseigner ce que nous voulons, elle sera maigre et faible, s'il n'y a pas en elle en quelque sorte un souffle plus puissant de l'orateur. **57.** Aussi, les développements généraux[2] sur les témoins, les documents, les arguments et autres points analogues font-ils grand effet sur l'esprit des juges, et il en est de même pour les développements propres à la cause, où nous louons ou blâmons une action, où nous montrons qu'elle est juste ou injuste, plus ou moins importante, plus brutale ou plus tolérable. Parmi ces développements, les uns servent à comparer deux arguments isolés, d'autres à en comparer davantage, d'autres à faire pencher toute la cause. **58.** Il y en a aussi pour préparer l'esprit du juge, d'autres pour le confirmer dans son opinion. Mais c'est tantôt sur la cause entière, tantôt sur des parties que joue la préparation ou la confirmation, et il faut, par suite, subordonner l'emploi de ces développements aux convenances de la conjecture.

escrime (prime, seconde, tierce, quarte, quinte, sixte, septime, octave), mais d'un échange de bottes, la première appelant la réplique, qui appelle une riposte, et ainsi de suite ; s'il y a double feinte, il y a évidemment double mise en garde et double assaut.

(1) *Inst. orat.*, V, 12, 10.

(2) Cf. *Notes complémentaires.*

etiam, quam supra ostendi, simplicem ex adfectibus atque ex adfirmatione sola probationem recipit refutatio, qualis est illa Scauri, de qua supra dixi ; quin nescio an etiam frequentior, ubi quid negatur. Videndum praecipue utrique parti ubi sit rei summa ; nam fere accidit ut in causis multa dicantur, de paucis iudicetur.

56. In his probandi refutandique ratio est, sed adiuuanda uiribus dicentis et adornanda. Quamlibet enim sint ad d*o*cendum quod uolumus accommodata, *iei*una tamen erunt et infirma, nisi maiore quodam oratoris spiritu implentur. **57.** Quare et illi communes loci de testibus, de tabulis, de argumentis aliisque similibus magnam uim animis iudicum adferunt, et hi proprii, quibus factum quo*d*que laudamus aut contra, iustum uel iniustum docemus, maius aut minus, asperius aut mitius. Ex his autem alii ad comparationem singulorum argumentorum faciunt, alii ad plurium, alii as totius causae inclinationem. **58.** Ex quibus sunt qui praeparent animum iudicis, sunt qui confirment. Sed praeparatio quoque aut confirmatio aliquando totius causae est, aliquando partium, et proinde, ut cuique conueniunt, subicienda.

55. sed illam *(ed. Ald.* : illa *B)* etiam *B* : etiam est illa tam (illa etiam *aH*) *AH* || qualis *BH* : -li *A*

56. probandi *BH* : -dis *A* || refutandique *B* : -disque *AH* || adornanda *BH* : ornanda *A* || sint *BH* : sunt *A* || docendum *Regius* : dic- *ABH* || ieiuna *Bonnell* : pecunia *A* pecc- *om. B*

57. aliisque *BH* : -que his *A* || et hi *H* : ii *AB* || quodque *Regius* : quoque *ABH* || his *AbH* : is *B* || plurium* *A* : -rimum *BH*

58. aliquando *ante* totius *om. A*

59. C'est pourquoi je m'étonne qu'il y ait eu entre ce que j'appellerai les deux chefs d'écoles opposées une contestation dépourvue de mesure, pour savoir si, à chaque question particulière, il fallait joindre des développements généraux, comme le veut Théodore, ou si l'on doit instruire le juge avant de l'émouvoir, comme le recommande Apollodore, comme si l'on ne pouvait pas garder le juste milieu, dont je parle, et comme si l'on ne devait pas tenir compte de l'intérêt de la cause elle-même. Ces conseils sont donnés par des gens qui ne plaident pas eux-mêmes au forum, de sorte que leurs traités, élaborés dans le calme et le loisir, sont bouleversés par les nécessités mêmes de la bataille[1]. **60.** En effet, presque tous ceux qui ont enseigné les lois de la parole, comme des sortes de mystères, nous ont assujettis non seulement à des topiques déterminées pour trouver des arguments, mais aussi à des règles fixes pour tirer nos conclusions. Après ces très brèves remarques préliminaires, je ne célerai pas mon opinion, c'est-à-dire, ce que je pense de la pratique des plus illustres orateurs.

XIV

[Les éléments de l'épichérème et la manière de les réfuter.]

1. Donc, on donne le nom d'*enthymème*, soit à l'argument lui-même, c'est-à-dire, à la chose qui sert à en prouver une autre, soit à son expression, dont la nature, comme je l'ai dit, est double[2] : tantôt, l'enthymème procède par les conséquents, quand il consiste

(1) Cf. *Notes complémentaires*.

(2) Le *titulus* parle d'épichérème, le texte d'enthymème ; mais dans l'index de l'*Ambrosianus lat. E 153 sup.*, il est fait mention seulement d'enthymème : confusion de scribe. — Sur les trois significations de l'enthymème, cf. V, 10, 1.

59. Ideoque miror inter duos diuersarum sectarum uelut duces non mediocri contentione quaesitum singulisne quaestionibus subiciendi essent loci, ut Theodoro placet, an prius docendus iudex quam mouendus, ut praecipit Apollodorus, tamquam perierit haec ratio media et nihil cum ipsius causae utilitate sit deliberandum. Haec praecipiunt qui ipsi non dicunt in foro, ut artes a securis otiosisque compositae ipsa pugnae necessitate turbentur. **60.** Namque omnes fere, qui legem dicendi quasi quaedam mysteria tradiderunt, certis non inueniendorum modo argumentorum locis, sed concludendorum quoque nos praeceptis alligauerunt. De quibus breuissime praelocutus, quid ipse sentiam, id est quid clarissimos oratores fecisse uideam, non tacebo.

XIV

[Quibus constet epichirema et quo modo refellatur]

1. Igitur enthymema et argumentum ipsum, id est rem, quae probationi alterius adhibetur, appellant, et argumenti elocutionem, eam uero, ut dixi, duplicem : ex consequentibus, quod habet

59. singulisne *BH* : -lis *A* || media *BH* : -dii *A* || praecipiunt qui *BH* : accidunt his qui praecipiunt *A* || *Post* turbentur *in B eiusque progenie nouum incipit caput, hoc addito titulo* : Quibus constet epichirema et quibus refellat (in quibus refellatur *bH*). *Sed in indice codicis A legimus* : Quibus constet epichirema De enthymaematae et enthimematos

60. legem *BH* : -gendi A *del. a* || modo — concludendorum *om. A* || argumentorum *BH* : -tum *A* || concludendorum *B* : -dentium *H* || sentiam *BH* : -tentiam *A* || quid *BH* : quod *A*

XIV, 1. et om. *A*

en une proposition et sa preuve immédiatement conjointe, comme dans le *Pro Ligario*[1] : « La cause alors était douteuse, parce que, pour chacune des deux parties, il y avait quelque chose, qui pouvait être prouvé ; aujourd'hui, on doit juger la meilleure, celle que les dieux même ont soutenue ». Il y a là, en effet, la raison et la proposition, mais sans conclusion ; c'est par conséquent un syllogisme imparfait[2]. **2.** Tantôt, il procède par termes incompatibles ; et, c'est même là, selon certains rhéteurs, la seule forme d'enthymème, et, en ce cas, la preuve est beaucoup plus forte. Tel l'exemple du *Pro Milone*[3] : « Si vous siégez, c'est pour venger la mort d'un homme, à qui vous ne voudriez pas rendre la vie, si vous pensiez pouvoir le faire. » **3.** On peut même, à vrai dire, y multiplier parfois les parties, comme l'a fait le même avocat pour le même accusé. « Ce qu'il n'a pas voulu faire, lorsqu'on lui en aurait su gré, il a voulu le faire, lorsque quelques-uns s'en plaindraient ? Quand il avait pour lui le droit, le lieu, l'occasion, <l'impunité>, il n'a pas osé le tuer, et quand il avait contre lui le droit, le lieu, l'occasion, les risques pour sa vie, il n'a pas hésité » ? **4.** Mais le meilleur genre d'enthymème paraît être celui où la preuve est subordonnée à une proposition dissemblable ou contraire, comme dans le passage suivant de Démosthène[4] : « En effet, parce qu'un jour des gens ont agi contrairement aux lois et que tu les as imités, ce n'est pas une raison pour que tu échappes au châtiment ; au contraire, c'est une raison pour que ta condamnation soit bien plus forte, car, si l'un d'eux avait été condamné, tu n'aurais pas écrit ce que tu as écrit ; de même, si tu es condamné, aucun autre n'écrira comme tu le fais. »

(1) Cicéron, *Pro Lig.*, 19.
(2) Cf. *Notes complémentaires.*
(3) Cicéron, *Pro Mil.*, 79. Pour la citation suivante, cf. *ibid.*, 41.
(4) Démosthène, *Contre Androtion*, 7.

propositionem coniunctamque ei protinus probationem, quale pro Ligario : « Causa tum dubia, quod erat aliquid in utraque parte, quod probari posset ; nunc melior ea iudicanda est, quam etiam di adiuuerunt. » Habet enim rationem et propositionem, non habet conclusionem : ita est ille inperfectus syllogismus. **2.** Ex pugnantibus uero, quod etiam solum enthymema quidam uocant, fortior multo probatio est. Tale est Ciceronis pro Milone : « Eius igitur mortis sedetis ultores, cuius uitam si putetis per uos restitui posse, nolitis ». **3.** Quod quidem etiam aliquando multiplicari solet, ut est ab eodem et pro eodem reo factum : « Quem igitur cum aliqua gratia noluit, hunc uoluit cum aliquorum querela ? Quem iure, quem loco, quem tempore, <quem inpune> non est ausus, hunc iniuria, iniquo loco, alieno tempore, cum periculo capitis non dubitauit occidere ? » **4.** Optimum autem uidetur enthymematis genus, cum proposito dissimili uel contrario ratio subiungitur, quale est Demosthenis : « Non enim, si quid umquam contra leges actum est idque tu es imitatus, idcirco te conuenit poena liberari, qu*in* e contrario damnari multo magis. Nam ut, si quis eorum damnatus esset, tu haec non scripsisses, ita, damnatus tu si fueris, non scribet alius ».

1. quale *BH* : quae est *A* || nunc *AB* : et nunc *bH* || quam *B Cicero* : quo *A* quod *H* || rationem et *om. B*
3. et pro eodem *p* : *om. cett.* || aliqua *ABH* : omnium *Cicero* || quem inpune *add. Regius ex Cicerone*
4. proposito *BH* : in propositio (-one *a*) *A* || contrario *ABH* : -ria *a* || poena *AbH* : poenali *B* || quin *Regius* : quod *ABH* || e *BH* : de *A* || damnatus tu *B* : damnatus (*ex* -atu) *AH*

5. L'épichérème se compose, selon les auteurs, de quatre, cinq et même six parties[1]. Cicéron n'en admet pas plus de cinq : la majeure, et sa justification ; ensuite, la mineure et sa preuve ; en cinquième lieu, la conclusion ; mais, comme il se trouve parfois que la majeure n'ait pas besoin de justification, ou la mineure de preuve, et parfois même qu'une conclusion ne soit pas nécessaire, il tient que ce raisonnement peut être à quatre, trois, et même deux parties. **6.** Pour moi, néanmoins, il m'apparaît, ainsi qu'à la majorité des auteurs, qu'il n'y a pas plus de trois parties.

En effet, les deux éléments requis par la nature même du raisonnement sont l'objet de la question et l'instrument relatif à la preuve ; on peut ajouter un troisième élément, qui résulte, pour ainsi dire, de l'accord des deux précédents. Ainsi, il y aura en premier lieu la proposition générale, en second lieu, la mineure, en troisième lieu la résultante de leur liaison. Car la confirmation de la première et de la seconde partie, ainsi que leur illustration oratoire peuvent raisonnablement être incluses dans les parties auxquelles elles se rapportent. **7.** Empruntons, en effet, à Cicéron un exemple d'épichérème à cinq parties[2] : « Les choses qui sont contrôlées par la raison sont mieux conduites que celles où la raison n'intervient pas. Voilà ce que l'on compte pour une première partie ; on pense qu'elle doit être appuyée immédiatement par des raisons variées et des développements aussi abondants que possible. » Pour moi, cette pensée avec sa preuve constitue un tout et une seule partie ; autrement, si la raison forme une partie séparée, et qu'il y ait une variété de raisons, on pourrait dire qu'il y a là

(1) Cf. *Notes complémentaires.*
(2) Cicéron, *De inu.*, I, 58-59. Cicéron écrit d'ailleurs *accurantur* au lieu de *gubernantur* et *geruntur* au lieu de *reguntur*.

5. Epichirematos et quattuor et quinque et sex etiam factae sunt partes a quibusdam. Cicero maxime quinque defendit, ut sit propositio, deinde ratio eius, tum adsumptio et eius probatio, quinta complexio ; quia <uero> interim et propositio non egeat rationis et adsumptio probationis, nonnumquam etiam complexio*ne* opus non sit, et quadripertitam et tripertitam et bipertitam quoque fieri posse ratiocinationem. **6.** Mihi et pluribus nihilominus auctoribus tres summum uidentur.

Nam ita se habet ipsa natura, ut sit de quo quaeratur et per quod probetur ; tertium adici potest uelut ex consensu duorum antecedentium. Ita erit prima intentio, secunda adsumptio, tertia conexio. Nam confirmatio primae ac secundae partis <et> exornatio eisdem cedere possunt, quibus subiciuntur. **7.** Sumamus enim ex Cicerone quinque partium exemplum : « Melius gubernantur ea quae consilio reguntur quam quae sine consilio administrantur. Hanc primam partem numerant, eam deinceps rationibus uariis et quam copiosissimis uerbis adprobari putant oportere ». Hoc ego totum cum sua ratione unum puto ; alioqui si ratio pars est, est autem uaria ratio, plures partes esse

5. propositio *A* : -to *BH* || tum *om. A* || et eius — rationis et *om. A* || uero *add. Regius alii alia* || adsumptio *BH* : -sumtionis *a in ras.* || probationis *BH* : -tio *a in ras.* || complexione *Regius* : -plexio *a in ras.* cum plane *BH* || et bipertitam *om. A*

6. tres — uidentur *BH* : rectissimum uidetur *a in ras.* || ipsa *A* : ista *BH* || ex *AbH* : *post* duorum *habet B* || et *add. Capperonnier* || eisdem *E* : eidem *BH* est et* is* dem *A*

7. gubernantur *BH* : adgub- *A* accur- *Cicero* || reguntur — sine consilio *ABH* : *om. Bg 1 m.* || reguntur *ABH* : gerun- *Cicero* || numerant *BH Cicero* : erant *Ab* ferunt *a* || cum *p* : in *ABH* || alioqui — uaria ratio *BH* : aliqui* (-quis *b*) ratio (-onis *ab*)

plusieurs parties. **8.** Vient ensuite la mineure : « Or, rien n'est mieux gouverné que l'ensemble de l'univers. A cette mineure, on ajoute une quatrième partie, qui constitue une autre preuve. » Mon opinion à cet égard est la même que pour le cas précédent. **9.** « En cinquième lieu, on avance la conclusion, qui, tantôt, dégage seulement l'inférence à partir de toutes les parties qui précèdent. « Par conséquent, l'univers est gouverné par la raison », tantôt, après avoir brièvement rapproché la majeure et la mineure, on ajoute ce qui s'en déduit de la façon suivante : « Si, d'une part, les choses, contrôlées par la raison, sont mieux gouvernées que celles qui ne le sont pas, et si, d'autre part, rien n'est mieux régi que l'univers, c'est que l'univers est gouverné par la raison. » En ce qui concerne cette partie, je suis d'accord.

10. Pour les trois parties que nous avons distinguées, la forme n'est pas toujours la même, mais il y en a une où la conclusion coïncide avec la majeure : « L'âme est immortelle ; car, tout ce qui se meut par soi-même est immortel ; or, l'âme tire son mouvement d'elle-même ; donc, l'âme est immortelle »[1]. Il en est ainsi non seulement dans les arguments pris isolément, mais dans les causes prises dans leur ensemble, si elles sont simples, et aussi, dans les questions. **11.** En effet, on y trouve tout d'abord une première proposition : « Tu as commis un sacrilège », ou : « Quiconque a tué un homme n'est pas coupable de meurtre » ; puis,

(1) Exemple traité déjà par Platon, *Phaidr.*, 245 c-e, mais dont le libellé est variable ; la leçon du papyrus 1016 d'Oxyrhynchus (début du IIIe s. ap. J.-C.), qui diffère de la leçon des mss médiévaux, paraît préférable aux yeux de L. Robin, éd. de *Phèdre* dans la présente collection (série grecque), dont on lira le commentaire, *ibid.*, p. LXXVII sq. Cicéron, *Tusc.*, I, 52 a eu un autre texte sous les yeux et c'est celui-là que, sans le nommer, cite Quintilien.

dicantur. **8.** Adsumptionem deinde ponit : « Nihil autem omnium rerum melius quam omnis mundus administratur ». Huius adsumptionis quarto in loco aliam porro inducunt adprobationem : de quo idem quod supra dico. **9.** « Quinto inducunt loco complexionem, quae aut id infert solum quod ex omnibus partibus cogitur, hoc modo : « Consilio igitur mundus administratur » aut, unum in locum cum conduxit breuiter propositionem et adsumptionem, adiungit quid ex his conficiatur, ad hunc modum : « Quod si melius geruntur quae consilio quam quae sine consilio administrantur, nihil autem omnium rerum melius quam omnis mundus administratur, consilio igitur mundus administratur ». Cui parti consentio.

10. In tribus autem, quas fecimus, partibus non est forma semper eadem, sed una, in qua idem concluditur, quod intenditur : « Anima inmortalis est ; nam quidquid ex se ipso mouetur, immortale est ; anima autem ex se ipsa mouetur ; inmortalis igitur est anima ». Hoc fit non solum in singulis argumentis, sed in totis causis, quae sunt simplices, et in quaestionibus. **11.** Nam et hae primam habent propositionem : « Sacrilegium commisisti » ; « Non quisquis hominem occidit, caedis tenetur »,

8. aliam *Philander ex Cicerone* : iam *ABH*

9. quae aut *ABH* : eam quae aut *Cicero* || infert *Cicero* : fert *ABH* || conduxit *AB* : -erit *H Cicero* || propositionem *t Cicero* : exp- *ABH* || conficiatur *BH* : -teatur *A* || quam — consilio *om. AH* || consilio — administratur *p Cicero* : *om. ABH*

10. quod intenditur *Ab* : *om. B* || immortale — mouetur *B* : *om. A* immortale est ; nam immortale est ex quo mouetur *H*

11. tenetur *ABH* : reus tenetur *abH*

vient une explication développée plus longuement pour des causes et pour une question que pour des arguments isolés ; enfin, la plupart du temps, soit par une énumération, soit par une brève conclusion, un résumé final atteste le résultat acquis[1]. Ici, dans ce type, la proposition est douteuse, puisque c'est elle qui est en question.

12. Il y a une autre forme de conclusion, qui n'est pas identique à la majeure, mais qui a une valeur identique : « La mort n'est rien pour nous, car ce qui est dissous est dépourvu de sentiment ; et, ce qui est dépourvu de sentiment n'est rien pour nous »[2]. Dans une autre forme, la majeure et la conclusion sont différentes : « Toutes les choses animées sont meilleures que les choses inanimées ; or, rien n'est meilleur que l'univers ; donc, l'univers est une chose animée »[3]. Ici, il peut sembler que la majeure manque ; on aurait pu, en effet, donner au raisonnement la structure suivante : « L'univers est un être animé, car tous les êtres animés sont meilleurs que les êtres inanimés, etc. » **13.** Cette proposition majeure est ou une vérité admise, comme dans le dernier exemple, ou requiert une preuve, comme dans le suivant : « Qui souhaite vivre une vie heureuse doit philosopher » ; en effet, ce n'est pas une vérité reconnue, et les conséquences ne peuvent suivre que si la première partie n'est pas confirmée. De même, la mineure est parfois admise : « Tous les hommes veulent vivre heureux » ; parfois, elle demande à être prouvée, comme dans le cas suivant : « Ce qui est dissous

(1) Cf. Cicéron, *De inu.*, I, 44-45 : Ce mode d'argumentation s'emploie surtout dans les discours sous forme de dilemme *(complexio)*, d'énumération *(enumeratio)* ou de simple conclusion *(simplex conclusio)* : *enumeratio est, in qua, pluribus rebus expositis et ceteris infirmatis, una reliqua necessario confirmatur.*

(2) Cf. *Notes complémentaires.*

(3) Cf. *Notes complémentaires.*

deinde, rationem, sed haec est in causis et quaestione longior quam in singulis argumentis, et plerumque summa complexione uel per enumerationem uel per breuem conclusionem testantur quid effecerint. In hoc genere propositio dubia est; de hac enim quaeritur.

12. Altera est complexio non par intentioni, sed uim habens parem : « Mors nihil ad nos ; nam quod est dissolutum, sensu caret ; quod autem sensu caret, nihil ad nos ». In alio genere non eadem propositio est quae conexio : « Omnia animalia meliora sunt quam inanima, nihil autem melius est mundo ; mundus igitur animal ». Hic potest uideri deesse *i*ntentio ; potuit enim sic constitui ratiocinatio : « Animal est mundus ; omnia enim animalia meliora sunt quam inanima » et cetera. **13.** Haec propositio aut confessa est ut proxima, aut probanda, ut : « Qui beatam uitam ui*u*ere uolet, philosophetur oportet », non enim conceditur ; cetera sequi nisi confirmata prima parte non possunt. Item adsumptio interim confessa est, ut : « Omnes autem uolunt beatam uitam uiuere », interim probanda ut illa : « Quod

11. quaestione *Ab* : -num *BH* -nibus *Harl. 2662* || uel per breuem *BH* : *om. A* || conclusionem *BH* : -ne *A* || testantur *B* : -tatur *AH* || effecerint *A* : -runt *Bn* defecerunt *BgH*

12. quod — caret *BH* : *om. Ab* || conexio *B* : -cessio *A* - clusio *b* exconcessio *H* || inanima *A* : anima *BH* || animal. *Hic desinit Bg usque ad VIII, 3, 64* ; *itaque littera G hanc partem cod. Bg indicauimus* || de re *AGH* : deesse *coni. Gesner, qui hic* contentio *pro glossemate habet* || intentio *Spalding* : cont- *AGH*

13. TEST. : Victor, *R.L.M.*, 410, 14-21.

13. uiuere *Victor* : -sere *AbH* || oportet *AG* : -teat *H* || prima parte *AG* : primam partem *H* || item *A* : utē *G* ut est *H* || adsumptio *AGH* : quoque *add. Victor* || uiuere *Victor* : -dere *AGH* || quod est dissolutum *AGH* : quod autem dissolutum est *Victor*

est dépourvu de sentiment », puisque c'est une question de savoir, si, dégagée du corps, l'âme est immortelle ou persévère dans l'être un certain temps[1]. Les uns appellent cela une prémisse mineure, les autres une raison.

14. La seule différence entre l'épichérème et le syllogisme, c'est que le syllogisme se présente sous plus de formes et infère le vrai du vrai, tandis que l'épichérème est utilisé plus fréquemment à propos du vraisemblable. Car, si, par chance, l'on avait toujours la possibilité de prouver les points controversés à partir d'arguments reconnus, l'on n'aurait guère besoin ici d'un orateur. **15.** En effet, de quel talent est-il besoin pour dire : « Les biens me reviennent, car je suis le seul fils du défunt », ou : « Je suis seul héritier (puisqu'en vertu du droit l'envoi en possession des biens d'un testateur se fait selon les dispositions de son testament) ; c'est donc à moi que revient l'héritage » ? **16.** Mais, lorsque c'est la raison donnée elle-même, qui est en question, il faut établir la certitude des prémisses, par lesquelles nous nous proposons de prouver ce qui est incertain, par exemple, si l'on disait dans la majeure : « Tu n'es pas le fils (du défunt) », ou : « Tu n'es pas le fils légitime », ou : « Tu n'es pas son seul fils », ou : « Tu n'es pas héritier », ou encore : « Le testament n'est pas régulier », ou : « Tu n'as pas capacité pour recueillir la succession » ou « Tu as des cohéritiers », il faut arriver à prouver la validité des raisons invoquées pour que ce soit à nous que les biens soient dévolus. **17.** Mais la conclusion finale est nécessaire, quand intervient une raison exposée un peu longuement ; autrement, la proposition générale et la raison suffisent : « Les lois sont muettes au milieu des armes et ne

(1) Cicéron, *Tusc.*, I, 77-81. Les stoïciens et Panétius refusent à l'âme l'immortalité : *Stoici autem usuram nobis largiuntur tanquam cornicibus; diu mansuros aiunt animos, semper negant.*

est dissolutum, sensu caret », cum, soluta corpore anima an sit inmortalis uel ad tempus certum maneat, sit in dubio. Quod adsumptionem alii, rationem alii uocant.

14. Epichirema autem nullo differt a syllogismis, nisi quod illi et plures habent species et uera colligunt ueris, epichirematis frequentior circa credibilia est usus. Nam si contingeret semper controuersa confessis probare, uix esset in hoc genere usus oratoris. **15.** Nam quo ingenio est opus, ut dicas : « Bona ad me pertinent ; solus enim sum filius defuncti » uel « Solus heres » (cum iure bonorum possessio testati secundum tabulas testamenti detur) ; ad me igitur pertinet » ? **16.** Sed cum ipsa ratio in quaestionem uenit, efficiendum est certum id, quo probaturi sumus quod incertum est, ut, si ipsa forte intentione dicatur aut « Filius non es » aut « Non es legitimus » aut « Non es solus », itemque aut « Non es heres » aut « Non iustum testamentum est » aut « Capere non potes » aut « Habes coheredes », efficiendum est iustum propter quod nobis adiudicari bona debeant. **17.** Sed tum est necessaria illa summa conexio, cum interuenit ratio longior ; ali*o*qui sufficiunt intentio ac ratio : « Silent enim leges inter arma,

13. soluta *aH* : -tum *AGH* || certum *A* : -ta *GH om. Victor* || quod *A* : quam *aGH*

14. differt *T* : -ferret *AH* || controuersa *t* : -sia *GH* -sias *A*

15. quo *A* : quod *GH* || filius *P* : fidelium *AGH* || testati *Regius* : intestatis *AGH*

16. quo *Capperonnier* : quod *AGH* || forte *p* : fere *AGH* || adiudicari bona *AGH* : bona adiudicari *T*

17. alioqui *Halm* : aliqui *A* -quid *GH* || nec se *Harl. 2662* : necesse *AGH*

requièrent pas qu'on attende leur sanction, puisque celui qui voudrait l'attendre serait assuré de subir une peine injuste, avant de pouvoir obtenir justice »[1]. Voilà pourquoi l'on a assimilé à une explication raisonnée l'enthymème tiré des conséquents.

Mais, parfois, l'on présente utilement une allégation isolée comme dans l'exemple déjà cité : « Les lois sont muettes au milieu des armes » ; et il est permis aussi de commencer par la raison, puis, de conclure, comme dans le même discours[2] : **18.** « Si des lois des XII Tables ont disposé qu'on peut tuer impunément un voleur, la nuit, dans quelque condition que ce soit, et, le jour, s'il se défend avec une arme, qui peut soutenir qu'il y a lieu de punir un homme qui a tué, quelles que soient les circonstances du meurtre. » Cicéron a encore varié la disposition et il a placé en retour la raison en troisième lieu : « Quand on voit que ce sont quelquefois les lois elles-mêmes qui nous tendent l'épée. » **19.** Ailleurs, il place les parties dans l'ordre : « Un homme qui tend une embuscade et se comporte en brigand, comment peut-il être injuste de le tuer ? » Telle est la majeure. « A quoi servent nos escortes ? A quoi nos épées ? » Telle est la raison. « Assurément, elles ne seraient pas autorisées, s'il n'était pas du tout permis de s'en servir. » Telle est la conclusion de la raison et de la majeure.

20. A cette forme de preuves, on s'oppose de trois façons, c'est-à-dire, autant qu'il y a de parties : en effet, ou bien on attaque la majeure ou la mineure ou la

(1) Cicéron, *Pro Mil.*, 11.
(2) Cicéron, *Pro Mil.*, 9. — La citation suivante est tirée du même texte au § 10.

nec se expectari iubent, cum ei, qui expectare uelit, ante iniusta poena luenda sit quam iusta repetenda ». Ideoque id enthymema, quod est ex consequentibus, rationis simile dixerunt.

Sed et singula interim [quae] recte ponuntur, ut ipsum illud : « Silent leges inter arma », et a ratione incipere fas est, **18.** deinde concludere, *ut* ibidem : « Quod si duodecim tabulae nocturnum furem quoquo modo, diurnum autem, si se telo defenderet, interfici inpune uoluerunt, quis est qui, quoquo modo quis interfectus sit, puniendum putet ? » Variauit hic adhuc et rursus rationem tertio loco posuit : « Cum uideat aliquando gladium nobis ab ipsis porrigi legibus ». **19.** Per o*mn*is autem partis duxit ordinem : « Insidiatori uero et latroni quae potest inferri iniusta nex ? » (hoc intentio) ; « Quid comitatus nostri, quid gladii uolunt ? » (hoc ratio) ; « Quos habere certe non liceret, si uti illis nullo pacto liceret » : hoc ex ratione et intentione conexio.

20. Huic generi probationis tribus occurritur modis, id est per omnis partis. Aut enim expugnatur

17. expectari *P Cicero* : excepta rei (re* *G*) *AGH* || ei qui *Harl. 2662* : et quis (quis et *G*) *AgH* || expectare *t Cicero* : et peccare *AGH* || uelit *t Cicero* : -lint *AGH* || luenda *AH* : -ndas *G* || sit *H Cicero* : est *A* sed *G* || quae *secl. Winterbottom*

18. incipere fas est *A* : fas est incipere *GH* || concludere ut *Regius* : -rent ibidem *AGH* || autem *P Cicero* : aut *AGH* || se telo *A* : caelo *GH* || quis (*post* modo) *P Cicero* : *om.* *AGH* || puniendum *aGH* : poen- *A* || uariauit *AG* : uaria aut *H*

19. per omnis *Winterbottom* : p*ri oris *AG* prioris *H* || ordinem *aGH* : -ni *A* || nex *Laur. XLVI, 9* : ex *AGH* || gladii *P Cicero* : clari *A* clari uiri *aGH* || certe *a* : -to *AGH* || uti illis *a* : ut illis *A* utilis *GH*

20. TEST. : Victor, *R.L.M.*, 415, 1-22.

20. probationis *aH* : -nibus *AG*

conclusion, parfois les trois. La majeure : « J'avais le droit de tuer un homme, qui m'a tendu une embuscade », car la première question à examiner pour la défense de Milon est de savoir « si un homme qui avoue en avoir tué un autre a le droit de voir le jour ». **21.** On attaque la mineure par tous les moyens que nous avons indiqués pour la réfutation. Et, assurément, la raison n'est jamais vraie, si la majeure n'est pas vraie aussi, mais, parfois, la raison est fausse, quoique la majeure soit vraie : par exemple : « La vertu est un bien » est exact ; et si l'on ajoute comme raison : « Parce qu'elle donne la richesse », d'une majeure vraie, on donnerait une raison fausse. **22.** Quant à la conclusion, on dit qu'elle n'est pas exacte, quand elle infère quelque chose qui ne résulte pas logiquement des prémisses ou qu'elle n'a rien à faire avec la question. Il n'est pas exact, par exemple, de dire : « Un homme qui a tendu une embuscade peut être tué légitimement, car, faisant violence à notre existence comme un ennemi en temps de guerre, il doit être également repoussé comme un ennemi ; c'est donc à bon droit que Clodius a été tué comme un ennemi » ; la conclusion n'est pas forcément valable, car nous n'avons pas encore prouvé que Clodius avait tendu une embuscade. La conclusion est exacte sous la forme : « C'est donc à bon droit qu'une homme qui tend une embuscade est tué comme un ennemi. » Cela n'a rien à faire avec le cas envisagé par nous : Clodius en effet n'apparaît pas encore comme auteur d'une embuscade. **23.** Mais si la majeure et la raison peuvent être exactes, la conclusion étant cependant fausse, en revanche, jamais la conclusion n'est exacte, si les deux premiers éléments sont faux[1].

(1) Dans les *Pr. Analyt.*, II, 4, Aristote disait de même : Ὅταν δ' ἀληθές (τὸ συμπέρασμα) οὐκ ἀνάγκη ἀληθὲς εἶναι οὔτε τι οὔτε πάντα.

intentio aut adsumptio aut conclusio, nonnumquam omnia. [Sed omnia haec tria sunt.] Intentio expugnatur : « Iure occidi eum, qui insidiatus sit » ; nam prima statim quaestio pro Milone est : « An ei fas sit lucem intueri, qui a se hominem necatum esse fateatur ». **21.** Expugnatur adsumptio omnibus iis, quae de refutatione diximus. Et ratio quidem numquam est uera, nisi et propositio uera sit ; interim uerae propositionis falsa ratio est, ut « Virtus bonum est » uerum est ; si quis rationem subiciat : « Quod ea locupletes faciat », uerae intentionis falsa sit ratio. **22.** Conexio autem aut uera negatur, cum aliud colligit quam id, quod ex prioribus efficitur, aut nihil ad quaestionem dicitur pertinere. Non est uera sic : « Insidiator iure occiditur ; nam cu*m* uit*ae* uim adferat ut hostis, debet etiam repelli ut hostis ; recte igitur Clodius ut hostis occisus est » ; non utique ; nondum enim Clodium insidiatorem ostendimus. Sed sit uera conexio ; « recte igitur insidiator ut hostis occiditur ». Nihil ad nos, nondum enim Clodius insidiator apparet. **23.** Sed ut potest uera esse intentio et ratio et tamen falsa conexio, ita, si illa falsa sunt, numquam est uera conexio.

20. sed — sunt AGH : *non habet Victor* ; *recte del. Gesner*

21. ratio *AGH* : -ocinatio *Victor* || numquam — uera sit *Halm ex Victore* : nonnumquam est uera cum eius (eius ut *G*) propositio uera non (non *om. H*) sit *AGH* || ut *a* : et *AGH* || sit *GH Victor* : erit *A*

22. autem aut *Bonnell ex Victore* : aut *A* autem *aH* || sic *AGH* : sicut haec *Victor* || cum uitae *Halm* : curauit ne *AGH* || clodius *A* : claud- *GH* || sit *aH* : si *AG Victor*

24. Certains appellent l'enthymème « syllogisme oratoire », d'autres « partie du syllogisme »[1], parce que le syllogisme contient toujours une conclusion et une majeure et prouve ce qu'il a proposé au moyen de toutes ses parties ; l'enthymème, lui, se borne à se faire entendre. **25.** Exemple de syllogisme : « Le seul bien est la vertu ; car le seul bien est ce dont on ne saurait mal user ; mais de la vertu personne ne peut mal user ; c'est donc un bien que la vertu. » Enthymème fondé sur les conséquents : « C'est un bien que la vertu, parce que personne n'en peut mal user. » Syllogisme négatif : « Ce n'est pas un bien que l'argent ; en effet, ce n'est pas un bien qu'une chose dont on peut mal user ; l'argent n'est donc pas un bien. » Enthymème fondé sur des incompatibilités : « Est-ce un bien que l'argent, puisqu'on en peut mal user ? » **26.** « Si l'argent monnayé est de l'argent, celui qui a légué tout son « argent » a légué aussi l'argent monnayé ; or, il a légué tout son « argent » ; donc il a légué aussi l'argent monnayé »[2]. L'argument a ici la forme d'un syllogisme. Mais un orateur se contenterait de dire : « Puisqu'il a légué tout son argent, il a légué aussi son argent monnayé. »

27. Je crois avoir exposé tous les mystères des maîtres de l'art[3], mais il reste à en user avec discernement. En effet, autant il n'est pas interdit, je crois, de recourir parfois au syllogisme dans une plaidoirie, autant j'aimerais fort peu qu'elle consistât tout entière

(1) Cf. Aristote, *Rhét.*, 1358 a 11 : Λέγω γὰρ διαλεκτικούς τε καὶ ῥητορικούς συλλογισμοὺς εἶναι περὶ ὧν τοὺς τόπους λέγομεν, κ.τ.λ. Sur *pars syllogismi*, cf. *supra*, V, 10, 3.

(2) Même exemple, mais présenté différemment dans Cicéron, *Top.*, 13. Cf. ici même, V, 11, 33.

(3) Cf. *supra*, V, 13, 60 : *mysteria*.

24. Enthymema ab aliis oratorius syllogismus, ab aliis pars dicitur syllogismi, propter*ea* quod syllogismus utique conclusionem et propositionem habet et per omnes partes efficit quod proposuit, enthymema tantum intellegi contentum sit. **25.** Syllogismus talis : « Solum bonum uirtus ; nam id demum bonum est, quo nemo male uti potest ; uirtute nemo male uti potest ; bonum est ergo uirtus ». Enthymema ex consequentibus : « Bonum est uirtus, qua nemo male uti potest ». Et contra : « Non est bonum pecunia ; non enim bonum est quo quis male uti potest ; pecunia potest quis male uti ; non igitur bonum est pecunia ». Enthymema ex pugnantibus : « An bonum est pecunia, qua quis male uti potest ? » **26.** « Si pecunia, quae est in argento signato, argentum est, qui argentum omne legauit, et pecuniam, quae est in argento signato, legauit ; argentum autem omne legauit ; igitur et pecuniam, quae est in argento, legauit » habet formam syllogismi. Oratori satis est dicere : « Cum argentum legauerit omne, pecuniam quoque legauit, quae est in argento ».

27. Peregisse mihi uideor sacra tradentium artes, sed consilio locus superest. Namque ego, ut in oratione syllogismo quidem aliquando uti <non> nefas duco, ita constare totam aut certe

24. oratorius *P* : -ribus *AGH* || propterea *ed. Jenson* : propter *AGH* || tantum *AG* : tantum intenta *H*
25. TEST. : Victor, *R.L.M.*, 410, 10-14.
25. uirtute — potest *P (sic fere Victor)* : *om. AGH* || bonum est *Victor* : *om. AGH* || quo quis *Victor* : quo quisque *AGH*
26. habet *Halm* : -beat *AGH*
27. non *add. Winterbottom ex* nefas non *Regius* || constare *aH* : -tet *AG*

en épichérèmes et en enthymèmes ou qu'elle en fût bardée et farcie. Elle ressemblerait, en effet, à des dialogues ou à des discussions dialectiques plus qu'aux plaidoiries dont nous nous occupons, et dont, à vrai dire, elles diffèrent considérablement. **28.** En effet, dans les premiers, des hommes doctes et qui cherchent la vérité avec d'autres hommes doctes scrutent tout avec plus de minutie et de scrupule pour guider vers des notions limpides et reconnues ; aussi revendiquent-ils pour eux-mêmes l'invention et le jugement ; ils appellent l'une τοπική (topique), et l'autre κριτική (critique). **29.** Pour nous, c'est le jugement des autres, qui doit régler notre langage, et il nous faut parler assez souvent devant des hommes totalement dépourvus d'instruction et, du moins, ignorants de l'art littéraire, dont je viens de parler ; et si nous ne savons pas les attirer par le plaisir, les entraîner par la vigueur, et, parfois, les troubler par l'émotion, nous ne pouvons faire triompher le juste et le vrai.

30. Riche, brillante, <impérieuse>, telle veut être l'éloquence ; nous n'atteindrons à aucune de ces qualités, si elle est fragmentée en conclusions déjà définies, fréquentes et presque uniformes, si son humilité entraîne la dépréciation et une sorte de servilité, l'aversion et l'abondance la satiété, et l'uniformité l'ennui. **31.** Que l'éloquence se laisse donc porter, non par des sentiers, mais par de larges plaines ; qu'elle ne coule pas comme une fontaine aux étroites canalisations, mais

confertam esse adgressionum et enthymematum stipatione minime uelim. Dialogis enim et dialecticis disputationibus erit similior quam nostri operis actionibus, quae quidem inter se plurimum differunt. **28.** Namque <in> illis homines docti et inter doctos uerum quaerentes minutius et scrupulosius scrutantur omnia et ad liquidum confessumque perducunt, ut qui sibi et inueniendi et iudicandi uindicent partis, quarum alteram τοπικήν, alteram κριτικήν uocant. **29.** Nobis ad aliorum iudicia componenda est oratio, et saepius apud omnino imperitos atque illarum certe ignaros litterarum loquendum est, quos nisi et delectatione adlicimus et uiribus trahimus et nonnumquam turbamus adfectibus, ipsa, quae iusta ac uera sunt, tenere non possumus.

30. Locuples et speciosa <et imperiosa> uult esse eloquentia ; quorum nihil consequetur, si conclusionibus certis et crebris et in unam prope formam cadentibus concisa et contemptum ex humilitate et odium ex quadam seruitute et ex copia satietatem et ex *simil*itudine fastidium tulerit. **31.** Feratur ergo non semitis, sed campis, non ut ieiuni fontes angustis fistulis colliguntur,

27. adgressionum et *a* : -nem ex *AGH*
28. in *add. Halm* || quarum *Laur. XLVI, 9* : quorum *AGH*
29. allicimus *a* : adliti- *A* adlige- *GH*
30. TEST. : Victor, *R.L.M.*, 411, 25-28 ; Cassiodorus, *ibid.*, 503, 11-12.
30. et imperiosa *add. Halm ex Cass.* || similitudine *Bonnell ex Victore* : ampli- *AGH* || tulerit *AGH* : attu- *Victor*
31. ieiuni *a* : iuuni *H* ietuli *G*

comme des fleuves opulents emplissant les vallées, et si, par hasard, elle ne trouve pas une voie toute faite, qu'elle s'en fraye une elle-même. Quoi de plus misérable que cette règle, en vertu de laquelle, comme les petits enfants, nous repassons, pour ainsi dire, des lettres tracées d'avance[1], et, selon l'expression usuelle des Grecs, nous gardons soigneusement le manteau que notre mère nous a donné[2]. [Devons-nous avoir seulement prémisses, conclusion tirée des conséquents, tirée des incompatibles?] **32.** Aucun souffle? Aucune amplification? Aucune des mille figures, qui varient et diversifient? et cela, de manière que ces raisonnements semblent naître et venir de la nature même, et ne dénoncent pas partout la main et l'art suspects des maîtres? Quel orateur a jamais parlé dans ces conditions? Chez Démosthème lui-même, des traces de ce genre de raisonnement ne se trouvent-elles pas très rarement[3]? Et cependant les Grecs — et en cela seulement ils font plus mal que nous — se saisissent de ces procédés, en font des liens qui les enserrent, et qui les entravent par une série de nœuds inextricables, et ils font des déductions déjà escomptées, et ils prouvent ce qui est admis, et ils se considèrent par là semblables aux anciens ; puis, si on leur demande qui ils prennent pour modèle, ils refusent toujours de répondre[4]. Mais je parlerai ailleurs des figures.

33. Pour l'instant, je dois ajouter que je ne partage même pas l'opinion de ceux qui pensent qu'il faut toujours exposer les arguments en une langue pure et claire et distincte, mais dépourvue d'élévation et

(1) Cf. *Inst. orat.*, I, 1, 27, et, antérieurement, Platon, *Prot.*, 326 d.

(2) Peut-être s'agit-il d'un proverbe comparable à ce que rapporte Plutarque, *De Alexandri fort.*, 330 B : Δίκην νηπίου παιδὸς φυλάττων τὴν περιβολὴν ἣν ἡ πάτριος αὐτῷ συνήθεια, καθάπερ τιτθή, περιέθηκε.

(3) Quintilien vante en effet la densité de l'argumentation chez Démosthène ; cf. X, 1, 76 : *tam densa omnia*.

(4) Allusion obscure à des divergences d'esthétique et de technique. Peut-être s'agit-il de l'opposition entre ceux qu'on

sed ut beatissimi amnes totis uallibus fluunt, ac sibi uiam, si quando non acceperit, faciat. Nam quid illa miserius lege uelut praeformatas infantibus litteras persequentium, et, ut Graeci dicere solent, quem mater amictum dedit, sollicite custodientium : [propositio, conclusio ex consequentibus, propugnantibus] **32.** non inspiret ? Non augeat ? Non mille figuris uariet ac uerset, ut ea nasci et ipsa prouenire natura, non manu facta et arte suspecta magistrum fateri ubique uideantur ? Quis umquam sic *d*ixit orator ? Nonne apud ipsum Demosthenen paucissima huius *gen*eris reperiuntur ? Quae adprensa Graeci magis (nam hoc solum peius nobis faciunt) in catenas ligant et inexplicabili serie conectunt et indubitata colligunt et probant confessa et se antiquis per hoc similes uocant, deinde interrogati numquam respondebunt quem imitentur. Sed de figuris alio loco.

33. Nunc illud adiciendum, ne iis quidem consentire me, qui semper argumenta sermone puro et dilucido et distincto, ceterum minime elato

31. fluunt *a* : pluant *AGH* || persequentium *P* : pros- *AGH* || graeci *t* : gracchi *AG* grachi *H* || propositio — propugnantibus *del. Burman*

32. facta *t* : ficta *AGH* || magistrum *aGH* : -tratum *A* || dixit *Regius* : uixit *AGH* || generis *Zumpt* (modi *Regius*) : ueris *A* ueri *H* artis *G*

33. consentire me qui *a* : -tirem a q̄ *A* -re ne q̄ *GH* || elato *Victor* : lato *AGH*

d'ornement. Qu'ils doivent être, à vrai dire, distincts et transparents, je l'admets ; dans les affaires mineures, il faut même user d'un langage et de mots particulièrement appropriés et usuels. **34.** Mais si le sujet est plus élevé, je pense qu'il ne faut exclure aucun ornement, à condition qu'il n'en résulte aucune obscurité. Car souvent, à elle seule, une métaphore jette beaucoup de lumière ; même les jurisconsultes, très soucieux de la propriété des termes, osent dire que *litus* (le rivage) est l'endroit où le flot vient se jouer *(eludit)*[1], **35.** d'autre part, plus la nature d'un sujet est dépourvue d'attraits, plus il la faut assaisonner de charmes, et l'argumentation est moins suspecte, quand elle est déguisée, et le plaisir de l'auditeur contribue beaucoup à sa conviction, à moins que, par hasard, nous n'estimions que Cicéron a gâté son argumentation, quand il a dit que « les lois sont muettes au milieu des armes » et « que les lois nous tendent parfois l'épée elles-mêmes »[2]. Mais dans l'emploi de ce style, il faut garder assez de mesure, pour qu'il soit un ornement, non une entrave.

appelle les asianistes et ceux qu'on classe comme attiques ; mais il semble que l'allusion soit de portée plus limitée, étant donné ce qui suit : *Sed de figuris alio loco.* En tout cas, il est bon de se reporter à Quintilien lui-même (XII, 10, 14-27) et à l'excellent commentaire qu'a donné de ce texte majeur R. G. Austin dans son édition du livre XII, Oxford, Clarendon Pr., réimpr. en 1965, *ad loc.* Il est visible que Quintilien a ici en tête des problèmes de style : *Nunc illud adiciendum.*

(1) *Cf. Notes complémentaires.*

(2) Cicéron, *Pro Mil.*, 11 (*silere leges*, etc.) et 9 (*gladium nobis*, etc.).

ornatoque putant esse dicenda. Namque ea distincta quidem ac perspicua debere esse confiteor ; in rebus uero minoribus etiam sermone ac uerbis quam maxime propriis et ex usu. **34.** At si maior erit materia, nullum iis ornatum, qui modo non obscuret, subtrahendum puto. Nam et saepe plurimum lucis adfert ipsa tralatio, cum etiam iuris consulti, quorum summus circa uerborum proprietatem labor est, litus esse audeant dicere, qua fluctus eludit, **35.** quoque quid est natura magis asperum, hoc pluribus condiendum est uoluptatibus, et minus suspecta argumentatio dissimulatione, et multum ad fidem adiuuat audientis uoluptas, nisi forte existimamus Ciceronem haec ipsa male <in> argumentatione dixisse, « silere leges inter arma », et « gladium nobis interim ab ipsis porrigi legibus ». In his tamen habendus est modus ut sint ornamento, non impedimento.

34. īs *AG* : his *a* iis *post* ornatum *transp. H*

35. condiendum *g Victor* : condicen- *AGH* ‖ male *Ag* : malae *G* mala *a* ‖ in *add. Regius* ‖ in his *AG* : his *H* is *Winterbottom* ‖ est *AG* : istis *H* iustus *Burman* pius *Victor* ‖ M. F. QVINTILIANI INSTITVTIONV̄ ORATORIARV̄ LIBER V EXPLIC̄. INCIP̄. LIB. (LIBER *H*) VI *GH*. M. FABII QVINTILIANI INSTITVTIONIS ORATORIAE LIB. V. EXP̄L. INC̄P̄ LIB. VI *add. A m. 2*.

NOTES COMPLÉMENTAIRES DU LIVRE IV

Pr. = prooemium. — Le chiffre romain indique le chapitre, le chiffre arabe le paragraphe.

Pr. 2. — *Caelestium* ne peut pas surprendre et il ne faudrait pas voir dans l'emploi de cet adjectif, non plus que dans les louanges qui suivent, une marque d'adulation de la part de Quintilien : il est probable qu'il s'agit de répondre à un désir impérial plus ou moins nettement exprimé ; sans doute aurait-il pu tourner l'obstacle, mais ces « divinisations » étaient passées dans l'usage et Quintilien n'est pas allé aussi loin que Martial ou Stace. Cf. F. Sauter, *Der römische Kaiserkult bei Martial und Statius*, Stuttgart, Kohlhammer, 1934, 178 p. ; S. Gsell, *Essai sur le règne de l'empereur Domitien*, Paris, Bibl. de l'École fr. de Rome, LXV, 1894, 392 p. ; Dion Cassius, *Reliquiae libri LXVII* = t. III, 2e éd. Boissevain, Berlin, Weidmann, 1955, p. 168 : Τοῦτο δεινότατον ἔσχεν, ὅτι καὶ κολακεύεσθαι ἤθελε, καὶ ἀμφοτέροις ὁμοίως ἤχθετο (Δομιτιανός) καὶ τοῖς θεραπεύουσι καὶ τοῖς μή, τοῖς μὲν ὅτι θωπεύειν, τοῖς δὲ ὅτι καταφρονεῖν ἐδοκοῦν.

Pr. 3. — Domitien prit le titre de censeur — et même de *censor perpetuus* — en 85, peut-être même en 84 (cf. art. *Flauius*, n° 77, *R.E.*, VI, 1909, col. 2561), ce qui lui donnait le droit d'éliminer toute candidature sénatoriale qui lui déplaisait.

Pr. 3. — Suétone est moins élogieux : *Dom.*, XX.

Pr. 5. — Comme Virgile, *En.*, VI, 641 ; IX, 77 ; X, 103 et, avant lui, Homère, *Iliade*, II, 485, 761 ; XI, 218 ; XIV, 508 ; XVI, 112. Sur ces invocations en général, cf. notre ouvrage, *Études sur la poésie latine*, Paris, Boivin, 1945, 249 p.

Pr. 5. — Cf. à propos de *dexter* = favorable, A. P. Wagener, *Popular association of right and left in roman Literature*, Baltimore, Furst, 1912, 59 p.

I, 4. — En fait, il y a divergence entre ceux qui se réclament d'Apollodore de Pergame et ceux qui partagent les idées de Théodore de Gadara. Cf. Sénèque le Rh., *Contr.*, II, 1 (9), 36 : l'apollodorien est Bruttédius Niger, l'un des accusateurs de

Silanus (*Ann.*, III, LXVI), le théodorien est Vallius Syriacus, tué en 30 ap. J.-C., parce que Tibère avait dit qu'il était l'ami d'Asinius Gallus : *Primum*, dit Syriacus en réponse à Bruttédius Niger, *non apud eumdem praeceptorem studuimus : tu Apollodorum habuisti, cui semper narrari placet, ego Theodorum, cui non semper.* Dans les situations difficiles, l'auteur de la *Rhétorique à Alexandre*, XXX, et Apsines estiment qu'il y a lieu de supprimer la narration : ἐνίοτε οὐ διηγητέον, I, 353 Sp., et Cicéron pense qu'il appartient à l'orateur de décider quand il faut ou non recourir à la narration (*De orat.*, II, 81).

I, 8. — D'après le *Dialogue des orateurs*, ch. XX, Messalla parlait dans ses exordes de sa mauvaise santé : *Quis nunc feret oratorem de infirmitate ualetudinis suae praefantem ?* M. Valerius Messalla Corvinus, né en 64 av. J.-C., mourut en 9 de notre ère ; c'est lui qui avait décidé le sénat à donner à Octave le nom d'Auguste.

I, 9. — Par *ueteres*, il faut apparemment entendre les écrivains et orateurs de l'époque républicaine ; cf. Cicéron, *Or.*, 150 ; Sénèque, *Contr.*, X, *pr.* 14 : *partem esse eloquentiae putabat* (i.e. *Augustus*) *eloquentiam abscondere* atteste la permanence du principe ; l'idée revient souvent chez Quintilien : cf. I, 11, 3 ; II, 17, 6 ; XII, 9, 5.

I, 11. — Procès qui paraît avoir fait à Rome un certain bruit : Urbinia avait laissé une succession importante ; Quintilien en parle encore en VII, 2, 4-5 et VII, 2, 26 et Tacite également, *Dial.*, XXXVIII, 9. Un certain Clusinius Figulus du pays des Marrucins, se disant fils de la défunte, revendiqua l'héritage ; au nom des héritiers réels, Pollion soutint que le prétendu fils était un esclave du nom de Sosipater. Cf. J. André, *La vie et l'œuvre d'Asinius Pollion*, p. 71 sq. — R. Hanslik, *R.E.*, Suppl. bd. IX, 1962, col. 1868.

I, 23. — Sur Verginius Flavus, cf. Schuster, *R.E.*, VIII, A, 1958, 1543-1544. Quintilien le cite en III, 6, 45 ; IV, 1, 23 (ici même) ; VII, 4, 24 et dit son admiration pour lui en VII, 4, 40 : ... *Flauum, cuius apud me summa est auctoritas, cum artem scholae tantum componeret.* — Théodore est Théodore de Gadara ; cf. Stegemann, *R.E.*, V, A, 1934, 1847-1848.

I, 25. — *Dura causa* paraît être une locution technique. Cf. Horace, *Serm.*, I, 10, 26, évoquant la *dura causa Petilli* : Petillius, chargé de restaurer le Capitole dévasté pendant la guerre civile, aurait dérobé la couronne de Jupiter Capitolin d'après Porphyrion.

I, 32. — Sur Théophraste, cf. Regenbogen, *R.E.*, Suppl., 1940, 1357 et Kroll, *R.E.*, *ibid.*, 1071 sq. ; J. Stroux, *De Theophrasti uirtutibus dicendi*, Leipzig, 1912, 126 p. Sur le vœu de Démosthène, cf. Quintilien, III, 6, 3 : *Aeschines... in oratione contra Ctesiphontem... a iudicibus petit ne Demostheni permittant euagari, sed eum dicere de ipso causae statu.* Le texte d'Eschine se lit au § 205 ; celui de Démosthène, qui demande aux juges μὴ τὸν ἀντίδικον σύμβουλον ποιήσασθαι περὶ τοῦ πῶς ἀκούειν ὑμᾶς ἐμοῦ δεῖ aux §§ 1-4 du discours *Sur la Couronne*.

I, 36. — *Pro Cluentio*, 1, 1 ; le texte sera cité de nouveau en VIII, 6, 65, IX, 4, 68, 74, 92, 101 intégralement ou par fragments. — Junius est le préteur C. Junius (74 av. J.-C.) qui présidait le tribunal qui condamna un affranchi, Scamander, et son patron. C. Fabricius, réputés coupables d'empoisonnement dans l'affaire Cluentius, sur laquelle on pourra voir dans la présente collection l'édition procurée par P. Boyancé.

I, 37. — Cf. Aristote, *Rhét.*, 1415 a 35 : Οὐ γὰρ ἀεὶ συμφέρει ποιεῖν προσεκτικόν, et Cicéron, *De orat.*, II, 321.

I, 39. — Aquila Romanus, *R.L.M.*, 24, 21, définit l'*ironia* comme une figure *ubi aliud uerbis significamus, aliud re sentimus* et donne comme exemple le texte du *Pro Ligario*, I, 1 : *Nouum crimen, C. Caesar, et ante hunc diem inauditum* ; de même, Julius Rufinianus, *ibid.*, 38, 7, Martianus Capella, *ibid.*, 478, 2, Grillius, *ibid.*, 604, 32. L'habileté de Cicéron a fait merveille dans cette cause, puisque le grand orateur entreprenait de justifier Ligarius devant César qui avait prononcé sa condamnation avant de l'entendre et que César finit par absoudre celui qu'il avait condamné. L'affaire n'était pas nouvelle donc pour César ; Cicéron présente le séjour de Ligarius en Afrique comme un « crime nouveau », un forfait « inouï », dont la trace n'aurait pas dû être repérée par César, mais fut révélée par Tubéron ; il renverse donc la situation, reconnaît Ligarius coupable et l'abondonne à la clémence de son juge. Quant au *Pro Caelio*, il répond à la même définition : Cicéron s'y efforce de ramener l'affaire à des proportions modestes qui ne méritaient pas une session extraordinaire et des moyens inédits.

I. 40. — Ces distinctions sont connues, et les rhéteurs ont parlé de *genera causarum* (*Rhet. ad Her.*, I, 3, 5 ; Cicéron, *De inu.*, I, 20 ; Victorinus, *R.L.M.*, 195, 16), de *modi causarum* (Sulpicius Victor, *R.L.M.*, 316, 24), de *figurae materiarum* ou *controuersiarum* (Fortunatianus, *R.L.M.*, 109, 2 ; Augustinus, *ibid.*, 147, 20), mais le nombre des variétés change (4 pour l'*Auctor*, 5 pour Cicéron et Quintilien). Augustin donne, *loc. cit.*, le meilleur commentaire des définitions des causes qu'il appelle *schemata, id est figurae controuersiarum* dans une tradition hermagoréenne, tandis que le *genus obscurum* (= δυσπαρακολούθητον), selon G. Thiele, *Hermagoras. Ein Beitrag zur Geschichte der Rhetorik*, Strassburg, Trübner, 1893, 202 p. (p. 115) dérive d'une autre tradition et a été catalogué par Cicéron.

I, 41. — Le mot *remedia* est apparemment inspiré par un auteur influencé par l'enseignement d'Aristote, chez qui l'on trouve pour la même idée le mot ἰατρεύματα (*Rhét.*, 1415 a 25) : comme Aristote, Quintilien ne perd jamais de vue la réaction possible de l'auditeur.

I, 42. — L'*insinuatio*, que les Grecs nomment ἔφοδος est définie par Cicéron : *Oratio quadam dissimulatione et circuitione obscure subiens auditoris animum* (*De inu.*, I, 20), par Fortunatianus : *Subdolum principium, quo occultius inrepimus in animum iudicis* (*R.L.M.*, 109, 13 sq.), est divisée par Grillius en *dissimulatio* et *circuitio* (*ibid.*, 602, 23), tandis que Sulpitius Victor (*ibid.*, 322, 15) parle de *laboriosa praelocutio* et Augustin (*ibid.*, 150, 18) de *longiora principia*. La doctrine de l'*insinuatio* n'est d'ailleurs pas encore nettement établie au moment où est rédigée la *Rhétorique à Hérennius* (cf. I, 10, 16) : *Adhuc quae dicta sunt arbitror mihi constare cum ceteris artis scriptoribus, nisi quia de insinuationibus noua excogitauimus, quod eam soli* <*nos*> *praeter ceteros in tria tempora diuisimus, ut plane certam uiam et perspicuam rationem exordiorum haberemus*. Elle serait donc post-hermagoréenne et peut-être même purement latine.

I, 49. — La brièveté est en effet l'une des *uirtutes necessariae* de la *narratio*, dont Quintilien parlera au chapitre suivant. Quant à l'intervention du rire dans l'*insinuatio*, qui est recommandée par la *Rhét. à Hérennius* et par le *De inuentione*, on s'accorde à dire qu'elle était déjà conseillée antérieurement : cf. E. Arndt, *De ridiculi doctrina rhetorica*, Diss. Bonn, 1904, 64 p. ; M. A. Grant, *The ancient theories of the laughable*, Univ. of Wisconsin, Madison, 1924, 168 p. ; W. Kroll, *Rhetorica, IV, Der Witz bei Quintilian*, Philologus, LXXXIX, 1934, 341-348 ; F. Kühnert, *Quintilians Erörterung über den Witz*, Philologus, CVI, 1962, 29-59 ; 305-314 ; G. Monaco, *Cicerone: il trattato de ridiculis (De orat., II, 216-290)*, Palermo, Palumbo, 1964, 152 p. ; du même, *Quintiliano: Il capitolo de risu (Inst. orat., VI, 3)*, Palermo, Palumbo, 1967, 155 p. ; A. Haury, *L'ironie et l'humour chez Cicéron*, Leiden, Brill, 1955, 316 p. ; E. de Saint-Denis, *Essais sur le rire et le sourire des Latins*, Paris, Belles Lettres, 1965, 304 p., etc. Nous y reviendrons au livre VI.

I, 49. — La citation de Cicéron est tirée de la *Diuin. in Q. Caecilium*, 1.

I, 49. — La πρόληψις (πρόλημψις) est encore appelée προκατάληψις (Anaximène, *Rhét.*, 1432 b 11 ; Alex., *Fig.* I, 6 p., 16, 10 Sp. III ; Phoib. *Fig.*, II, 2, p. 51, 10 Sp., II ; Anon., *Fig.* 4, p. 175, 1 ; Sp. III ; Ps. Jul. Ruf., *Schem. dian.*, 2, p. 60, 15 *R.L.M.*), προκατασκευή (Hermogène, *Inv.*, III, 2, p. 126, 17 Rabe ; Ps. Jul. Ruf., *Schem. dian.*, 3, p. 60, 22 *R.L.M.* ; Fortun. *Rhet.* II, 110, 22 *R.L.M.*), προπαρασκευή (Fortun. *Rhet.* II, 15, 110, 22

R.L.M.). Le latin emploie les termes de *praemunitio* et de *praeparatio*. Cf. J. Martin, *Antike Rhetorik*, p. 277.

I, 55. — C'est ce que relève, par ex., Cicéron dans le *Pro P. Quinctio* à l'encontre de C. Aquilius Gallus, juge désigné par le préteur Cn. Dolabella ; Aquilius, disciple du juriste Q. Mucius Scaevola l'augure, était lui-même un jurisconsulte savant : *Illud etiam restiterat*, dit Cicéron, *op. cit.*, 33, *quod hesterno die fecerunt, ut te in ius educerent, ut nobis tempus, quam diu diceremus, praestitueres; quam rem facile a praetore impetrassent, nisi tu, quod esset tuum ius et officium potestasque, docuisses.*

I, 57. — Quoique, sous l'Empire, le tribunal des centumvirs (en réalité formé de 105 membres nommés à raison de 3 par chacune des 35 tribus) ait été porté à un effectif de 180 juges, il conserva son nom et jugeait les questions de propriété quiritaire qui étaient les plus délicates ; aussi était-ce en plaidant devant les centumvirs que les avocats assuraient leur réputation et les interventions devaient être soignées. Cf. Quintilien, III, 10, 3 ; IV, 2, 122 ; V, 10, 115.

I, 58. — De même, l'*Auct. ad Her.*, I, 11 conseillait la simplicité : *Exordienda causa seruandum est, ut lenis sit sermo et usitata uerborum consuetudo, ut non adparata uideatur oratio esse* ; Cicéron, *De inu.*, I, 25 recommande *splendoris et festiuitatis et concinnitatis minimum, propterea quod ex his suspicio quaedam apparationis atque artificiosae diligentiae nascitur, quae maxime orationi fidem, oratori adimit auctoritatem*, mais il s'oriente un peu différemment dans le *De orat.*, II, 315 et 320. Il ne faut pas laisser soupçonner une préparation.

I, 62. — Même conseil dans Cicéron, *De orat.*, II, 320 et, plus tard, chez Julius Victor, *R.L.M.*, 421, 23 : *Oportet... causis principia nec magnis parua nec paruis magna praeponi.*

I, 62. — Il s'agit probablement d'auteurs contemporains de Quintilien, qui peuvent avoir mal compris la suggestion d'Hermogène, I, 5, p. 106, 15 Rabe, lequel enseignait que tout exorde se compose de quatre membres : la *protase* ou proposition indiquant et préparant la suite, la κατασκευή, qui confirme la protase (on l'appelle encore βεβαίωσις), l'*apodosis* ou *axiôsis*, qui rend compte de la position prise par l'orateur, la *basis*, qui rapproche protase et apodosis et lance le débat.

I, 68. — Il s'agit des *commentarii defensionum*, qui ont été recueillis par Tiron. D'après Quintilien, X, 7, 30-31, Cicéron aurait rédigé les points importants de sa plaidoirie, mais non l'ensemble, faute de temps et se fiant à ses dons d'improvisation. Cf. J. Humbert, *Contribution à l'étude des sources d'Asconius dans ses relations des débats judiciaires*, Paris, Presses Universitaires, 1925, 142 p. (63-71). Ces brouillons faisaient partie des dossiers de Cicéron.

I, 69. — Cicéron a défendu deux fois M. Aemilius Scaurus en 54, année pendant laquelle Scaurus fut accusé par P. Valerius Triarius de concussion et de corruption électorale. Ces textes ne nous sont parvenus que de façon fragmentaire ; cf. H. Gaumitz, *De M. Aemilii Scauri causa repetundarum et de Ciceronis pro Scauro oratione*, Leipzig. Stud., II, 1879, 249-289 et v. Rohden, *R.E.*, I, 1894, 584-588 ; voir aussi E. Courtney, *The prosecution of Scaurus in 54 B.C.*, Philol., cv, 1961, 151-156.

I, 72. — Aristote, *Rhét.*, 1415 a 35. sq. expose des vues analogues et indique (1415 b 5 sq.) que les auditeurs seront rendus attentifs, si l'orateur montre l'intérêt de l'affaire, mais que les considérations de ce genre ne visent que l'auditeur médiocre, qui ne prête l'oreille qu'aux à-côtés de la cause.

I, 73. — Cicéron, *fragm. orat.*, II, 8. L'affaire est mal connue : on suppose que L. Varenus fut accusé d'avoir tué C. Varenus et essaya de faire retomber ce crime sur les esclaves d'Ancharius Rufus ; Quintilien cite ce procès plusieurs fois (IV, 1, 74 ; V, 10, 69 ; V, 13, 28 ; VI, 1, 49 ; VII, 1, 9 et 12 ; VII, 2, 10, 22, 36 ; VIII, 3, 22, IX, 2, 56).

I, 74. — Aristote donne déjà des exemples de ces formules (*Rhét.*, 1415 b 10 sq.) et il évoque aussi Prodicus *(ibid.)*.

II, 2. — Aristote ne donne aucune définition particulière de la narration et note que la narration appartient au seul discours judiciaire (*Rhet.*, 1414 a 37). La théorie de l'*Auctor ad Her.* remonte sans doute à une source péri-hermagoréenne, probablement, du reste, mal interprétée : d'après l'*Auctor* (I, 12), les narrations se divisent en trois catégories : 1° *cum exponimus rem gestam* (= Cic., *De inu.*, I, 27) ; 2° *aut fidei aut criminationis aut transitionis aut alicuius apparationis causa;* 3° *quod a causa ciuili remotum est.* L'*Anonyme* de Séguier (I (2), 363, 20 sq. Sp.-H.) fait des deux premiers types des διηγήσεις ἐπὶ κριτῶν et des troisièmes des διηγήσεις καθ' ἑαυτάς. Le troisième groupe comprend ce que K. Barwick appelle « das ganze weite Gebiet der Literatur » (K. B., *Die Gliederung der narratio in der rhetorischen Theorie und ihre Bedeutung für die Geschichte des antiken Romans*, Hermes, LXIII, 1928, 261-287 (282) : Cicéron s'inspire de la tradition grecque en disant, *loc. cit.* : (narrationes) *quarum altera* <pars> *in negotiis, altera in personis maxime uersatur.* C'est à cette répartition que fait allusion Quintilien.

II, 5. — Les *heredes sui* sont les héritiers du *pater familias* décédé intestat (fils et filles qui n'ont pas subi la *capitis deminutio* ; femme mariée *cum manu*, petits-fils ou petites-filles dont le père est prédécédé) ; une femme ne peut avoir d'héritiers siens (Gaius, III, 51). Pour la puberté, les Proculiens étaient partisans d'une fixation autoritaire à 14 ans de l'âge valable ; les Sabiniens maintenaient la règle ancienne : les garçons étaient réputés pubères, quand le père, après examen physique, les avait autorisés à porter la toge virile. L'examen individuel fut supprimé de bonne heure pour les filles et l'âge de 12 ans fut adopté comme règle générale.

II, 7. — Cf. III, 6, 76. C'est devenu un sujet de déclamation ; cf. *De inu.*, II, 78.

II, 8. — La sacrilège qui consistait en un vol dans un temple était punissable à Rome par la mort comme à Athènes : cf. Cicéron, *De leg.*, II, 22 ; Sénèque, *De ben.*, VII, 7, 1 ; Sénèque le Rhét., *Contr.*, VIII, 2 ; *Dig.*, XLVIII, 19, 16, 4. Voir l'art. *Sacrilegium*, *R.E.*, 2e R., 1920, 1678-1681 (Pfaff) ; J. A. C. Thomas, *Animus furandi*, Jura, XIX, 1968, 1-32.

II, 9. — Celse, *Fragm. rhet.*, 9 Marx.

II, 13. — La *Rhét. à Her.* a déjà posé ce thème en I, 18 et l'a développé en II, 28 ; le thème est repris par Cicéron, *De inu.*, I, 11 et 92, Hermogène, Περὶ τῶν στάσεων, 30, 19 ; 36, 12 ; 49, 16 ; 54, 5 Rabe et sera évoqué par Sulpicius Victor, *R.L.M.*, 327, 11, Julius Victor, *ibid.*, 388, 8, Fortunatianus, *ibid.*, 85, 14. Il y a deux Ajax : il s'agit ici du fils de Télamon. Le thème est devenu avec le temps un thème anonyme : Πεφώραταί τις ἐπ' ἐρημίας θάπτων νεοσφαγὲς σῶμα καὶ φεύγει φόνου. G. Thiele, *Hermagoras*, Strassburg, Trübner, 1893, 202 p. (p. 159-163,) y voit un *progymnasma* hérité d'Hermagoras.

II, 15. — Les procès de brigue et de concussion sont nombreux à Rome ; il n'est pas interdit de penser qu'il y a peut-être ici un souvenir du *Pro Scauro*, dont il a été question au ch. I, 69. Sur l'*ambitus*, cf. Hartmann, *R.E.*, I (1894), 1800-1803 ; sur le *repetundarum crimen*, cf. Kleinfeller, *R.E.*, I, 2 (1914), 603-610.

II, 28. — Les *themata* sont tantôt les *exempla causarum* (Victorinus, *R.L.M.*, 192, 45), tantôt les sujets d'école *(R.L.M.*, 201, 23 : *Gestarum expositio est negotiorum ciuilium et historiarum : ut gestarum rerum expositio est comoediarum, fabularum et thematum, quae in auditorio dicuntur)* ; cf. Julius Victor, *R.L.M.*, 371, 22 avec la même acception.

II, 30. — Dans les *Tusculanes*, I, 4, 7 (cf. II, 11, 26), Cicéron évoque ses entretiens récents avec ses amis à Tusculum et parle de *senilis declamatio* ; il appelle ces exercices *scholae*, à la façon des Grecs ; plus tard, Sénèque le Rhéteur, *Contr.*, I, *pr.*, 12, précise : « Les déclamations de Cicéron ne ressemblaient pas à ce que nous appelons maintenant controverses, ni même aux exercices oratoires pratiqués avant lui et qu'on nommait thèses. *Hoc enim genus maxime, quo nos exercemur, adeo nouum est, ut nomen quoque eius nouum sit. Controuersias nos dicimus : Cicero* *causas uocabat. Hoc uero alterum nomen Graecum quidem, sed in Latinum ita translatum, ut pro Latino sit, scholastica, controuersia multo recentius est, sicut ipsa declamatio apud nullum antiquum auctorem ante Ciceronem et Caluum inueniri potest.* Cf. S. F. Bonner, *Rhetorica, II: Sen. Rhet. Contr., I, praef. 12*, Class. Rev., LXI, 1947, 86, qui a tenté de montrer que *scholastica* est un féminin sg., non un neutre pl., et représente gr. ἡ σχολαστική.

II, 30. — Le terme *zelotypus* oriente peut-être vers une source grecque du thème proposé ; il est rare, mais se rencontre chez Pétrone, Quintilien, Juvénal, Martial ; d'autre part, l'*actio malae tractationis* fait penser à la γραφή ou à la δίκη κακώσεως, qui est grecque d'origine et sert à Rome de thème d'école (cf. VII, 4, 11), mais s'apparente à l'*actio rei uxoriae*, qui en diffère cependant. Cf. J. Sprenger, *Quaestiones in rhetorum Romanorum declamationes iuridicae*, Diss. Halle, 1911, 95 p. (192-194) et Diss. philol. Halenses, XX, 2, 169-264 ; F. Lanfranchi, *Il diritto nei retori romani*, Milano, Giuffrè, 1938, 687 p. (235-239). Sur le cynique, cf. le thème de déclamation du Ps. Quintilien, *Decl.*, CCLXXXIII, éd. C. Ritter, Leipzig, Teubner, 1884, p. 147.

II, 31. — Apollodore *ap. Anonyme* de Séguier, *Rhét.*, p. 434, 30 sq. Sp. = p. 363, 6 sq. Sp.-H. = διήγησίς ἐστι περιστάσεως ἔκθεσις ; la « traduction » de Quintilien n'est pas conforme. Alexandre, fils de Numenios, Zénon de Laodicée, Théodore de Byzance, Neoclès, Apsines ont chacun leur définition (cf. *Anonyme*, p. 434, 17 sq. Sp. = p. 362, 13 sq. Sp.-H., etc.), et pour Apsines, p. 352, 4 Sp. = p. 249, 16 Sp.-H.). Mais c'est dans la *Rhét. à Hér.*, I, 12 et chez Cicéron, *Part. or.*, 31 *(narratio est rerum explicatio et quaedam quasi sedes ac fundamentum constituendae fidei)* que la définition comporte, outre la notion d'exposé d'un fait réel, celle d'une *res ut facta*. (Cicéron, *De inu.*, I, 27 : *narratio est gestarum rerum, aut ut gestarum expositio.*)

II, 31. — Il est vraisemblable, comme le suggère O. Navarre, *Essai sur la rhétorique grecque*, p. 246, « qu'Isocrate n'a fait que promulguer des règles plus anciennes ». Sur le texte d'Isocrate, cf. fr. 34 *Artium Scriptores*. Ces trois qualités reçoivent, selon les auteurs, des définitions diverses, quoique très proches : σαφής = *lucida* (Quint., IV, 2, 31 ; Martianus Capella, *R.L.M.*, 486, 22), *dilucida* (*Rhet. ad Her.*, I, 14 ; Julius Severianus, *R.L.M.*, 357, 17), *perspicua* (Quint., IV, 2, 31 ; Julius Victor, *R.L.M.*, 423, 36), *manifesta* (Fortunatianus, *R.L.M.*, 111, 28), *aperta* (Cicéron, *De inu.*, I, 28 ; Sulp. Victor, *R.L.M.*, 322, 35) *plana* (Cicéron, *Top.* 97), σύντομος = βραχεῖα, *breuis*, πιθανή = *probabilis, uerisimilis, credibilis*, qui se retrouvent chez les mêmes auteurs.

II, 32. — Aristote, *Rhét.*, 1416 b 30 — 1417 b 20 : Νῦν δὲ γελοίως τὴν διήγησίν φασι δεῖν εἶναι ταχεῖαν. Cf. nos *Études sur*

Quintilien, t. I, p. 233, avec la discussion de l'exposé de Denys d'Halicarnasse et des thèmes modernes de C. v. Morawski, *Quaestiones Quintilianeae*, Diss. Berlin, 1874, 68 p., *De Dionysii et Caecilii studiis rhetoricis*, Rhein. Mus., XXXIV, 1879, 370-376 (371). et O. Angermann, *De Aristotele rhetorum auctore*, Diss. Leipzig, 1904, 72 p. En fait, τὸ μετρίως, qualité « aristotélicienne » de la narration, est une qualité qui a été transférée par le *Rhét. à Hér.*, et Cicéron, *De inu.*, I, 28-30, à l'*elocutio*. Cf. B. Riposati, *Problemi di retorica antica* dans *Introduzione alla filologia classica*. Milano, C. Marzorati, 1951, 657-787 (746-748).

II, 37. — Quintilien a déjà fait allusion aux manifestations qui accueillent un « orateur » (II, 2, 12), mais il s'agissait des élèves dans une classe ; en VIII, 3, 3, il parlera d'*adclamatio*, de *plausus* et de *fragor* ; Cicéron l'avait devancé (*De orat.*, I, 152 ; *Or.*, 107 ; *Br.*, 326) et, avec l'évolution de l'éloquence, ces manifestations vont s'accroître : Pline stigmatise les claques organisées (*Ep.*, II, 14, 5 sq.), qui applaudissent *cum mesochorus dedit signum*, mais s'il apprécie les félicitations et les éloges mesurés, il leur préfère encore le silence, *quo ego, cum dico uel recito, non minus quam clamore delector, sit modo silentium acre et intentum et cupidum ulteriora audiendi* (*Ep.*, II, 10, 7).

II, 39. — Quintilien marquera plus nettement encore (XI, 3, 30) sa désapprobation à l'égard de ce cabotinage : *Non alia est autem ratio pronuntiationis, quam ipsius orationis : nam ut illa emendata, dilucida, ornata, apta esse debet, ita haec quoque emendata erit.* C'est un écho de la conception théophrastéenne de l'importance du πρέπον et une réaction contre la propension méridionale à l'agitation gestuelle. Certains de ces « gestes », au surplus, traduisent une attitude psychologique : Cicéron (*Tamenne putamus patronum tuum in hoc crimine ceruiculam iactaturum et populo se ac coronae daturum* (*In Verr.*, III, 49) évoque le même port de tête prétentieux et satisfait.

II, 43. — L'*iteratio* revêt plusieurs formes qui diffèrent un peu selon les rhéteurs : appelée παλιλλογία par Alexandre, II, 2, p. 29, 5 Sp. III et Zonaios, II, 2, p. 165, 24 Sp. III, elle est appelée *iteratio* par Aquila, *R.L.M.*, 31, 12 et Martianus Capella, *R.L.M.*, 481, 10, mais on trouve aussi ἀναδίπλωσις, ἐπαναδίπλωσις, ἐπανάληψις, *duplicatio, conduplicatio,* termes qui seront repris au reste dans le vocabulaire relatif aux figures. Cf. Quintilien, IX, 3, 28-31, texte à propos duquel nous commenterons les exemples ; en IX, c'est une qualité du style ; ici, c'est un défaut, parce que cela ne répond pas à une intention esthétique. La tautologie est la répétition inutile des mêmes idées en termes différents ; si *uiuere uitam, oculis uidere, obire diem* ne sont pas des défauts de style, ὀξύς ἐστι καὶ ταχύς, ἀλλ' οὐ νωθὴς καὶ βραδύς est contestable. Quant à la περισσολογία ou superfétation, Quintilien la critique en VIII, 2, 3 et VIII, 6, 61.

II, 44. — Cf. également Quintilien, X, 1, 32 et 102. Cicéron citait la prose de Thucydide comme exemple de *breuitas* (*Or.*, 30 ; *Br.*, 287), mais, chez Salluste, cette « brièveté » est artificielle et concertée.

II, 45. — Il s'agit des décuries judiciaires ; Auguste est revenu à la *lex Aurelia* de 70 av. J.-C., et il ajouta une quatrième décurie (Suétone, *Aug.*, XXXII) aux trois anciennes ; Caligula en ajouta une cinquième (Suétone, *Cal.*, XVI ; Dion Cassius, *Hist. rom.*, LIX, 9).

II, 49. — Cicéron, *Pro Caecina*, 11.

II, 54. — Les affaires d'empoisonnement sont souvent traitées dans les déclamations ; dans la réalité d'ailleurs, plusieurs cas sont célèbres : Cluentius en 66 av. J.-C., L. Nonius Asprenas (*ca.* 9 av. J.-C.) accusé par Cassius Severus, Moschus (*ca.* 19 av. J.-C.) défendu par Pollion (Sénèque, *Contr.*, II, 5, 13), etc. ; comme thème de déclamation, cf. Sénèque, *Contr.*, III, 9 ; VI, et 6 ; VII, 3 avec variations sur la γραφὴ φαρμάκων des Grecs et la *lex Cornelia* des Latins qui interdisait la vente, l'achat, la détention et l'administration des philtres et poisons. Cf. J. J. Thonissen, *Le droit pénal de la République athénienne*, Bruxelles, Bruylant-Christophe, 1875, 490 p., et J. Sprenger, *Quaestiones in rhetorum Romanorum declamationes iuridicae*, Diss. Halle, 1911, déjà cité. — Sur les poisons, cf. A. Levin, *Die Gifte in der Weltgeschichte, toxikologische, allgemein verständliche Untersuchungen der historischen Quellen*, Berlin, Springer, 1920, 596 p.

II, 68. — Ce texte de loi qu'on rencontre chez Sénèque le Rh., *Contr.*, I, 5 ; III, 5 ; VII, 8 ; VIII, 6, Calpurnius, *Decl.*, 34 et le Ps.-Quintilien, *Decl. min.*, 262, 270, 280, 286, de même que chez Hermogène, Περὶ στασ., 41, 1, 10 Rabe, se présente sous diverses formes : *Rapta raptoris mortem aut bona optet* ou *Raptor decem milia soluat* ou *Raptor, nisi et suum et raptae patrem intra dies triginta exorauerit, pereat.* En tout état de cause, l'option n'était pas donnée au père. A Athènes, on institua une γραφὴ ὕβρεως (pénale) ou une δίκη βιαίων (civile) ; pour la première, la peine de mort pouvait être infligée ; pour la seconde, c'était plutôt une amende ; l'amende non payée, le séducteur pouvait être contraint d'épouser la fille (cf. J. J. Thonissen, *op. cit.*, 319-324 ; Sprenger, *op. cit.*, p. 204 ; O. Fredershausen, *Weitere Studien über das Recht bei Plautus und Terenz*, Hermes, XLVII, 1912, 199-249 (210 sq.), rappelant les textes de Plaute, *Aul.*, 791, *Truc.*, 841-845, Térence, *Ad.*, 724 ; *Andr.* 780). A Rome, l'acte tombait sous le coup d'une *actio iniuriarum*, mais on pouvait faire jouer dans certains cas la *lex Iulia de adulteriis* ou la *lex Iulia de ui publica* : la peine était l'*aquae et ignis interdictio*, mais aussi la mort dans la procédure *extra ordinem*. En fait, notre texte est un texte « arrangé » pour susciter la difficulté parmi les étudiants de rhétorique.

II, 91. — La formule proverbiale de Quintilien *mendacem memorem esse oportere* reparaît dans Apulée, *Apol.*, 69 : *Saepe audiui non de nihilo dici mendacem memorem esse oportere.*

II, 94. — Sur l'emploi des « couleurs » par les déclamateurs, cf. H. Bornecque, *Les déclamations et les déclamateurs d'après Sénèque le Père*, Lille, Université, 1902, réimpr. Hildesheim, Olms, 1967, 214 p. (33-34, 52-53, 100-102). — Le songe joue un grand rôle dans la littérature : cf. F. O. Hey, *Der Traumglaube der Antike*, Progr. München, 1908, 40 p. et J. B. Stearns, *Studies of the dream as a technical device in later epic and drama*, Princeton Univ., 1924 (Lancaster, Pa. 1927), 73 p., mais les avocats tirent aussi parti des songes et des croyances, voire des paroles des enfants. La question a été étudiée par J. Ph. Lévy, *La formation de la théorie romaine des preuves*, Studi Solazzi, Napoli, Juvene, 1948, 830 p. (418-438). Cicéron, *Top.*, 77, marque bien que la valeur du témoignage dépend de l'*auctoritas* du témoin, ladite *auctoritas* étant liée à la *natura* ou au *tempus* (73) ; il a recouru à ce genre de preuves dans la 3e *Catilinaire* (III, 9, 21 : la fin du discours est d'ailleurs proprement délirante), le *Pro Ligario*, 17-19 et le *De haruspicum responsis* ou encore dans le *De diuinat.*, I, ch. XXVII. Quintilien, pour sa part, surprend un peu ici par ses réserves : il ne nie pas cependant la valeur des *diuina testimonia* (V, 7, 35) ; il savait que les personnages politiques eux-mêmes, Domitien comme les autres, attachaient du prix aux *signa*, mais il critique les abus qu'on en fait.

II, 95. — On a parfois tendance à faire d'*abdicare* un synonyme de « déshériter » ; il s'agit en réalité d'un refus de reconnaître comme père, comme fils, etc., une personne donnée, et, par suite, d'une exclusion de la famille, qui peut aboutir à une exhérédation, mais qui n'est pas l'exhérédation elle-même. En droit romain, l'exhérédation est un acte de droit public, l'*abdicatio* n'en est pas un. C'est un sujet fréquent de déclamation : cf. Sénèque, *Contr.*, I, 1, 4, 6 et 8 ; II, 1 et 4 ; III, 2, 3 et 4 ; IV, 3 et 5 ; V, 2 et 4 ; VI, 1 et 2 ; VII, 1 ; VIII, 3 et 5 ; X, 2, mais non de procès, ainsi qu'il ressort du texte de *Codex Justin.*, VIII, 46, 6 (rescrit de Dioclétien de 287 ap. J.-C.), quoique, dans la réalité, et à titre privé, il y ait eu sans doute quelques exemples du fait, en vertu d'un *iudicium domesticum* ; cf. R. Düll, *Iudicium domesticum, abdicatio und apoceryxis*, Zeitschrift der Savigny-Stiftung für Rechtsgeschichte, Rom. Abt., LXIII, 1943, 54-116, qui cite comme exemples Cicéron, *Pro Rosc. Amer.*, 42 sq., Valère-Maxime, V, 7, 2 et 8, 3, Suétone, *Aug.*, LXV. Le texte de Valère-Maxime est particulièrement éclairant (V, 8, 3) : *Domo mea indignum iudico protinusque ex conspectu meo abire iubeo.* Quintilien revient sur le problème en VII, 4, 11 : *Quae in scholis* *abdicatorum, haec in foro exheredatorum a parentibus et bona apud centumuiros repetentium ratio est.* Il y a donc parallélisme entre l'*abdicatio* et l'*exheredatio*, comme l'a bien vu S. F. Bonner, *Roman declamation in the late Republic and early Empire*, University Press of Liverpool, 1949, 183 p. (p. 102) mais dans les exercices de déclamation, le père est encore vivant, tandis que, dans le cas d'*exheredatio*, il ne l'est plus et l'on peut seulement contester des dispositions testamentaires. Le fils lésé intentait d'ailleurs en ce cas une *actio dementiae*.

II, 98. — Ce pourrait être un sujet de vaudeville et, d'ailleurs, la bonne humeur éclate souvent dans les propos rapportés par Sénèque le Rhéteur, mais tout n'est pas fiction dans le thème donné : ainsi Valerius Maximus (V, 9, 1) conte l'histoire d'un certain L. Gallius (*ca.* 170 av. J.-C.) qui découvrit que son fils avait commis deux crimes : *in nouercam commissum stuprum* (on ne sait si elle était consentante) et un projet de parricide ; Sénèque le Rh., *Contr.*, VI *(excerpta)*, 7, aborde le cas d'un homme remarié qui, voyant son fils malade et ayant appris de lui que ce fils aimait sa belle-mère, lui céda sa femme ; mais il est accusé par un second fils de démence ; on peut comparer les déclamations 291 du Ps.-Quintilien et 46 de Calpurnius et Marcellinus (= IV, 168, 10 sq. Walz.). Mais l'histoire connaît un cas parallèle, celui de Stratonice, fille de Démétrius Poliorcète, épouse de Séleucus Nicator, roi de Syrie, qui eut la « générosité » de la céder à son fils, Antiochos Sôtêr (cf. Lucien, *De Syria dea*, 17 sq. ; M. Schamberger, *De declamationum Romanorum argumentis*, Diss. Halle, 1917, 88 p. (38-40), J. Mesk, *Antiochos und Stratonike*, Rhein. Mus., LXVIII, 1913, 387-394.

II, 106. — Aufidia est inconnue ; il est question de son procès ici, en VI, 1, 20 et en X, 1, 22 ; d'autre part, on connaît trois discours de Servius Sulpicius, qui accusa Murena de brigue et mourut lors de la guerre de Modène. Mais en IV, 2, 106, Sulpicius est dit avoir plaidé *pour* elle, et en VI, 1, 20 *contre* elle ; en X, 1, 22, Sulpicius est de nouveau présenté comme le défenseur d'Aufidia et c'est Messalla qui est l'adversaire. On ne voit pas davantage à qui s'adresse le masculin *languidum/pressum*.

II, 116. — C'est un des principes majeurs de l'esthétique de Quintilien : l'adaptation au sujet, au caractère du client et à celui de l'adversaire. Déjà formulé par Aristote, *Rhét.*, II, ch. 2 et ch. 12, et par Cicéron, à maintes reprises (*De orat.*, II 18, 183, 184 ; III, 53, 210-211), il est repris par Quintilien (III, 8, 35 ; IX, 3, 102 ; XI, 1, 4, 29-37 ; 42, 57).

II, 118. — Ces anciens sont Caton, les Gracques, Ennius, Lucilius, déjà signalés en I, 5, 21 et 8, 8. Quintilien range même parfois Cicéron parmi les *ueteres* : cf. IX, 3, 1, *ut omnes ueteres et Cicero praecipue* ; cf. I, 6, 42 ; IV, 1, 9 ; VIII, *pr.* 26 ; XI, 3, 137, 183 ; XII, 9, 5 ; 10, 10 pour des aperçus sur le problème.

II, 118 b. — En d'autres termes, *in eumdem casum incidere* vise l'ὁμοιόπτωτον ou παρομοίωσις, *similem compositionem*, l'ὁμοιοτέλευτον, *pares elocutionis tractus*, l'ἰσόκωλον ou παρίσωσις. Nous reviendrons sur ces figures en IX, 3, 77, 78 et 80. L'invention en est attribuée à Gorgias dans l'antiquité ; nous sommes plus réservés à cet égard aujourd'hui. Cicéron, *Or.*, 174-176 en critique seulement l'abus.

II, 123. — Ce personnage est C. Antonius Hybrida, collègue de Cicéron au consulat de 63. Il avait été poursuivi pour des raisons qui ne sont pas toutes très claires. Dans le *Pro Caelio*, 25, Cicéron fait allusion à une accusation de conjuration et Dion Cassius, XXXVIII, 10, évoque la conjuration de Catilina, de même que Cicéron, *Pro Flacco*, 5 et 95, mais le *Pro Flacco* pourrait faire penser à une affaire de concussion. On sait aussi qu'Antonius Hybrida eut en Macédoine un comportement discutable et c'est à cela que se rapporte la citation de Quintilien rappelant l'intervention de Caelius en 59 av. J.-C.

II, 127. — C'est l'application du principe de la *dissimulatio artis.* qui avait déjà suscité une polémique entre le sophiste Alcidamas et les disciples d'Isocrate (cf. G. Walberer, *Isokrates und Alkidamas*, Diss. Hamburg, 1938, 63 p.) ; Aristote ne l'ignore pas (*Rhét.*, 1408 b 1 sq. et commentaire d'E. M. Cope-J. E. Sandys, *The Rhetoric of Aristotle*, Cambridge Univ. Pr., 1877, p. 78 ; l'auteur de la *Rhét. à Hér.* est le premier à en parler parmi les Latins (I, 17, II, 47 ; IV, 10 et 32, suivi par Cicéron, *De inu.*, I, 25 ; 98 ; *De orat.*, II, 4, 5, 156, 177 ; *Br.*, 139 ; *Orat.*, 38 ; *Part. orat.*, 19 ; Sénèque, *Contr.*, I, *pr.* 21 ; Sénèque le Phil., *Ep.*, 100, 4-5 ; Quintilien, I, 11, 3 ; II, 5, 7 ; IV, 1-8-9 ; IV, 1, 54-58 ; IV, 2, 59 ; IV, 2, 126-127 ; IX, IV, 144 ; XI, 2, 47. L'histoire du critère est retracée par C. Neumeister, *Grundsätze der forensischen Rhetorik, gezeigt an Gerichtsreden Ciceros*, München, Hueber, 1964, 207 p. 131-155).

III, 1. — La terminologie varie : παρέκβασις, διέξοδος, *digressio, digressus, egressus, egressio, excursus* avec les auteurs. Quintilien connaît παρέκβασις (IV, 3, 12, 14), *digressio* (IX, 1, 28), *digressus* (X, 1, 49), *egressus* (IV, 3, 12), *egressio* (ibid.), *excursus* (ibid.). Anaximène, Aristote et l'*Auct. ad Herennium* ignorent la digression, mais Cicéron en parle (*De orat.*, II, 80). Dans le *De inu.*, I, 97, il rappelle la définition d'Hermagoras : *oratio a causa utque a indicatione ipsa remota, quae aut sui laudem aut aduersarii uituperationem contineat aut in aliam causam deducat, ex qua conficiat aliquid confirmationis aut reprehentionis, non argumentando, sed augendo per quandam amplificationem.*

IV, 4. — Un texte parallèle figure au *Digeste*, I, 8 : *Si quis uiolauerit muros, capite punitur.* Le même thème est repris en VII, 6, 6. — Il y a en fait plusieurs problèmes enveloppés dans cette phrase : le *peregrinus* est-il un étranger au sens plein ou un pérégrin et le terme vise-t-il une qualité générale ou une espèce légale ? Le pérégrin, sous la République, était astreint au service militaire, quand il y avait des levées extraordinaires, et, sous l'Empire, régulièrement, comme les citoyens romains, dans les légions ou les corps auxiliaires ; d'après Gaius (*D.*, L, 16 ; *De u. s.*, 234, *pr.*), *peregrinus* équivaut anciennement à *hostis*. Apparemment, il s'agit ici d'un texte « arrangé » par les rhéteurs.

IV, 5. — Les données du procès sont connues : cf. Xénophon, *Mém.*, I, 1 : Ἀδικεῖ Σωκράτης οὓς μὲν ἡ πόλις νομίζει θεοὺς οὐ νομίζων, ἕτερα δὲ καινὰ δαιμόνια εἰσφέρων · ἀδικεῖ δὲ καὶ τοὺς νέους διαφθείρων ; mêmes imputations dans Platon, *Apologie de Socrate*, 24 b. Platon, du reste, intervertit l'ordre des griefs que présente Xénophon : c'est cet ordre platonicien qui est suivi par Quintilien.

IV, 6. — Il s'agit des discours de Démosthène *sur l'Ambassade* et *sur la Couronne*.

IV. 7. — Ce sont là des principes exposés déjà par la *Rhét. à Hér.*, I, 4 : *Diuisio est per quam aperimus quid conueniat, quid in controuersia sit, et per quam exponimus quibus de rebus simus acturi* ; et I, 17 : *Causarum diuisio in duas partes distributa est, primum per narrationem debemus aperire quid nobis conueniat cum aduersariis, si ea quae utilia sunt nobis conueniat, quid in controuersiis relictum sit.* Cf. D. Nörr, *Diuisio und Partitio. Bemerk. zur röm. Rechtsquellenlehre u. z. ant. Wissenschaftstheorie*, 1972, 64 p. (München, Univ.-Schr. Abh. z. rechtswiss. Grundlagenforsch., 4).

NOTES COMPLÉMENTAIRES DU LIVRE V

Pr. = prooemium. — Le chiffre romain indique le chapitre; le chiffre arabe le paragraphe.

Pr., 1. — L'allusion vise apparemment ceux dont parle Aristote, *Rhét.*, 1354 a, au début de son développement sur les preuves ; on remarquera que l'auteur grec, en 1354 a 16, fait allusion à des sentiments qu'il juge οὐ περὶ τοῦ πράγματος : διαβολή, ἔλεος et ὀργή, et que l'auteur latin parle de *misericordia* = ἔλεος et *ira* = ὀργή. L'objection faite au maintien d'*adfectus* dans le texte latin, sous prétexte que διαβολή ou *gratia* ne sont pas des *adfectus*, ne semble pas devoir être retenue ; ce sont des *motus animi* ou des *perturbationes* et celles-ci sont des *adfectus* : cf. Sénèque, *Ep.* 75, 12 : *Adfectus sunt motus animi inprobabiles, subiti et concitati.*

Pr. 3. — Il ne s'agit pas ici des *causarum genera* dont il a été question en III, 3, 15 et III, 4, 15, mais de chaque genre de causes dans le genre judiciaire : cf. IV, 1, 40.

I, 1. — Aristote, *Rhét.*, 1355 b 35 : Τῶν δὲ πίστεων αἱ μὲν ἄτεχνοί εἰσιν, αἱ δ' ἔντεχνοι, théorie reprise par Apsines, *Rhét.*, p. 360, 4 Sp. = p. 260, 18 Sp.-H. ; *Anonyme* de Séguier, *Rhét.*, p. 445, 23 Sp. = p. 378, 4, Sp.-H., et, après Quintilien, par Fortunatianus, *R.L.M.*, 115, 15 et Julius Victor, *ibid.*, 395, 20.

I, 2. — On peut comparer à l'énumération de Quintilien celle d'Aristote, *loc. cit.* : Ἄτεχνα δὲ λέγω ὅσα μὴ δι' ἡμῶν πεπόρισται, ἀλλὰ προυπῆρχεν, οἷον μάρτυρες, βάσανοι, συγγραφαὶ καὶ ὅσα τοιαῦτα, ἔντεχνα δὲ ὅσα διὰ τῆς μεθόδου καὶ δι' ἡμῶν κατασκευασθῆναι δυνατόν. Pour Cicéron, voir, outre *De inu.*, II, 46 et 68, *Part. orat.*, 48 et *Top.*, 24, qui présentent quelques variantes de définition, la liste du *De orat.*, II, 116 : *tabulae, testimonia, pacta, conuenta, quaestiones, leges, senatus consulta, res iudicatae* (ce sont les *praeiudicia* de Quintilien), *decreta, responsa, reliqua.* Sur la division d'Aristote, cf. W. M. A. Grimaldi, *A note on the* ΠΙΣΤΕΙΣ *in Aristotle's Rhetoric 1354-1356*, Amer. Journ. of Philol., LXXVIII, 1957, 188-192, qui distingue trois sens du terme : 1° argument ou élément capable d'induire un auditoire à un état d'âme appelé πίστις ou opinion, et ces πίστεις se composent de l'ἦθος, du πάθος ou du πρᾶγμα ; 2° méthode ou technique d'utilisation du matériel dont on dispose pour engendrer la πίστις = ἐνθύμημα ; 3° état d'âme de l'auditoire.

I, 3. — L'expression de *loci communes* fait ici difficulté : la *Rhét. à Hér.*, II, 9 distingue *loci proprii* et *loci communes*, les premiers sont ceux dont seul l'accusateur peut se servir, les seconds sont réservés au défenseur ; l'avis de Cicéron, *De inu.*, II, 50 sq. est moins tranché : les lieux communs peuvent s'employer pour et contre ; en revanche, il y a des lieux spéciaux pour l'accusateur et pour le défenseur. Voir également Aristote, *Rhét.*, 1358 a 11 et Cicéron, *Br.*, 46 et *Orat.*, 126. M. Untersteiner, *I sofisti, testimonianze e frammenti I-II*, Firenze, La nuova Italia, 1949, 124+203 p., range (p. 80) les énoncés de Cicéron et de Quintilien parmi les textes inspirés par la tradition de Gorgias et de Protagoras.

II, 1. — Cf. *Rhét. à Her.*, II, sq. : *id de quo sententia lata est aut decretum interpositum* ; Cicéron, *De inu.*, II, 68 : *de quo iam ante sententia alicuius aut aliquorum constitutum est.* L'allusion à Oppianicus concerne le *Pro Clu.*, ch. XVII, l'allusion à Milon le *Pro Mil.*, ch. V ; le cas des *deportati* est réglé par une disposition qui figure au *Digeste*, XLVIII, 22, 7, § 3 et 28, 1, 8.

II, 3. — Quintilien passe trop vite ici : il peut invoquer sans doute le vice de procédure ou l'erreur sur la formule, ou l'*infirmitas* de la personne (*mulier* ou *pupillus*, par ex.) ou la corruption de témoins ou le « fait nouveau » ; mais, aujourd'hui, pour que joue l'exception de chose jugée, il faut qu'il y ait entre deux poursuites pénales identité d'objet, identité de parties et identité de cause ; et, d'ailleurs, à ce propos, la jurisprudence a évolué et évolue encore.

II, 4. — Cf. XI, 1, 12. P. Rutilius Rufus, qui avait tenté de s'opposer en Asie aux exactions des publicains, fut accusé injustement de concussion par un chevalier de mauvaise réputation, Apicius, en 92 av. J.-C. ; il dut vendre ses biens et s'exila à Mitylène, puis à Smyrne. Rappelé par Sylla, il refusa de revenir à Rome. Stoïcien auditeur de Panétius, il est souvent cité par Sénèque comme exemple de sagesse et associé à Socrate ou à Caton (*De uita beata*, XVIII ; *De prou.*, III, 4 ; *De tranq.*, XVI, 1 ; *De ben.*, V, 17 ; *Ep.*, 24, 4 ; 67, 7 ; 79, 14 ; 82, 11 ; 98, 12) ; Cicéron en fait l'un des interlocuteurs du *De rep.* et l'évoque dans le *Br.*, 113. Cf. E. Pais, *L'autobiografia ed il processo di P. Rutilio Rufo* in *Dalle guerre puniche a Cesare Augusto*, Roma, Nardecchia, 1918, 2 vol., 762 p. (35-83). Le même Cicéron rappelle dans l'*In Pisonem*, 95, le sort de Rutilius pour protester contre l'injustice de sa condamnation, et l'absolution de Catilina et de Clodius qui lui paraît également scandaleuse : Clodius fut soupçonné d'inceste avec ses trois sœurs et de profanation des *sacra Bonae Deae*, sans parler des attaques à main armée du forum (cf. Cicéron, *Pro Sestio*, 16) ; Catilina fut accusé d'inceste sous le consulat de L. Gallius Publicola et de Cn. Cornelius Lentulus et se tira d'affaire grâce à la femme de Cicéron, Terentia, demi-sœur de la complice, une Fabia, vestale qui fut sauvée par la plaidoirie de M. Pupius Riso (cf. Weinstock, *R.E.*, V A, col. 710) ; il fut accusé de concussion sous le consulat de M. Aemilius Lepidus et de L. Volcatius Tullus par Clodius et il échappa encore.

VI, 1. — Aristote, *Rhét.*, 1377 a 8 sq. distingue quatre cas : déférer le serment à l'adversaire, accepter de prêter serment, ne faire ni l'un ni l'autre, faire l'un et non l'autre. Anaximène, *Rhét.*, 1432 a 33 définit le serment : « Une affirmation indémontrable mise sous le couvert de la divinité. » On peut remarquer que le rhéteur latin ne fait qu'effleurer le problème religieux du serment. Les philosophes visés au § 3 sont apparemment les épicuriens, mais, d'un point de vue historique, l'assertion doit être nuancée : cf. J. N. W. de Witt, *The gods of Epicurus and the canon*, Trans. Royal Soc. of Canada, XXXVI, 1942, 33-49 et *The new piety of Epicurus*, ibid., 1944, 79-88 ; A. J. Festugière, *Épicure et ses dieux*, Paris, Pr. Univ., 1946, 135 p.

VI, 3. — L'assertion rappelle le texte d'Aristote, *Rhét.*, 1377 a 25 sq : Εἰ δὲ δίδωσιν (τὸν ὅρκον), ὅτι εὐσεβὲς τὸ θέλειν τοῖς θεοῖς ἐπιτρέπειν, καὶ ὅτι οὐδὲν δεῖ αὐτὸν ἄλλων δικαστῶν (corr. de Gaisford) δεῖσθαι · τούτῳ γὰρ δίδωσι κρίσιν.

VII, 5. — C'est ainsi que Cicéron a décrié les Grecs d'Europe (*Pro Flacco*, ch. IV : *Testimoniorum religionem et fidem numquam ista natio coluit*, etc.), les Grecs d'Asie (*ibid.*, ch. XXVII), les Juifs (*ibid.*, ch. XXVIII), les Gaulois (*Pro Fonteio*, ch. X), etc. ; cf. plus tard, Pline contre les Bithyniens (*Ep.* V, 20, 4).

VII, 9. — Il faut se rappeler que le *testis* est en fait la personne qui intervient comme tiers au débat et dont les déclarations sont produites *ad faciendam fidem* au cours d'une *interrogatio*. La forme ancienne du mot étant **tristis* (« qui se tient comme tiers »), passée à **terstis*, puis *testis*, rend compte de cette réalité. — Quand il obtenait l'*inquisitio*, le plaignant obtenait automatiquement le droit de forcer à comparaître les témoins à charge ; mais la défense ne jouissait pas du même droit pour les témoins à décharge.

VII, 25. — Il est difficile de préciser à quelle époque fait allusion Quintilien, car nous sommes mal renseignés en dehors de l'*altercatio*, sur la procédure relative à l'audition des témoins, procédure qui paraît varier avec les affaires ; on sait que le temps consacré à la réception des témoignages était limité et il y a hésitation sur des formules comme *postera die* ou *rursus deinde* qui figurent dans tel texte d'Asconius relatif à la Milonienne (éd. Orelli, p. 40 ; éd. Stangl, p. 36). Pour l'époque cicéronienne, le texte fondamental de la procédure devant les comices est un passage du *De domo*, 45 ; il en ressort que l'audition des témoins avait lieu pendant les trois jours de l'*inquisitio* du magistrat et la *quarta accusatio* devant le peuple, le dernier jour étant exclusivement réservé à l'accusation et à la défense. La procédure évoquée ici par Quintilien ne facilite pas la tâche des avocats, puisqu'ils ignorent, dans ces conditions, témoins et témoignages.

VII, 29. — Sur cette psychologie de l'interrogatoire, cf. Cicéron, *Pro Flacco*, 22, qui malmène passablement les témoins, comme nous l'avons signalé déjà : *Vbi est igitur illa laus oratoris quae uel in accusatore antea uel in patrono spectari solebat ; « bene testem interrogauit ; callide accessit, reprehendit ; quo uoluit adduxit ; conuicit et elinguem reddidit?)*

VII, 30. — On retrouvera ces termes dans les *Sentences* de Paul, parlant de la *qualitas*, de la *dignitas* ou de l'*humilitas uitae* des témoins : *Testes... quos... uitae humilitas infamauerit* (I, V, *tit.*, 15). Il y avait aussi à prendre garde aux *laudatores* et aux témoins de moralité, qui sont reprochables. Dion rappelle (*Hist. rom.*, XL, 52, éd. Boissevain, I, 531-532) l'interdiction de ces comparutions contestables, qui ont permis à des accusés d'échapper à la justice. Cf. au sujet des témoins le procès de Scaurus (cf. Asconius, *In Scaur.*, éd. Stangl, p. 28) et Cicéron, *In Verr.*, V, 57 dont le texte est édifiant, ou encore *ibid.*, 102, où il démonte le scénario imaginé par Verrès : Verrès, sachant que les réponses des capitaines des navires perdus n'allaient pas lui être favorables, mande chacun d'eux ainsi que ses amis, et leur dicte les réponses qu'ils doivent faire ; puis, il les interroge, prend note écrite de ce qu'ils disent et appose à la fin le sceau de ses amis : *Obsignat signis amicorum prouidens homo.* Voir aussi le *Pro Caelio*, 5. — Plus tard, Pompée ne se fit pas faute d'intervenir en 52 au procès et en faveur de l'ancien tribun T. Munatius Plancus, ce qui fit dire par Tacite, *Ann.*, III, 28, qu'il était *suarum legum auctor idem ac subuersor*. Quant à Auguste, lors du procès dirigé contre Nonius Asprenas, il vint siéger *in subselliis*, en silence, il est vrai, mais on peut supposer que cette présence ne fut pas indifférente (Suétone, *Aug.*, LVI).

VII, 35. — Quintilien avait déjà évoqué cette question en III, 5, 6 et il la reprendra en VII, 2, 2 et XII, 2, 21 ; le thème est également posé par Sénèque (*Suas.*, IV, 4) par Théon (*Progymn.*, XII = II, 121, 6 Sp.). Cf. S. V. F., II, 1195, et dans les *Epicuri fragm.* 368 Usener.

VII, 36. — Sur les témoignages qui apportent ou semblent apporter la manifestation des volontés divines ou ceux qui procèdent d'un état de semi-conscience comme les paroles dites en état d'ébriété, de sommeil, voire de désordre mental, cf. J. Ph. Lévy, *La formation de la théorie romaine des preuves*, Studi Solazzi, Napoli, Juvene, 1948, 830 p. (p. 418-438). Sur le témoignage des *paruuli*, cf. Sénèque, *Contr.*, VII, 5, 20: *quinquennis testis in procuratorem.* Cicéron n'avait pas hésité à recourir à ce mode de preuves ou d'arguments dans la 3e *Catilinaire*, III, 21, le *Pro Ligario*, 17-19 et le *De haruspicum responsis* ; dans la *Catilinaire*, Cicéron va presque jusqu'à se considérer comme un interprète de la volonté des dieux et la fin du discours est étrange ; mais ce qu'il y a de piquant, c'est que le même Cicéron avouait vers la fin de sa vie qu'il ne croyait pas à la valeur des présages ni à l'intervention providentielle des dieux, raillant lui-même le parti qu'il avait tiré, avec une totale insincérité, de la statue de Jupiter (allusion au *De diuin.*, II, 47-49) ; cf. *Studi in onore di P. de Francisci*, Milano, Giuffrè, 1956, t. I : J. A. Arias Bonet, *Prueba testifical y obuagulatio en el antiguo derecho romano*, 285-301, et *ibid.*, t. II, J. Ph. Lévy, *Le problème des ordalies en droit romain*, 407-434 ; M. Kaser, *R.E.*, V, A, 1, 1934, col. 1021-1061 (particulièrement 1046 sq.).

VIII, 1. — Dans l'*Iliade*, II, 776, le lotus est une herbe que paissent les chevaux ; dans l'*Odyssée*, IX, 84, les Lotophages sont ceux qui mangent la fleur (οἵ τ' ἄνθινον εἶδαρ ἔδουσιν) du lotus, mais, un peu plus loin, cette nourriture est représentée comme un fruit de miel (λωτοῖο ... μελιηδέα καρπόν), alors qu'en IV, 603, le lotus était encore considéré comme un fourrage qui pousse en Égypte avec le κύπειρος, le πυρός, la ζειά, et le κρῖ, toutes nourritures bonnes pour les chevaux. Hérodote, II, 92, Athénée, 677 d, Théophraste, *Hist. plant.* IV, 3, 1 désignent une autre plante, etc. Ici, Quintilien considère le lotus comme un *gramen*. De fait, le terme désigne, selon les auteurs, des variétés végétales telles que cinnamome, jujubier, mélilot, micocoulier, certaines espèces de nénuphar, etc. Cf. Pline, *N.H.*, XIII, 104-110 et le commentaire *ad loc.* d'A. Ernout (Coll. des Univ. de France) ; voir également Steier, *R.E.*, XIII, 2, 1927, 1515-1532 ; B. Bonacelli, *Le piante che nell'antichità ebbero il nome di Loto*, Memorie della Pontifica Accad. delle scienze, Nuovi Lincei, XII, 1929 ; J. André, *Lexique des termes de botanique en latin*, Paris, Klincksieck, 1956, 343 p. *(ad. u.)*.

VIII, 7. — O. Angermann, *De Aristotele rhetorum auctore*, Diss. Leipzig, 1904, 72 p. (p. 41) pense que ces exemples de raisonnement viennent de Caecilius de Calê-Actê et cite un texte d'Alexandre, fils de Noumenios *ap.* Planudem, V, 409, 12 Walz, qui reprend en effet les mêmes termes : Ἢ γὰρ θέντες ὅτι μάχεται τόδε τῷδε, ἔπειτα εἰπόντες, ὅτι ὑπάρχει τὸ ἕτερον, τὸ λοιπὸν ἀναιροῦμεν, οἷον ὅτι ἡμέρα ἐστί, νύξ ἐστιν · ἀλλὰ μὴν ἡμέρα ἐστι, νὺξ ἄρα οὐκ ἔστιν · ἢ θέντες ὅτι μάχεται τῷδε τόδε, ἔπειτα ἀνελόντες τὸ ἕτερον, τὸ λοιπὸν τίθεμεν, οἷον εἰ οὐχ ἡμέρα ἐστί, νύξ ἐστι · ἀλλὰ μὴν οὐκ ἔστιν ἡμέρα, νύξ ἄρα ἐστιν. Mais cette appartenance est discutable ; Sextus Empiricus cite le même exemple (*Adu. logicos*, VIII, 113), et n'a jamais été considéré comme un disciple d'Aristote : il s'agit donc en réalité d'un raisonnement syllogistique à ranger dans la catégorie des syllogismes hypothétiques.

IX, 1. — Cf. *Inst. orat.*, II, 21, 19 : *Liuores et tumores in corpore cruditatis an ueneni sint non tractat orator?* — Les *instrumenta* sont les moyens de preuve (cf. IV, 2, 88 ; V, 6, 2 ; V, 7, 36 ; V, 9, 1 ; V, 10, 23, 51, 94 ; VI, 4, 8, 17 ; VII, 1, 62 ; VII, 2, 25, 45 ; XII, 8, 14).

IX, 5. — L'exemple de la femme est donné par Aristote, *Rhét.*, 1357 b 15, *Analyt. pr.*, *II*, 29, 8 et Cicéron, *De inu.*, I, 44, mais, chez Aristote, la « preuve » du commerce avec un homme est tirée du fait de la lactation ; les deux autres exemples semblent être dus à Quintilien lui-même.

IX, 8. — L'εἰκός est déjà connu comme preuve par la *Rhét. à Alex.*, 1428 a 26 sq., mais il y a erreur chez Quintilien qui paraît faire d'εἰκός un équivalent de σημεῖον : Aristote dit nettement que le vraisemblable (τὸ εἰκός) est ce qui se produit le plus souvent, non pas absolument (οὐχ ἁπλῶς) comme certains le définissent, mais ce qui, dans le domaine des choses pouvant être autrement, est relativement à la chose par rapport à laquelle il est vraisemblable, dans la relation de l'universel au particulier. Parmi les indices (τῶν δὲ σημείων), l'un présente la relation de l'individuel à l'universel ; l'autre, de l'universel au particulier. (*Rhét.*, 1357 a 35, trad. M. Dufour, Coll. des Universités de France, Paris, Belles Lettres, 1932), où l'on consultera aussi avec profit les p. 39-43 de l'*Introduction*. Dans les *Analyt. pr.*, II, 27, 70 A, Aristote dit encore : Εἰκὸς ... καὶ σημεῖον οὐ ταὔτον ἐστιν.

IX, 11. — Ces exemples figuraient déjà dans la *Rhét. à Hér.*, II, 8 et les *Part. orat.*, 39 : la preuve par indices dans l'antiquité ne pouvait bénéficier des découvertes des sciences physiques, chimiques et médicales des temps modernes et les moyens d'investigation étaient limités ; cf. P. Garraud, *La preuve par indices dans le procès pénal*, Paris, Larose et Tonin, 1913, 355 p. et les travaux de F. Gorphe, *La valeur probante des indices*, Rev. de science criminelle, XXXVII, 418 sq., et *Variétés et difficultés dans l'appréciation des indices*, ibid., XXXVIII, 215 sq. Aux indices tirés de l'existence de vêtements ensanglantés et l'enflure du corps, la *Rhét. à Hér.*, II, 11 ajoute l'inimitié entre le prévenu et la victime. Julius Severianus, *R.L.M.*, 362, 3 note comme *signa: in pugna clamor et similia, in ueneficio liuor et tumor, in caede uulnus et sanguis.* J. Woehrer, *De A. Cornelii Celsi rhetorica*, Diss. philol. Vindobonenses, VII, 1903 et Wien,

Denticke, 1903, 79 p. suggère que la source pourrait être Celse, mais ces indices sont déjà relevés par les Grecs; l'assertion n'est pas déterminante.

IX, 12. — L'histoire d'Atalante est connue par la fable, notamment par Ovide, *Mét.*, X, 565-707, après avoir été présentée déjà par Euripide, *fr. Meleagr. ap.* Macrobe, *Sat.*, V, 18. Mais Quintilien confond ici *signum* avec εἰκός, ou plutôt aurait dû contester l'avis d'Hermagoras qui voit là un *signum*. On sait qu'Atalante ne consentit qu'après la course où elle fut vaincue à s'unir avec Mélanion, *alias* Hippomène, favorisé par Aphrodite. Le thème posé par Quintilien pourrait être sous cette forme d'origine tardive — hellénistique — car, à cette époque-là, certains mythes ont été repensés et l'esprit critique a souvent « désacralisé » la vie des dieux et des héros. Cf. Ovide, *Ars am.*, II, 185 ; Apollodore, III, 9, 2 ; Aristoph., *Lys.*, 785, etc., et D. Matthes, *Hermagoras*, *op. cit.*, p. 144, n. 2.

IX, 13. — Source inconnue : s'agit-il du jeu des jeunes désœuvrés d'Athènes, l'ὀρτυγοκοπία, dont parle Plutarque, *Mar.*, 34 d ?

IX, 13. — Cf. Tite Live, IV, ch. XIII-XVI (pour Sp. Maelius) et V, ch. XLVII, 4 sq. (pour M. Manlius Capitolinus), exemples souvent cités par les auteurs latins.

IX, 14. — Allusions qui rappellent le *Pro Caelio*, 34, 35, 38, 49.

IX, 15. — *Prognostica* est le titre d'un traité d'Aratos, traduit par Cicéron ; cf. aussi *De diuin.*, I, 83. Les vers cités se lisent respectivement dans Virgile, *Géorg.*, I, 431 et 388 ; l'allusion à l'*auium concentus* vient du même poème, v. 422. On s'est posé la question de savoir s'il y a eu deux trad. des *Prognostica* : cf. A. St. Pease, *Were there two versions of Cicero's Prognostica?* Class. Philol., XII, 1917, 302 ; J. Soubiran, édition de la Coll. des Universités de France, *Ciceron, Aratea, fragments poétiques*, Paris, Belles Lettres, 1972 (Introd., p. 8-16) répond par la négative.

X, 1. — Selon Quintilien lui-même (IX, 2, 107) *commentum* appartient au vocabulaire de Visellius et *commentatio* se lit chez Cicéron, *De orat.*, II, 118, *Br.*, 105 et 249. L'enthymème est défini par Cicéron *omnis sententia* (*Top.*, 55) : *Non quod omnis sententia proprio nomine* ἐνθύμημα *non dicatur*, et un peu plus loin : *Cum omnis sententia* ἐνθύμημα *dicatur, quia uidetur ea quae ex contrariis conficiatur acutissima, sola proprie nomen commune possedit.* Mais ce n'est pas de cela qu'il s'agit ici. C'est aussi pour Quintilien une *sententia cum ratione* (V, 10, 2) et c'est la définition d'Aristote, *Rhét.*, 1394 a 31 : « Si l'on ajoute à une γνώμη la cause, c'est-à-dire le pourquoi, le tout forme un enthymème » (προστεθείσης δὲ τῆς αἰτίας καὶ τοῦ διὰ τί ἐνθύμημά ἐστιν τὸ ἅπαν). Quant à la troisième définition, elle s'accorde avec celle des *Topiques* de Cicéron (*Top.*, 11, 19, 53, etc.).

X, 2. — Problème complexe : *contrarium* se lit en effet plusieurs fois dans la *Rhét. à Hér.*, mais le texte principal est en IV, 25 ; cf. également Cicéron, *De orat.*, III, 207 et Quintilien, IX, 3, 90 avec l'addition : *contrarium* (*hoc enim puto, quod dicitur* ἐναντιότης), mais l'ἐναντιότης est liée à l'enthymème en IX, 2, 106 : c'est qu'en effet le *contrarium* est aussi traité comme figure ; il en est de même chez Rufinianus, *R.L.M.*, 45, 28 et 51, 9. Cela s'explique, parce que, comme argument, il correspond à l'argumentation imparfaite de l'enthymème, et que l'épichérème est considéré comme l'élément spécifique de l'argumentation.

X, 3. — Aristote, *Rhét.*, 1356 b 4 : Καλῶ δ' ἐνθύμημα μὲν ῥητορικὸν συλλογισμόν... ; *Anal. pr.*, II, 29 : ἐνθύμημα ... ἐστὶ συλλογισμὸς ἀτελής. Ce sont les auteurs de manuels qui ont diffusé ces définitions et se sont partagés en groupes opposés par la suite *(alii... alii)*. Aristote parle également de συλλογισμὸς διαλεκτικός (*Top.*, VIII, 9, 16).

X, 4. — Valgius est sans aucun doute le même que celui dont parle Quintilien en III, 1, 18 et 5, 17, c'est-à-dire le poète C. Valgius Rufus, consul suff. en 12 av. J.-C. (cf. Gundel, *R.E.*, VIII, A, 1955, 272-276). *Aggressio* est évidemment une tentative de traduction du grec : ἐπιχειρεῖν et de son voisin ἐγχειρεῖν impliquant l'idée de « se mettre à, avoir le projet de, s'attaquer à... »

X, 5. — Cf. *Rhét. à Her.*, II, 28, qui parle d'une *absolutissima et perfectissima argumentatio.*

X, 5. — Cicéron fait allusion à la division tripartite (*De inu.*, I, 57) : *Partim quinque eius partes esse dixerunt* [rhetores], *partim non plus quam in tres partes posse distribui putauerunt* ; la division en cinq parties comprend la *propositio*, la *ratio*, la *rationis confirmatio*, l'*exornatio*, la *complexio* chez l'*Auctor ad Her.*, II, 28-30, et la *propositio*, l'*approbatio*, la *complexio*, l'*assumptio*, l'*assumptionis approbatio*, la *complexio* chez Cicéron (*De inu.*, I, 58 ; 61 ; 67-69). Le *De inu.*, I, 60, fait la critique de la division tripartite au bénéfice de la division en cinq parties de source aristotélico-théophrastéenne, dont il confirme l'existence, *ibid.*, 67.

X, 10. — En dépit de l'assertion de Quintilien, *argumentosum* apparaît pour la première fois ici ; on le retrouve dans Sidoine Apollinaire, *Ep.*, 9, 9 et le commentaire d'Acron sur Horace, *Sat.*, II, 3, 70. Mais il n'y a pas lieu de mettre en doute ce qu'il écrit ; il est plus sage de penser qu'en l'état actuel des connaissances, on ignore beaucoup de choses. — Dans la phrase qui suit, il y a évidemment une lacune, que les éditeurs ont tenté de combler par un nom propre : on a pensé à Celsus, mais la preuve manque.

X, 12. — Ce sont, en fait, des thèmes de déclamation ; cf. Sénèque, *Contr.*, I, 1 et 7 ; VII, 4 ; Quintilien, V, 10, 97 ; VII, 1, 55 ; VII, 6, 5 ; Fortunatianus, *R.L.M.*, 107, 23 à peine modifiés.

X, 17. — Aristote, *Rhét.*, 1390 b 31 : Τῷ δὲ πλούτῳ ἃ ἕπεται ἤθη ἐπιπολῆς ἔστιν ἰδεῖν ἅπασιν ; pour l'ambition, cf. *ibid.* 1390 b 16 et 1391 a 20 sq. ; quant à l'allusion à la superstition elle n'a pas d'exact correspondant dans le livre II ; il en est de même pour la suite ; s'étant fié à sa seule mémoire, Quintilien a déformé la tradition, en brodant sur les thèmes ἕπεσθαι et ἀκολουθεῖν ; cependant, la crainte religieuse est évoquée en 1383 b 5, les inclinations des gens de guerre et des gens de la campagne en 1379 a 19 et 1383 b 20, puis 1395 a 5.

X, 21. — L'*(h)elops* est particulièrement estimé par les Romains ; cf. Macrobe, *Sat.*, III, 6 ; il s'agit du petit esturgeon ou sterlet *(Acipenser Ruthenus, L.)* qu'on trouve dans la Méditerranée orientale et en Mer Noire ; cf. Ovide, *Hal.*, 96, à propos de qui Pline, *N.H.*, XXXII, 153, écrit : *Helopem dicit* (Ouidius) *esse nostris incognitum undis, ex quo apparet falli eos, qui eundem acipenserem existimauerint.* Cf. Wellmann, *R.E.*, V, 1905, 2438-2439. Le scare, d'après Pline et Macrobe, est rare, et Columelle (VIII, 16, 9) assure qu'il fréquente les côtes d'Asie et de Grèce et va jusqu'en Sicile, mais n'a jamais gagné la « mer de Ligurie » ni la « mer ibérique ». On sait pourtant qu'un affranchi de Tibère, Optatus Pontianus, avait tenté de l'acclimater près de la côte campanienne]Pline, *N.H.*, IX, 60, 62, 169). Cf. E. de Saint-Denis, *Le vocabulaire des animaux marins en latin classique*, Paris, Klincksieck, 1947, 122 p. (p. 45-47 et p. 101). Pour le *scarus*, cf. Gossen-Steir, *R.E.*, 2e R., 1921, 363-365. Le rapprochement de l'(h)elops et du scare est assez piquant, puisque l'on sait qu'ils étaient recherchés pour la qualité de leur chair ; est-ce un indice fugitif et subjectif de quelque gourmandise quintilianienne ?

X, 30. — Même classification dans le *De inu.*, I, 35-36 pour les *personae adtributa*, I, 37-43 pour les *negotiis adtributa* avec des variantes minimes. On trouvera ces listes dans nos *Études sur Quintilien*, I, 277-278 avec les références des allusions à des exemples célèbres empruntés à Cicéron, p. 283. — O. Angermann, *op. cit.*, p. 44, trouve ici des réminiscences d'Aristote et croit pouvoir suggérer que Caecilius de Calê-Actê a servi d'intermédiaire, de même que, pour la phrase de Quintilien (V, 10, 31) qui renvoie à Euripide à propos de Polynice (il s'agit du texte des *Phéniciennes*, v. 639-640) ; pourtant, si Aristote traite en effet des arguments tirés du nom (*Rhét.*,

1400 b 17), il ne cite pas Euripide, mais Sophocle, Conon, Herodicos, Dracon, Chérémon et la seule allusion à Euripide concerne Aphrodite (*Troyennes*, 990).

X, 33. — Les termes ὕλη et δύναμις révèlent une source grecque, dont l'écho persiste dans l'enseignement d'Hermogène, περὶ εὑρέσεως, III, p. 140, 19 sq. Rabe ; les termes sont voisins : ὕλη représente la matière opposée à la forme (εἶδος, qui désigne aussi l'espèce d'un genre ou γένος, et, abstraitement, la notion générale qui a une réalité objective) ; δύναμις est le pouvoir, la propriété, la nature propre.

X, 34. — La présence de *spes* parmi les *pessimi adfectus* peut surprendre, si l'on se rappelle la phrase de Cicéron : *Si spes est exspectatio boni, mali exspectationem esse necesse est metum* (*Tusc.*, IV, 80), mais il y a des attentes, des expectatives, des rêveries malsaines : la *spes hereditatis* stigmatisée par Cicéron, *Parad.*, V, 39, Horace, Sénèque, Pétrone, les deux Pline, Martial, Juvénal, Tacite en est une forme. Quant à la liste elle-même, elle reprend des énumérations plus ou moins longues, qu'on trouve chez les rhéteurs à la suite des philosophes.

X, 35. — *Inst. orat.*, III, 11, 4-9.

X, 36. — Liaison de deux thèmes de déclamation : meurtre de l'adultère, meurtre du tyran, mais « arrangée » pour compliquer la tâche des plaideurs ; l'emploi des mots *tyrannus* et *tyrannicida* implique une source grecque ; il s'agit ici de définition, mais non évidemment, d'un meurtre d'inspiration politique ; le meurtrier a tué pour des raisons d'ordre privé ; de même, le « sacrilège » n'est pas ici profanation volontaire et la prise d'armes en dépôt peut se justifier.

X, 37. — Mêmes considérations dans les *Part. Orat.*, 36 : maritimi *an remoti a mari*, plani an montuosi... culti an *inculti*, *celebres* an deserti. Le texte du *Pro Mil.* est au § 53.

X, 39. — Le vol dans un temple était punissable de mort (Cicéron, *De leg.*, II, 22 ; Sénèque, *De ben.*, VII, 7, 1 ; *Digeste*, XLVIII, 19, 16, 4 et Latron (Sénèque, *Contr.*, I, 4, 5), dit avec raison : *Si sacrilegium fecerit, occidetur*), mais dans certaines conditions, la *lex Iulia peculatus* pouvait être invoquée et la pénalité était réduite à l'*aquae et ignis interdictio*. Le meurtre d'un couple adultère *in flagranti delicto* n'était pas admis à Rome ; le mari avait le droit de tuer sa femme (cf. Aulu-Gelle, X, 23, 5), mais non le complice sans risquer certaines conséquences (cf. F. Lanfranchi, *Il diritto nei retori Romani*, Milano, Giuffrè, 1938, p. 439 sq. ; le droit du mari contre la femme fut aboli vers 17 av. J.-C. par la *lex Iulia de adulteriis*, mais maintenu contre l'amant, s'il était *infamis* ou *inhonestus*, et il a été transféré au père de la coupable ; mais la consommation du délit dans un lupanar ouvre matière à discussion (cf. A. Esmein, *Le délit d'adultère à Rome et la loi Iulia de adulteriis* : Mélanges d'histoire, de droit et de critique : droit romain, Paris, Larose et Forcel, 1886, 420 p. (p. 71-169). — Le troisième cas (injure à magistrat) n'est guère plus simple ; notons tout d'abord le flottement de terminologie : *maiestatis actio*, alors qu'il s'agit d'une affaire pénale et qu'*actio* est en principe réservé aux actions civiles, mais ce flottement est ancien, puisque Cicéron parle déjà d'*actio perduellionis* ; de plus, les définitions de la *maiestas* sont vagues et l'interprétation de la faute variable, en dépit des textes légaux (*leges Appuleia* de 103 av. J.-C., *Varia* de 90 av. J.-C., *Cornelia* de 81 av. J.-C., *Iulia* de 46 av. J.-C.). Cf. P. M. Schisas, *Offences against the State in Roman Law and the Courts which were competent to take cognisance of them* : Diss. Athènes, trad. avec préface par S. H. Leonard, London, Univ. Pr., 1926, 248 p. (p. 12-13).

X, 42. — La distinction est sans doute empruntée aux Grecs, comme le suggèrent les exemples avec « Alexandre » et « Ilion » ; au surplus, en III, 6, 25-26, Quintilien a cru bon de caractériser les deux aspects du « temps » par χρόνος et καιρός. Faut-il attacher quelque importance à l'emploi d'*Ilion*, au lieu de *Troia*? Il y a différenciation dans Virgile, *En.*, III, 3 et 349 et V, 756 : *Hoc Ilium et haec loca Troiam/esse iubet (Aeneas)*, texte à propos duquel Servius (*ad Aen.*, V, 756) observe que *Troia* désigne le territoire qui entoure la citadelle, *Ilion* étant la citadelle elle-même : l'usage d'Homère ne permet pas de trancher le débat, mais *Ilium* paraît être plutôt employé par les poètes, en dépit de Suétone, *Iul.*, LXXIX.

X, 44. — Sur ce signataire fantôme, cf. Cicéron, *Pro Quinctio*, 88. Cf. également, pour un jeu de mots sur ces questions d'âge, le rappel de Cicéron, *Inst. orat.*, VI, 3, 73 : *Tum ergo, cum una declamabamus, non eras natus.*

X, 55. — Cette « explication » est évidemment contestable ; elle remonte à L. Aelius Stilo d'après Cicéron, *Top.*, 10, *De Rep.*, II, 40 et Aulu Gelle, XVI, 10, 15, où les éditeurs ont corrigé *ab aere* par *ab asse* ; tous les mss de Quintilien donnent aussi *ab aere* et il n'y a pas lieu de modifier le texte, puisqu'*ab aere* est aussi erroné qu'*ab asse, adsiduus* (ou *assiduus*) se rattachant à *adsideo.* Mais, dans la perspective des Latins, on s'explique assez aisément l'origine de cette « étymologie » : cf. Varron, *R.R.*, IX, 83 : *Pro assibus nonnumquam aes dicebant antiqui, a quo dicimus assem*, et, plus tard, Charisius, *G.L.K.*, I, 75, 8 : *Assidius quidam per de scribunt, quasi sit a sedendo figuratum, sed errant. Nam eum a Servio Tullio populus in quinque classes esset diuisus, ut tributum prout quisque possideret inferret, ditiores, qui asses dabant, assidui dicti sunt.* Voir également Priscien, *G.L.K.*, II, 118, 18 et Isidore, *Orig.*, X, 17. On avait donc établi une équivalence entre *aes* et *as* et c'est probablement ainsi qu'*adsiduus (assiduus)* a été rattaché à *aes* au mépris de toute étymologie saine.

X, 64. — La division est un élément de la doctrine hermagoréenne, comme on le voit par Tacite, *Dial. des orat.*, XIX, 3 : *Multarum diuisionum ostentatio et mille argumentorum gradus et quidquid aliud aridissimis Hermagorae et Apollodori libris praecipitur.* Voir aussi *Rhét. à Her.*, I, 17 et Cicéron, *De inu.*, I, 31.

X, 66. — Cicéron, *De inu.*, I, 45, appelle le procédé *enumeratio: Enumeratio est in qua, pluribus rebus expositis, et ceteris infirmatis, una reliqua necessario confirmatur.*

X, 67. — Même idée chez Cicéron, *De inu.*, I, 84 : *Enumeratio uitiosa intellegitur, si aut praeteritum quiddam dicimus, quod uelimus concedere, aut infirmum aliquid adnumeratum, quod aut contra dici possit aut causa non sit quare non honeste possimus concedere.*

X, 68. — Cicéron, *Pro Caec.*, 37.

X, 68. — Id., *Pro Cluent.*, 64.

X, 69. — Id., *Fragm. orat.*, III, 1.

X, 70 a. — Id., *Fragm. orat.*, II, 14.

X, 70 b. — Il est possible que ces mots soient passés en proverbe, mais ils se trouvent déjà dans le commentaire d'Asconius Pedianus à la *Diuinatio in Caecilium.*

XI, 71. — Addition judicieuse de M. Winterbottom : il faut évidemment un terme plus fort que *iurgium* et qui achemine vers le meurtre.

X, 71. — Proverbe probable, rappelant la difficulté pour le peuple (la *uestis pulla* étant celle de la plèbe pauvre) de s'élever sur l'échelle sociale (ou, par figure, d'aboutir à une fin brillante, quand le commencement est terne) ; mais le mot *exordium* désigne aussi la chaîne formée par l'ourdissage en matière de tissage, et l'on voit aisément le sens de la phrase. On peut rapprocher Diogène, V, 15 : Ἐκ τοῦ κρασπέδου τὸ πᾶν ὕφασμα.

X, 73. — Cicéron, *De inu.*, I, 51-56 : *Inductio est oratio, quae rebus non dubiis captat adsensionem eius, quicum instituta est; quibus adsensionibus facit ut illi dubia quaedam res propter similitudinem earum rerum, quibus adsensit, probetur* ; cf. Aristote, *Rhét.*, 1356 a 35, pour qui les preuves qui procèdent par la démonstration réelle ou la démonstration apparente, ce sont la dialectique, l'induction, le syllogisme et le syllogisme apparent et Aristote distingue l'ἐπαγωγή du παράδειγμα et de l'ἐνθύμημα ;

pour Cicéron, la preuve *per inductionem* remonte à Socrate et aux socratiques, la preuve *per ratiocinationem* à Aristote et Théophraste ; on peut ajouter Nausiphane de Téos (cf. Philodème, *Rhét.*, I, 36 sq.) ; cf. aussi *Rhét. à Her.*, II, 27-30 et 27-46.

X, 73. — L'exemple du pupille est tiré de Cicéron, *Top.*, 46, celui de la *frugalitas* d'Aristote, *Rhét.*, 1397 a 10, celui de la guerre d'un discours d'Alcidamas cité par Aristote, *ibid.*, celui de l'*imprudens* et du *prudens* d'un auteur tragique évoqué au même passage, celui du *sapiens* et du *stultus* de Cicéron, *Top.*, 47, mais les arguments sont appelés *contraria* ou *priuantia*, non *pugnantia* comme dans les *Topiques*. — Quant à la définition des *consequentia siue adiuncta* par Quintilien, elle est, dans une certaine mesure, l'inverse de celle de Cicéron, *Top.*, 53 : *Adiuncta... non semper eueniunt; consequentia autem semper.*

X, 74. — C'est l'argument des cornes évoqué par Quintilien, I, 10, 5 ; Sénèque, *Ep.*, 45, 8 ; Aulu-Gelle, XVIII, 2, 8 : *Quod non perdidisti habes ; cornua non perdidisti ; habes igitur cornua.*

X, 75. — Cf. Aristote, *Rhét.*, 1399 a 10 qui traite aussi des arguments tirés de la consécution (ἐκ τοῦ ἀκολουθοῦντος), dont Callippe, un disciple d'Isocrate (*Antidosis*, 93) aurait déjà parlé ; quant aux παρεπόμενα, ils constituent les trois τρόποι d'Aristote-Eudème : Τὰ πρὸ τοῦ πράγματος, τὰ ἐν τῷ πράγματι, τὰ μετὰ τὸ πρᾶγμα (*Anonyme* de Séguier, 449, 21 Sp. = 388, 13 Sp.-H.) ; R. Volkmann, *Die Rhetorik der Griechen und Römer, loc. cit.*, p. 208, incline à en voir quatre, en ajoutant τὰ περὶ τὸ πρᾶγμα, conformément à la topique stoïco-hermagoréenne. Notre auteur paraît considérer ici que ces distinctions sont trop subtiles et il ne parle que de deux.

X, 78. — Cicéron, *De inu.*, I, 46-47 ; Aristote, *Rhét.*, 1397 a 23 : ἐκ τῶν πρὸς ἄλληλα, c'est-à-dire des relations réciproques ; Anaximène les range parmi ses 28 στοιχεῖα δεικτικῶν ἐπιχειρημάτων (Anax., *Rhét.*, 1428 a 35 sq. ; 1428 b 6 sq.). — Quant à la citation de Cicéron, elle est sans doute faite de mémoire, car elle n'est pas littérale : *Si Rhodiis turpe non est portorium locare, ne Hermocreonti quidem turpe est conducere.* Cf. *De inu.*, I, 10, 46.

X, 79. — Cette opposition : *accusare/damnare* se trouve déjà, comme formule, dans Ovide, *Mét.*, XIII, 308, à propos de Palamède, qui a, d'ailleurs, fourni un thème de rhétorique ; cf. M. Untersteiner, *I sofisti*, II, Firenze, La Nuova Italia, 1949, 203 p. (112-135), C. Robert, *Die griechische Heldensage*, Berlin, Weidmann, 1923, 320 p. (1127-1135) et C. Wrede et Wüst, respectivement *R.-E.*, XVII, A, II, 1942, 1929-1931 et 2500-2512. Mais Domitius Afer a pu la trouver seul !

X, 80. — Développement identique, mais discontinu à travers Cicéron, *Top.*, ch. III, IV, XVIII.

X, 80. — Vérité d'expérience, dont on a pu faire une formule ; de même pour l'exemple du bronzage, quoique Antonius (Cicéron, *De orat.*, II, 60) présente une opinion parallèle : *Cum in sole ambulem, etiam si ego aliam ob causam ambulem, fieri natura tamen ut colorer* ; même notation dans Sénèque, *Ep.*, 108, 4 : *Qui in solem uenit, licet non in hoc uenerit, colorabitur*, ce qui permet de penser qu'une telle remarque faisait partie des arguments traditionnels. Il doit en être de même pour le chemin poudreux.

X, 83. — Même conseil : *Rhét. à Her.*, II, 44 ; Cicéron, *De inu.*, II, 91 ; *Top.*, II, 61, *De fato*, 35, avec le même exemple littéraire tire du prologue de la *Médée* d'Ennius, sur lequel on pourra consulter H. D. Jocelyn, *The tragedies of Ennius*, Cambridge Univ. Pr., 1967 qui donne (p. 113-118) tous les *testimonia* afférents, et qui les commente (p. 342-356).

X, 89. — Il est possible que ce thème ait été suggéré par plusieurs procès qui ont frappé l'esprit des anciens, tels celui de l'architecte Philon de Byzance, vers 300 av. J.-C., qui construisit l'arsenal d'Athènes, et celui d'Hermodore de Salamine, qui fut mis en cause pour un chantier naval (Cicéron, *De orat.*, I, 62). Cf. Fabricius, *R.E.*, VIII, 1913, 861-862. Mais le texte n'est pas sûr et notre interprétation n'est qu'une hypothèse.

X, 90. — Cf. Aristote, *Top.*, III, ch. IV et V et Cicéron, *Top.*, ch. XVIII, qui ont déjà exposé ces idées.

X, 94. — Cette liste-résumé, qui paraît être un emprunt, rappelle néanmoins des classifications antérieures, dont les éléments sont rangés dans un ordre différent : ainsi, Anaximène (*Rhét.*, 1428 a 35-b 36) compte 28 *personae adtributa* ; Cicéron (*De inu.*, I, 34-36) compte 11 *personae adtributa* et 2 *negotiis adtributa* avec 5 subdivisions de la *gestio negoti*, dont la troisième *(occasio)* se répartit à son tour en trois, la quatrième *(modus)* en quatre *(clam, palam, ui, persuasione)*, accompagnés de modalités diverses, et enfin en *negotio adiuncta* répartis en *maius, minus* et *aeque magnum* ; le *De orat.*, II, 163 sq. et les *Topiques*, 8 sq. présentent des variantes ; quant aux rhéteurs postérieurs, ils renchérissent ou condensent sans raison apparente.

X, 95. — C'est ce qu'Hermogène, Περὶ εὑρέσεως, 158, 20 Rabe, appelle πλαστὸν ἐπιχείρημα. Pour sa part, Cicéron écrit (*Top.*, 45) : *ficta enim exempla similitudinis habent uim.*

X, 97. — Texte qui rappelle la disposition hellénique relative à la κάκωσις γονέων pour non-assistance à parents et notamment assistance alimentaire par application d'une loi attribuée à Solon (Isée, VIII, 32 ; Plutarque, *Sol.*, 22) ; cf. Thalheim, *R.E.*, X, 2, 152-156. La punition pouvait être l'ἀτιμία, mais Platon, *Leg.*, 932 b, note que les nomophylaques pouvaient châtier les contrevenants πληγαῖς καὶ δεσμοῖς, ce qui s'accorde avec un texte de Démosthène, *Contre Timocrate, 105.* Pour l'Égypte gréco-romaine, les papyri attestent l'existence du même droit (cf. R. Taubenschlag, *Die Alimentationspflicht im Recht der Papyri*, Studi S. Riccobono, Palermo, Castiglia, 1936, 4 vol. de 743, 533, 487, 605 p. (I, p. 507-518). Dans le droit romain, l'obligation alimentaire paraît n'avoir été inscrite dans la loi qu'à l'époque des Antonins (cf. E. Albertario, *Sul diritto agli alimenti*, Milano, Vita e pensiero, 1925, 41 p. ; M. Roberti, *Diritto degli alimenti nel diritto romano e nelle fonte patristiche*, Miscellanea Vermeersch, Roma, Analecta Gregoriana, IX et X, 1935, 454, 406 et 42 p. (p. 25-42), mais l'idée était dans l'air (cf. G. Cornil, Nouv. Rev. hist. du droit, XXI, 1897, 477 sq.), et d'ailleurs, le thème existant dans la rhétorique grecque, la filiation n'est pas douteuse (autres ex., Sénèque, *Contr.*, I, 1 et 7 ; VII, 4 ; Quintilien, VII, 1, 55 ; 6, 5 ; Ps.-Quintilien, *Decl. maior.*, V ; textes légaux : *Dig.*, XXV, 3, 5 ; XXXIV, 1, 3 ; *Cod. Just.*, V, 25, 1-3).

X, 98. — La phrase de Quintilien est une citation partielle du *Pro Caec.*, 55 ; nous avons dû compléter le texte : il s'agit de l'interdit *unde ui hominibus coactis armatisue* réclamé par Caecina, mais la question n'est pas simple, car, en fait, il n'y a pas eu, dans l'affaire en cause, *deiectio*, puisque Caecina a seulement été empêché par des hommes armés de parvenir au terrain contesté ; il ne pouvait invoquer que l'*uti possidetis* et disposer d'une *actio iniuriarum*. Quant à la spécification : *Si... uilicus tuus solus...*, elle prête aussi à discussion, puisque nous avons des textes contradictoires : *Unicus seruus familiae appellatione non continetur. Ne duo quidem familiam faciunt* (*Dig.* XLIII, 16, 40, 3), mais : *Verius est in hoc interdicto, etiam si unus seruus ui deiecerit, familiam uideri deiecisse* (*Dig.*, XLIII, 16, 1, 17) et Paul, *Sent.*, V, 6, 3 : *Familiae autem nomine etiam duo serui continentur* ; cf. la discussion de Cicéron aux § 55-58. Mais ce n'est pas là le seul problème de ce procès.

X, 99. — *Pro Mur.*, 83 ; *Philip.*, II, 63 ; la dernière citation du § 99 fait penser à la 1re *Catilinaire* au ch. VII, mais les mots de Quintilien ne s'y trouvent pas.

X, 104. — Περίστασις est donné comme équivalent de *negotium* en III, 5, 18 : *Causam nunc intellegamus* ὑπόθεσιν, *negotium* περίστασιν. *Sed et ipsam causam quidam similiter finierunt, ut Apollodorus negotium* : les parties qui composent la περίστασις ou μόρια περιστάσεως sont πρόσωπον, πρᾶγμα, χρόνος, τόπος, αἰτία, τρόπος, ἀφορμαί et Augustin, *R.L.M.*, 141, 8, les nomme en latin : *quis, quando, ubi, cur, quem ad modum, quibus adminiculis, quas Graeci* ἀφορμάς *uocant.*

X, 105. — Texte peu sûr et, par suite, obscur. Après *et illa* (§ 105), on attend, non pas *lex* qui vient ensuite, mais *causa* ou *controuersia* ou même *scholastica*, qui se rencontrent dans le développement antérieur ; ces termes préciseraient les données du problème et son appartenance au domaine du forum ou à celui de l'école : or, il n'en est rien. En outre, la *lex* évoquée qui stipule que les *argentarii* paieraient la moitié de ce qu'ils doivent est inconnue en tant que telle. Ajoutons que le mot *argentarius,* qui se lit dans *A* et *b* ne paraît pas dans *B* et que, si on a *petit* en *a* et *T*, on a *peti* en *ABn* et *Bg*, ce qui conduit Spalding à se poser la question : « *Dicesne hunc infinitiuum superesse ex pluribus, quae interciderint, quorumque lacunam obruerint recentiores allinendo litteram T ?* » On peut penser en effet qu'il y a ou bien une lacune, colmatée plus ou moins habilement à date très ancienne, ou bien condensation dans l'exposé de Quintilien, notre auteur usant de prétérition comme il est habituel entre initiés qui se comprennent par allusion.

Toutefois, il est permis de conjecturer qu'il s'agit ici de compensation : on sait en effet que la compensation suppose que deux personnes sont à la fois créancières et débitrices l'une de l'autre, comme le dit Modestin (*Dig.*, XVI, 2, fr. 1) : *Compensatio est debiti et crediti inter se contributio* ; en d'autres termes, la compensation est la balance d'une dette et d'une créance et l'extinction des deux dettes jusqu'à concurrence de la plus faible, entendons : de deux dettes liquides et exigibles, ayant pour objet une somme d'argent ou une certaine quantité de choses fongibles de la même espèce, également liquides et exigibles. Cette interprétation de la compensation est contestée par certains auteurs modernes. Biondo Biondi, *La compensazione,* Annali d. seminario giur. d. R. Univ., Palermo, XII, 1927, 161-179 et A. Giffard, *Précis*, II, 1938, p. 290, n. 2 ont observé qu'à proprement parler la compensation n'est pas un mode d'extinction des obligations, puisque la coexistence des créances réciproques n'entraîne pas leur extinction de plein droit ; mais on a observé aussi, en réplique, que la même objection pourrait être faite pour le *pactum de non petendo,* dont le respect est aussi assuré par des moyens de procédure. La compensation ne pouvant être de l'ordre judiciaire au temps des actions de la loi, puisque le juge ne pouvait examiner qu'une seule question et non deux à la fois, elle n'a pu s'introduire dans la pratique que sous le régime de la procédure formulaire et cela ne variera, semble-t-il, qu'à l'époque de Gaius ou après le rescrit de Marc-Aurèle qui a étendu le domaine d'application de la compensation (Justinien, *Inst.*, IV, 6, 30). Dans le cas de l'*argentarius*, dont parle Quintilien, on admet alors, pour les créances portant sur des sommes d'argent ou des choses de même nature, la compensation forcée qui sera faite par le banquier, lequel doit *agere cum compensatione* : le banquier qui poursuit le client en recouvrement de ses créances par la *condictio certae pecuniae* ou *rei* doit déduire lui-même tout ce qu'il peut devoir au client et n'indiquer que le surplus dans l'*intentio* de la formule. Tel est le sens du texte de Gaius, IV, 64 sq. — Mais il reste que les données de Quintilien comportent une part d'énigme, et que l'on se trouve soit en présence d'un texte tronqué, soit d'une donnée fictive et propre à poser des problèmes d'invention et de discussion (*propria* [argumenta] *inuenienda sunt*, § 103) à des apprentis-rhéteurs. C'est à cette dernière hypothèse que se résout H. E. Butler, t. II de son édition-traduction *ad loc.*, « Imaginary laws invented for the purposes of the schools of rhetoric ». M. Winterbottom, *Problems in Quintilian*, p. 94, estime, pour sa part, que le texte doit être interprété ainsi : « You must pay me what you owe in full, because the law says a banker can demand in full what is owed to him. And this law must specifically be framed for a case where banker owes to banker ; otherwise it would not have raised the subject of bankers exacting repayment at all — for, quite apart from this law, everyone has a right to demand full repayment (except, as a result of this law, where a non-banker demands repayment from a banker). Pour sa part, Oehler, *R.E.*, II, 1896, 709, comprend comme nous : « Der Argentarius kann nur auf das Saldo geklagt werden, muss aber cum compensatione agere, d. h. er muss immer abziehen, was er seinem Gegner nach seinen Büchern schuldet » et il renvoie précisément à notre texte et à Gaius, IV, 64, 66, 68.

X, 107. — Le *mutuum* est en effet un contrat réel unilatéral, de droit strict ; on prêtait des denrées à charge de revanche ; quand la généralisation du numéraire se développa, le prêt de choses se transforma souvent en prêt d'argent ; *usura* n'a évidemment pas ici le sens d'usure, mais simplement d'intérêt. Des deux exemples qui suivent, le premier est une combinaison de deux textes, l'un relatif à la punition de la trahison *(proditio)*, crime qui était châtié par la mort d'après la loi des XII Tables (Marcianus, *Dig.*, XLVIII, 4, 1, 1) sous la République et même sous l'Empire, bien que, dans certains cas, la *lex Cornelia* et la *lex Iulia de maiestate* eussent substitué à la peine de mort l'*aquae et ignis interdictio*, l'autre relatif à l'aide que le fils doit au père ; le deuxième exemple mêle le défenseur à la peine, mais, tel quel, n'évoque aucun texte légal connu.

X, 108. — Cicéron, *Pro Clu.*, 98. La disposition à laquelle se réfère Cicéron sera codifiée par la *lex Iulia de ambitu* (cf. *Dig.*, XLVIII, 14, 2 : *qua lege damnatus, si alium conuicerit, in integrum restituetur*). Ajoutons que s'ils avaient été condamnés pour un délit, ils ne l'étaient pas pour un autre et, par conséquent, étaient recevables en la matière.

XI, 1 a. — Ce début de chapitre est un exemple des variations de vocabulaire passant du grec au latin. Sur l'*exemplum* = παράδειγμα, nous avons plusieurs textes : 1) Anaximène, *Rhét. à Alex.*, 1429 a 21 παραδείγματα δ' ἐστὶ πράξεις ὅμοιαι γεγενημέναι καὶ ἐναντίαι ταῖς νῦν ὑφ' ἡμῶν λεγομέναις. Τότε δὲ χρηστέον αὐτοῖς ἐστιν, ὅταν ἄπιστον ὂν τὸ ὑπὸ σοῦ λεγόμενον εἶναι φανερὸν ποιῆσαι θέλῃς, ἐὰν διὰ τοῦ εἰκότος μὴ πιστεύηται, ὅπως πρᾶξιν ὁμοίαν ἑτέραν τῇ ὑπὸ σοῦ λεγομένῃ καταμαθόντες οὕτω πεπραγμένην, ὡς σὺ φῂς πεπρᾶχθαι, μᾶλλον πιστεύσωσι τοῖς ὑπὸ σοῦ λεγομένοις, développement où l'on voit — les exemples s'apparentant à l'argumentation syllogistique — les παραδείγματα ὅμοια et ἐναντία répondre aux enthymèmes *ex sequentibus* et *ex pugnantibus.* 2) Aristote, *Rhét.*, 1383 a 25 sq. : « Il y a deux espèces d'exemples : l'une consiste à citer des faits antérieurs, une autre à les inventer soi-même ; dans cette dernière espèce, il faut mettre d'un côté la parabole, de l'autre, les fables ésopiques et libyennes » ; Cicéron, *De inu.*, I, 49 : *Exemplum est, quod rem auctoritate aut casu alicuius hominis aut negotii confirmat aut infirmat* ; de même, *De orat.*, III, 205 ; *Orat.*, 138 ; *Part. orat.*, 40. Les définitions seront reprises par les rhéteurs mineurs latins (cf. *R.L.M.*, Rufin, 44, 14 ; Victorin., 228, 9-11 ; 239, 1 ; Martianus Cap., 489, 9 ; Beda, 618, 17) et grecs (cf. Spengel, *Anonyme* de Séguier, I, 322, 3-5 ; Apsin., I, 372, 28 ; Minuc., I, 418, 2 ; Ruf., I, 468, 15 ; Herod., III, 104, 11 ; Polyb., III, 107, 11 ; Tib., III, 200, 21 ; Cocondr., III, 241, 19 ; Choerob., III, 254, 17 ; Nicol., III, 462, 15).

Quant à la nature de la παραβολή (εἰκών, εἰκασία), elle est précisée, elle aussi, par plusieurs textes : 1) Aristote, *Rhét.*, 1393 b 4 : Παραβολὴ δὲ τὰ Σωκρατικά οἷον εἴ τις λέγοι ὅτι οὐ δεῖ κληρωτους ἄρχειν · ὅμοιον γὰρ ὥσπερ ἂν εἴ τις τοὺς ἀθλητὰς κληροίη μὴ οἳ δύνανται ἀγωνίζεσθαι, ἀλλ' οἳ ἂν λάχωσιν ; 2) *Rhét. à Hér.*, IV, 59-61 ; Cicéron, *De orat.*, III, 205 ; 3) Quintilien, VIII, 3, 72-81, etc. Mais l'on voit qu'ici il s'agit de figure, non de preuve, et nous y reviendrons en VIII. Dans l'exposé précédent relatif à l'*exemplum*, ce qu'il importe de noter, c'est que l'*exemplum* = παράδειγμα est associé à la *similitudo*-παραβολή et à l'*imago*-εἰκών à travers toute la tradition rhétorique, et, d'autre part, que l'*exemplum* est lié avec l'enthymème-syllogisme rhétorique et constitue la forme la plus simple de l'argumentation avec la *similitudo* et l'*imago*, comme l'a montré G. Calboli, *Rhetorica ad Herennium*, Bologna, Pàtron, 1964, p. 416. Sur le problème en général, cf. K. Alewell, *Ueber das rhetorische* παράδειγμα, Diss. Kiel ; impr. à Leipzig, Hoffmann 1913, 118 p. ; A. von Blumenthal, Τύπος *und* παράδειγμα, Hermes, LXIII, 1928, 391-424 ; mais voir maintenant le pénétrant essai de Marsh H. McCall Jr., *Ancient rhetorical theories of simile and comparison*, Cambridge (Mass.), Harvard Univ. Pr., 1969, 272 p. qui renouvelle la question, notamment p. 178-236. Comme Quintilien, qui a parlé de la *similitudo* au livre III, y revient ici et, de nouveau, en VIII, nous ferons le point au livre VIII.

XI, 2 b. — Cicéron, *De inu.*, I, 49 : *Comparabile autem est, quod in rebus diuersis similem aliquam rationem continet. Eius partes sunt tres : imago, collatio, exemplum.* — L'ἐπαγωγή — induction appartient au vocabulaire d'Aristote, *Rhét.*, I, 1356 b 1, tandis que Minucianus, Περὶ ἐπιχειρημάτων appelle l'enthymème συνεστραμμένη ἐπαγωγή. Dans le chapitre fort bref des *Topiques*,

I, 12, qu'il a consacré à l'induction et à la dialectique, Aristote définit l'ἐπαγωγή : ἡ ἀπὸ τῶν καθ' ἕκαστον ἐπὶ τὰ καθόλου ἔφοδος ; dans les *Analyt. post.*, I, 18, 81 b 1, il substitue le particulier (κατὰ μέρος) au singulier (καθ' ἕκαστον) comme point de départ de l'induction ; dans la *Rhét.*, I, 1356 b 12, il définit l'induction (et son homologue rhétorique l'exemple ou paradigme) un procédé qui consiste à s'appuyer sur plusieurs cas semblables (ἐπὶ πολλῶν καὶ ὁμοίων) pour montrer qu'il en est de même dans le cas considéré ; en d'autres termes, l'induction se trouve ainsi rapprochée de l'analogie. De même, Aristote dit que revient à Socrate le mérite d'avoir découvert les discours inductifs (ἐπακτικοὶ λόγοι) et la définition générale (τὸ ὁρίζεσθαι καθόλου), qui sont à l'origine de la connaissance scientifique (M., IV, 1078 b 28) ; Platon (*Rép.*, VII, 532 c et *Pol.*, 278 a) emploie les termes ἐπάγειν et ἐπαγωγή, mais dans une acception courante, non technique ; c'est Aristote qui a donné à ἐπαγωγή son sens technique de « mode de raisonnement », que Cicéron a traduit par *inductio* : induire, c'est proprement saisir, par une intuition directe, l'universel dans le singulier, répété ou isolé. Sur l'origine et l'emploi du terme, cf. G. Teichmüller, *Studien zur Geschichte der Begriffe*, Berlin, Weidmann, 1876, 667 p.

XI, 21. — Proverbe cité sous une forme plus développée par Cicéron, *Ad Att.*, V, 15, 3 : *Clitellae boui sunt impositae; plane non est nostrum onus.* Mais, selon les éditeurs, la ponctuation varie et elle est placée tantôt avant, tantôt après *plane*, ce qui modifie la portée. D'où A. Otto, *Die Sprichwörter und sprichwörtlichen Redensarten der Römer*, Leipzig, 1890, 436 p. (p. 57), réimpr. Hildesheim, Olms, 1964, comprend : « Man hat dem Ochsen einen Sattel aufgelegt (den sonst nur die Pferde tragen), das ist keine Aufgabe für mich ». Ammien Marcellin, XVI, 5, 10 cite également le texte latin. Selon A. Otto, la source grecque serait Diogène, VII, 9 : οὐκ ἔστ' ἐμὸν τὸ πρᾶγμα πολλὰ χαιρέτω (ἐπὶ τῶν ἀπραγμόνων) à rapprocher d'un texte recueilli par Kock, *fr. com. inc.* 563, 564 : σοφῶς ὁ βοῦς ἔφασκεν ἀστράβην ἰδών (οὐ προσήκειν αὐτῷ τὸ σκεῦος) ; ce qui conduit à écrire : *Non nostrum, inquit, onus bos clitellas* (scil. *uidens*) = « voyant les paniers, ce n'est pas à nous de les porter, dit le bœuf » ou plus brièvement : « A d'autres les paniers ! » dit le bœuf. Ainsi, la variante de ponctuation peut être aussi un témoignage de l'évolution du portage.

XI, 24. — Εἰκών appartient à la terminologie d'Aristote (cf. *Rhét.*, 1406 b 20 sq.) et des rhéteurs postérieurs. Cf. Minucianus, I, 419, 2 Sp. : ἡ δὲ εἰκὼν ἔστι μὲν ἡ αὐτὴ τῇ παραβολῇ, ἐναργέστερον δὲ ποιεῖ τὸν λόγον, ὥστε μὴ μόνον ἀκούειν, ἀλλὰ καὶ ὁρᾶν δοκεῖν. et ceux que nous avons cités déjà. — Quant à Cassius, il s'agit d'un auteur d'épigrammes, originaire de Parme ; le sens des vers — des scazons — est peu sûr ; on a même voulu corriger *lanipedi* en *planipedis* (?) ; s'agit-il de pieds enveloppés de laine qui font souffrir le vieux podagre ou de « pieds de laine » (on dit plutôt : « jambes de laine ») débiles et incertains ? Le texte a été collecté par O. Ribbeck dans ses *Comicorum praeter Plautum et Syri quae feruntur sententias fragmenta*, Leipzig, Teubner, 1898, 393 p. (inc. IV).

XI, 27 b. — Cet Eschine, qu'il ne faut pas confondre avec l'orateur, a continué l'enseignement de Socrate, mais avec une certaine indépendance doctrinale ; cf. H. Dittmar, *Aischines von Sphettos, Studien zur Literaturgeschichte der Sokratiker*, Berlin, Weidmann, 1912, 326 p. ; les fragments de son œuvre qui subsistent ont été recueillis par H. Krauss, Leipzig, Teubner, 1911, 124 p. — Cicéron cite, *De inu.*, I, 51-52, le même dialogue ; Quintilien ne suit pas mot à mot le texte de Cicéron. — Aspasie a été, comme l'on sait, l'amie, puis la femme de Périclès : cf. Judeich, *s.u.*, *R.E.*, II, 1896, 1716-1722.

XI, 30. — Cette allusion proverbiale à la ressemblance des œufs est connue ; cf. Cicéron, *Acad. pr.* II, 18, 57 : *Videsne ut in prouerbio sit ouorum inter se similitudo* ? ; *ibid.*, 17, 54 : *ut sibi sint et oua suorum et apes apium simillimae* ; de même, Sénèque, *Apoc.*, II : *Tam similem sibi, quam ouo ouum.*

XI, 32 1. — Cicéron, *Top.*, 15. Le texte de Cicéron est différent : *Si aedes eae corruerunt uitiumne faciunt, quorum usus fructus legatus est, heres restituere non debet nec reficere, non magis quam seruum restituere, si is cuius usus fructus legatus est deperisset.* Le texte de Cicéron pose la question de savoir, en ce qui concerne l'héritier chargé de la délivrance du legs, quelle est la limite de son obligation à l'égard du légataire de l'usufruit : question délicate qui provoque généralement de la procédure, surtout si se joignent aux servitudes prédiales des clauses usufruitières portant sur des choses mobilières, comme les esclaves et les troupeaux, puisqu'il faut respecter la *substantia rei*, et qu'en droit romain classique l'usufruit est éteint non seulement par la disparition totale de son objet, mais encore par sa transformation : cf. W. Buckland, *The conception of usufruct in classical Law*, Law Quarterly Review, XLII, 1927, 326-348 ; P. E. Cavin, *L'extinction de l'usufruit rei mutatione*, thèse Lausanne, 1933, 102 p. et G. Grosso, *Usufrutto e figure affini nel diritto romano*, Torino, Giappichelli, 1958, 522 p. Quintilien a présenté la thèse dans un sens inverse de Cicéron.

XI, 32 b. — Dans l'ancien droit, un mariage est précédé de promesses *(sponsalia)* accompagnées de rites religieux, promesses par lesquelles s'affirme la volonté des intéressés de contracter l'union projetée ; ces promesses étaient orales ; la rédaction de *tabellae* est un acte accessoire, qui n'exclut pas l'accord préalable, ni la *mens* — des intéressés et parents concernés.

XI, 37. — Ce sont les γνῶμαι des Grecs. Cf. Anaximène, *Rhét.*, 1430 b 1 sq. : γνώμη δέ ἐστι μὲν ὡς ἐν κεφαλαίῳ καθ' ὅλων τῶν πραγμάτων δόγματος ἰδίου δήλωσις, idée que reprendra Hermogène, *Prog.*, 8, 16 Rabe : γνώμη ἐστὶ λόγος κεφαλαιώδης ἐν ἀποφάνσει καθολικῇ ἀποτρέπων τι ἢ προτρέπων ἐπί τι ἢ ὁποῖον ἕκαστόν ἐστι δηλῶν ; Aristote, *Rhét.*, 1394 a 19 - 1394 b 5 exprime un avis comparable et en commente l'emploi ; la *Rhét. à Hér.*, IV, 24-25, en recommande l'usage, mais il y a équivoque, à propos du mot *sententia*, qui est aussi le nom d'une figure de style, particulièrement appréciée des Asianistes (Quintilien, d'ailleurs, qui en parle en VIII, 5, 3, n'admet pas sans réserves que la *sententia* soit une figure, IX, 3, 98). Les principales sources de γνῶμαι et de *sententiae* étaient Euripide, Ennius, Pacuvius et Accius (cf. C. W. Friedrich, *Die dramatische Funktion der euripideischen Gnomen*, Diss. Freiburg, 1955 (dactyl.) ; H. D. Jocelyn, *The tragedies of Ennius*, Cambridge Univ. Pr., 1967, 473 p. [p. 54, n. 1 ; 288 ; 305 sq. ; 327 ; 336 sq. ; 361 sq.], I. Mariotti, *Introduzione a Pacuvio*, Pubbl. dell'Univ. di Urbino, Lett. & filol., XI, Argalia, 1960, 89 p. ; J. Tolkiehn, *Zu den Dichterzitaten in der Rhetorik des Cornificius*, Berl. philol. Wochenschrift, XXXVII, 1917, 825-830.

XI, 38 a. — Selon Hérodote, V, 3 et 4, les Trauses, peuple de la chaîne du Rhodope, voisin de celui des Thraces, ont un tel comportement ; il en serait de même des Essédoniens, peuple des bords du Tanaïs (auj. le Don), selon Pomponius Mela, II, 2, 18, et des Thraces, selon Valère-Maxime, II, 6, 12. Cf. G. Kazarow, *R.E.*, VI, A, 1937, col. 546.

XI, 38 b. — Ἔλεος était considéré comme une divinité par les Athéniens et avait un autel sur l'agora ; cf. Apollodore, *Bibl.*, II, 8, 1 ; III, 7, 1 ; Pausanias, I, 17, 1, etc. ; Waser, *R.E.*, V, 1905, 2320-2321 ; cf. *misericordia* chez Quintilien, IV, 1, 28 ; V, 10, 7 ; V, 1, 22 ; XI, 1, 49 ; XI, 3, 170 ; XII, 10, 62 ; sur la nation, cf. H. Petré, *Misericordia: histoire du mot et de l'idée du paganisme au christianisme*, Rev. Ét. lat., 1934, 376-389.

XI, 39. — C'est le seul texte qui attribue nommément à Caton cette opinion ; mais l'association adultère-empoisonneuse est déjà réalisée chez l'*Auct. ad Her.*, IV, 23 et elle est renouvelée par Sénèque, *Contr.*, VII, 6 *(Adultera uenefica)* et VII, 3, 6.

XI, 40. — *Iliade*, II, 557-558 : Αἴας δ' ἐκ Σαλαμῖνος ἄγεν νέας ἕκ τε Πολίχνης/ἕκ τ' Αἰγειρούσσης Νισαίης τε Τριπόδωντε. Ces vers ne figurent pas en effet dans toutes les éditions et passent pour avoir été interpolés par Solon [ou Pisistrate] pour justifier les revendications d'Athènes à propos de Salamine, aux dépens de Mégare. Cf. Plutarque, *Sol.* 83 c-d, et Aristote, *Rhét.*, 1375 b 30.

XII, 8. — *In clarissimum solem mortale lumen inferre* rappelle Diog., VI, 27 : λύχνον ἐν μεσημβρίᾳ ἅπτειν.

XII, 9. — Les rhéteurs distinguent en effet trois sortes de preuves ἔντεχνοι : ἠθικαί, παθητικαί, λογικαί ; cf. Aristote, *Rhét.* 1356 a 1 sq., qui en commente les aspects ; Cicéron, *De orat.*, I, 87 ; II, 115 ; 121 ; 128 ; 310 ; *Orat.*, 128 ; *Part. orat.*, 13. Minucianus donne, pour sa part, la définition suivante : παθητικαί, ὅσαι τὸν ἀκροατὴν εἰς ὃ βούλεται ὁ λέγων ὑπάγουσι καὶ ἄνευ τῆς τῶν πραγμάτων ἀποδείξεως. (Περὶ ἐπιχειρ., 417, 10 sq. ; 20 sq. ; 23, 19. Sp. = 340, 8 sq. ; 341, 1 sq. ; 4 sq. Sp.-H.).

XII, 9. — Aristote, *Rhét.*, 1356 a 13 : σχεδὸν ὡς εἰπεῖν κυριωτάτην ἔχει πίστιν τὸ ἦθος. Il faut d'ailleurs entendre par *êthos*, non pas le caractère moral de l'orateur, mais l'impression morale qu'il produit sur l'auditoire par ses paroles ; il n'est pas sûr que Quintilien ait saisi exactement ici le sens de la pensée d'Aristote.

XII, 10. — M. Aemilius Scaurus, quoique sa mère eût épousé Sulla, n'abusa point de cette situation pour piller les avoirs des proscrits, mais, en Sardaigne, province qu'il obtint après son édilité, il s'attira la haine des Sardes par ses rapines et fut accusé de concussion par P. Valerius Triarius ; il fut défendu par Clodius Pulcher, M. Marcellus, M. Calidius, Cicéron, M. Messala Niger, Q. Hortensius (cf. *Dial. des orat.*, ch. XXXIX ; Val.-Max., III, 6, 7). Cf. Quintilien, V, 13, 55.

XII, 10. — Aristote, *Rhét.*, I, 1365 a 28 ; 1367 b 18 ; II, 1394 a 23 ; 1397 b 24, etc. Il s'agit du stratège, qui a réformé l'armée athénienne (415-353), dont il est souvent question dans la *Rhétorique*, et qui fut attaqué par Nausicrate. Le texte de Quintilien paraît rappeler ce que rapporte Aristote, *loc. cit.*, 1398 a 21. à propos de la défaite d'Embata à l'automne 356, quand Aristophon d'Azénia accusa de trahison trois des stratèges vaincus, Timothée, Ménestheus et Iphicrate, qui, à la question de savoir s'il livrerait à l'ennemi les vaisseaux pour de l'argent, répondit négativement en ajoutant : « Toi, Aristophon, tu ne les livrerais pas et moi, Iphicrate, je le ferais ? »

XIII, 1. — Il y a plusieurs mots pour désigner cette partie de la défense : λύσις (Hermogène, Περὶ εὑρ., 126, 7 Rabe ; *Anonyme* de Séguier 451, 3 Sp. = 385, 9 Sp.-H. ; Apsines, 365, 15 Sp. = 268, 21 Sp.-H.), διάλυσις (Anaximène, 1426 b 28), ἀνασκευή (Quintilien, II, 4, 18 ; Sulpitius Victor, *R.L.M.*, 315, 2), *reprehensio* (Cicéron, *De inu.*, I, 19 et Sulpitius Victor, 324, 16), *Confutatio* (*Rhét. à Hér.*, I, 18), *refutatio* (Quintilien, V, 13, 1).

XIII, 2. — Il ne faut pas chercher sans doute une citation topique comme support de cette assertion, mais constater que, parmi les discours judiciaires de Cicéron qui nous sont parvenus, les plaidoyers en faveur d'un client sont plus nombreux que les accusations contre un adversaire ; au surplus, Cicéron lui-même attire l'attention sur cette attitude dans l'exorde de la *Diuinatio in Caecilium*, I, 1 : *Si quis uestrum, iudices, aut eorum qui adsunt, forte miratur me, qui tot annos in causis iudiciisque publicis ita sim uersatus ut defenderim multos*, etc.

XIII, 3. — Les débutants se faisaient plus souvent accusateurs que défenseurs, parce que l'accusation était plus facile à mener que la défense, et que, d'autre part, c'était un moyen, pour les *pueri nobiles* de se faire connaître et de débuter par un éclat dans la carrière politique ; ainsi avaient commencé J. César, L. Crassus, Asinius Pollion, Calvus ; à côté de ces jeunes gens, il y avait les délateurs de profession qui espéraient réussir et recevoir en ce cas le quart des biens du condamné, gens méprisables que Cicéron flagelle dans le *Pro Sex. Roscio*, ch. XX. Aussi, le grand orateur, qui a dû se charger d'accuser Verrès n'entend-il pas poursuivre dans cette voie et, à la fin du *De Suppl.* (*Verr.* (II) V, 183 et 189), il prend l'engagement de ne plus se charger d'une accusation. Cf. sur ce problème, Cicéron lui-même, *De off.*, II, ch. XIV ; Apulée, *Apol.*, LXVI, 5 (qui est quelque peu brouillé avec l'histoire), Plutarque, *Lucullus*, 1, etc.

XIII, 9. — Avant de se remarier, la veuve devait respecter un délai de dix mois, disposition de valeur initialement religieuse, à laquelle se sont substitués l'édit du préteur et la jurisprudence, qui ont voulu éviter une incertitude sur une paternité d'enfant. Ce sont les empereurs chrétiens, semble-t-il, qui ont porté le délai de viduité à un an. Dans le cas envisagé par Quintilien, il ne peut évidemment y avoir *adulterium*, mais *stuprum*, s'il n'y a pas eu violence, ou *crimen uis*, s'il y a eu violence ; cf. Marcianus, *Dig.*, XLVIII, 6, 5, 2 : *Qui uacantem mulierem rapuerit uel nuptam ultimo supplicio punitur*. Mais il y avait des « arrangements ». L'accouchement après l'onzième mois fut jugé légitime par Hadrien (Aulu-Gelle, III, 16), sans confusion de part.

XIII, 20. — Cicéron, *Pro C. Rab. perd. reo.* Saturninus ayant suscité une sédition, alors qu'il était pour la troisième fois tribun de la plèbe, les consuls armèrent le peuple et se disposèrent à attaquer les séditieux ; Saturninus et ses partisans s'étant emparés du Capitole, les consuls l'invitèrent à quitter la colline et à venir discuter avec eux ; à peine eut-il quitté la colline qu'il fut lapidé et tué. Trente-six ans plus tard, en 63, T. Attius Labienus, neveu d'un partisan de Saturninus, accusa C. Rabirius de *perduellio* comme meurtrier de Saturninus. Condamné, Rabirius en appela au peuple et c'est alors qu'il fut défendu par Cicéron. Le problème juridique du crime de *perduellio* n'est pas clair et il a suscité une abondante littérature, étant donnée l'incertitude des limites de la notion de *perduellio* ; cf. Ch. H. Brecht, *Perduellio. Eine Studie zu ihrer begrifflichen Abgrenzung im römischen Strafrecht bis zum Ausgang der Republik* : Münchener Beitr. zur Papyrusforsch. XXIX, Diss., München, Beck, 1938, 317 p. Quintilien (*Inst. orat.*, V, 13, 20) rappelle évidemment le développement de Cicéron sur la *crudelitas regia* (*Pro Rab.*, 10).

XIII, 20. — *Inhumana* se déduit aisément de la situation de l'accusé, Q. Ligarius ; alors que César semblait devoir se montrer clément, Ligarius fut dénoncé par Tubéron pour avoir fait la guerre en Afrique avec obstination. Cicéron met en cause dans son plaidoyer l'*inhumanitas* de Tubéron et fait appel à la clémence de César.

XIII, 20. — On sait que P. Oppius, chevalier Romain et questeur du consul Cotta dans la guerre contre Mithridate avait été accusé de malversations dans l'administration de l'intendance : il avait été accusé sur le seul témoignage, par lettre, de Cotta : est-ce l'unicité de ce témoignage qui justifie l'épithète *superba* ? C'est là, semble-t-il, en effet, ce qui paraît une excessive prétention de la part de l'accusateur. Cf. Cicéron, *Frg. orat.*, III, 7 b.

XIII, 21. — Il ne s'agit pas là d'un appel à un texte de loi, mais à la clémence et à l'habileté. Le texte du *Pro Oppio* n'étant parvenu jusqu'à nous que de façon très fragmentaire, on ne peut se fonder sur aucune référence interne. Cf. Cicéron, *Frg. orat.*, III, 7 c.

XIII, 23. — Entendons non pas « différents entre eux », mais « différents du cas soumis au juge ».

XIII, 26. — Cf. Cicéron, *Frg. orat.*, VII, 29. Allusion à l'un des reproches faits à C. Cornelius : comme un de ses collègues, P. Servilius Globulus, empêchait le héraut de faire connaître au peuple les termes de la loi que lui-même, Cornelius, il avait proposée, *ne quis, nisi per populum, legibus solueretur*, Cornelius aurait pris la tablette des mains du scribe ; la question est de savoir s'il a lu le texte à haute voix, ou s'il l'a seulement parcouru des yeux.

XIII, 26. — Application aux plaidoiries d'un procédé général d'atténuation, dont les aspects et les emplois sont divers : éloges faits par les amoureux de l'être qui leur plaît (Platon, *Rép.*, V, 474 d évoquant les propos de Socrate à Glaucon sur les garçons) ou de celle qu'ils aiment (Lucrèce, IV, 1136) ; plaidoyers présentés par les parents pour leurs enfants (Horace, *Sat.*, I, 3, 41-66), sans parler des diminutifs de noms d'animaux, qui deviennent des termes de caresse, comme dans Plaute, *Asin.*, 666-667 et 693-694, où l'on tombe dans la caricature de la comédie. Il ne serait pas difficile de relever dans les discours de Cicéron des exemples de ce genre d'atténuation et de substitution d'appréciation.

XIII, 40. — Cicéron, *Pro Scauro, 45.* M. Scaurus avait disposé autour de son atrium des colonnes de marbre « luculléen » ce qui était d'ailleurs contraire aux lois sur le luxe. Le marbre en question, un *marmor atrum*, provenait de l'île de Milo d'après Pline, *N.H.*, XXXVI, 49-50 : *Nascitur autem in Melo insula* (texte d'ailleurs peu sûr), *solumque paene hoc marmor ab amatore nomen accepit* ; il était en effet particulièrement apprécié par L. Licinius Lucullus ; d'où son nom ; quant à C. Valerius Triarius, légat de Lucullus, il se contentait, d'après notre texte, de colonnes « albaines », c'est-à-dire, provenant des carrières d'Albe : c'était du pépérin, variété de tuf, d'aspect granulé, de couleur brune foncée et qui n'avait pas grande valeur (cf. Suétone, *Aug.*, LXXII). La maison de M. Aemilius Scaurus était sur le Palatin, comme celle de M. Fulvius Flaccus, consul en 125, de Q. Lutatius Catulus, le vainqueur des Cimbres en 102, de Licinius Crassus, de Licinius Calvus, de Milon, de P. Sylla, de Q. et de M. Cicéron, etc. ; toutes dominaient le forum. Une collection complète des marbres utilisés dans les décorations des constructions romaines est restée exposée à Rome à l'Antiquarium communal du Caelius jusqu'à sa fermeture ; elle est maintenant visible à l'Antiquarium du Palazzo Caffarelli. Cf. R. Gnoli, *Marmora romana*, Roma, Edizioni dell'Elefante, 1971, 249 p. ; F. Coarelli, *Guida archeologica di Roma*, Roma, Mondadori, 1974, 357 p. (qui donne *in fine* quelques indications sur les marbres avec photos en couleur).

XIII, 57. — Ce sont des *loci communes*, qui appartiennent à la catégorie des *probationes inartificiales* ; ils servent indistinctement à l'accusation et à la défense ; ils sont à distinguer des *loci proprii*, qui sont tirés des circonstances ou des personnes (*Rhét. à Her.*, II, 9). Sur les κοινοὶ τόποι, cf. Aristote, *Rhét.*, 1358 a 11. Mais il faut noter que, pour la *Rhét. à Hér.*, II, 9, l'expression *loci communes* désigne ce qui peut servir à l'accusation et à la défense, et que, pour Cicéron, *De inu.*, II, 50, il y a des lieux communs de la défense et des lieux communs de l'accusation. Pour la bibliographie sur cette question, cf. G. A. Kennedy, *The art of persuasion in Greece*, Princeton Univ., N. J., 1963, 350 p. (p. 102).

XIII, 59. — Cicéron déjà (*De orat.*, II, 74 sq.) avait sigmatisé ces stratèges en chambre, tels ce Phormion qu'Hannibal avait entendu à Éphèse discourant sur l'art militaire et qui n'était qu'un rhéteur professionnel sans pratique de la guerre ; Hannibal, d'ailleurs, le remit durement à sa place. L'un des interlocuteurs du *De oratore*, Catulus ajoute en parlant des théoriciens de l'art oratoire : *Hoc mihi facere omnes istis, qui de arte dicendi praecipiunt, uidentur ; quod enim ipsi experti non sunt, id docent ceteros.* — Au § 60, Quintilien raille ces « exégètes » de mystères ; Cicéron n'en faisait pas autant (*De orat.*, I, 206), quand il parle des *dicendi mysteria* qu'Antoine garde par devers lui, mais il y a d'un côté comme de l'autre, une nuance de sens qui mérite l'intérêt.

XIV, 1. — L'appellation varie selon les rhéteurs et les écoles : συνεστραμμένη ἐπαγωγή (Minucianus, *Epich.*, 419, 24 Sp. = 343, 17 Sp.-H.), *pars syllogismi* (Quintilien, V, 14, 24), *correptior probatio* (Julius Victor, *R.L.M.*, 412, 1), *syllogismus imperfectus* (Quintilien, V, 10, 3 et Julius Victor, *loc. cit.*). Rappelons que, dans un syllogisme classique, si l'une des prémisses est sous-entendue, on a un enthymème ; quand l'une d'elles ou les deux sont suivies de leurs preuves, on a un épichérème. — *Ratio* = « raison », est employé ici avec le sens technique donné à ce mot par les logiciens.

XIV, 5. — *Rhét. à Hér.*, II, 28 : division en cinq parties *(propositio, ratio, rationis infirmatio, exornatio, complexio)* ; même nombre chez Cicéron, *De inu.*, I, 58 sq. ; 61 ; 67-69, avec terminologie différente *(propositio, approbatio, assumptio, assumptionis approbatio, complexio)*. Cf. D. Matthes, *Hermagoras von Temnos 1904-1955*, Lustrum, 1958, 58-214 (p. 206) qui a signalé la ressemblance entre les positions de la *Rhét. à Hér.* et le *De inu.*, et, comme W. Kroll, *Das Epicheirema*, Sitz. der Akademie der Wissenschaften in Wien, Philos.-hist. Kl., CCXVI, 2, 1936, 1-17 (p. 7 sq.), estime que Cicéron a respecté la vraie tradition des sources. Il est possible que l'*argumentatio tripertita* soit stoïcienne en raison de l'attitude de l'école à l'égard du syllogisme dit catégorique.

XIV, 12. — La source est évidemment épicurienne. Cf. Lucrèce, III, 830 : *Nil igitur mors est ad nos...* expression reprise avec variantes, *ibid.*, 850, 852, 926, 972, traduction de l'οὐδὲν πρὸς ἡμᾶς d'Épicure (*Lettre à Ménécée*, 124 : « Tout bien comme tout mal n'existe que par la sensation ; or, la mort est la privation de sensibilité. Par conséquent, la connaissance réelle de ce que la mort n'est rien pour nous permet de jouir de cette vie mortelle », et Κύριαι δόξαι, II : « La mort n'est rien pour nous, car ce qui est dissous est insensible ; or, ce qui est insensible n'est rien pour nous. » Voir également Cicéron, *De fin.*, 100 et *Tusc.*, I, 23 ; la phrase, qui est devenue axiome populaire, est souvent gravée en grec et en latin sur les monuments funéraires ; voir aussi Aulu-Gelle, II, ch. VIII, qui cite la formule d'Épicure. Cf. T. Stork, *Nihil igitur mors ad nos. Der Schlussteil des dritten Lukrezbuches und sein Verhältnis zur Konsolationsliteratur*, Bonn, Habelt, 1970, 232 p.

XIV, 12. — Texte inspiré de principes platoniciens d'après lesquels rien n'est beau que ce qui vit ; le monde est un vivant, etc. Cf. le *Timée* et les livres X-XII des *Lois*. Voir également le *Timée* de Cicéron, ch. IV : *Quod enim pulcherrimum in rerum natura* *intelligi potest, et quod ex omni parte absolutissimum est, cum Deus similem mundum efficere uellet, animal unum, adspectabile, in quo omnia animalia continerentur, efficit.*

XIV, 34. — Il s'agit apparemment de C. Aquilius Gallus, préteur en 66, disciple de Q. Mucius Scaevola et juriste renommé, pour qui, en effet, *litus* était la région *qua fluctus eluderet* (Cicéron, *Top.*, 32) ; le même verbe *eludere* est employé par Cicéron pour parler du jeu des vagues (*De nat. deor.*, II, 100) : *Ipsum autem mare sic terram appetens littoribus eludit, ut una ex duabus naturis conflata uideatur.* Cicéron n'approuve pas la définition d'Aquilius ; Quintilien non plus ; le rapprochement des deux termes est d'autant plus incertain qu'on ignore l'étymologie de l'un et de l'autre : ces « étymologies » étaient peut-être plaisantes, mais elles sont fausses.

TABLE DES MATIÈRES

Ce volume,
de la Collection des Universités de France,
publié aux Éditions Les Belles Lettres,
a été achevé d'imprimer
en janvier 2003
sur presse rotative numérique
de Jouve
11, bd de Sébastopol, 75001 Paris

N° d'édition : 4863
Dépôt légal : janvier 2003

Imprimé en France